中国旅游业普通高等教育应用型规划教材

旅游中外民俗（第二版）

主　编　刘亚轩
副主编　李雪琴　王中雨
温晶晶　薛奕妹

中国旅游出版社

再版前言

随着世界经济全球化及国际旅游业的发展，世界各国的距离正日益缩小，全球正演变为“地球村”。而中国经济的腾飞，吸引着越来越多的国际旅游者走进中国，也使越来越多的中国人走出国门，走进国际旅游者的行列。在这种形势下，能够放眼世界，学习并掌握各国民俗的相关知识，对于旅游工作是十分必要的。

本教材是旅游专业学生的必修课程用书。为满足应用型人才培养的需要，本教材以实用性为主，注重学生分析问题、解决问题能力的培养。教材的编写力求深浅适度、通俗易懂。

根据读者对第一版的反馈意见，本书进行了修订，尽可能地把握民俗文化研究的最新进展，搜集最新资料；在对我国少数民族民俗的介绍中，选择了有代表性的民族；在对国外民俗的介绍中，主要选择的是我国重要的客源国及我国游客重要的旅游目的地的一些国家的民俗。

编者

2017. 8

前　言

中国的旅游业，伴随改革开放而快速成长，已成为中国改革开放的重要组成部分。作为中国的一个重要产业，旅游业已成为国民经济新的增长点。

文化，是旅游的灵魂之所在。文化不是为旅游助兴的，不是添加剂，而是主菜，是旅游发展上层次的关键，是深化旅游经济发展的助推器。对于某些地方而言，文化也是旅游经济的孵化器。

文化是深奥、博大的，是需要坐下来研究的；但也是在身边的，是随和的，是每时每刻都在发生的。旅游者需要在旅游过程中体验文化，甚至以体验文化为旅游的主要目的。

民俗是人们文化生活的重要组成部分，它发生并存在于每个人的生活之中，深刻影响乃至支配着个体的生活安排与社会运转。个体因民俗而有社会生活，社会因民俗而被认知，被认同为一个共同体。个体的人生、群体或共同体的存在都以民俗为内在的意义和外显的活动形式。民俗包含人生最基本的行为方式，包含人们相处、互动与相互理解的最基本的文化规定。民俗的产生源于生活的需要，其中既有历久长存的传统，更有与时俱进的新风。今日，民俗日益受到尊重和珍视，民俗已成为我们感知、想象人类各民族共同体的重要方式与依据。

目前，民俗文化已经成为各国旅游业的一项重要资源，无论是旅游业人士，还是与旅游业相关联的人士，了解并掌握中外民俗文化已是大势所趋，因而，“中外民俗”被列为旅游管理专业的必修课，同时也是酒店管理专业的选修课。我们编写的这本《旅游中外民俗》既可以作为大专院校旅游管理、景区管理、导游服务、酒店管理等专业的教材，也可以作为通俗读物供民俗文化爱好者阅读。

本书在编写过程中，尽可能地把握民俗文化研究的最新进展，搜集最新的资料；在对我国少数民族民俗的介绍中，我们选择了有代表性的民族；在对国外民俗的介绍中，我们主要选择的是我国重要的客源国及我国游客重要的旅游目的地的一些国家的民俗。

本书由刘亚轩担任主编，负责全书的设计和统稿工作，具体编写分工如下：第1章、第2章、第3章、第7章由刘亚轩编写；第4章、第9章由薛奕妹编写；第6章由王中雨编写；第5章、第8章、第10章由温晶晶编写；第11章由李雪琴编写。

本书涉及内容庞杂，在编写过程中作者参考了诸多文献，在此对相关作者深表感谢。

由于编者水平有限，书中纰漏之处在所难免，敬请专家、学者批评指正。

编者

2015年5月

目录
CONTENTS

第 1 章

绪论

【教学目标】

1. 掌握民俗的概念、分类。
2. 明确民俗的文化特征与社会功能。
3. 理解民俗文化与生活、旅游之间的关系。

【导入案例】

“春运”一般发生在农历春节节前15天及节后25天，每年春运约40天。在40天左右的时间里，将有20多亿人次的人口流动，占世界人口的1/3。中国春运是世界上最大的周期性运输高峰，创造了多项中国之最、世界之最。春运规模之大，以致中国大陆交通难以承受，为了解决春运问题，中国政府每年都要提前部署，但仍无法满足春运需求。

结合本章民俗知识，谈谈你对这一现象的认识。

分析提示：春节是中国最重要的传统节日，是中国人阖家团圆的日子。中国人无论身在何方，过年都要回家。这是几千年传承下来的民俗。庞大的人流与有限的运力导致了中国特色春运的产生。

第1节　民俗的定义及分类

民俗源远流长。世界上许多国家很早以前就有了关于民俗的记载。我国早在西周时期，采风问俗已经成为一种制度。“民俗”一词在我国文献中也早已有之，其源头可以追溯至先秦时代。民俗虽然是一个古老的概念，但将民俗作为一种科学的对象来研究却是晚近的事情，因而，它又是一门新兴而又年轻的学科。国际上一般主张民俗学发端于19世纪的英国。我国现代意义上的民俗学则是“五四运动”前后从国外传入的，在1918年2月北京大学发起的征集歌谣活动中揭开序幕，并于20世纪20年代以北京大学的《歌谣》周刊和中山大学的《民俗》周刊为主要阵地发展起来。

一、民俗的定义

民俗是什么？不同时期的民俗学家对此有不同的认识。

民俗一词作为专门学科术语，是对英文“folklore”的意译。这个词是英国学者汤姆斯1846年创用的。他将撒克逊语的“folk”（民众、民间）和“lore”（风俗、知识、学问）合成为一个新词，既指民间风俗现象，又指研究这门现象的学问。后来“Folklore”一词慢慢为国际上所承认和使用。1878年，英国成立了世界上第一个民俗学组织——英国民俗学会，并创办了第一本民俗学杂志——《民俗学刊》（*Folklore Record*）。从1846年至今，民俗学学科的发展已有近170年的历史。围绕“民俗”的概念和内涵，各国学者做了深入的调查、研究和探讨，并做出了多种角度的解释。从所了解的资料来看，“民俗”的定义不下100种，仅美国学术界有代表性的定义就有24种之多。就对“民”的界定而言，19世纪的民俗学家有两种代表性的观点：一种认为“民”实质上是指古人，另一种认为“民”是指农民。相比之下，20世纪的学者对民俗之“民”的认识要深入全面得多。美国学者萨姆纳认为，有社会生活就有充分的民俗存在。原始人、古人创造民俗，现代人继承古民俗也创造新民俗。民俗不仅产生在人类早期，也产生在社会的各个时期，只要人们以群体的方式存在。民俗之“民”绝不限于古人，也绝不限于农民，而是指任何时代的人。美国民俗学家阿兰·邓迪斯（Alan Dundes）进一步指出，“民”可以用来指至少拥有一个传统因素的任何一种民众的群体。20世纪以来，中国学者对民俗之“民”的认识也经历了一个结合中国民俗的实际状况不断深入的过程。总而言之，中外民俗学界对民俗之“民”的界定都经历了多种变化：从过去较为狭隘的将“民”看作野蛮人、古人、乡民、劳动人民、平民（现在依然有人持类似的看法），发展到现在把“民”定义为任何社会、任何群体的人这一比较全面的观点。

对“俗”的界定，中外学界也有诸多不同的见解，大致而言有以下几类：

第一种观点认为“俗”是文化遗留物，是一个已发展到较高文化阶段的民族中所残存的原始观念与习俗的遗留物。汤姆斯的“folklore”即有此意。1871年泰勒（Edward Burnett Tylor）在其著作《原始文化》中，又直接提出“survival”（遗留物）一词来指称民俗之“俗”。

第二种观点认为“俗”是民间文学（口头文艺）。这种观点主要流行于美国和俄罗斯。我国的民俗研究工作也深受这一观点的影响。由于种种原因，新中国成立后至20世纪80年代之前，我国的民俗研究工作很大程度上即缩变为对民间文学的探讨。

第三种观点认为“俗”是精神文化。这一观点多将“俗”限定在精神信仰、禁忌及其仪式之域。他们著名的例子是“引起民俗学家注意的，不是耕犁的形状，而是耕田者推犁入土时所举行的仪式，不是鱼叉和渔网的构造，而是渔夫入海时所遵守的禁忌”。

第四种观点认为“俗”是传统文化。这也是中、西方普遍流行的观点之一。这种观点置现实的社会生活于不顾，僵化地将生活中涌现出来的新民俗排斥在外，将“俗”限定在“传统”之中。

第五种观点可以称之为民间文化说。此类说法早在1879年就有人提到。法国民俗学家山狄夫（P. Saintyves）即明确说：“民俗学是文明国家内民间文化传承的科学。”钟敬文也曾持此种观点。近些年来，在我国比较认可的对于“俗”的理解则为“生活文化”。

正因为存在众多和重大的分歧，有的学者认为民俗是一个难以界定的概念。之所以出现如此众多的分歧，其主要原因不外乎以下几点：一是不同学者受到各国不同政治制度、生活环境、时代差异、学术传统和研究目的等多种因素的影响和制约；二是由于各国、各民族、各地区所拥有的民俗千差万别，民俗学者对民俗概念的界定自然有着截然不同之处；三是这门学科是一门新兴学科，人们对其还没有形成一个较为清晰和共同的认识，对民俗一词的内涵和外延的认识还处于有待深化的过程之中。但是，无论诸学者有多大的分歧，他们也有其共识性的东西：第一，民俗的主体是群体而非个人，无论学者对于群体的理解如何歧异，都没有否认过这一点；第二，民俗是一种特殊的文化，是文化的一个基本组成部分；第三，民俗具有传承性，民俗是被民众传承的一种文化现象。

综上所述，我们认为对“民”的界定应为社会的人、群体的人；对“俗”的探讨中“生活文化”的理解则比较合理。那么对于民俗我们就可以做这样的理解：民俗是指一个国家或民族中广大民众所创造、享用和传承的生活文化。这就要求我们在学习与研究民俗乃至从业过程中，必须端正态度，正确看待民俗。因而，我们在看待一种民俗时必须投入情感，必须尊重他人的民俗以及他人对民俗的看法。每一个地区的民众都拥有当地民俗知识的“产权”，他们对这些民俗现象背后的意义都有自己的理解，作为民俗的研究者和学习者，旅游从业者，必须尊重他们的这种理解。

二、民俗的分类

为了建立认识民俗、描述民俗的理论框架，我们必须确定民俗的分类。实际上，将内容庞杂的民俗事象归纳成类，并得到认可并非易事。自然状态的民俗千头万绪，学者们要描述它们，就不得不尝试使用各种标准对之进行分类，以便提纲挈领地把握民俗。关于民俗的分类，不同的民俗学者由于不同的学术背景和特定的需要，多有不同的分类方法。20世纪上半叶对后来影响较大的分类有下列两种方式：一种是纲目式的，按照逻辑以大纲统属细目；一种是平列式的，按照材料的分量定类，不管类与类之间是否具有逻辑上的并列关系。这两种方式在我国学界均有采用。比较而言，纲目式分类方法能更好地呈现民俗事象与事件之间的逻辑关系，在民俗学界的相关著作中多有采用。而平列式分类方法则更利于对民俗事象、事件的展现，并保持所叙述内容的相对完整性。本书中我们将结合实际交替使用两种分类方法，希望能够取两者所长，去两者所短。具体而言，即在介绍民俗的分类中采用纲目式分类方法，以使大家能对纷繁的民俗事象之间的逻辑关系有一个较为清楚的把握；在具体介绍中外各地各民族的民俗时则采用平列式分类方法，以利于各种民俗事象的叙述与呈现。

就纲目式的分类方法而言，国内外民俗学界对民俗的分类也有多种见解，但以四分法和三分法为主导。如四分法将民俗划分为经济民俗、社会民俗、信仰民俗、游艺民俗，三分法将民俗分为心理的民俗、行为的民俗和语言的民俗三大类。结合民俗“生活文化”的属性与旅游业的实际进行划分，我们认为大略可以分为以下4类：

（1）物质民俗。它指人们在创造和消费物质财富过程中所形成的民俗，主要包括物质生产民俗与物质生活民俗（商贸民俗、饮食民俗、服饰民俗、居住民俗、交通民俗、医药保健民俗等）两大类。

（2）社会民俗。它指人们在特定条件下所结成的社会关系的惯制，主要包括社会组织民俗与社会制度民俗（岁时节日民俗、人生礼仪民俗、社交礼仪民俗等）。

（3）精神民俗。它指在物质文化与制度文化基础上形成的有关意识形态方面的民俗，主要包括民间信仰、民间巫术、民俗观念、民间禁忌等。它主要以民间俗信等诸多事象为主要内容。

（4）游艺民俗。它指民间传统的文化娱乐活动，主要包括口头文艺（民间寓言及神话、民间传说、民间故事、民间歌谣等）、民间演艺（民间说唱、民间戏剧、仪式性舞蹈、音乐等）、民间艺术，以及民间游戏、竞技等。

对民俗的分类只能是相对的，既不可能穷尽所有的民俗事象，也不可能完全准确清晰地把哪一种民俗事象归入某个类型。比如游艺民俗中的很多部分就既是社会民俗的构成，又是精神民俗的体现，只不过我们从旅游业的角度将之单独分立出来了而已。在实际生活中，民俗的承载者、创造者和传承者更不会有意地去区分民俗的各种类别，对于他们而言所有的民俗都是生活的一部分。社会生活是一体的，为生活服务的民俗也有其整体性。因而，与其说它们是四大部类，不如说它们是民俗的四个方面，它们之间相互关联、制约、促进、影响，并随着生活发展而发展。实际上，无论怎样对民俗进行分类，都只能为大家更加全面地认识民俗提供一个大致的参考框架。

第2节　民俗的基本特征与作用

所谓特征即一事物区别于他事物的标志。与民俗的定义与分类一样，民俗到底具有哪些特征，民俗学家们也是见仁见智，意见不一。不同的研究者，由于对民间传承民俗事象的观察、体验不同，立场和观点不同，对民俗特征的认识也多有不同。关键在于区分对象的选择。区分的对象不一，那么标志点难免也会有变化。因而，在归纳民俗特征时，我们应以民俗事象的内容、形式、结构、类型、载体、功能、性质，以及它的发生、发展、变化的规律为依据，力争使每个特征都能涵盖大部分的民俗事象。民俗特征的表现多种多样，不同区域与民族的民俗既有共性也有个性，要全面指出民俗的所有特征是很困难的。这里我们所说的民俗特征，主要是指各类民俗的共有特征，也即基本特征。

一、民俗的基本特征

1. 民俗的集体性与类型性

民俗的集体性与类型性是它有别于其他文化类型的基本特征。民俗的集体性是指民俗在产生、流传过程中表现出来的基本特征。钟敬文认为它是民俗的本质特征。民俗是群体的生活文化，是集体智慧的结晶。民俗的集体性源远流长。在人类社会早期，民俗的集体性表现为全民性。随着社会的发展，民俗内容的逐步丰富与分化，特定的群体又成为特定民俗的载体，民俗发展早期的全民性逐渐变为群体性。虽然如此，民俗集体性的特征却是历久弥坚，极为鲜明，成为民俗的生命力所在。首先，民俗是集体创造的。民俗的形成与创造是集体参与的结果，集体甚至每一个个体都拥有民俗的版权。民间文学的形成与发展就是一个极好的例证。区别于作家文学，民间文学创作很难找到它的始作者。如果非要找出它的作者，那么这个作者只能是复数的“大众”。民间文学总要在形成或流传的过程中，得到集体成员的参与，受到人们不同程度的加工、改造。当然民俗的集体性也不排除个人因素。在日常生活中，我们可以看到不少民俗就是因某个人的提倡或者某个人的事迹而生发的，但这种“个人”却只能理解为集体的一员。某种程度上，他只是起着一个集体“代言人”的作用。“代言人”只有摸准集体的脉搏，表达集体的思想、情感、观念和需求，得到集体的认可，代言的内容或行为才可能形成民俗。其次，民俗的流传、完善和创新是依靠集体的行为来完成的。正如一首民歌所唱：“唱歌不是人发癫，也是前朝古人传；一人传三三传九，河水淘沙渐渐深。”有了集体的创造，同时有了集体一代一代的传承和完善，才有可能形成丰富多彩的民俗文化和人文景观。总之，民俗不是个人行为，而是集体的心态、语言和行为模式，个人行为构不成民俗，集体的创造、认可、享用与流传是民俗形成的必备条件。民俗的形成、发展永远是集体参与的结果。它体现了民俗文化的整体意识，也决定民俗的价值取向，它是民俗文化的生命力所在。

民俗的类型性也称模式性，是指民俗

的内容和形式方面的彼此相似性，也就是指某些民俗在内容上或形式上的大同小异。这种模式性是人们共同遵守的标准和约定俗成的行为方式，与上层文化的个性化、独创性有所不同。因为民俗是由民众创造、传承和享用的，因而一般缺少个性，而表现为一种类型、模式。有学者认为类型性才是民俗的本质特征。实际上，无论是集体性还是类型性都是民俗区别于其他文化类型的基本特征。二者虽因强调侧重点有所不同——一个强调对民俗之“民”外在“量”上的要求，一个强调对民俗之“俗”内在“质”上的规范——但二者在实质取向上却多是一致的。因为集体性的东西必定是模式的，而生活中模式的东西也大多是集体的。从民俗的外在表现形式上来看，民俗是一种民众共同遵守的标准，是一种定型化的思维习惯，也是一种约定俗成的行为方式。它不是个性化的，而是类型化的。如不少人对日常生活中某人“土”与“洋”的区分就是依据民俗的外在表现形式做出的。从民俗的内在结构来看，民俗的类型性这一特点也表现得十分明显。如民间故事中的《牛郎织女》《白蛇传》《孟姜女》《梁山伯与祝英台》无论由谁来讲，在哪儿讲，基本情节都是相同的。“求偶必经考试，成婚待于诏旨”更是很多民间故事中的经典模式。虽然有人物数量的增减、情节曲折程度的差别，但这些作品呈现出的基本内容却多是一样。正是民俗内在结构的相同与类似，民俗中的民间文学部分，特别是民间故事类型的比较研究才得以开展。研究者们常常将情节基本相同，并在各地反复出现的故事，归纳为某一类型，并用“母题”索引的方式，将同一类故事的结构，浓缩为某种模式。我们常见的两兄弟型、巧女型、傻女婿型、天鹅处女型故事皆由此而来。同一民俗事象，在不同的地区以相同的模式代代相传，是民俗事象中经常见到的事。类型性简化了民众识别与传习民俗文化的难度，提高了民俗传递中的信息量和在时空蔓延中的关联程度。类型性不仅可以揭示民俗的内部构造规律，而且可以帮助了解地域民俗与民族民俗之间的相互联系和影响，了解民俗事象纵向和横向的传承与扩布规律。

2. 民俗的传承性与扩布性

民俗具有传承性，民俗的传承是指民俗在时间上的纵向延续过程，是民俗从古至今、自上而下的一种延伸、传袭与继承。传承是民俗文化的一种传递方式。“爆竹声中一岁除”，是中国人过年的典型景象。除夕和元日放爆竹这个古老的民俗，至少传承了2000年。民俗一旦产生，得到社会的承认，就具有很强的稳固性，约束着人们的行动和意识，并为人们所承袭，不会因改朝换代或社会的变革而立即中断。在这其中，良风美俗以其合理性赢得广泛的承认，代代相传；恶习陋俗往往也会以其因袭保守的习惯势力传之后世。民俗的传承性在人类文化发展过程中往往会呈现出一种不同的样态。民俗的传承既有变化发展的传承，又有民俗形式相对稳定不变的传承。在文化发展条件充分的民族或地区，民俗往往在发展中体现传承；在文化发展条件不充分的民族或地区，民俗往往以因袭固守的形式体现传承。民俗的传承，是由它的功能决定的。这种功能系统体现着教化的职能，传承只不过是一种形式和手段。传承既有潜移默化的，也有积极主动的，正是通过这种独特的传承方式，个体在不知不觉中获得相应的知识和能力。

民俗还具有扩布性，民俗的扩布是指民俗在空间上的横向传播过程，是民俗在前后、左右的空间流动、扩散和蔓延。一种新的民俗在一个民族、一个地区形成，在经历了一段时间的完善之后，它的功能和价值充分显现出来，它不仅为该民族、该地区的民众所接受，而且也会向其他地区渗透。纵向的传承和横向的扩布相结合，使民俗占有广大的时间和空间，形成民俗文化多元化的互相撞击与吸收，融和与发展。民俗是一种心态、语言和行为模式，但这种行为模式不是死板的、静止的，而是流动的和扩布的。民俗的扩布方式多种多样，但从民俗的整体扩布来看，扩布方式主要有正常与非正常两种。正常的扩布是在和平的环境中通过采借，即民俗涵化的方式进行的。所谓民俗涵化，就是各民族各地区之间民众通过文化交流性、民族融合性扩布，实现相互交流和影响，互相吸收对方民俗的优秀部分，并融和进各自的民俗文化之中。例如，饮茶的普及就很好地体现了民俗的扩布性特征。茶原产地在川、滇等省，秦始皇取得巴蜀之地后，茶开始移植各地，饮茶随之慢慢遍及全国。非正常的扩布，则往往通过大规模人口迁徙来实现。如战争、灾荒、瘟疫等事件，造成人口的大规模迁徙，外在的压力迫使一部分人迁徙到另一地区，随之民俗也被转移过去。这种民俗的移民性扩布，有些和当地民俗相结合，有些则根据迁徙人口聚居情况，被相对独立地保存和流传下来。锡伯族的西迁与哈萨克斯坦“陕西村”的存在都属于这种情况。另外，民俗的扩布也是有条件、有选择的。从民俗扩布的自身规律看，那些发生时间比较早，社会功能比较广泛的民俗，其扩布的地域和民族也相对广大；而那些发生时间比较晚，又不大贴近民众生活的民俗，扩布的地域和民族就要狭小得多。民俗的横向扩布包含着对异民族民俗价值取向的判断、吸收（或拒绝）、消化和加工。民俗的传承性和扩布性，使民俗的传承成为一种时空文化的连续体。民俗正是在纵向的传承和横向的扩布结合中发展的，因而形成多元民俗文化的相互间的碰撞和吸收、涵化和发展。研究民俗的传承性和扩布性，对弄清民俗文化的产生、发展、演变、流传以及同一民俗的地域分布都具有重要意义。

3. 民俗的稳定性与变异性

民俗的稳定性是指民俗一旦产生，就会随着人们的生产和生活方式的稳定而相对地固定下来，成为人们日常生活的一部分。民俗是在一定的政治、经济、社会和文化基础上形成的，只要经济基础不变，即便是社会发生了巨大变革，民俗仍然具有相对的稳定性。在实际生活中，很多民俗的核心部分往往多年不变或变化很小。中国经过无数次的社会变革和改朝换代，其中有些民俗随着经济基础的消失、生活方式的改变而自然消亡，有些民俗则经过某些完善和补充，一直传承到现在。这正说明了民俗的稳定特征。在现实生活中，只要人们的生产、生活方式不发生大的变化，因之而生的民俗总会保持稳定的样态，发挥相应的功能。曾广为流传的“遗留物说”实际上也从另外一个方面反映了民俗的稳定性特征。如现今我们仍可以从许多民俗事象与民俗活动中找到初民生殖崇拜的影子，尤其是在祈子求嗣的民俗活动中。在这一活动中，民众多以象征器物拟指性器，以隐晦的暗示表达内心的祈盼：以洞穴、葫芦等中空之物作为女阴的象征，以石峰、门钉、铁锚等坚挺之物作为男根的象征。这种民俗活动在各地虽有形式上的变化、程序上的增减，但其表达祈子求嗣意愿的内核却历经千年十分稳定。同样，中国许多民俗先秦两汉时期就已经定型，一直延续千年传承至今。传统婚姻的媒妁在今天的社会生活中也依然可寻。这也正说明了民俗传承上的稳定性特征。民俗的稳定性特征，不仅要求我们要以历史的和发展的观点观察具体民俗事象，更使我们认识到民俗的坚韧与伟力：民俗并不是我们可以随意改造的对象。在社会生活中，我们应采取科学的态度，正确对待传承既久的民俗。

变异性是指民俗文化在传承和扩布过程中引起内容和形式上的变化。民俗是人们在处理与自然、社会环境的关系中形成的，是人们生活生产的产物。有史以来，人们所处的自然环境与社会环境无时无刻不在发展变化。自然环境与社会环境的改变必然导致民俗的变异。除此之外，由于民俗是靠集体创造，主要靠语言和行为传承和播布的，这就决定了民俗总是处于不断变化的状态之中。民俗在变异的过程中，大多是在自发状态中通过“渐变”的方式自然而然完成的，但是也有一些变异是人为的有意识的改革，是各种政权或团体移风易俗改革、改造引起的“突变”的结果。如庙会在产生之初，主要用于祭祀神灵，但长期的传承过程中不少其他类的活动都加入了进来。在今日“文化搭台，经济唱戏”的社会背景下，招商引资成了庙会的主题。在当代的庙会中，祭祀活动多演变为程式化的表演，弥漫着娱乐的气息。在民间文学作品，变异更是一个突出的现象。如民间流传的宝物故事在历史的传承过程中随着时代环境的变化就发生了不小的变异。宝物故事在隋唐时期的情节多为“中人救助，胡人识宝、赠宝”，到了宋代之后基本情节则变化为“南蛮骗宝、毁宝”，到了近代则变成了“洋人盗宝、抢宝”。随着时代的不同，故事的主角与对待宝物的方式都有很大的变化，这样的一种变异既反映了时代的变化，又在其中投射了民众自身的情感。“突变”的民俗现象大家更是耳熟能详。如中国的缠足习俗，大约形成于五代时期，经宋、元、明三代，成为大部分汉族妇女的必习之俗。自清代初年，各类政权屡次颁布禁令，终被禁止。围绕着对身体的管控，各类政权多有角力。不同政权对服饰的要求最明显地体现了这一点。每当改朝换代之后，多有服饰的“突变”。

变异实际上是民俗文化的自身调整。存在于现实生活中的种种民俗事象，大都是古代民俗变异传承的结果。不发生任何变化的民俗是很难存在的。“弱者的强大在于它的适应性”，看似“弱者”的民俗，正是不断地因应时代的变化而调整自身才能得以存续发展。从某种意义上来说，变异是民俗的一种生存策略或者保存、发展的内在动力。

4. 民俗的民族性与地方性

民俗的民族性是指民俗事象中所体现出来的民族特色。民俗是民族的标志，是民族构成的一个要素，每个民族都有其特殊的民俗。这里所说的民族性有两方面的含义：一是指同一类民俗事象在不同的民族中产生不同的表现形式；二是指不同的民族由于各自的历史条件、地理条件和经济条件的不同而产生区别于其他民族的独特民俗。就第一种

情况而言，许多民族都创造并传承着同一类民俗事象；但是，这些民俗事象在内容、形式、功能、活动方式等方面，却存在极大的差异。例如，很多民族都过年，但是过年的时间、活动的内容却不一样。生活在云南的苦聪人在每年6月24日过年。东北的满族过年则是“汉族节日，满族过法”。有些民族则过“赶年”——提前几日过年。更有甚者，回族则是“只过节，不过年”。再如我国各民族的信仰也多有不同。东北一带的民族多有萨满信仰，西北地区的少数民族多信仰伊斯兰教，西南一带的少数民族多信仰藏传佛教或南传佛教，中南一带不少民族则有巫教信仰。汉族则为多元信仰。就第二种情况来说，我国纳西族的摩梭人和部分藏族人中间流传的独特的两性结合形式——“走访”，即为一个明显的例证。长期以来，他们这种独特的两性结合形式常被误读为“走婚”而成为猎奇的对象。实则，“走访”和婚姻同为人类两性结合的形式，而不是“走访”从属于婚姻。在人类社会发展中，正是由于不同的民族群体在处理人类两性结合原则上的不同，才产生了这一具有民族特色并延续至今的民俗。

民俗的地方性是指民俗在空间上所显示出来的地理特征和乡土气息。由于所处的社会环境和自然环境不同，各类民俗都不同程度地染上了地方色彩。俗话说“十里不同风，百里不同俗”，指的就是民俗的地方性。民俗的这一特性体现在民俗的方方面面，衣食住行莫不如此。例如，“南甜、北咸、东辣、西酸”这一总结大致反映了我国饮食上的地方特色。代表我国饮食特色的八大菜系鲁菜、川菜、粤菜、苏菜、浙菜、湘菜、闽菜、徽菜，各有特点，也都是从地方特色饮食中发展起来的。从生产方式来说，由于不同的环境，我国不同地域人群的生产方式即有很大差别。东北一带民族多游猎方式，西北则以游牧为主，西南一带有游耕存在，汉族所生存的地区长期以来则以定居农耕闻名。定居农耕又有江南、淮北之别：江南多以稻米为食，淮北则以种麦为主。而俗语中的“靠山吃山，靠水吃水”则更为简洁地表达了同样的意思。不同地方流传的“某某地方几大怪”之类的归纳同样也多是民俗地方性的体现。这些归纳虽有版本和数量的不同，但却极为鲜明地体现了当地民俗的地方特色。总之，某一地域内的民俗事象为本地区所独有，不同地域所创造的民俗环境和民俗氛围，是其他地域无法比拟的。

中国有56个民族，分布在全国各地，在漫长的历史长河中，他们共同创造了祖国的历史和文化，也使祖国的民俗文化具有多民族性和地方性的特点。正是由于民俗的民族性和地方性，民俗才具有不可抗拒的魅力，才使得中国的民俗旅游资源丰富多彩，形成一系列独具民族特色和地方特色的旅游产品。

二、民俗的功能

民俗的功能是指民俗在社会生活与文化系统中的位置，它与其他社会文化因素之间的关系，以及它所发挥的客观效用。民俗作为人们社会生活系统的重要组成部分，对于创造并传承它的群体与个体发挥着重要影响。民俗之所以能够穿越时空，世代传承，就是因为它适应各个时代人们生产、生活的要求，为人们提供了社会生活的便利。概而言之，民俗的社会功能主要有 4 个方面：教化功能、规范功能、维系功能和调节功能。

1. 教化功能

民俗的教化功能是指民俗在人类个体的社会化过程中所起的教育和塑造作用。这种作用就个体而言，主要体现在个人的道德品质、知识经验、行为方式、生存智慧的启迪、获取与塑造等方面。民俗是一种重要的教化内容、渠道和教化方式。个人走向社会都是从入俗开始的。民俗作为一种文化，在个人社会化过程中占有决定性的地位。从他出生之时起，他所置身的风俗就在塑造着他的经验与行为。正如有学者所说，人生活在民俗中，就像鱼生活在水中，须臾不可离开。诞生礼为他拉开人生的第一道帷幕；他从周围的人群习得自己的语言，在游戏中模仿成人生活，从称谓与交际礼节中逐渐了解人际关系，按照特定的婚俗成家立业，依既定的礼俗庆祝自己的生日；临至终老，特定的丧葬习俗又送他离开这个世界。可以说，民俗就像空气一样，既让人感到它的存在，又给人充分的自由，潜移默化中教化着每一个个体。

从个体社会化的媒介、内容、过程来看，民俗无一不在其中起着主导性乃至决定性的作用。就个体而言，从自然人到社会人的转变中，民俗就好比计算机的操作系统。个体只有至少装载了相应的民俗内容，他才可以在这个社会正常生活。一个人在成为某一社会群体成员的过程中，正是从长辈那里通过口耳相传、观察、模仿而逐渐习得的行为方式、思想意识、伦理道德、价值观等，潜移默化地教育和塑造着他，并在不自觉中成为他个人的生活方式和行为准则。当他长大成人并能参与这种文化的活动时，其文化的习惯就成为他的习惯，其文化的信仰也就是他的信仰。

2. 规范功能

民俗的规范功能主要是指民俗对社会群体中每个成员的行为方式所具有的约束和控制作用。民俗从来都是社会规范。就其实质而言，它是人们在长期生产实践和社会实践中共同创造和遵守的行为规则，这是由民俗的集体性所决定的。这种民众生活中约定俗成的模式和规则具有观照民众集体心理和生存需要的特点。民俗是一种来自于民众，传承于民众，规范民众，又深藏在民众的行为、语言和心理中的基本力量。我们置身其间却不为其所累，往往甘愿接受这种模式性规范的保护。最常见的是民俗社会中经常使用的不成文法或习惯法，它对民众的思想和生活产生强大的约束力量，迫使人们在一定的道德和习惯规范中自觉行事，以得到心理和环境的协调与平衡。人类社会生活需要的满足，往往有多种方式可供选择。民俗的作用就在于根据特定条件，将某种方式予以肯定和强化，使之成为一种群体的标准模式，从而使社会生活有规则地进行。

在既有的社会规范—— 法律、纪律、道德与民俗中，民俗是产生最早、约束面最广的行为规范。民俗的约束与控制的方式和法律与纪律不同，法律与纪律是硬性的约束与控制；民俗的规范则是软性的约束与控制。民俗对人们的心理和行为的约束与控制，没有法律的强制性，而往往通过潜移默化的方式使人们自觉地接受其影响。但是，大多数情况下，个人如果不按民俗行事，也要付出一定的代价。在这方面，对礼俗以及禁忌的违背所导致的取笑、讽刺、非议乃至打击是最明显的体现。再者，法律、纪律、道德，尤其是法律和纪律对人们的约束与控制，只针对某些特定的心理和行为。民俗却如影随形，在远比法律、纪律、道德等更加广泛的领域，时时刻刻地约束和控制着人们。民俗对人们心理和行为的约束与控制是全方位的，涉及人们社会生活的方方面面。民俗像一只看不见的手，无形中支配着人们的所有行为。个人在任何社会生活领域的心理和行为都有特定的民俗在起着规范作用。家有家教、家规、家法，村有村规、村约，从吃穿住行，到婚丧嫁娶，从社会交际到精神信仰，人们都在不自觉地遵从着民俗的指令。为了协调生活，人们随时都在调整自己的观念和行为。民俗规范人们的心理和行为，指明正确的行为方式，提供满足需要的合理渠道，从而使人们的生活道德、安全、方便、舒适、和谐，降低了社会成本，提高了社会生活的效率。将经验和观念变为规范的过程，就是民俗文化中经常见到的对某一民俗的约定俗成。规范的目的是使人们的社会行为有一个相对统一的模式，这样社会才可以协调发展。

3. 维系功能

民俗的维系功能主要表现在民俗统一群体的行为与思想，使社会生活保持稳定，使群体内所有成员保持向心力与凝聚力，维系着群体或民族的文化心理。

首先，民俗能维系社会稳定。任何一个社会都在不断变化，每一种文化都必须根据外部环境与内部情况的变化而不断地加以调整。在社会生活的世代交替中，民俗通过表现文化的合理性，证明信奉和履行其社会的礼仪、制度、信仰、习惯等的优越性，使身处其中的人们愿意传承发展自己的文化，从而有效地防止了文化的断裂，维系了社会生活的相对稳定。

其次，民俗不仅统一着社会成员的行为方式，更重要的是维系着群体或民族的文化心理。高度的相互认同和强劲的群体凝聚力是维系社会或群体生存与发展的根本保证。民俗是人们认同自己所属集团的标识。民俗不仅可以把生活在同一民俗区域的人们聚集在一起，同时，民俗的凝聚力量还能够超越地域的限制。民俗培养人对自己国家、民族、乡土的深厚感情，同受一种民俗熏陶和教化的人们，即使遥隔万水千山，也会形成强烈的相互认同。例如，远居异国他乡的华侨，几代过后，许多人在语言、服饰、居住等方面已经融入当地社会，但是他们依然情系故国—— 在家庭伦理、社会交往、岁时节日、生活爱好等方面传承着古老的华夏之俗。他们通过讲汉语、吃中餐、过中国传统节日等方式与自己的民族和国家保持着认同。在诸多民俗事象中，民间信仰对促进人们相互认同并增强群体凝聚力的作用，尤其具有典型意义。这也是近年海峡两岸不断加大文化交流，尤其是民俗文化交流力度的根本原因。通过共有信仰尤其是寻根问祖的祭祀活动，可以让参与其中的人们确信人与人之间的血脉亲情，从而增强民族成员的相互认同和凝聚力。可以预见，在海峡两岸的交流中，民俗必将扮演更为重要的角色。因为，民俗是海峡两岸之间最重要的黏合剂。

4. 调节功能

民俗的调节功能主要表现为通过民俗活动中的娱乐、宣泄、补偿等方式，人类社会生活和个人心理本能得到调剂。民俗作为一种社会的生活文化，尽管它在不同历史时期，对个人与群体的调节作用存在差异，但直到今天，它对个人与群体的调节，仍然是一种不可忽视的重要力量与形式，还没有其他任何一种文化能够替代民俗的调节作用。

首先，民俗的娱乐功能显而易见，其中尤以岁时节日民俗和游艺民俗最为突出。文武之道，一张一弛。人不可能日复一日、永无休止地劳作，必须在适当的时间进行适当的娱乐活动，休息体力，调剂精神，享受生活。世界上没有哪个民族没有节日、游戏、文艺、体育的民俗，它们是人类生活的调节剂。各个国家的民众，在岁时节日所进行的各种赛会，都包含丰富多彩的娱乐内容。游艺民俗中的民间歌舞、民间戏曲、民间竞技游戏等是最具参与性与最富娱乐性的活动。在其他众多的民俗事象中，传承于民间的大部分民俗活动，也都带有极为浓厚的娱乐性质。人们可以在参与的过程中，尽情享受民俗活动的魅力。

其次，民俗还可以通过提供制度性的宣泄的方式调节民众的身心与生活。人类社会生活中，个体的生物本能在群体生活中必然要受到一定程度的压抑。无论是肉体行为压抑，还是心理压抑，对人来说都是一种破坏性的力量。如果一直得不到宣泄，个体的身心与生活、社会的秩序与生产都会受到严重影响。民俗恰恰可以为人们被压抑的需要、欲望、冲动提供适当的宣泄方式与渠道，使其释放压抑的能量，恢复身心的平衡，起到“社会安全阀”的作用。尤为重要的是，个人通过参与社会赞赏的民俗活动，可以把那些平常不能被社会和大众接受的行为，引导到能够被接受的范围中来。婚礼上的“闹房”，葬礼中的哭丧，都是一种心理情感的宣泄。古希腊罗马的酒神节，人们在节日里饮酒狂欢，日常生活中的种种禁忌这时全被打破。这样的狂欢节日，许多民族历史上都有过。中国古代的上巳节，也属于类似性质。从某种意义上讲，传统节日的衰落也是宣泄功能转移的部分结果。

最后，民俗还能够通过补偿人们因为按照民俗行事而造成的损失来发挥调节作用。这种损失可能体现在身心方面，也可能体现在人际关系方面，或者体现在实际的经济利益方面。人们在现实生活中难以得到满足的种种需求，往往在民俗中得到某种补偿。相当多的民间信仰和民间故事都对人们的心灵具有慰藉作用，使人们从中吸取民众智慧的力量，增强面对困难的勇气和毅力，燃起对未来生活的希望。各种各样的民间工艺、民间建筑、民间服饰，不仅使人们赏心悦目，得到一种美的享受，而且使生活充满了吉祥和希望。另外，按照民俗行事，也能够为人们带来实际回报。对禁忌的遵行便是很好的例证。很多禁忌都是人们经验的总结，是具有实际价值的行为。所有这些，都是民俗对人们单调而贫乏的日常生活的补偿。

教化、规范、维系、调节是民俗在社会生活中所发挥的主要功能，并不是民俗的全部功能。民俗应社会生产生活的需要而产生并为其服务，民俗也因为其功能的变化而变化，因其功能的消亡而消亡。民俗本质上是一种文化器具，是人类把握世界的一个工具。

第3节　民俗与旅游

旅游是人类社会普遍存在的一种生活方式。世界上任何一个国家或民族，其社会成员一生中都会发生这样特殊的经历。作为一种有着浓厚文化属性的活动，旅游与民俗有着千丝万缕的联系。民俗是重要的旅游资源，能丰富旅游活动，提高经济效益。旅游对民俗的影响既有积极的一面，也有消极的一面。

一、民俗对旅游的作用

1. 民俗是重要的旅游资源

旅游资源是旅游活动和旅游业赖以存在的基础。民俗是当今旅游活动中四大旅游资源（自然旅游资源、历史文化旅游资源、民俗文化旅游资源、现代科技文化旅游资源）之一。民俗文化旅游资源是一座取之不尽、用之不竭的宝库。许多民俗文化旅游资源以其丰富的人文内涵而独具魅力，从而造就了今日规模越来越大的民俗旅游。奇巧精妙的建筑和居住民俗、隆重热闹的节庆民俗、优美动人的游艺民俗、别具风味的饮食等都是可以开发利用的旅游资源。当然，并不是所有的民俗事项都是旅游资源，只有那些风格鲜明、独特、奇异的风俗习惯，才可能唤起游客的兴致。在我国旅游资源开发中，自然旅游资源和历史文化旅游资源开发较早，民俗文化旅游资源的开发还处于起步阶段。尽力发掘、保护和开发宝贵的民俗资源，将潜在的资源优势转化为现实的竞争优势，是我国旅游业发展的一项十分紧迫的任务。目前国际旅游市场消费正向高层次发展，旅游者已不满足观光度假式的旅游，而更注重旅游活动的参与性，希望亲身体验异乡文化模式带来的奇特感受，进而开阔视野、丰富阅历、获得乐趣。民俗活动具有较强的参与性，能够满足旅游者寻求异域情趣的需求。所以，观赏乡土风光、考察风土人情的各类特色旅游应运而生，并日益受到旅游者的欢迎。

2. 民俗能充实旅游内容，丰富旅游活动，提高旅游地的经济效益

民俗旅游是民俗在旅游业中的运用发展，也是利用民俗为经济建设服务的具体体现。作为文化旅游重要组成部分的民俗旅游在经济效益方面已经取得了令人刮目相看的成绩，甚至成为不少民族地区进行扶贫开发的一种方式。例如，张家界旅游区在自然景

观的基础上，开辟了以苦竹河为主的民俗风情旅游线，穿插了土家族、苗族、瑶族等民族的传统民俗，激发了旅游者的游览兴趣，为当地居民带来了巨大的经济效益。1997 年当地居民的人均收入达 5000 元，是他们 20 世纪 80 年代人均收入的 10 倍。云南省宁蒗县永宁镇落水村自 1991 年进行旅游开发后，独特的摩梭民俗文化在市场机制中直接转化成了可观的经济效益，当地居民的生活水平迅速提高。越来越多的摩梭人投身旅游业寻找生活的希望。旅游的文化性和经济性是密切相关的，旅游地利用民俗不仅为开发经济建设服务，提高了经济效益，而且也弘扬了民俗文化。随着文化旅游热的到来，各个历史时期、各个民族、各个地区的民间古老文化、传统民俗的形象再现，更能满足和激发现代人的好奇心。

3. 学习并具备相应的民俗知识是做好旅游工作的重要前提与必备条件

入乡随俗、入境知俗是旅游工作的一项重要原则。对于“俗”的透彻了解无疑有助于避免无知犯讳的出现，更可以对相关民俗巧加利用做好相应工作。旅游接待者一方面要熟悉本地的民俗，以便回答游客随时可能提出的有关问题。许多游客把了解目的地的风土人情作为旅游的重要目的，很可能就当地的风土人情提出这样那样的问题，如果接待人员一问三不知，必然会令游人失望。另一方面要了解主要客源地的有关民俗。不同地区、不同民族、不同国度的游客对旅游服务会有不同的要求，而要求的不同很大程度上是由他们所在地不同的生活民俗造成的。作为接待者，要使自己的服务令游客满意，一个重要的前提是要了解客源地的有关民俗。只有熟悉客人的背景民俗，才可能了解其需求特点；只有知道客人的需求，才可能提供有针对性、个性化的服务，才能保证和提高服务质量，让游客满意。通过学习不同民众的民俗知识，我们不仅可以汲取各民族创造的优秀文化，了解对象民众心态，更能使我们在工作和生活中尊重交际对象的生活习惯，更好地交流思想、开展工作。

二、旅游对民俗的影响

1. 旅游对民俗的积极影响

（1）旅游有助于民俗的传播与交融。旅游是人们在不同地区的暂时流动。在流动过程中，游客所在地区的某些风俗习惯，与旅游地的一些民俗内容，必定会发生接触、碰撞，进而渗透融合。游客无意中就成了民俗文化沟通交流的使者。每一次旅游活动实际上都是一次文化文流与文化传播。现代旅游者多以体验感受异域文化为目的，对旅游地的民俗民族文化尤感兴趣。旅游正是以文化事象作为吸引物和承载物，激发游人兴趣，通过游人的体验参与，从而达到旅游主体、客体双向交流，满足旅游者休闲、探奇、求知等目的。这样一来，旅游者亲身体验了异地异族的民俗文化，旅游接待地也借机传播了自己的文化。在今天，旅游对民俗文化的传播与交融起着越来越重要的作用。旅游活动的开展有利于促进民族地区与发达地区的跨文化交流，开拓人们的眼界，增进市场经

济意识，促使民族地区生活方式变迁，提高民族地区文明的程度。另外，旅游本身可以划归到旅行生活习俗的范畴。一旦一个地区的民众在频繁和长期的旅游活动中，形成模式化的思维和行为，并为大多数人所遵从，那么这种旅游习惯就变成了新的生活民俗。

（2）旅游能促进民俗文化的保护和发展。现代旅游业的发展，要求人们不仅要开发新的旅游资源，而且要保护、修葺（修缮）和恢复原有的文化资源。许多国家对民俗文化都采取了保护、开发、利用一体化的一系列科学举措，以使本国旅游业更具特色、更具魅力。所有这些，对民俗文化将起到积极的保护和促进作用。在云南丽江等地，旅游业的发展对保存、发掘和复兴东巴文字、纳西古乐等就起到了积极的作用。同时，旅游会使旅游地居民产生文化自觉，促进民俗文化保存和复兴，并促进旅游地居民对重新包括民俗在内的本地文化做出思考与选择，优化文化氛围与文化环境。滇西北香格里拉地区的藏族同胞，在发展旅游过程中，对本民族传统文化的认同非常明确，而且高度一致。丽江的纳西族人更是积极主动地投身于保存和弘扬本民族文化的活动。

2. 旅游对民俗的消极影响

旅游对民俗的消极影响主要表现为旅游地民俗可能受到冲击，民俗生态环境可能被破坏，民俗被商品化甚至被殖民化。大量游客涌入，旅游地的民俗可能会因商品化而受到歪曲并失去价值。大量异地的文化、思想意识、生活习俗的引入，可能致使旅游地的民俗逐渐被同化、淡化、庸俗化甚至消失。在民俗文化资源的开发过程中，民俗文化往往仅被视为满足旅游需求的旅游产品和商品，出现一些职业土著造就的“伪民俗”。生搬硬套、肆意拼合，随意表演，扭曲民俗文化的意义和价值，使其沦为表演的工具和仪式，屈从于旅游者自以为是的文化想象。有时甚至出现为了迎合一部分客人而着力渲染一些低俗、色情的东西，使民俗文化庸俗化。另外，在旅游过程中还有可能出现旅游地民众价值观变化、淳朴民风丢失的情况，致使民俗本身及其生存的生态环境受到难以弥补的毁坏，甚至影响旅游地社会的稳定。对这些消极的影响，我们应积极采取防范措施和相应对策，努力减少或最大限度地限制这些不良影响，使民俗文化资源得以长期使用和弘扬。

【本章小结】

本章介绍了民俗的基本知识和民俗与旅游之间的复杂关系。民俗有集体性与类型性、传承性与扩布性、稳定性与变异性、民族性与地方性等四大基本特征；民俗对人类社会的作用和功能主要表现在教化功能、规范功能、维系功能、调节功能等四个方面；民俗是一种重要的旅游资源，丰富了旅游活动，提高了经济效益。旅游能促进民俗文化的交流和传播，促进民俗文化的保护和发展，同时旅游对民俗文化也有消极的影响。

【复习思考题】

1. 按民俗的内容划分，民俗划分为哪几类？
2. 民俗的基本特征有哪些？
3. 民俗的功能有哪些？
4. 民俗对旅游的作用有哪些？
5. 旅游对民俗的影响有哪些？

【案例分析】

2013 年 7 月 6 日，青岛市旅游局在金滩举行青岛啤酒节开幕式，同时表演丰富多彩的民风民俗节目。夏季是青岛旅游的高峰，诸多中外游客参与了开幕式。青岛电视台用 5 分钟的时长报道了开幕式。青岛啤酒节由此拉开序幕。

你的家乡有哪些民俗旅游资源？参考青岛啤酒节民俗活动，为你家乡民俗风情活动的开展起草一个方案。

分析提示：方案宜结合家乡的实际情况，重点突出家乡民俗。

第 2 章

中国汉族民俗

【教学目标】

1. 掌握汉族的形成和人口分布。
2. 了解汉族的主要民俗。
3. 区别汉族的不同禁忌。

【导入案例】

以农业自然经济为基础的封建社会统治了中国几千年，这种封建的宗法社会，在汉族的文化心理上造就了两个特点：一是对血缘关系的高度重视，二是对等级差异的强调。汉族人在言语交际上的突出特点是讲究亲属称谓的使用，长幼辈分的严格区别。在西方可以看到晚辈对长辈直呼其名的情况，这在汉族人的交际中是不允许的，对亲属中的长辈，交谈时都必须使用称谓，这是有礼貌、有教养的表现。亲属称谓还作为一种尊称，大量用于非亲属的交谈者身上，如称叔叔、伯伯、奶奶、阿姨，被认为是对对方的尊敬，表示关系的亲密。重视长幼的宗法观念被移用到社会的人际关系，就变为等级观念。几千年的封建社会一直提倡长幼有序、尊卑有序。所以人们对有官职的谈话对象历来有以职务相称的习惯，在古代这就被认为敬称。在交际中为了抬高对方的地位，往往就压低自己，于是有了一批与敬称相对的谦称，如贵姓—敝姓、府上—寒舍、贤弟—愚弟、大作—拙作、高见—愚见。

结合案例，谈谈汉族的文化心理。

分析提示：汉族的文化心理是经过几千年的积淀，逐渐形成的。虽然近百年来各种现代文化思潮输入，这种传统文化心理受到了很大的冲击，但其影响仍然根深蒂固。这就在人们言语交际的过程中形成了汉语所特有的语用特点。

第 1 节　汉族的形成

汉族是中国的主体民族，也是世界上人口最多的民族。目前，汉族人口约为 13 亿，占世界总人口的 19%，分布于世界各地。除中国外，汉族人口在东南亚和北美洲也有较多分布。汉族人口 90%以上都分布在中国，第六次全国人口普查结果显示，汉族占全中国人口 91.51%。

一、汉族的起源

汉族的起源是多元的，既有主源又有支源。炎黄集团是汉族的一个主源。原始社会末期，在黄河两岸中原地区崛起的炎帝部落和黄帝部落结成部落联盟后，为了争夺部落联盟首领的权位而进行了历史上有名的“阪泉之战”，黄帝取得了决定性的胜利而称雄于中原。追本溯源，汉族世称“炎黄世胄”“黄帝子孙”，其源盖出于此。至今位于陕西中部的黄陵县，传说为黄帝之墓的黄帝陵，在数万株千年古柏的簇拥中耸立在桥山上，成为汉族起源的象征。

东夷集团是汉族的另一个主源。在汉族起源的时代，与炎黄部落联盟并居黄河流域的是东夷。东夷集团主要分为蚩尤、帝俊、莱夷、徐夷和淮夷五大部分。他们的地理分布情况是：蚩尤部居今山东西南一带，帝俊部居今山东和河南交界的地区，莱夷居今山东东部地区，徐夷居今苏北淮河以北徐州一带，淮夷居今淮河以南的苏南、皖南地区。其间还有一些小的氏族或部落。从这个分布中可以看出东夷集团主要分布在包括淮河流域在内的黄河中、下游广大地区。在汉族与东夷集团的族源关系中，最重要的是东夷集团中的蚩尤部和帝俊部经过激烈的分化、互动和融合，在夏民族之后，也一举冲破了原始社会的网络，跨进了文明的大门，形成商民族。商王朝是中国奴隶制的发展时期，商民族是华夏民族的一个重要组成部分，这种深远的渊源关系，决定了东夷集团是汉族又一个主源的历史地位。

苗蛮集团是汉族的一个支源。苗蛮是远古时代中国南方诸氏族、部落或部落联盟的泛称。它最早的活动范围在西北达丹江流域，川东及鄂、湘、赣、皖的沿长江流域，东抵淮河流域，集结在彭蠡（今鄱阳湖）和洞庭之间。苗蛮集团与炎黄、东夷不同，它在向民族发展的过程中，出现了多元化的情况。一方面，苗蛮集团的一部分成为后来的苗、瑶、畲等民族的祖先，至今苗、瑶、畲等民族中还盛传着关于盘瓠的传说。另一方面，苗蛮集团的某些氏族、部落，后来发展形成楚民族，成为华夏民族的族源之一，从而成为汉族的支源之一。

百越集团是汉族的第二个支源。远古之时，中国南方的另一支土著——百越活跃于长江下游的东南沿海以及岭南　带。百越集团的种类很多，史称“越有百种”。与苗蛮集团发展的情况一样，百越集团在形成民族的过程中，也出现了多元化的情况，其中的一部分在历史长期的发展中经过多次分化和聚合，逐步形成中国南方壮侗语族中的壮族、傣族、布依族、侗族、水族、仫佬族、毛南族、仡佬族等少数民族，另一部分则在不同的历史时期或融合于华夏民族，或同化于汉族，如于春秋战国时融合于华夏民族之中，而南越、东越、闽越则于西汉之时逐渐同化于汉族。百越集团中其他一些部落或部落联盟，虽在三国魏晋以后发展演变为俚人、僚人，但经南北朝的民族大同化，俚人、僚人中的一部分也被同化于汉族之中，这个问题已涉及汉族的发展问题，但仅此也可看出百越集团是汉族的又一支源。

戎、狄集团是汉族的第三个支源。戎、狄是中国古代典籍对中原之西、之北各氏族、部落的泛称。其实，戎、狄之称冠以方位，始见于西周，在此之前戎、狄是互通的。当时，中原西部和北部的氏族、部落主要分为三大集团，即狁、鬼方、羌方。戎、狄与汉族的族源关系主要表现在远古的黄帝之时，白狄之先世狁就与黄帝有不可分之关系。

总之，历史上的炎黄、东夷是汉族的主源，而苗蛮、百越和戎狄是汉族的支源。

二、汉族的形成

汉族的形成不是一蹴而就的，它经历了夏、商、周、楚、越等族从部落到民族的发展过程，又经历了夏、商、周、楚、越等族及部分蛮、夷、戎、狄融合成华夏民族的阶段，最后形成于汉代漫长而复杂的 3 个历史阶段。

1. 夏、商、周、楚、越诸族的相继崛起

汉族的形成起始于夏、商、周、楚、越诸民族的相继崛起。公元前 23 至前 22 世纪，夏民族在黄河中游、洛河流域的黄土地带首先崛起。相传夏部落在进入黄河、洛河流域以前，仍然处于原始社会的氏族公社制时代。血缘关系仍然是维系人们的主要纽带。随着生产力的变化和发展，到了大禹时期，青铜工具的出现和使用，对于夏民族崛起的意义是促使“以铜为兵”的灌溉农业经济类型的形成，反映了夏民族形成的经济基础和政治条件都已成熟。在这种新的历史转折时期，禹划九州，标志着夏部落血缘关系向地缘关系转化的完成，也标志着夏民族的形成。

由于社会发展的不平衡，当夏民族在黄河中游崛起之时，地处山东半岛，奉鸟为图腾的商部落还过着原始社会的流动生活。但是，生产力的不断发展，商部落也毫无例外地走上了原始社会解体的道路。本来臣属于夏王朝的商部落，在商国家建立的过程中，大胜灭夏，汤建立了一个新的奴隶制国家——商王朝。与此同时，商部落也完成了从血缘关系向地缘关系的转化，而发展成商民族，崛起于黄河下游。

与商灭夏一样，居住在陕甘渭水上游的溱、沮流域之间，原来是商王朝部属的周部落，重蹈商民族崛起的道路，在臣属于商王朝的历史条件下，完成了从原始社会向阶级社会的过渡，上演了类似商灭夏桀一幕，在“克商”中建立了周王朝，发展成周民族。

夏、商、周三族在黄河流域相继崛起之后，楚、越两族在长江流域也相继崛起。与黄河流域相比，长江流域社会发展的进程相对来说是比较缓慢的。由于国家还没有出现，在相当的一个时期内，长江流域的各氏族、部落被人们称“蛮”。而江汉地区的蛮，则被称为“楚荆”。而周成王封熊绎于楚，从一定的意义上来说，不仅奠定了楚开国之基，也是楚民族形成的一个标志。

越民族的形成是从于越突起开始的。分布在江浙到两广或云贵高原这一弧形地带的百越集团，因社会发展的不平衡而长期处于“百越杂处，各有种姓”的状态。但是，由于历史的机遇和优越的地域位置，商、周之时，与中原诸民族邻接的百越在江浙的一支——于越突起，开始了形成民族的历程。吴、越国家的建立，反映了于越原始社会的瓦解和崩溃，也标志着于越各部落血缘关系向地缘关系转化的完成。

从夏、商、周、楚、越诸民族相继崛起，我们可以看到中国古代民族形成和发展史上此起彼伏的雄壮一幕，他们谱写了汉民族形成的第一阶段。

2. 华夏民族在大融合中铸成

作为历史进程，民族与其他事物一样，也是不断发展变化着。从部落发展成民族的夏、商、周、楚、越诸族作为原生民族，在周王朝的统治下从春秋到战国，民族关系发生了大变动、大发展。此时，夏、商、周、楚、越诸族发展、变化的主要形式就是互相往来、互相渗透、互相吸收，由此出现了民族融合的大趋势。

春秋时期的民族大融合，首先是在夏、商、周三族之间进行的。例如晋惠公“做州兵”，就打破了西周以来军队组成的规定，说明“国”与“州”对立的消除，而州人本是被周征服的“庶人”，又表明晋国内各民族之间的鸿沟已逐渐填平。

春秋民族大融合，还扩张到部分蛮、夷、戎、狄之间。所有这些会合在一起，形成了春秋时期民族大融合，于是一个非夏非商非周非楚非越，又非蛮非夷非戎非狄次生的新民族——华夏民族诞生了。华夏民族，在先秦典籍中多称为“夏”或“诸夏”，又称为“华”或“诸华”。此后，“华夏”遂成为春秋时以夏、商、周三族及夷为主源，部分蛮、戎、狄为支源融合形成的新民族的族称。

战国时期的民族融合以更深的程度、更广的范围、更快的速度继续进行着。在南方，春秋以后，楚国纵横于汉水、长江流域一带，经800余年的扩张经营，文明程度越来越高，民族之间的融合也越来越深。在东北，燕对辽河流域的开拓，不仅奠定了古代中国在东北的疆域，也使辽河流域各民族融合成华夏民族的又一个支系。在北方，赵国是战国后期仅次于秦的强国。赵武灵王“胡服骑射”的史实，不仅是战国时期民族融合的实例，而且是华夏文化吸收北方少数民族文化的明证。在西北，秦国是战国时代的后起之秀，秦本是犬戎的一支，而非“诸华”族，因护送平王东迁有功，秦襄公始列为诸侯。在春秋战国之交，秦与西方诸戎族展开了激烈的搏斗，成了西方各民族融合的中心。公元前395年商鞅变法后，秦后来居上，成为战国七雄中实力最强的国家，不仅打败了韩、赵、魏三国，而且先后兼并了周围的少数民族，增设了黔中郡、巫郡、南郡、南阳郡、三川郡、太原郡等。昔日西方落后的戎族国家，成为西方民族融合的中心，一跃而成为华夏民族的骨干和核心。

从春秋到战国民族大融合的历史中，我们可以看到，继夏、商、周、楚、越诸族相继崛起的此起彼伏的中国古代民族形成和发展史上雄壮的一幕之后，在中国古代民族形成和发展史上又演出了波澜壮阔的民族大融合的一幕。在这一幕历史活剧中，一个崭新的民族——华夏民族，在民族大融合的熔炉中铸成，分别形成了东以齐，西以秦，南以楚，北以赵、燕为代表的四个大支系，为统一的汉民族的形成奠定了基础，这是汉族形成的第二阶段。

3. 汉族在“大一统”中形成

在春秋战国民族融合的熔炉中铸成的华夏民族是一个分散的、不统一的民族。生产力水平的进一步发展和提高，要求有一个统一的政治中心。秦始皇雄才大略，用十年时间统一了六国，结束了诸侯割据纷争，建立了中央集权“大一统”的封建国家——秦王朝。华夏民族也从分散走向了统一。秦王朝建立后，秦始皇采取了推行郡县制，规定“书同文”，统一货币、度量衡和“车同轨”“行同伦”，以及筑长城等一系列的措施，使得华夏民族更加确定地成为一个稳定的人们共同体。汉承秦制，在“大一统”思想的指导下，政治上，汉武帝创设了刺史制度，把全国分为十三州部，实行“编户齐民”；经济上，汉武帝接受桑弘羊建议，颁行均输法、平准法，以京师为中心，建立了全国范围的商业网，商品流通大大发展；文化思想上，汉武帝接受董仲舒“罢黜百家，独尊儒术”的建议，使儒学发展成了经学，取得了占统治地位的优势，使儒学成了正在形成的汉民族共同心理素质的血肉部分。所有这些，表明西汉时中央集权“大一统”封建国家更集中、更强大，使统一成了中国历史发展的主流，使华夏民族完成了向汉族的发展和转化。

华夏民族发展、转化为汉族的标志是汉族族称的确定。华夏民族统一于秦王朝，其族称曾经改称为“秦人”，西域各国就有称华夏民族为“秦人”的习惯。但是秦王朝短命的国运，使“秦人”的称呼很快被人们遗忘了。而汉王朝从西汉到东汉，前后长达400多年，为汉朝之名兼华夏民族之名提供了历史条件。另外，汉王朝国势强盛，在对外交往中，其他民族称汉朝的军队为“汉兵”，汉朝的使者为“汉使”，汉朝的人为“汉人”。于是，在汉王朝通西域、伐匈奴、平西羌、征朝鲜、服西南夷、收闽粤南粤，与周边少数民族进行空前频繁的各种交往活动中，汉朝之名遂被他族称呼为华夏民族。总而言之，汉族之名自汉王朝始称。

从华夏民族向汉族发展、转化的历史活剧中，我们可以清楚地看到：继华夏民族在春秋战国民族大融合的熔炉中铸成之后，在“大一统”思想的指导下，又演出了民族形成和发展史上气贯长虹的一幕。从此以后，汉族就以世界上人口最多的一个民族跻身于世界民族之林，屹立在世界的东方，这就是汉族形成的第三个阶段。

第2节 汉族主要民俗

一、服饰民俗

（1）传统服饰。汉服是汉民族传承了数千年的传统民族服装，是最能体现汉族特色的服装。从三皇五帝到明代的几千年时间里，汉民族凭借自己的智慧，创造了绚丽多彩的汉服文化，发展形成了具有汉民族自己特色的独特服装体系——汉服体系。

传统汉服有礼服和常服之分。从形制上看，主要有“上衣下裳”制（裳在古代指下裙）、“深衣”制（把上衣下裳缝连起来）、“襦裙”制（襦，即短衣）等类型。

其中，上衣下裳的冕服为帝王百官最隆重正式的礼服，袍服（深衣）为百官及士人常服，襦裙则为妇女喜爱的穿着。普通劳动人民一般上身着短衣，下穿长裤。配饰头饰是汉族服饰的重要部分之一。古代汉族男女成年之后都把头发绾成发髻盘在头上，以笄固定。

男子常常戴冠、巾、帽等，形制多样。女子发髻也可梳成各种式样，并在发髻上佩戴珠花、步摇等各种饰物。鬓发两侧饰博鬓，也有戴帷帽、盖头的。

汉服作为一种独立服饰体系，在历史的传承与发展中，形成了独特的文化背景和民族风貌。其已形成了鲜明的风格特色，并且明显区别于我国其他民族，及世界任何一个民族的传统服装，更与现代服饰在制式风格上有着质的不同。

（2）现代服饰。当前，汉族较为普遍的服装是西服套装（上衣、背心、裤子、衬衫、领带、皮鞋）。在一般情况下不一定样样俱全，但在社交场合和礼仪活动中则是衣、裤、衬衫、领带、皮鞋配起套来。女子有以西服套装作礼服的，也有以上衣下裙或旗袍作礼服的；晚间出席宴会或晚会时，则多穿裙装或旗袍。冬春气温较低时，编织服装（羊毛衫、羊绒衫等）也常出现于社交场合。

近些年来，运动服、健美裤、夹克衫、牛仔服、运动鞋、旅游鞋等由于穿着舒适、自然、轻松、方便、美观等而流行起来，进入了汉族日常服装的行列。夏日，时髦女性穿起了超短裙，男女皆有只穿汗衫、短裤者。人们还有西服、牛仔裤、运动鞋的搭配，显出很大的随意性。但这类装束在庄重的礼仪活动和正式的社交场合中是不适宜的。

汉族在服装色彩上有崇尚红色的传统。汉族世俗信仰认为红色可以驱邪，代表着吉祥喜庆，故有喜穿红色衣物之俗；而白色则被作为丧服之色。近代以来，汉族城市居民受西方服装色调的影响，色尚浅淡，白色衣衫成为一种时髦而受到一些人的喜欢，如一些男子穿白色西服，一些新娘采用了西式的白色婚纱礼服。

汉族有质地厚实的御寒帽子和质地轻薄的装饰帽、遮阳帽。近代以来，西式礼帽传入中国，在汉族中曾长期流行，但现在已较少见。当前汉族已无专用礼帽，只在礼仪场合脱掉所戴的便帽致意（致敬或致哀）。在露天公共场所，男女可不脱帽，但男人进入室内应摘掉帽子，女人在自己家里做主人宴请客人时不能戴帽。

女性首饰有各种簪子、耳环、项链、戒指，一些女性还有手镯、手链、足链。男性首饰多用戒指，婚前戴在中指上，结婚戒指戴在无名指上，与女性相同。此外，近些年来有些青年男女还戴十字架、佛像坠等。穿西服者有的还佩戴胸花、领带夹。

汉族服饰的一些传统特色虽然已经淡化或消失，但其受地理环境影响而形成的地区特点仍然存在。例如：东北地区冬长夏短，冬季气温很低，故其服饰中注重保暖的冬装非常突出。华南、西南地区常年气温在10℃以上，夏天长达8个月，其气温多在28℃～30℃，因而着蓑衣、斗笠、竹帽、对襟短衣、筒裙等就成了当地服饰的典型特征。

二、饮食民俗

汉族主食以稻米、小麦为主，辅以蔬菜、肉食和豆制品，茶和酒是汉族的传统饮料。稻米的吃法以米饭为主，另有粥、米粉、米糕、汤圆、粽子、年糕等各种不同的食品；小麦则有馒头、面条、花卷、包子、饺子、馄饨、油条、春卷、炸糕、煎饼等吃法。汉族讲究并善于烹饪，不同地区的汉族以炒、烧、煎、煮、蒸、烤和凉拌等烹饪方式，形成了不同的地方风味。汉族菜一般被分为鲁、川、粤、苏、闽、皖、湘、浙八大菜系。

中国是茶的故乡，制茶、饮茶已有几千年历史，名品荟萃，主要品种有绿茶、红茶、乌龙茶、花茶、白茶、黄茶。中国茶艺在世界享有盛誉，在唐代就传入日本，形成日本茶道。

汉族人饮茶，注重一个“品”字。凡来了客人，沏茶、敬茶的礼仪是必不可少的。当有客来访，可征求意见，选用最合来客口味和最佳茶具待客。以茶敬客时，对茶叶适当拼配也是必要的。主人在陪伴客人饮茶时，要注意客人杯、壶中的茶水残留量，一般用茶杯泡茶，如已喝去一半，就要添加开水，随喝随添，使茶水浓度基本保持前后一致，水温适宜。在饮茶时也可适当佐以茶食、糖果、菜肴等，达到调节口味之功效。

酒不仅是能满足提神、解除疲劳、医用等生理需要的饮品，而且是一种重要的文化媒体，它在汉族长期的饮食文化中占有重要的地位。在封建社会，它是祭祀神灵和祖先的不可缺少的重要供品，在这种仪式中它起着沟通人神的媒介作用。汉族的重要节日，酒是不可或缺的必备品。汉族有句俗话，无酒不成宴。酒可以助兴，可以增加欢乐的气氛，至今还在不少地区流行的饮酒时的“猜拳”“酒令”“酒曲”等活动，既是一种饮酒习俗，又是一种民族游艺，它具有活跃气氛、消除酒力、显示和锻炼智力等多种功能。有些饮酒活动形成独特的文化习俗，如除夕饮屠苏酒，端午节饮雄黄酒，重阳节饮菊花酒等，蕴含着汉族人民深厚的自然天道和人文观念，至今仍为人们称道。酒是汉族在日常生活和各种社会活动中传达感情、增强联系的一种媒介。在汉族许多地区，姑娘出嫁临行前要饮别亲酒，新郎新娘入洞房要饮交杯酒等。所有这些饮酒习俗，都是汉族过去和现在饮食与生活习俗的有机组成部分。

三、居住民俗

汉族分布地区广，传统民居依地区不同而有不同式样。

（1）华北民居。华北平原汉族传统民居建筑，多数是平房，房屋结构以木柱托梁架檩，支撑椽条和轻瓦屋顶，以青砖墙、生砖墙、石墙及夯土墙维护北、东、西三面，多南向开门，有窗户。低窗台，窗户过去多支摘窗，窗上有棂格、糊纸，现在多作死扇窗，安大玻璃，屋内光线充足。室内砌有土炕，与灶相通。炕上铺席，席上铺毡，上置矮桌，可进餐或待客。屋顶多是人字形（俗称两面坡），坡斜度平缓。除瓦顶之外，还有在椽条上垫细树枝抹泥做顶的。关中平原及山西民居建筑屋顶多取一面坡式。北方汉族院落组合多作四合院式，以北京四合院为代表。

（2）陕北民居。陕北取黄土高原上层厚实、地下水位低的特点，挖窑洞作民居，有冬暖夏凉的优点。窑洞民居可分为地坑式、沿崖式和土坯式三种。地坑式窑洞在地面挖坑，内三面或四面开凿洞穴居住，有斜坡道出入。沿崖式窑洞是沿山边及沟边一层一层开凿的窑洞。土坯式窑洞以土坯砌拱后覆土保温。此外还有砖石砌的窑洞式民居。

地坑式窑洞也见于黄土层厚的豫西平原地区，如河南省巩义市的地坑式窑洞，常常是整个村庄和街道建在地坪以下，远远望去，只见村庄的树冠和地面的林木。地坑式窑洞顶上的土地，仍然可以种植庄稼。甘肃东部也有这种地下街道。从西方环境建筑学家的观点看来，这种地坑式窑洞建筑是完美的不破坏自然的文明建筑。

（3）东北民居。东北民居与华北民居相类似，因其盛产木材，房屋建造除用木构梁架外，还有木板做壁，抹白泥加厚，光洁成墙，房顶盖瓦或茅草，其余门窗及室内摆设与华北民居相同。

（4）南方民居。南方汉族传统民居中多见楼房，或为古代巢居的演变。传统民居楼房一般只是二层，仍以木构架为主体，木梁柱支撑较大的挑檐、重檐和起翘、阁楼、吊楼等，用精确的榫卯工艺制作。周围墙体多用砖石砌成，也有用木板嵌合四壁。各地楼房布局依自然条件及习俗不同而有差异：丘陵山地的楼房多依山傍水，江、浙水乡的楼房则前街后河，福建的土楼庞大美观，苏州的楼阁小巧秀丽。

四、人生礼仪民俗

（1）诞生季喜。新生婴儿诞生，是家庭和亲族中的喜事，主人会到亲戚、朋友、邻里家去报告喜讯。报喜成了婴儿初生时的一项礼仪活动。最常见的是携红蛋（称喜蛋）去岳父家报喜，以示喜庆和多子多福。有时也可携带其他礼品到岳父家报喜，如有的女婿带上挂面、酒、肉、糖等礼物，也有的携带一只鸡去报喜。又因为出生婴儿的性别不同，而有所区别，送母鸡则为女婴，送公鸡则为男婴。

（2）满月。满月礼，又叫弥月礼，在婴儿出生满一月时举行。产妇在坐月子期间亲戚邻居送鸡、蛋等礼物祝贺。满月那天，设宴答谢，并有庆贺母子平安之意。

（3）百天。俗称过“百岁”。新生儿满百日时，孩子的外祖父母、舅父、姨娘等前来祝贺，并到照相馆摄“百岁”像。

（4）周岁。俗称过“生日”。新生儿满周岁日，亲戚、朋友、邻居前来祝贺，赠送衣裤、鞋、袜、帽子、布等物品。午饭前，要举行抓周仪式（常在簸箕内放置书、笔、算盘及务农做工经商时所用的小物件，让过生日的孩子去抓，孩子第一次所接触的物件即意味着成人时所从事的职业）。

（5）结婚。新中国成立前，汉族居民成亲多由媒人介绍，须经过看媳妇、定亲、下柬、选日子等过程。结婚那天，新郎要到岳父家接新娘，而后还要进行拜天地、拜祖宗、拜父母等仪式。

新中国成立后，结婚仪式逐渐简化，男女双方到政府履行结婚登记手续后，即可择日结婚（多选农历双日、星期日或重大节日）。20 世纪 80 年代初，也有由工会、共青团、妇联举办集体婚礼或旅行结婚，但终未成风。1985 年后，结婚大操大办之风盛兴。进入 21 世纪，结婚典礼多请专业庆典进行主持，除恢复旧时的许多礼仪，还由主持人即兴发挥，场面热烈、欢庆。

（6）祝寿。新中国成立前，富裕人到 60 岁时，逢生日要祝寿，宾朋满堂，显示富豪。穷苦人食不果腹，无此奢望。新中国成立后，大多人家由儿女操持，为老人祝寿。逢老人生日，儿女聚集一堂，祝老人健康长寿。

（7）丧葬。新中国成立前，汉族人死后，要招魂、送浆水、报庙、挂岁数纸、送盘缠、开光、扎阴阳宅、辞庙；出殡时用黑布幡幛引路；葬后有送水、圆坟、烧七、百日、周年，到三周年时为最后的仪式。新中国成立后，除公职人员或县内名人由单位或有关部门组织开追悼会外，农民死后葬礼多复旧俗。政府推行火葬，尸体经火化后，骨灰大多送墓地下葬。

五、社交礼仪民俗

古代中国素有“礼仪之邦”的美称，古代汉族十分讲究礼节，礼俗别具一格。在相互交往中，古代汉族对于不同的对象均有相应的礼节，分为稽首、顿首、空首、振动、吉拜、凶拜、奇拜、褒拜、隶拜九种，称“九拜”。后经发展、演变，一般最常见的有打拱、作揖和跪拜三种。

打拱，就是右手在内，左手在外，两手合抱以示敬意。作揖，除拱手外，还要弯腰鞠躬。揖有高揖和长揖之分。高揖即双手高举，长揖除拱手高举外，还要自上而下，行鞠躬礼。打拱和作揖往往连用，大约是由古“九拜”中之“振动”演化而来。这种礼节无尊卑上下之分，为平辈之间的常礼。在古代，友人相遇也往往边说“谢”，边打躬作揖相让，以示尊重。

跪拜则是汉民族的一种庄重交际礼节，一般行于卑者对尊者、晚辈对长辈。跪拜是旧时使用年代最长、最频繁的一种礼节。古人认为，不跪不叫拜。拜，在古代就是行敬礼的意思。按照周代礼仪的规定，跪拜的动作和对象有严格的规范，共分稽首、顿首、空首，称为“正拜”。行稽首礼时，拜者必须屈膝跪地，左手按右手，支撑在地上，然后，缓缓叩首到地，稽留多时，手在膝前，头在手后。这是最重的礼节，一般用于臣子拜见君王和祭祀先祖时。

辛亥革命后，随着封建君主制度的废除，跪拜礼遂被废止，但并未绝迹，直到新中国成立后才彻底摒弃，不过民间晚辈对上辈有时也偶用此礼以示敬重。同时，打躬作揖的礼节也渐被握手礼、举手礼、注目礼、问好礼以及点头招呼所代替，但并未完全绝迹。

六、岁时节日民俗

汉族人民自古以来就有自己的节日，有的一直延续至今，有的则随着岁月的流逝逐渐淡化了。汉族的节日很多，主要有春节、端午节、清明节、元宵节、中秋节等。过春节又称为过年，是汉族人千百年来的传统节日，也是一年中最隆重的节日。汉族的春节习俗，一般以吃年糕、饺子、糍粑、汤圆、荷包蛋、大肉丸、全鱼、美酒、福橘、苹果、花生、瓜子、糖果、香茗为主，并伴有掸扬尘、洗被褥、备年货、贴春联、贴年画、贴剪纸、贴窗花、贴福字、点蜡烛、点旺火、放鞭炮、守岁、给压岁钱、拜年、走亲戚、送年礼、上祖坟、逛花市、闹社火、跳钟馗等众多活动。

（1）端午节。又称端阳节、重午节。汉朝以来定为农历五月初五，沿袭至今，成为我国民间传统的三大节日（春节、端午、中秋）之一。提到端午，总要与爱国诗人屈原联系起来。据南朝梁人吴均《续齐谐记》记载，屈原五月五日自投汨罗江而死，楚人哀之，每至此日，以竹筒贮米，投水祭之。此外，端午还有龙舟竞渡、饮雄黄酒、悬艾蒿及菖蒲等习俗。

（2）清明。农历二十四节气之一。中国传统的清明节大约始于周代，距今已有2500多年的历史。清明节是一个祭祀祖先的节日，主要是扫墓，扫墓是慎终追远、敦亲睦族及行孝的具体表现。按照旧的习俗，扫墓时，人们要携带酒食果品、纸钱等物品到墓地，将食物供祭在亲人墓前，再将纸钱焚化，为坟墓培上新土，折几枝嫩绿的新枝插在坟上，然后叩头行礼祭拜，最后吃掉酒食回家。

（3）元宵节。每年农历的正月十五日，春节刚过，迎来的就是中国的传统节日——元宵节。正月是农历的元月，古人称夜为“宵”，所以称正月十五为元宵节。正月十五日是一年中第一个月圆之夜，也是一元复始，大地回春的夜晚，人们对此加以庆祝，也是庆贺新春的延续。元宵节又称为“上元节”。按中国民间的传统，在这皓月高悬的夜晚，人们要点起彩灯万盏，以示庆贺。出门赏月、燃灯放焰、喜猜灯谜、共吃元宵，合家团聚、同庆佳节，其乐融融。民间有过元宵节吃元宵的习俗。元宵由糯米制成，或实心，或带馅。馅有豆沙、白糖、山楂等，食用时煮、煎、蒸、炸皆可。起初，人们把这种食物叫“浮圆子”，后来又叫“汤团”或“汤圆”，这些名称的“团圆”字音相近，取团圆之意，象征全家人团团圆圆，和睦幸福，人们也以此怀念离别的亲人，寄托了对未来生活的美好愿望。

七、工艺美术民俗

（1）陶瓷。陶瓷是历史悠久的汉族传统工艺之一，成就辉煌，历代都有新的创造，其中尤以江西景德镇瓷器、湖南醴陵瓷器、广东枫溪瓷器、山东淄博瓷器最为著名。

（2）木雕。木雕主要分布在浙江、福建、江苏、广东等地。浙江东阳木雕以浮雕见长；广东金木雕以镂雕见长，并饰以金箔，产品金碧辉煌；福建龙眼木雕饰以髹漆，古朴浑厚；江苏苏州的红木雕、湖北的木雕船也各有地方特色。

（3）刻砚。汉族还有悠久的刻砚历史。汉族艺人利用砚石细腻、发墨快、不损笔毫、不易干涸、易于洗涤的特点，因材施艺，充分利用砚石的不同天然形状、透明的石眼、丰富的色彩和纹理，巧妙地雕刻成各式砚台，风格清秀高雅，堪称文房之宝。其中，较著名的有端砚、歙砚、洮砚、澄泥砚等。

（4）漆器。各地的漆器都有自己的特点，北京雕漆，是在木胎、铜胎上髹饰数十层甚至上百层漆，雕刻出各种图案，色泽以朱红色为主，风格富贵华丽；福建脱胎漆器，髹饰技法丰富多样，产品轻巧美观；江苏扬州漆器以镶嵌螺钿为特点，在光线照映下，五彩缤纷；四川漆器多用推光的髹饰技法，产品光彩夺目。

（5）年画。年画是中国民间美术中较大的一个艺术门类，它从早期的自然崇拜和神祇信仰逐渐发展为驱邪纳祥、祈福禳灾和欢乐喜庆、装饰美化环境的节日风俗活动，表达了民众的思想情感和向往美好生活的愿望。年画历史源远流长，有着较多的产地，流行也十分广泛，通俗普及，曾经有过颇为兴盛的发展。无论是题材内容、刻印技术，还是艺术风格，都具有自己的鲜明特色。它对民间美术的其他门类曾产生过深远影响，而且与其他绘画形式相互融合成为一种成熟的画种，具有雅俗共赏的特点。苏州桃花坞、天津杨柳青、山东潍坊和四川绵竹，是我国著名的四大民间木刻年画产地。

（6）剪纸。剪纸在中国民间广为流传，根据历史的记载和出土的实物，剪纸至少有将近1500年的历史了。剪纸的出现应该是在汉代造纸术发明之后的事情，造纸术的发明，为剪纸的出现提供了有利条件。到了唐代，剪纸艺术大大发展，以剪纸招魂是当时民间的重要习俗之一。在民间，剪纸图案还被广泛应用于木版雕刻、铜器饰纹、布匹印染等其他艺术领域。宋代的造纸业发展成熟，纸品种类的增多为剪纸的普及提供了条件，出现了诸如民间窗花、灯彩和茶盏上的装饰等各种不同的表现形式，使民间剪纸的运用范围比唐代更为扩大。南宋时期，就已出现了以剪纸为职业的艺人。明、清时期是剪纸艺术的鼎盛时期，剪纸成为重要的居家装饰品，如门笺、窗花、柜花、棚顶花等，剪纸也成为民俗活动必不可少的装饰品。中国的剪纸起源于汉至南北朝时期，而真正繁盛却是在清朝中期以后。古老的剪纸多在乡间，以剪刀铰出为主，趣味浑朴天然，多出自农家妇女之手；剪纸进入城市后，市民情趣和生活理想渗入剪纸艺术，而千家万户聚集在一起，互传成习，需要颇巨；剪纸艺人为了省工，一刀多张便改为刻刀雕刻为主，风格转向精巧，艺人也就不止于妇女了。然而，时代更迭、生活改变和审美转化，传统民间艺术渐渐不能适应现实需要，所以现代新兴剪纸艺术孕育而生。

（7）中国皮影。北方以滦州皮影代表，影人结构包括：头、上身、上臂（两件）及下臂（两件）、手（两件）、下身、腿（脚与腿相连，两件），共11个组件。中心控制是脖条，以杆子操纵。生、旦脸部镂空，净、丑则涂色，脸形棱角分明，尖下巴，平额头。形体较小，一般25.4~30.4厘米，最高40.6厘米，多以驴皮雕镂。南方以成都灯影戏为代表，影人分大、中、小型，大型的身高60~80厘米，个别高达1米，中型的身高40~60厘米，小型的身高24~30厘米。影人结构包括：帽、头、胸、腹、下肢二、上臂二、前臂二、手掌二。头可插进脖颈上用细铁丝缠绕的皮圈内，其余关节用细麻绳联结。影人关节灵活，在优秀艺人操纵下，行坐顾盼、端带撩袍、舞刀挥剑、驾雾腾云、打斗驰马，出神入化，令人叫绝。中国皮影扮演种种传奇故事，塑造了生、旦、净、丑、神、佛、灵、怪、兽种种难以想象的影窗形象，成为驭物为灵的艺术。

八、游艺民俗

游艺民俗是一种以消遣休闲、调剂身心为主要目的，又有一定模式的民俗活动。它是人类在具备起码的物质生存条件基础上，为满足精神的需求而进行的文化创造。游艺民俗包括：

（1）民间文学。中国民间文学是指人民群众口头创作、口头流传，并不断经集体修改、加工的文学。民间文学包括神话、民间传说、民间故事，韵文的歌谣、长篇叙事诗，以及小戏、说唱文学、谚语、谜语等体裁。这里主要介绍神话和民间故事：神话是远古人民表现对自然及文化现象的理解与想象的故事。它是人类早期的不自觉的艺术创作。神话并非现实生活的科学反映，而是由于远古时代生产力的水平很低，人们不能科学地解释世界、自然现象和原始社会文化生活的起源和变化，以他们贫乏的生活经验为基础，借助想象和幻想把自然力和客观世界拟人化的结果。神话大致分为三类：创世神话、神佛神话和英雄神话。其中以创世神话最为重要。民间故事是民间文学中的重要门类之一。从广义上讲，民间故事就是劳动人民创作并传播的，具有虚构内容的散文形式的口头文学作品，是所有民间散文作品的通称，有的地方叫“瞎话”“古话”“古经”等。民间故事从生活本身出发，但又并不局限于实际情况以及人们认为真实的和合理范围之内。它们往往包含着超自然的、异想天开的成分。民间故事可分五类，即：幻想故事、动物故事、生活故事、民间寓言和民间笑话。

（2）民间音乐。中国民间音乐是指用中国传统乐器以独奏、合奏形式演奏的民间传统音乐。中国传统乐器众多，不同乐器的组合、不同的曲目和演奏风格，形成多种多样的器乐乐种。按传统习惯，民间音乐分为单曲与套曲两类。单曲多为单一独立的曲牌。套曲由多个曲牌或独立的段落连缀而成。

（3）民间戏曲。中国民间戏曲种类繁多，京剧是其中的代表。

京剧又称“皮黄”，由“西皮”和“二黄”两种基本腔调组成，也兼唱一些地方小曲调（如柳子腔、吹腔等）和昆曲曲牌。它形成于北京，盛行于20世纪三四十年代，时有“国剧”之称。现在它仍是具有全国影响的大剧种。它的行当全面、表演成熟、气势宏美，是近代中国戏曲的代表。京剧擅长表现历史题材的内容，故事大多取自历史演义和小说话本。它既有整本的大戏，也有大量的折子戏，此外还有一些连台本戏。

（4）民间竞技。中国民间竞技种类繁多，有赛力的、赛技巧的、赛技艺的，以及以观赏为主的杂艺，如舞狮、舞龙等。

舞狮是我国优秀的民间艺术。每逢佳节或集会庆典，民间都以舞狮助兴。舞狮有南北之分，南方以广东的舞狮表演最为有名。狮子由彩布条制作而成。两个人合作表演，一人舞头，一人舞尾。表演者在锣鼓音乐下，装扮成狮子的样子，做出狮子的各种形态动作。在表演过程中，舞狮者要以各种招式来表现南派武功，富有阳刚之气。

舞龙俗称玩龙灯，是汉族传统民俗文化活动之一。每逢喜庆节日，都会舞龙。舞龙时，龙跟着绣球做各种动作，不断地展示扭、挥、仰、跪、跳、摇等多种姿势。以舞龙的方式来祈求平安和丰收是汉族的一种民俗文化。随着华人移民到世界各地，现在的舞龙文化，已经遍及各华人集中的地区，成为中华文化的一个标志。

(5) 民间游戏。中国民间游戏种类繁多，如秧歌舞、踩高跷、放风筝等。

秧歌舞又称扭秧歌，历史悠久，是我国最具代表性的一种民间舞蹈形式，深受人民群众欢迎。秧歌舞具有自己的风格特色，一般由舞队十多人至百人组成，扮成历史故事、神话传说和现实生活中的人物边舞边走，随着鼓声节奏，善于变换各种队形，再加上舞姿丰富多彩，深受广大观众的欢迎。

踩高跷是汉族传统民间活动之一。踩高跷俗称“缚柴脚”，亦称“高跷”“踏高跷”“扎高脚”“走高腿”，是民间盛行的一种群众性技艺表演，多在一些民间节日里由舞蹈者脚上绑着长木跷在广场进行表演。踩高跷技艺性强，形式活泼多样，由于演员踩跷比一般人高，便于远近观赏，而且流动方便，无异于活动舞台，因此深受群众喜爱。

放风筝是中国民间广为盛行的一项游戏项目，至今已有2000余年的历史，被称为人类最早的飞行器。相传春秋时期，著名的建筑工匠鲁班曾制木鸢飞上天空。后来，以纸代木，称为“纸鸢”。汉代起，人们开始将其用于测量和传递消息。唐代时，风筝传入朝鲜、日本等周边国家。到五代时期，纸鸢上系以竹哨，风入竹哨，声如筝鸣，因此又称“风筝”。至宋代，放风筝逐渐成为一种民间娱乐游戏。元代时，风筝传入欧洲诸国。唐以前的风筝用丝绸制作，晚唐时改用纸制。品种繁多，结构有硬翅、软翅、伞形、桶形、长串等。题材广泛，形式多样。民间还创造了风筝上的附加物，如有音响的“鹤琴”“锣鼓”，有灯光装置的“灯笼”，有散落携带物的“送饭儿”等，各具特色。

九、宗教和世俗信仰

(1) 儒家思想。公元前2世纪，汉武帝“罢黜百家，独尊儒术”，确立儒家的官学地位以后，儒家思想逐渐成为汉族的正统思想，历代官吏主要出自儒生。此后2000年间，儒家的思想体系、道德准则、行为规范渗透到汉族的各个方面，影响着整个汉族的思想意识和行为方式。儒家思想的核心，在“仁”与“礼”。“仁”的目的是克制自己，维护礼制，“克己复礼为仁”。“礼”是维护家族、社会、国家的各种等级关系，使之和谐巩固的制度和观念。由于信奉儒家学说，汉族形成了在常态下具有温和、宽容、敬让、讲究礼节的民族性格。

（2）道教。道教创始于公元 2 世纪，其在古代巫术、方术、黄老之学的基础上产生，是流行于部分汉族群众中的一种土生土长的宗教。魏晋南北朝时期，有东晋葛洪著《抱朴子》，北魏嵩山道士寇谦之、刘宋庐山道士陆修静分别重辑道教经典，讲修炼成仙之法，定乐章诵诫，增补经诀，广制斋戒仪范，使道教的宗教教理和仪规趋于完备，并把道教的神仙方术与儒家的纲常名教相结合，规定道教“以礼度为首”，即以维护封建统治秩序为目的。从此，道教受到封建统治者的扶植，有了很大的发展。

（3）佛教。佛教起源于印度，创始人是释迦牟尼。佛教正式在汉地流传，是公元 1 世纪。汉地佛教有自己的特点：一是以信奉大乘显教为主；二是汉族僧尼把僧服黄色大领袈裟披在普通服装之上；三是自梁武帝时起，汉地僧尼即行素食；四是寺院与农业经济相结合，汉地僧尼有自谋衣食的传统，也接受供养人布施；五是汉地僧尼出家后终身不还俗；六是汉地佛教音乐大量吸收了汉族民间音乐的风格和技巧，带有浓厚的汉族音乐色彩。

（4）崇拜龙凤。龙、凤从原始社会时期作为大自然神秘力量的象征受到崇拜，到奴隶社会由某些氏族的图腾转化为最高统治者祖先的化身，到封建社会则成为皇权的标志，龙是皇帝的化身，凤则为皇后的化身。皇帝的容貌、身体、服装、座位、床铺……都冠“龙”字。太皇太后、皇太后、皇后都戴凤冠，皇宫的建筑称为凤阙或凤楼，皇帝乘坐的车称为凤辇，皇帝仪仗所用的华盖称为凤盖。总之，在宫廷的装饰艺术中，龙凤无处不有，始终处于显赫的地位。现在龙凤作为皇权的标志虽然随封建制度的崩溃而消失了，但民间仍以“龙跃凤鸣”来比喻才华出众的人物。汉族对龙凤的崇拜在民间习俗中也占有极重要的地位。汉族对龙凤的崇拜，渗透到生活的各个领域，形成一系列特殊的传统习俗。元宵节要龙灯，端午节龙舟竞渡，喜庆日要跳龙舞、凤舞和行凤凰灯。南阳汉代画像砖刻中就有凤舞的形象。过春节时，华东地区一些农村的民间艺人手持五彩凤凰灯，唱着赞歌到各家祝贺。此外，由于龙的形象威武严肃，象征个性的坚毅刚强，所以汉族民间喜以“龙”作为男性的命名；而凤的形象艳丽优美，象征女性的美貌温柔，民间又喜以“凤”作为女性命名。此俗至今犹然。由于人们对龙凤的崇拜，千百年来，龙凤形象的纹饰遍见于绘画、工艺美术、雕刻、建筑装饰以及民间文艺创作之中，人们可以从龙凤的艺术形象中，直接感受到汉族传统文化的气质和民族的共同心理素质。因此，龙凤纹饰也就成了汉族传统文化的象征。

（5）世俗信仰。汉族还有许多人具有世俗信仰。汉族世俗信仰内容庞杂、体系零乱，具有显著的多神论特点。佛教、道教的宗教神和不属于某种宗教的民间神同时都是这种信仰崇拜的对象。

汉族信仰的民间神可以分成自然神和社会神两大类。自然神是由对自然现象、自然物、自然力的神化而来的神灵，如天地星辰、江河湖海等自然物之神，风雨雷电等自然现象和自然力之神，花草树木等植物之神，以及马牛羊等动物之神。

社会神是由对社会现象和社会力量的神化而来的神灵，如掌管命运的神灵、家庭守护神、地方保护神、行业祖师神等。

汉族世俗信仰还有鬼灵崇拜和圣贤崇拜，以及天命观、兆象观、风水观等观念，算命、占卜、相宅等活动随之而来。出于对神鬼的信仰，请神驱鬼之类的巫术在汉族中也曾长期流行。

新中国成立以来，唯物主义和无神论思想日益深入人心，上述汉族的传统世俗信仰逐渐趋于淡化。

（6）土地崇拜。作为一个农业大国，传统中国是一个典型的农业社会，从事农业生产的人口一直占有绝对的多数，有关农业和土地方面的崇拜与信仰几乎可以代表全部的崇拜与信仰。农业的祭神活动源远流长，所祀之神可谓名目繁多。直到今天，与农事有关的古老传说中的人物如伏羲、神农、黄帝、后稷、土谷、青苗、雹神、虫神，以及与农家生活各种时令节日相关的，如门神、灶神、马神、牛神等依然被人们所信奉，所信仰。

在农民心目中，土地神是掌握土地和庄稼的神灵。它能够保佑禾苗壮大，能够防御风雹虫害，只要虔诚地供奉之，便会获得丰收。春日田事方兴，向土地神祈祷丰收，秋收后，向土地神表达谢意，这就是“春祈秋报”。伏羲、神农、黄帝作为三皇被人们共同尊为农业神师，我们在农村中看到的三皇庙、三皇祠即是祭此三者。传说中伏羲画八卦而定四方，作网教民以渔猎；神农艺百谷而兴农事，尝百草，群药圃；轩辕造农具、定节气。他们均为发明农事之人。农神崇拜与天地信仰是农业生产对大自然依赖的结果，在科技不发达的古代，农民们以为种子种在地里不仅是因其适应了自然而发育生长起来，也是上苍由于人们的虔诚与奉祭而赐福予人间的。虽然，今天人们的各种崇拜与信仰已不完全顺应天人之间的赏与报、祈与祷的关系了，但习俗既久，移易也难，农民对土地的崇拜更多的是顺应习俗和传统的表现。

（7）祖先崇拜。在中国儒家的观念中，忠、孝是最重要的美德，即使对已经去世的先人，也要像他们依然活着时一样尊敬，在节日中要供奉、祭祀。在中国历史上，祖先崇拜成为各族人民生活中一种强烈信仰，也是宗族结合的精神支柱。祖先崇拜与图腾崇拜不同，图腾崇拜的对象主要是动植物，祖先崇拜的对象主要是有功绩的远祖和血缘关系密切的近几代祖先。所以说，祖先崇拜也叫灵魂崇拜，是原始社会灵魂观念进一步发展后而出现的一种对死者灵魂加以崇拜的行为。

（8）图腾崇拜。图腾崇拜是发生在氏族公社时期的一种宗教信仰的现象。一般表现为对某种动物的崇拜，其也是祖先崇拜的一部分，图腾主要出现在旗帜、族徽、柱子、衣饰、身体等地方。目前对于图腾崇拜的研究也是对于原始社会研究的重要组成部分，故图腾崇拜现象蕴含着重要的历史人文意义。图腾崇拜是一种最原始的宗教形式。“图腾”一词来源于印第安语“totem”，第一个意思为“它的亲属”。在原始人信仰中，认为本氏族人都源于某种特定的物种，大多数情况下，被认为与某种动物具有亲缘关系，于是，图腾信仰便与祖先崇拜发生了关系。在许多图腾神话中，认为自己的祖先就来源于某种动物或植物，或是与某种动物或植物发生过亲缘关系，于是某种动、植物便成了这个民族最古老的祖先。因此，图腾崇拜与其说是对动植物的崇拜，不如说是对祖先的崇拜。图腾与氏族的亲缘关系常常通过氏族起源神话和称呼体现出来。“totem”的第二个意思是“标志”。就是说它还要起到某种标志作用。图腾标志在原始社会中起着重要的作用，它是最早的社会组织标志和象征。它具有团结群体、密切血缘关系、维系社会组织和互相区别的职能。同时通过图腾标志，得到图腾的认同，受到图腾的保护。图腾标志最典型的就是图腾柱。

十、禁忌

汉族多在正月初一、二、三日忌生，即年节食物多于旧历年前煮熟，过节三天只需回锅。以为熟则顺，生则逆，因而有的地方在年前将一切准备齐全，过节三天间有不动刀剪之说。在妇女生育期间的各种饮食禁忌较多。如汉族不少地区妇女怀孕期间忌食兔肉，认为吃了兔肉生的孩子会生兔唇；还有的地方禁食鲜姜，因为鲜姜外形多指，唯恐孩子手脚长出六指。汉族未生育的妇女，多忌食狗肉，认为狗肉不洁，而且食后容易招致难产等。喜庆日忌穿白色衣服。认为亲人去世后才披麻戴孝，穿白色的衣服不吉利。

汉族作为一个定居农业民族，不仅注重房屋的居住功用，而且将住房与“家”的兴衰命运紧密相连。每一个家族、家庭都希望自己能够发展壮大，光宗耀祖。为达到这一目的，人们便在住宅的建造上大做文章，设法选择有风水龙脉、神灵保佑的区域建房，而一些建房的地点、方位及房屋陈设，由于不符合“风水”“相宅”观念就被列为禁忌。选择地址，俗谓“相地”，就是对客观环境的取舍，可谓建筑的前提。在汉族民间，农耕生产对气候条件和自然环境有着强烈的依赖，渐渐地，便赋予自然高度的精神象征意义，认为自然环境的优劣会直接导致人命运的吉凶祸福。因此，在建筑上，选择好的地基就显得十分重要。

汉族民间在讲求自然地形之吉的同时，也十分重视相邻建筑位置及向度上的相互关系。总的要求是合乎情理，忌背合，即忌与众人的屋向相反。风水称与众向相反的建筑为“众抵煞”，有“烦恼皆因强出头”的说法。对于屋前空地（称作地台），不能两边低而自己独高，只可人高而自己略低，过低又不可，这正是中国“中庸”“平均”思想在建筑上的表现。

居住禁忌除了上述的以外，还包括许多内容。譬如对于迁居，汉族就颇为忌讳。民间有“人搬穷，火搬熄”“人搬三道空，火搬三道熄”之说。这是由农耕文化的特点决定的，农耕民族主张“安居乐业”，迁徙是家业衰败的表现。万一不得不迁，又忌正月、九月迁屋，以为是凶月迁屋不吉。迁居时，汉族认为“搬家先搬灶”，灶王爷与家谱要先迁移到新居处，其后才能搬别的东西。居住禁忌在农村现在仍有流行。

出门在外吃饭，有许多禁忌，如不要先喝汤，不要端着碗喝汤，要用匙，不要洒了汤；不要失落筷子，不要打破碗。“落店”睡觉时，不要铺着茳芏席睡觉，不然，会沉迷不醒。不要起床的时候站在床上，而且无论什么时候，不要站在或坐在人家的门槛上，主人家不高兴这样。

在山路上行走时，若有人叫自己的名字，不能答应，也不能回头看，俗以为这可能是鬼魅在试探。人名为人体的一部分，若答应了，灵魂便为鬼魅所逮，人将遭不测。行路时，还忌讳遇上殡葬的，以为不吉利；或将衣帽脱下，扑打数次，以为破解，谓之“散晦气”。在山里，旅行者最忌遇见瘴气。远看着山头有烟似的、雾似的东西蒸蒸而上，这是瘴气发生了。抽叶烟是一个避瘴气的法子，还有其他有强烈气味的东西，也可避瘴气。

【本章小结】

汉族是在历史长河中不同民族融合而成的，作为中国文化的主导，汉族对于中国的形成举足轻重。本章主要讲述了汉族的形成、汉族的传统风俗及禁忌，这有助于我们加深对汉族的了解。

【复习思考题】

1. 简述汉族的发展史。
2. 汉族的主要节日有哪些？
3. 汉族的宗教和世俗信仰有哪些？
4. 简述汉族的禁忌。

【案例分析】

在甘肃临夏太子山麓一带，吃满月有“喂爷父”的习俗。这天女宾们将婴儿抱出，让母亲给婴儿喂奶，并由外家给婴儿喂少许食物，女人们乘人多势众，抓住婴儿爷爷，喂开水馍，拉拉扯扯，硬塞硬喂，极尽嬉弄揶揄之能事，使之肚胀讨饶，方罢甘休。若爷爷早已逃避，则婴儿父亲大受其“害”。一般女宾们招数很多，爷爷防不胜防。看来这爷爷不好当。

在甘肃和政的莲花山下，吃满月的礼俗别具风采。这里有吃满月“塔喜花儿”的习俗，用唱“花儿”来庆贺满月礼。按照这一带的传统习惯，婴儿出生15天为满月，象征花好月圆，吉祥如意。这里地处高寒阴湿山区，妇女生了孩子特别要注意把脚腿照顾好，以防月子里得病。吃满月时，娘家人用鏊锅炕12个椭圆形的花炕子馍，名为给月婆送“顾脚”。这种炕子馍，状如鞋底，其名“顾脚”。

结合案例，谈谈汉族的一些礼仪民俗。

分析提示：汉族在长期的历史发展中，形成了众多民俗。由于中国地域辽阔，各地具体的礼仪民俗存在差异。

第 3 章

中国北方部分少数民族民俗

【教学目标】

1. 了解北方有代表性的少数民族满族、朝鲜族、赫哲族、鄂伦春族、蒙古族、回族、哈萨克族、维吾尔族的民俗常识。

2. 了解各族的概况，掌握各族的居住、饮食、人生礼仪等民俗，并能够区分各族的不同禁忌，学会用合适的方式与各民族进行交流。

3. 了解以上各族的特有民俗及其旅游价值，并能理解其所蕴含的文化内涵。

【导入案例】

满族人民重视礼仪、礼节在生活中的重要作用，他们所创造、借鉴和遵循的礼节都有着鲜明的民族特色。如夫妻之间有顶头礼，父亲与子女之间有抱腰礼。什么叫“顶头礼”呢？丈夫回来之后，他要面向家人站直，作为主妇（他的妻子），见面之后用头直接撞向他的胸脯，两手抱着他的后背，她可以哭，也可以说各种话，充分地发泄出来，丈夫就摸着她的头摸着她的背说些安慰话。他的妻子行完顶头礼之后，孩子对父亲再行抱腰礼，双手抱着父亲的腰，头低下来，也可以哭，也可以说很多很感动的话，他父亲则是摸着他的后背，讲些安慰的话，这样的礼节是很有民族特色的。

结合案例，谈谈生产、生活方式对满族民俗形成的影响。

分析提示：满族曾经是个渔猎民族，这个民族共同体既是血缘集团，又是地域集团。八旗制度军政合一，满族人“出则为兵，入则为民”，过去他们经常要出去打仗、戍边，每一次分开都可能是生离死别，因此满族的礼仪有很明显的民族特色，非常注重感情的表达。

第1节　满族民俗

满族是以明代女真族为主体，主要包括建州女真、海西女真和东海女真瓦尔喀、呼尔哈等部落，通过八旗制度吸收部分蒙古、汉、朝鲜等民族的成员，于17世纪初期在我国东北辽沈地区形成的。

长期的历史发展过程中，在特定的自然环境和社会环境下，满族逐步形成了自己的民俗。满族有本民族的语言文字满语、满文，主要信仰萨满教。满语属阿尔泰语系，满通古斯语族，满语支；满文是在蒙文字母基础上拼写而成的一种拼音文字，即用蒙古文字母按满语语音拼写而成。经过与汉等民族的长期交往，满语满文逐渐被废弃，改而习用汉语、汉文，但直到现在，满文还在一些地区某些研究领域被使用。满族的生产方式大致经历了从渔猎采集向农耕逐步过渡的历程。满族人首创的垄上耕作方法，沿用至今。

一、服饰民俗

满族的传统服装最大的特点是束装紧袖，沿袭了先世女真人的服饰特点，充分体现出我国北方骑射民族的生活特色和审美喜好。旗袍最能体现满族服饰的整体特色。旗袍满语称“衣介”，也叫大衫、长袍，是一种“衣皆连裳”（古代上为衣、下为裳）的服装，与汉族的“上衣下裳”明显不同。按季节不同又分为单、夹、皮、棉四种。旗袍原为满族骑射时穿用，其特点是：无领（后习惯加一假领）、捻襟、窄袖（有的带箭袖）、左衽、四面开褉、带扣绊、束带。这种衣着便于上下坐骑、马上动作，适应骑射的生活习俗。而其左衽和束腰，不仅紧身保暖，利于马上活动，人自然体态也可得到完美呈现。行猎时，可将干粮、用具装进前襟。腰带的颜色也有讲究，过去按照清朝规定，凡皇室宗亲都束黄带子、红带子，普通百姓则束蓝带子等。妇女旗袍款式与男子长袍相同，不过更讲究装饰，于领口、袖头、衣襟处多绣有不同颜色的花边或镶嵌花绦，有的多达十几道，穿起来匀称苗条，婀娜多姿。但随着社会生活方式的转变，旗袍的四开褉

已变成两开衩或不开衩，窄袖变肥大，宽腰直筒变成了紧身合体的流线型款式，为女性所喜爱，在社会上广泛流行。满族的常服还有马褂、坎肩与兜肚。马褂是对襟短褂，长至肚脐，袖长至肘处。这种短褂最初起源于军旅行装，便于士兵骑马射箭，因而才被称作马褂。在旗袍外边套马褂，有“长袍马褂”的美称。坎肩又叫背心，为对开襟，无袖，有棉、夹之分，以布或者丝绸做成，穿在衫袍之外，是清军入关后吸收汉人衣装而成的常服。兜肚为贴身内衣，以布裁成椭圆形，上端缝两带系于颈项，中间系于腰间。不论男女老幼一年四季均系兜肚，此习俗在一些地区延续至今。

满族人的帽子也是颇具民族特色的。因满族没有“二十始冠”之说，所以满族男子不分长幼，一年四季都戴帽子。满语称帽子为“玛哈”，因季节寒暑之不同，帽子也呈现多样的特点，如冬季的暖帽、夏季的凉帽、常戴的拉虎帽等。以前满族人冬天戴的暖帽多是皮毛制品，帽有檐，能遮风挡寒，很适合东北地区的严寒气候。凉帽则无檐，多用草、竹丝等制成。满族帽子与汉族帽子最明显的不同在于：无论是凉帽还是暖帽，帽顶一般都有丝织的璎珞，多为红色。此外，满族老人还喜欢戴元宝形的毡帽、大风帽。满族妇女则喜欢戴平顶帽。平顶帽有绒制或皮制的，帽子边缘绣有的花纹。节庆或婚礼时，满族姑娘要戴扇形冠。扇形冠以绒缎制成，一般为黑色，富贵人家的妇女戴上布满金银花饰的扇形冠，十分气派。

二、饮食民俗

满族主食以面食为主，主要是蒸煮食品，其最大特点是黏、甜、凉。爱吃黏食是满族人的传统。满族人将高粱、谷子、糜子、荞麦、小麦、玉米、大豆等磨成面粉，制成各种饽饽。满族人一般把馒头、包子、饼子之类的干粮统称为“饽饽”，其中绝大多数为黏米所做。相应地，各种黏性食品也就各有各的称谓，如豆面饽饽、苏叶饽饽、牛舌饽饽等。各种饽饽习惯于按季节性食用，春天吃豆包，夏天吃苏叶饽饽，秋天做打糕，冬季有牛舌饽饽等。其中用黏米面蒸熟摊开卷以炒熟的大豆面的豆面卷子（俗称“驴打滚”）及用奶油、鸡蛋和白面炸成条状再和以蜂蜜的“萨其马”最为有名，这两种食品是满族独特的名吃。黏食在满族的主食中占有重要地位，黏性食物耐饥且爽滑可口，能迅速补充体力，便于远征、出猎。满族人也有制作糕类食品的习俗。糕类食品样式繁多，口味各异，均是以各种黏性作物为原料的。除面食以外，满族的主食还有饭和粥。饭有高粱米饭、小米饭、大小黄米饭、稷子米饭等，粥有高粱米粥、小米粥、杏仁粥、腊八粥等。酸汤子是满族人盛夏时钟情的消暑风味食品。

副食包括肉食类和蔬菜类。肉食中主要原料是猪肉和羊肉，尤以猪肉最受喜爱。清代满族每年秋冬季节，都举行杀猪祭天、祭祖大典，向祖宗敬献大片猪肉、焚香叩拜。当此之时，宗族人还要举行食肉大典，遍地铺席，喝酒吃肉。如今，在东北满族聚居的村屯，仍然保留着杀猪并宴请亲朋吃猪肉的风俗。肉类烹调方法很多，主要有烧、烤、炖、煮、炒。猪肉佳肴中以白肉血肠最为著名，即以猪血灌肠，然后煮食或蒸食。坛肉也很受欢迎。烤乳猪、烧仔猪、烤全羊也很有名。獐肉、鹿肉、狍肉、野鸡肉等野味也是满族喜爱的菜肴。蔬菜中，除各种山珍野味以外，满族最喜欢的常用蔬菜是大白菜及大白菜发酵而成的酸菜。酸菜是东北满族人冬春两季的主要菜食。窖贮的大白菜及酸菜食用时间可达半年以上。以酸菜、猪肉、粉条为主要原料的酸菜火锅是满族最喜爱的菜肴之一。为解决寒冷的冬季和早春、晚秋淡季吃蔬菜困难的问题，满族人还会准备大量咸菜，用料主要是白菜、黄瓜、萝卜、芥菜、青椒等。满族人还喜欢将青菜或水果晾晒风干储存起来，他们把自家种植的茄子、豆角、黄瓜以及水果之类切成薄片或细丝，摊开晾晒或穿成串挂起晾晒，就成了菜干、果干，以备冬春两季食用。豆制品，特别是豆腐是满族常用的副食，一年四季都有。东北满族人还有吃冷冻食品的习惯，如冻豆腐、冻水果、冻饺子等。

三、居住民俗

满族自古以来就繁衍、生息在白山黑水之间，冬季长，气候寒冷。长期的渔猎生活，尤其是萨满教的影响，满族形成了许多独特的建房、居住习俗。满族居室住宅，尤其注重防寒冷问题，屋舍建筑形成了满族“口袋房，万字炕，烟囱立在地面上”这种独特的“三合院”或“四合院”的格局，并产生了“以西为贵”“盖房先立房架”等建房居住习俗。

“口袋房，万字炕，烟囱立在地面上”是传统的满族民居的三大特点。满族老屋一般是坐北朝南，三间或五间，均在东端南边开门，形如口袋，俗称“口袋房”，又因似斗形又称“斗室”。进门是厨房，为外屋，西侧或东、西两侧为里屋，即睡觉屋。里屋筑有南、北、西三面构成的“[”形火炕，称“万字炕”“蔓枝炕”“转圈炕”等。满族居室以西为尊。室内西炕为“佛爷炕”，供奉祖先牌位，不住人，下通烟道。南炕睡长辈，北炕睡晚辈。炕梢置衣柜，柜内装衣物，柜上叠置被褥、梳妆用品。窗户分上下两扇，上窗可用棍支起通风，窗户下面是固定的，这样可以防止风直接吹入室内，在过去还有阻止野兽入室的功能。北面的墙上一般只开很小的窗户，用以在夏天炎热时形成“穿堂风”。过去没有玻璃，所以只能用纸糊窗，纸上淋油或盐水，可以防雨。窗格有横格、竖格、方格、万字等形，每逢年节等喜庆之日，贴上窗花、福字、挂笺。满族居室西屋称上屋，一般由长辈居住；东屋为晚辈居住。四合院左右两侧是东、西厢房，西厢房一般充作庖房或存放杂物的仓库；东厢房一般用作存粮。有的人家人口多，西厢房也住人。除正房外，满族人家多有仓房（偏厦）、马架子（窝棚）、障子（栅栏）或土墙（用土坯或泥夯筑）及猪

圈、牛棚等。烟囱，满语称“呼兰”，建在屋外西山墙旁。早期多用空心整木，后来用木板围成，也有的用砖瓦砌成。高出房檐数尺，独立筑起，通过孔道与炕相通。烟囱底部有窝风巢，以回挡逆风，使烟道通畅，又不易倒塌。满族的住宅几乎都有宽敞的院落，院落内有许多独具民族特色的标志性建筑物或装饰物，如院内的影壁、锁龙杆等。影壁正对着大门进来的方向，或用砖砌或用木栅，主要起到一种屏障作用。影壁后面就立着一根2米多高的锁龙杆。锁龙杆是满语，又音译为“索罗杆”，是“神杆”之意，是满族祭天用的标志物。杆子为木质，有碗口粗细。杆子的顶端系着一支锡斗或木斗，也有系着草把的，杆底放三块石头。斗是放五谷杂粮和猪杂碎的，以供奉乌鸦、喜鹊。此外，作为住宅装饰物的，还有硬山式门楼、院墙、花亭和八角凉亭，院外门前有两块上马石和各种神龛等。房舍大门上，有时还会悬挂一把弓箭或红布带之类的东西，这是一种祈愿子孙成才的风俗。

四、人生礼仪民俗

（1）落草。按照过去满族的生育习俗，妇女在分娩之前，要先卷起炕席，在土炕上铺上厚厚的一层谷草，让孩子生在草上，所以，满族把婴儿降生俗称“落草”。草生习俗一直被满族后人沿袭，时至今日，仍然可见。婴儿“落草”之后，如果是男孩，家主就在门前悬挂一把缠着红布的弓箭，俗称“公子箭”；若是生了女孩，则在门前挂条红布，用以祛灾纳福。

（2）洗三。婴儿出生三天后由接生婆举行洗浴仪式。接生婆先准备好一盆艾蒿叶熬成的热水，趁着热气腾腾的劲儿，前来贺生的亲朋好友都争着往盆里扔铜钱，这叫“添盆”。之后，接生婆开始从头到脚给孩子洗浴，边洗边念叨：“洗洗头，当王侯；洗洗腰，一辈更比一辈高……”洗得差不多了，还要捞出盆里的艾蒿叶子拍打婴儿三下，叫“一打聪明，二打伶俐，三打长大有福气”。如果在洗浴时婴儿大声啼哭，被视为大吉大利，民间俗称“响盆”。

（3）上车礼。到了婴儿出生后的第七天，按满族的规矩，是该上摇车的时候了。要把产妇娘家父母请来，上摇车要请儿女多的妇女将婴儿抱入车内。为避婴儿翻身掉下和保持胳膊、腿平直，正常发育，将婴儿胳膊肘、腿膝盖和脚脖三处用布带子缠上，以防止其乱动。满族以后脑勺儿扁平为美，故婴儿初生多以硬木为枕。沈阳满族则在摇车内铺上糠麸褥子、粮食枕头，意谓头枕粮仓，也为避后脑勺儿长不扁平。在满族人家，如果第一胎生的是男孩，摇车一般要姥爷或舅舅给买；若第一胎生的是女孩，就由自己家买。姥爷或舅舅送摇车的，要在车内压点钱，一般不送空车，即使摇车不用的时候，也不许空着，里面至少要压块小石头之类的东西。

（4）换锁。孩子满月后，将悬于门上的“公子箭”和红布条收回拴在子孙绳上，放在西墙正中北侧的子孙袋里，旁边供奉着“佛托妈妈”，是保婴之神，满族人家每到春秋，要祭祀佛托妈妈以求赐福。祭祀之时，把子孙绳从神位前拉到院里柳枝上，家族里未婚男女和抱孩子的妇女跪拜案前，众人叩首。萨满用柳枝蘸水洒向孩子头部，又让孩子在香碟前熏一下，意在驱邪，随后取下子孙绳上的五彩线，套在孩子的颈上。过三天把五彩线收回贮在子孙袋里。因五彩线称为“锁线”，因此此俗谓之“换锁”。

五、社交礼仪民俗

尊上、敬老、好客、守信是满族的优良传统。满族十分注重礼节，许多传统的生活礼节经世代传承，已达到了相当规范化的程度。相见之礼有许多种：问安、请安、打千、半蹲礼、抚鬓礼、抱腰礼、顶头礼等，每种礼节都有其特定的使用场合。过去小辈对长辈是三天一小礼，五天一大礼。小辈三天要给长辈请安，隔五天见长辈要打千。男子请安打千，左膝前屈，右腿下弯，上身前倾，右手下垂，问好。女子问安要双腿并立，双手放右膝上，屈膝躬腰，问好。平辈亲友相见，不分男女，均行抱腰贴面大礼。一般平辈之间，则常彼此相抱，然后执手问安。对长辈、尊者施此礼时，必须取得对方点头示意后方可。过年时还要行跪拜礼。今天，满族社交礼仪大为从简，晚辈对长辈多以鞠躬致礼，平辈以握手礼为常见。在至亲中，妇女还行“半蹲礼”。但满族凡长辈，不分贵贱，均需以礼相待。隆重迎客等社交习俗至今犹存。如有客人来，全家人都要穿戴整齐，到门外去迎接。满族自古有内眷不避外客的习俗，特别是初次登门的客人，主人还要主动向客人介绍内眷，以示敬意。留客人在家吃饭时，也是很讲规矩的。客来由父兄接待，“酒要斟满、茶斟半碗”。上菜以双为上礼。待客喝酒，妇女也可以敬酒，而且妇女敬酒不喝则已，只要客人沾唇就要饮尽，不可推辞。进餐时，由主人先向客人斟第一杯酒，喝酒用小盅，没有干杯、碰杯的习惯，客人喝酒必须留点底子，俗称“福底”。盛饭也用小碗，而且只盛多半碗，由人在旁随时增添米饭。吃饭时客人不放筷子，主人就不能先放下筷子，否则就是不礼貌。外出做客时，长辈与小辈不能同席，父子不同桌，小辈一般都另开一桌。另外，在日常社交中，满族人习惯称名，不称姓。

六、岁时节日民俗

节日习俗方面，满族受汉族的影响很深。这主要体现为一些重大的传统节日满汉都过，如春节、元宵节、端午节、中秋节等。只是“汉人节日，满人过法”，满族在庆祝方式上与汉族有所不同。满族人过年格外看重“讨个吉利”。饺子的摆放要横竖成行，寓意下一年财路四通八达。饺子下锅时，全家人都要跟着喊“起来了，起来了”，把饺子漂起来想象成日子过起来了。除夕之夜，于门柱上悬挂弓矢，意谓居安思危，提高警惕。除夕，家家挑水满缸，谓过日子不缺东西。在礼佛祭祖之后，幼辈要给长辈叩头拜年，长辈受拜之后要给幼辈“压岁”钱。接完财神之后，要在院内撒满芝麻秸，人们在上来回走踩，谓之“踩岁”，寓步步登高之意。除夕夜的饺子中要暗放硬币（旧时为铜币），谁吃到了谁就发财吉利。还有抱柴习俗，从屋外往屋内抱柴，谓之“添财”。家家在除夕夜院内竖灯笼杆，上扎松枝，高悬灯笼。这些习俗至今仍存。正月初一，晚辈要起早给长辈、亲友拜年，旧时叩头、互道吉祥，今则仅施礼问好，称为“贺岁”。在正月十五“走百病”后，满族人在正月十六还会有“照贼”的习俗，当天夜里，人们提着灯笼，照遍屋内各个角落，预示来年家中不再有贼。最能体现“汉人节日，满人过法”的要算端午节。汉族和其他许多民族过端午节是为了纪念屈原，而满族则把端午节视作祈祷“解瘟”的节日。这一天，满族人家要在房上插上艾蒿，用以祛除瘟疫。此外还有“踏露水”的习俗，甚至还用露水洗脸、洗头、洗眼睛。传说这一天的露水可避免生疮疖、闹眼病等。

颁金节是满族特有的纪念性节日。满族人为了庆祝1635年农历十月十三日皇太极正式将族称定为“满洲”，将每年农历十月十三日定为所有满族人的传统节日。近年来，在增强满族同胞之间的凝聚力方面，颁金节的节日功能日益凸显。

七、工艺美术民俗

（1）满族民间木刻。在山区的满族农村，木材资源十分丰富，居住在这里的人们就地取材，用木材制作出各种各样的生产生活用品。比如，过去山区满族人就曾居住过一种叫作“木克楞”的房子。这种房子是用圆木经过凿刻制成的。房顶上覆盖桦树皮代替瓦盖，烟囱则用一段空心木充当。这种简单别致的“木克楞”现今已不多见，但满族人仍喜欢用木材修建门庭：粮仓、栅栏和院门等。走进这样的农家小院，即走进了木雕的世界，质朴清纯之美令人叹为观止。除此以外，还有木头制成的交通工具和各种生产用具。交通工具“威虎”是一种以一根圆木雕凿而成的独木舟；爬犁是满族人冬季雪上的重要交通工具，亦属木制品；还有桦木板制作的婴儿摇车，空心木刻成的马槽子以及木餐具、木盆、木桶等。就连萨满教供奉的神像和祖先像，也是用木头雕刻而成。

（2）满族补绣。它最初源于女真人的“钉线”艺术。过去女真妇女常常在狩猎用的箭囊和马鞍上绣一些简单的图案，以此作为自家的记号。后人沿袭此俗并逐步发展成为一种手工艺术。他们在女真人钉线惯用黑线白底的基础上，吸收了汉族彩线刺绣的技艺，形成了满族自己的补绣风格。补绣的纹样图案多采用有寓意的传统图案，如祥云、寿桃、石榴、喜鹊等，以此营造喜庆祥和、富贵绵长的气氛。满族少女十几岁就开始学习补绣技艺，闺中待嫁时，姑娘们昼夜针线不停，忙于补绣自己的嫁妆。到了清代，朝廷的官服均采用补绣制品，这自然带动了北京地区补绣工艺的发展，也造就了一批补绣工艺人才。在这一时期，补绣的应用范围不仅限于朝廷，平民百姓也对补绣制品钟爱有加。

八、游艺民俗

满族的竞技游戏项目种类颇多，多与满族人的居住环境、生产劳动和军事活动密切相关。满族传统的竞技活动大体有球类运动、冰雪运动和骑射运动三类。“采珍珠”是一项满族独有的传统球类竞技活动。它起源于女真人采集珍珠的生产习俗。在“采珍珠”比赛中，参与者分成对垒的双方，每队六人，职能分工依次是一人持网“捕捞珍珠”，三人手拿蚌形木拍拦截对方的“珍珠”，另外两人“下水”与对方争夺“珍珠”，夺下来就投入自己队友的网中，是为得分。一次1分，10分为一局，三局定输赢。“采珍珠”比赛酷似西方的垒球运动，是一种对抗性很强的体育竞技项目。这项活动不仅要求参与者个人技艺高超，而且还要讲求整体的配合。比赛中既有竞争又有合作，充满乐趣。在满族民间，“采珍珠”一直是备受喜爱的竞技项目。满族人世代生活在冰天雪地，冰雪运动自然是民族体育中少不了的传统项目。满族人的冰雪运动包括滑冰、滑雪、冰上摔跤等内容。至于骑射运动中最有代表性的是“射柳”。所谓射柳，就是在校场中插上两行柳枝，柳枝上系丝帕，以此为靶子，参赛者骑马飞射，以骑、射双精者为优。清初满族每年农历二月都要举行以“射柳”为主题的大规模骑射比赛。

满族的儿童游戏生活气息浓厚，又可锻炼儿童的敏捷、机智，深受满族儿童的喜爱。取兽骨做玩具是满族儿童游艺习俗中的一大特色，这与满族先人的狩猎风俗有直接关系。在农村满族人家，孩子们普遍爱玩一种叫作“嘎拉哈”的游戏。嘎拉哈就是取鹿、猪蹄子上的距骨，以锡灌其窍而成。“嘎拉哈”呈四面体，按满族人的叫法，其中四面分别称为“珍儿、鬼儿、背儿、梢儿”。嘎拉哈的玩法，男孩和女孩有所不同。男孩子在室外玩，参加者每人押上三至五颗嘎拉哈集中堆放在地上，然后孩子们顺次扔石头击之，击中了就都拿走，击不中就要赔给下注的人每人一颗嘎拉哈，最后以嘎拉哈的多少定输赢，赢得多的孩子可以有上百颗之多。女孩玩嘎拉哈一般是在炕上，利用嘎拉哈的四个面的不同组合，分别进行弹、抓运动，以此来锻炼手指的灵活性。此外，满族人还喜欢取猪下牙床颚骨给小孩子玩，这种颚骨形状像车船，拴上线绳，让小孩子拽着跑，犹如拉车，故称“咔吧车”。还可以用两块猪的脚骨做玩具。两块脚骨穿孔上线，再结一串铜钱，摇晃起来，犹如拨浪鼓一样哗哗作响，这叫作“哈拉巴板”。

九、宗教和世俗信仰

满族信仰萨满教，崇拜祖先，有祭天、祭祖的习俗。后受佛教、道教和儒家思想影响，曾信奉佛教等制度性宗教，崇拜对象变得多元化，是一个多神信仰的民族。萨满教是满族最古老的宗教信仰，它是一种建立在渔猎经济基础上的多神教。“萨满”是通古斯语的音译，意思是“因兴奋而疯狂的人”，相当于汉语中的“巫”。萨满最初是由女性充当，后来才有男性萨满。“萨满”地位崇高，在女真语中为“天使”“天仆”之意。很多少数民族都曾信仰此教。各族的萨满教之间没有共同的神灵、经典和统一的组织。萨满教的信仰核心是相信万物有灵和灵魂不灭。萨满教的信仰内容包括自然崇拜、图腾崇拜和巫术等。萨满教信奉宇宙分三层的说法，认为善神居于天界，恶神居于下界，人处于两界之间。而萨满就是联系天、地、人三界的灵媒。他能通过一定的祭祀形式，招诸善神、抚慰恶神，从而为人们祈福禳灾。后来，随着萨满教的不断丰富和完善，又有天分五层、七层、九层之说。自然崇拜是萨满教最早的宗教活动内容。满族先人崇拜的自然神有天神、山神、星神和火神等。其中对火的崇拜，最能体现他们的自然崇拜情结。萨满教中，关于火的祭仪数不胜数。此外，满族对山的崇拜也显得十分庄重。他们认为，凡是高山之巅、岩石峭壁、茂林幽谷、山泉洞穴，都可能是神的居所，人们经过此地，不能高声喧哗，否则即对山神不敬，要受到山神的惩罚。和许多民族一样，满族先民也相信他们与某种动物或植物之间有某种特殊的关系，于是就把这种动物或植物当作自己氏族的图腾加以崇拜。满族先民崇拜的动物图腾有喜鹊、乌鸦、貂等，植物图腾如柳——女真人就有以柳为祖的观念。萨满教信仰中还有灵魂不死的观念，由此而衍生出祖先崇拜的信仰意识。满族人在进行萨满教的宗教活动过程中，把那些在本氏族中占有重要地位、为本氏族造福的首领或杰出人物统统视为祖先神加以供奉。从前，满族人家的西屋供有祖宗板。至于神位的多少，各家有所不同。每逢家有喜事或者还愿，都要举行祭祖仪式。满族所信仰的萨满教没有成文的宗教教义，也没有系统的哲理阐释。它的宗教观念的外在表现形式，就是各种渗透着萨满教思想的祭祀活动和祝祷规程。直到现在，满族人的民间信仰中还可见萨满教的精神印记。

十、禁忌

（1）禁杀鹊鸦。满族认为鹊鸦均为吉祥之鸟，或为图腾崇拜之一。他们认为鹊（或乌鸦）是沟通天上神界与地上人间的信使，是满族先民的守护神。民间流传着许多与鹊有关的神话、传说。据说，满族人的祖先爱新觉罗·布库里雍顺的神奇降生，就与神鹊有关——仙女是因为吃了神鹊衔来的红果才孕育出布库里雍顺的。而在另外的一些故事、传说中，喜鹊总是不断地解救满族先民于危难，并助其兴兵立国。满族人家每逢在锁龙杆下举行祭天仪式时，总要用一只锡斗装上米和切碎的猪肠肚，作为供物悬挂在锁龙杆上，以飨喜鹊或乌鸦，若供物被吃尽，则视为大吉。

（2）禁坐西炕。满族人以西为贵，将西墙作为供奉神灵和祖先的神圣地方。因西墙上有神龛，为尊重祖宗，不准在此堆放杂物，挂衣物，张贴年画；在西炕上不准放空盘和空簸箕，因为祭祀时空盘装肉、簸箕装黄米面和炒黄豆面，空放是对神大不敬。在祖先面前，不准任何人搓绳子，因为祖宗板下悬挂装“子孙绳”口袋，否则即被视为不尊敬祖先。同时，西炕也不准家人和客人坐。尤其忌讳女人随便坐卧。通常客人也不得在西炕休息，更不许将狗皮帽子或鞭子之类被视为对祖先不敬的东西放在西炕。今已多不忌讳。

（3）其他禁忌。满族人视艾蒿为吉祥草，不准任意践踏。在年、节、喜庆日子里说吉祥话，平时亦忌讳说丧气话、倒霉话。结婚、生孩子要请“全科人”（即夫妻双全、儿女双全的女人）照料。最忌讳寡妇和孕妇“四眼人”。满族妇女怀孕之后，若想要生儿子就不准坐锅台，坐锅台就会生下“锅台转”（女孩）；孕妇不准参加婚礼和各种祭祀活动，也不准走进别人家的产房，否则生育时要难产。人死了，讳言“死”，而说“老了”“走了”，或“仙逝”。在颜色偏好上，满族以白为贵，视红为贱。在丧葬之时挂红幡。

第2节 朝鲜族民俗

朝鲜族是我国东北地区的一个勤劳、勇敢、具有悠久历史的少数民族，主要分布在吉林、黑龙江、辽宁三省和内蒙古自治区。吉林省延边朝鲜族自治州是最大的聚居区。整体而言，朝鲜族以杂散居为主。在交通沿线和平原地区居多，在江河流域则形成大散居小聚居的格局。改革开放以来流向北京、青岛等大中城市和沿海地区的朝鲜族人口越来越多。朝鲜族有自己的语言和文字。朝鲜族绝大多数使用朝鲜语和朝鲜文，少数杂居地区的朝鲜族居民通用汉语。目前在朝鲜族居民中，能够熟练地运用本民族语言文字的占60%~70%。由于长期同汉民族的密切交往融合，朝鲜族的语言已不同程度地受到汉族语言的影响，朝鲜语夹杂汉语的现象非常普遍。尤其是杂散居地区和大城市的朝鲜族第三、四代中，已有不少人不讲或不会讲朝鲜语。朝鲜族多数从事农业生产，部分从事林业、副业，尤其擅长水稻种植。延边地区是我国东北的主要水稻产区之一。朝鲜族没有统一的全民性宗教，信仰基督教、天主教和佛教等多种宗教。朝鲜族特别重视文化教育，热爱歌舞与体育活动。勤劳、俭朴、整洁，尊老爱幼、热情好客、团结互助等是朝鲜族的优良传统与道德风尚。

一、服饰民俗

朝鲜族历来喜欢穿白衣素服，服装的颜色以白色为主，大部分是玉白色和浅青色，故有“白衣民族”之称。青壮年男子即使不穿素白衣服，也要在衣襟上镶一道可以经常拆洗的白布边。老年妇女不仅喜着素白衣裙，还习惯用白绒布包头。朝鲜族服装的特点是斜襟、无纽扣，以长布带打结。衣料过去主要是土布、麻布，现在随着社会的发展和生活水平的提高，绸缎和各种颜色的棉布及现代纺织品都有。朝鲜族服装大体上可分为上衣、下衣和罩衣等。

二、饮食民俗

为适应暖炕生活，朝鲜族饮食以清淡、辛辣为主要特色。朝鲜族主食以大米为主，主要有饭、糕、面条、粥、煎饼、凉粉等。饭以大米饭为主，小米、玉米、黄米、高粱米等次之。朝鲜族喜欢用生菜、紫菜、山菜等包饭团吃。糕有蒸、煮、打等多种制作方式，品种有50多个，最受欢迎的是打糕。打糕是朝鲜族最富有民族特色的传统食品，在逢年过节、婚丧嫁娶、宴客祭祀等活动中必不可少。其做法是将糯米洗净淘好后煮熟，然后在打糕槽里用木槌打制，以不见整颗米粒为止，故名打糕。吃时，用刀将其一块块切下，分层码进碗里，撒上豆面，也可蘸蜂蜜或白糖吃。朝鲜族喜食冷面，夏天尤甚。冷面是朝鲜族最讲究的主食，它是将荞麦面和淀粉按一定比例加水拌匀和好，用压面机压成面条直接放进开水锅里，煮熟捞出，冲以冷水多次，然后去水拌以牛肉片、辣椒面、泡菜、苹果片、酱、醋等佐料，加入牛肉汤或鸡肉汤食用。冷面汤特别讲究，有“七分汤，三分面”的说法。朝鲜族有正月十五吃五谷饭、冬至吃冬至粥、夏至吃艾蒿糕的习俗。副食在朝鲜族饮食中，以汤、菜、酱为主。汤是日常生活中必备的，其种类达 30 多种。朝鲜族喜食大酱汤、狗肉汤。用餐时先喝汤再吃饭，所以餐桌上必须有汤，如果没有汤，则端上水，朝鲜族的习俗是允许剩饭不许剩汤。大酱汤用大酱、蔬菜、海菜、豆油等为主要原料，有时也用各种肉类，喜欢用的肉有带骨牛肉或明太鱼等鱼类。冬天的大酱汤，用干菜（晒干的白菜和萝卜叶）做，别有风味。三伏天则多喝凉汤。凉汤以黄瓜丝、葱花、蒜等冲凉水加上大酱（或酱油）、醋、芝麻等做成。

三、居住民俗

朝鲜族房屋独具特色，其特点是“四面坡、白灰墙，房柱露出晒太阳”，以平房为主，分内部结构和外部结构两部分。内部结构一般由三部分构成：中间为灶间；一边是仓库，没有炕，有门和灶间相通；另一边是住屋，全部铺成炕，炉灶连炕。延边地区房屋炉灶低于屋地面，不烧火时则铺上木板，以保持整洁。住屋分上屋和下屋，一般下屋是热炕头供老人居住；上屋隔成两间，朝阳的一间作为客房，另一间作为儿女的卧室；各间用横推门隔开，在后墙和侧壁上开小窗采光和通风，随时能挪走隔板成为一个大间，便于聚众活动。每屋都有通向外边的门，门上的棂子有各种式样的格纹棂和雕花棂构成，纸糊窗现已改为玻璃门窗。朝鲜族房子的门和窗区别不大，门当窗用，窗亦作门通行出入。客人进屋男女有别。男人进客房，女人通过灶间进大铺炕，否则为失礼。男客不许进炉灶间和儿女间。女人或小孩不能随便进出客房。进屋都要脱鞋，过去炕上铺的是芦席或高粱秆编的席子，现在则用纤维板或油黄纸，上面刷上炕油，墙壁和顶棚用不同颜色花纸裱糊，满屋既亮堂又整洁。外部结构也有许多特点，以前房屋多用木搭架，屋顶用稻草、谷草或瓦盖顶，墙壁是泥墙刷白色，房柱有圆的、方的，圆柱有鼓肚的，也有直的，方柱有四角和八角的，尤其是鼓肚的圆柱将房子装饰得雄伟壮观，房柱的顶端有梁和檩，雕刻成各种形状的斗拱托住屋顶房檐。房顶过去多苫草，现在都有屋脊，分悬山式、庑殿式和歇山式。朝鲜族的房屋根据建筑材料大体可分为草房和砖瓦房，以砖瓦结构的住房居多。从平面结构来看，根据住房的位置和布局，可分为单排房、双排房和三排房。按正房、外房、内房的布局，以及有无长廊和大门，又可分为只有正房的单排房子，正房成折角形的折角房子，正房和外房并排的双排房子，以及正房、外房、长廊、大门等构成的四合院房子四种类型。房屋陈设一般有放衣物的衣橱和放被褥的立柜，有的还有壁橱，放各种杂物。现在多用组合柜。摆在屋里的橱和柜上的，大都为各种装饰图案。朝鲜族喜爱“十长生”，即太阳、山、水、石、云、松、不老草、龟、鹤、鹿等长生之物，并以此做屏风、画幅等装饰品。书画中，以山虎、松鹤、梅花等居多。立柜上整齐地堆放着被褥。

四、人生礼仪民俗

（1）诞生礼。朝鲜族把出生仪礼看作人生的开端礼，非常重视。生孩子妇女要请助产的人（亲娘、婆婆、多子多福的女人、产婆）。产房严禁男人出入。新的生命出生后，首先要用温水为婴儿擦身，并用熬好的甘草或人参水擦洗婴儿口腔，民间以为这样做能预防百病。同时，在屋外大门两侧柱子上挂草绳，以示有婴儿出生。禁止外人出入，特别严禁商人、罪囚、盲人、乞丐出入。如生男，在绳子上插上红辣椒和木炭各三个；如生女，则插上松叶、木炭或松枝等各三个。这是朝鲜族一种特殊风俗。但近年来这种规矩也不那么严格，有的家庭生女也插上红辣椒，表达生男孩的愿望。这根草绳要挂21天（有的挂7天或49天）。给孩子起名，一般由男性长辈或有学问的亲戚根据族谱规定的行列（排行）的字，选择使用方便又能表达某种意义的字来起名。一般用两个汉字，也有单字的。给女孩起名，不受族谱规定的限制。产妇生孩子后，习惯上都要吃海带汤。如奶水不够，就要吃猪蹄，或将生菜籽熬鸡汤喝。婴儿出生的第一百天举行家宴，叫“百日”。全家人祝愿孩子健康成长，还要给婴儿照百日纪念像。

（2）丧葬礼俗。朝鲜族城镇和大部分农村居民实行火葬，但不少地区还保留土葬旧习俗。程序大致为“净身”“袭”“殓”“成服”“殡”等，即为死者沐浴后穿上寿衣，用麻布或绢将尸体捆十二道后装殓入棺，家属和亲戚要披麻戴孝，举行出殡仪式。长者和已婚人的葬礼比较隆重，而未婚和小孩一般不举行葬礼。朝鲜族一家有丧事，亲朋邻居都去吊丧，先向遗体三鞠躬，再和丧主互叩首，并安慰他。前去吊丧者都带些丧礼，过去是一两包蜡烛，现在多数是带瓶酒。出殡选单日，葬于风水先生选定的墓地。

五、社交礼仪民俗

朝鲜族人文雅、礼貌、好客，十分重视礼节。尊老是朝鲜族最具民族特色的风尚。讲话时晚辈对长辈必须用敬语，不能直呼长者姓名。平辈之间初次见面也用敬语，以示敬意。在屋内同客人初次见面，互通姓名时，要双膝跪席，双臂垂前摁席，稍俯上身，恭顺地通报自己的姓名，然后说些客气话。不论男女，不能在客人面前随意伸腿，更不能叉开双腿。朝鲜族把“寸”作为认定亲戚之间远近关系的基本单位。寸数法，是以父系为中心的称呼体系，其特点是寸数越小，其亲戚血缘关系就越近。父子关系是一切人伦关系的基础，因此父子之间为一等亲，叫一寸。以后每隔一代加一寸。

六、岁时节日民俗

农历八月十五中秋节，朝鲜族民间称秋夕或嘉徘日，是人们秋收之前庆丰收的节日。这天早晨，人们用新粮食做的松饼、糕饼和酒、糖果等供品上坟祭祀祖先。然后，大人带着孩子省墓。先把杂草割掉，将坟地修葺得干干净净，这叫“伐草”。自古以来，朝鲜族认为坟地杂草茂盛是儿孙的不孝和耻辱。因此，每年秋夕日，人们都要上坟伐草祭祀，之后在坟地上同故人“一起”饮酒吃祭品，或同附近上坟祭祀的人一起吃酒食。

朝鲜族还有“老人节”，各地时间不一，但多数地方定在 8 月 15 日。届时，村里共同为老人们举办祝寿宴，晚辈们依次向老人们敬酒祝寿，载歌载舞，祝老人们晚年身体健康，生活幸福。老人节对无儿无女的老人更重要，他们同有子女的老人一样，享受着晚辈们的祝寿。

七、工艺美术民俗

（1）民间刀画。刀画是以钢刀作画的一种新的绘画技法，作画时以钢刀为主要工具，采用油画颜料，刀笔结合，交互运用，通过刀具和画笔在纸（或画布）上涂增和刮减色料完成刀画创作。刀画主要以减色为主，削减产生出的效果更加具有物体的质感的独特魅力，刀画作品既能展现国画苍劲古朴的深远意境，又能呈现油画反映景物感和立体感等艺术效果，画中的山川雄伟秀丽，气势磅礴，意境深远。它构图饱满，寓意吉祥，色彩对比鲜明。刀画起源于清朝末年延边敦化家具烫画、烙画，后经不断发展，不断传承，渐成一种独特画派，并在社会广为流传。

（2）民族乐器制作。朝鲜民族的传统乐器距今已有近 2000 年的历史。19 世纪末 20 世纪初，朝鲜族乐器的演奏和制作方法随着朝鲜民族的迁入传入我国，新中国成立后得到继承和发展。目前，常用的朝鲜族传统乐器有 30 多种，均以竹木管乐器和打击乐器为主，以弦乐器为辅。流传至今的弦乐器有伽倻琴、玄琴、牙筝、奚琴等，竹木管乐器有横笛、洞箫、短箫等，铜管乐器有唢呐和铮，打击乐器有长鼓、圆鼓、龙鼓、手鼓等。朝鲜族民族乐器历史悠久，构造独特，音色柔和，奏出的音乐以旋律清新、流畅、婉转、轻快以及长短节奏丰富而著称，常用于歌舞伴奏和器乐合奏。延吉市是朝鲜族乐器的主要研究、开发、生产基地。朝鲜族乐器音质优美，外形大部分保留着传统形态，古朴典雅，不仅可以作为乐器进行演奏，还常作为各种舞蹈的道具使用，具有很高的艺术价值。

八、游艺民俗

朝鲜族历来以能歌善舞著称于世，娱乐项目繁多。著名的民间舞蹈有农乐舞、长鼓舞、扇舞、顶水舞、僧舞等。朝鲜族舞蹈以鹤的屈伸动作为其基本动作，内在律动美是其核心。曲线美和动静结合美是朝鲜族舞蹈美的精髓。朝鲜族歌曲具有旋律流畅、婉转、明朗的特点。著名的歌曲有大合唱《长白之歌》、独唱《闺女之歌》等。著名的民歌《桔梗谣》《阿里郎》《诺多尔江边》等，人人都会唱。跳绳、跳板、秋千、摔跤、掷戏、拔河等是其具有典型民族特色的娱乐活动。朝鲜族男子喜欢足球和摔跤运动，女子喜爱跳板和秋千运动。

九、宗教和世俗信仰

朝鲜族没有统一的全民性宗教，信仰多种宗教，其中既有萨满教，也有佛教、基督教等，还有晚近出现的大保教、天道教等新的本民族宗教。现在，信徒较多的是基督教。基督教大约在19世纪下半叶开始在朝鲜族地区传播。从20世纪90年代以后，由于受外界影响，教徒渐多。建立教堂，牧师主持，形成一种社会现象。佛教在朝鲜族社会中传播也有很长历史。某些佛教礼仪和习俗已成为风俗，如农历四月初八日燃灯节，不仅信徒烧香拜佛，而且非教徒也赶庙会。

十、禁忌

（1）婚忌。旧时迎亲时，新郎忌脚踩地，离家上马时要踩粮袋，到女方家下马时第一脚也须踩在粮袋上，取婚后稻谷满仓、生活富足之意。新郎忌直闯入新娘家，要在女方家附近借一住所临时驻足，在此换上婚礼服。朝鲜族在订婚时要合八字，称为宫合四柱。四柱即出生的年、月、日、时。看双方的属相是否相合相生。相克者，不能议婚。

（2）丧忌。忌双日出殡，以为双日出殡，意味着要死两个人，故出殡定择单日。给死者做装老衣服，必须用棉布料，忌讳用绸缎和其他衣料。如果死的是老人，亲人三天不准洗脸、不准理发，饮食中不准吃干饭，要为老人穿孝。

第3节 赫哲族民俗

赫哲族是中国东北地区一个历史悠久的民族，主要分布在黑龙江省同江县、饶河县和佳木斯市。黑龙江、松花江和乌苏里江三江流域是赫哲族人民世世代代居住的家乡。赫哲族无文字，其语言赫哲语属阿尔泰语系满通古斯语族满语支，目前通用汉语。赫哲族充分利用三江流域独特的自然条件和丰富的渔猎资源，创造出了独具民族特色和地域特色的渔猎文化。赫哲族属渔猎经济文化类型，从古至今“夏捕鱼作粮，冬捕貂易货”，只有少数人兼营农业生产。

一、服饰民俗

清末以前，赫哲族的服装、被褥多用鱼皮、兽皮制作。由于居住地区的不同，所用的衣料也各具特色。居住在松花江沿岸的赫哲族人，多以狍、鹿之皮为衣，兼用鱼皮和布料；居住在混同江（松花江）流域的赫哲族人穿的主要是鱼皮衣。以鱼皮为衣，是赫哲族传统服饰的一个显著特点。用鱼皮做的衣服古朴美观，结实耐用，主要有“乌提口”（女式鱼皮上衣）、“奥约刻”（男式鱼皮套裤）、“嘎荣”（鱼皮女套裤）等。在各种兽皮衣料中，使用最为广泛的当数狍子皮，其次是鹿皮。鹿皮美观、结实、耐穿，但是不易多得。此外，赫哲族人还用熊皮、野猪皮做靰鞡、褥垫。民国时期，布衣逐渐取代了皮衣。赫哲族男子，喜欢穿大襟长袍、短褂或坎肩。赫哲族妇女的服饰因受满族影响，鱼皮长衫与旗袍相似，有领窝，但没有衣领。领边、袖口、前胸、后背、衣边常用染过各种鲜艳颜色的鹿皮剪成云纹或动物图案镶边，并用鱼骨磨制的扣子装饰，或以海贝壳、铜钱装饰。

二、饮食民俗

赫哲族传统饮食以渔猎产品为主，鱼干兽肉，家家堆积为粮。这与农牧民族相比，别具特色。在赫哲族传统的饮食文化中，尚保留着吃生鱼的古老民俗，例如刹生鱼、吃生鱼片等。刹生鱼，赫哲语叫“塔拉卡”，其主要原料有鲤鱼、草根鱼、鲜鱼、白鱼、胖头鱼等。在刹生鱼之前，用刀从鱼鳃处放血，再将鱼肉剔下来切成薄片或者是细丝，蘸着盐生吃。还可以用土豆丝、绿豆芽、粉皮佐餐，加醋、辣椒、姜、葱等调味，其味道更加鲜美。刹生鱼是赫哲族饮食品种中的上等菜。它不仅是赫哲族人民非常喜欢的日常食品，而且也是赫哲族人民待客的佳肴。赫哲族人吃的生鱼片，有“拉布塔哈”和“苏拉卡”两种，这主要是由于食用季节的不同而区分的。

三、居住民俗

赫哲族的传统居住民俗，具有鲜明的渔猎民族特色。为了适应狩猎和捕鱼生产的需要，过去他们总是随着渔猎场所的变化而长期过着居无定所的生活。每到一地，就地取材兴建住宅，聚族而居，用后即弃。各种各样的临时性住宅是他们的栖身场所。“昂库”和“地窨子”便是其中之例。“昂库”意为窝棚，是用很多木杆搭起的圆锥形棚户。在直立的木杆上加固横树条子，再用桦树皮、草或兽皮苫盖，即形成不同的“昂库”。此外还有用树条折弯成拱形埋在地里，再绑上横杖，层层苫草而成的“阔恩布”。地窨子，赫哲语称“胡日布”，是在地下挖出长方形土坑，再立起柱脚，架上高出地面的尖顶支架，覆盖兽皮、土或草而成的穴式房屋。“地窨子”比之“昂库”更坚固、耐久。

四、人生礼仪民俗

赫哲族的传统丧葬方式主要有树葬、火葬和土葬三种，依死者的不同情况办理。狩猎时死在山林中的，用桦树皮或树枝包裹尸体，架于树上，实行树葬，两三年后，再入土埋葬。小孩死后，用桦树皮将尸体裹好，捆扎结实，挂在树杈上。死在家里的，三天后土葬。中老年人死后，早年是在挖好的长方形土坑中，用原木在四周砌成槽子，将尸体仰卧、屈肘屈膝放置墓中，以死者生前用过的一切器具陪葬。然后，在原木槽上方搭棚、堆土成墓。死于非命者，隔日埋葬。因天花、瘟疫、麻疹以及水痘等传染性疾病而死亡的人，当天火葬。赫哲族的传统观念认为，火能把病魔烧死。赫哲人相信灵魂不死之说，认为人死后其灵魂不死，在安葬仪式结束后还要为死者举行“出魂”和“送魂”仪式。

五、社交礼仪民俗

赫哲人注重礼仪，有敬老尊长的良好社会风尚。晚辈出远门回来，与长辈相见时，要向长辈行跪拜礼，依次向父母、兄嫂问安，以示敬重。长辈吻小辈的额头，以示亲热爱护。客人来访，常以凉拌的生鱼待客，先请客人吃一口鱼，表示敬重对方。如果客人不吃，则被认为失礼。对客人须奉上鱼头，以示尊敬。上桌的鱼菜，总是把鱼头朝着客人。吃菜时，总是用筷子点点鱼头，示意让客人吃。

六、岁时节日民俗

“乌日贡”是赫哲族具有民族特色的岁时节日。“乌日贡”意为欢庆，也是由赫哲族原始体育、竞技和娱乐活动演变而成的民族节日。临近会期，不同村屯的赫哲人成群结队，带着自己高超的技艺向指定地点集中。在“乌日贡”大会上，进行赛船、射箭、撒网、顶杠、“跑趟子”、“叉草球”等传统的体育、竞技活动。得胜的个人和村屯往往受到与会者的热情拥戴和交口赞誉。此外，在“乌日贡”大会上，还进行“伊玛堪”长篇讲唱、“嫁令阔”民歌竞唱、鱼鹰舞和手鼓舞比赛、口弦琴演奏等传统节目，突出展示了赫哲民族的艺术才能。现在的“乌日贡”大会，在弘扬民族优良传统的同时，兼容并蓄，引进了球类比赛及现代舞蹈、演唱和乐器表演等，极大地繁荣了民族体育文化活动。

七、工艺美术民俗

赫哲族的图案艺术反映本民族生产、生活特点，极富民族特色。他们常常在用鱼皮、兽皮制作的衣服、鞋、帽、被褥上，绣制各种云纹、花草、蝴蝶及几何形图案等。在餐具、桦皮制品上雕刻各种二方连续纹样、云纹、山水、花朵、鸟兽等，形象生动，造型美观别致。妇女们在衣襟、披肩、腰搭、帽子、裤腿等处用彩线刺绣的花纹、图案更为精美。尤其是日用品上的彩绣，如雄鸡衔花、花篮与莲藕等图案，构图新颖别致，格外精彩。赫哲族在不同制品上刺绣、接拼的各种花纹图案，以其独特的形式，从不同角度反映了赫哲族人民的聪明才智和审美的群体意识。桦树工艺是赫哲族独特艺术美感的集中表现。赫哲族的桦树工艺既有精美的装饰性，又有很强的实用性。他们制作雕花桦木盒、雕花桦皮箱和各种桦皮工艺品。在薄薄的桦树皮上，经过原始的镶刻手法，造成一种“浮雕”式的立体效果令人叹为观止。

八、游艺民俗

赫哲族是一个能歌善舞的民族。其传统舞蹈与赫哲族人民的渔猎生产方式和思想观

念密切相关，天鹅舞反映了赫哲族的狩猎生活，舞火舞表达了赫哲人对狩猎丰收的期盼，叉草球舞表现了青少年高超的叉鱼本领，萨满舞折射出赫哲族的传统宗教信仰思想和崇拜观念。叉草球是赫哲族独具特色、直接从生产技巧训练演变而来的竞技娱乐活动，在赫哲族当中广为流传。草球用杂草做成，直径一尺。叉草球比赛以多种方法进行。如将参加者人数对等分成两队，相距一段距离。两队之间相互抛起草球，对方则用一木叉将抛起的草球叉住。叉中者前进，未叉中者后退，以先退到事先定好的界限者为败。又如两队之间事先约定叉中的次数，以先达到叉中次数者为胜等。

九、宗教和世俗信仰

赫哲族信仰萨满教，崇拜众多的神。从信仰思想来看，赫哲族的萨满教囊括了万物有灵、灵魂不死、图腾崇拜、灵物崇拜、祖先崇拜等原始的宗教意识形态，主要表现为祖先崇拜和自然崇拜。赫哲人相信万物有灵与灵魂不死。此外，赫哲族人还相信轮回说，认为好人死后仍然可以变成好人，而且父子更替不绝，次者则变成家畜，恶人则会变成蒿秆上的疙瘩，永远不能再投胎为人。

十、禁忌

长期以来，赫哲人由于特殊的生活生产方式形成了有着浓郁的民族特色的禁忌习俗。捕鱼季节禁孕妇、经期妇女及服丧者到捕鱼场所或渔船上，否则“败兴”，捕不到鱼。捕鱼者若家有丧事，到捕鱼场后，须在网滩上架起一堆火，从火上跨过，以熏晦气。捕鱼期间忌说怪话、谎话，否则触犯神灵，空网而归。赫哲人笃信“万物有灵”，对山神、河神、树神等自然之神处处小心敬奉，唯恐不慎得罪而招致灾祸。忌捕杀飞投住室的雀鸟，信其为亡童之魂所变，有飞来投室者是其灵魂要“转世”；若捕杀之，则有不育之祸。忌以皮革物陪葬，认为这样会令死者亡灵不能升天，也不能再转生为人。除此之外，赫哲族还有诸多狩猎禁忌以及火神忌、妇女禁忌等。

第 4 节　鄂伦春族民俗

鄂伦春族是我国人口较少的少数民族之一，主要分布在我国东北大小兴安岭地区，即内蒙古自治区的鄂伦春自治旗、扎兰屯市南木乡，黑龙江省的黑河市新生乡、新鄂乡、新兴乡和呼玛县白银纳乡、塔河县十八站乡、嘉荫县乌拉嘎镇胜利村等地。鄂伦春系本民族自称，意为“住在山岭上的人们”或“使用驯鹿的人们”。鄂伦春族没有文字，语言属阿尔泰语系满通古斯语族通古斯语支，一般通用汉语。鄂伦春族人以狩猎为生。

一、服饰民俗

游猎时期的鄂伦春族，服装基本是以狍、鹿等兽皮为原料。兽皮衣服多用兽筋线缝制，兽筋线是把晾干了的狍、鹿或犴筋用木槌砸成绵软的纤维，再搓成细细的线绳。这种线坚韧耐磨，用它缝制衣服不会出现开线的问题。鄂伦春族的传统服装以袍式为主，面料有季节区分。冬装的皮袍用冬季的绒毛狍皮缝制。狍头帽是鄂伦春族男子最具特色的帽子，鄂伦春语称“灭塔哈”。它是将一个完整的狍子头颅剔除骨肉，顶部的双耳双角要完整地保留下来，晾干熟化后在原来的眼眶处绣出乌黑明亮的眼珠，下部镶缝一圈皮毛，平时卷在上面做帽檐，冷时放下来护住耳朵，既形象逼真，又保暖实用。妇女冬天戴毡帽。鄂伦春猎人们还有戴马尾眼罩的习惯。这种眼罩是先用柳树条制成模架，再用马尾在模架上编织成网状眼罩，然后放在沸水中煮几分钟，晒干后抽出模架即成。这样处理过的眼罩硬挺且富有弹性。眼罩的两侧钉有皮条，戴时系于头上。鄂伦春族人的皮靴，既轻便又保暖。定居后，他们普遍穿上布衣服，只有出猎时穿皮衣服。

二、饮食民俗

以狩猎为生的鄂伦春族人，常以狍、鹿等各种兽肉和飞禽、鱼类为主食，特别喜欢吃“手扒肉”。吃法是用锅把带骨节的肉块煮得半熟捞出，蘸上盐水吃。鄂伦春族人的另一种食俗，是把煮过的狍子肉、肝、脑一齐剁碎和野猪油、野葱花拌匀而食。他们的饮料，主要是蒸馏自制的马奶酒。严冬出猎前，猎人为增加御寒能力，常常喝一碗含热量特别大的熊油。每逢喝酒、吃肉，鄂伦春族人都要先祭祀山神、火神，做一个让神先享酒食的动作，以示对诸神的崇敬。然后，由老人先举杯、动刀、动筷，大家才开始吃喝。定居后，随着当地生产粮食和蔬菜增多，捕获的野兽逐渐减少，人们都以粮食为主食，改变了以食兽肉为主的习惯。鄂伦春族的饮料种类不多，夏天喝泉水，冬天化雪水喝；茶叶输入前，有些人泡小黄芩叶当茶喝，后来砖茶输入进来，主要是喝砖茶。夏天也用桦树汁解渴，还用马奶制酒饮用。白酒输入后，主要饮用白酒。鄂伦春族人主要吸旱烟叶，男女均有吸烟者。纸烟是较后输入的，一直不普遍。过去鄂伦春族人也大量采集野菜和野果。采集最多的野菜是柳蒿菜，采来晒干，以备冬季食用。

三、居住民俗

定居前，鄂伦春族人一直住在“仙人柱”里，只有少数人住过木房。“仙人柱”是一种圆锥形的棚子。搭“仙人柱”比较容易：砍伐二三十根 4 米多长的木杆，先把两根顶端带杈的杆子交错搭好，再将两根带杈的木杆搭在两侧，其余的杆子依次搭成圆锥形的架子。至于架子周围的覆盖物，根据季节的不同采用不同的材料。冬天是用狍皮做成围子（“额尔敦”）来覆盖；制作一块大的“额尔敦”需要25张狍皮，小的需要10张狍皮，一个“仙人柱”架上要围两大块一小块。夏天的围子有3种材料：芦苇、白布与蒸煮后的桦树皮。“仙人柱”内部，是席地铺床。对门正面铺位叫“玛路”，是客人和老年男人的席位。左右两侧的铺位叫“奥路”，是中年夫妇和青年夫妇的席位。床位下铺干草，上铺用狍腿皮制作的褥子。“仙人柱”门框上，夏天挂柳条穿的门帘，冬天挂狍或鹿皮门帘。“仙人柱”内部正中是火塘，用它取暖、做饭和保存火种。

四、人生礼仪民俗

鄂伦春族一般实行风葬，也有实行土葬的。土葬有两种：一是做木棺，掩埋地下；一是挖坑用椽子把四周镶起来，把死者放在里边然后掩埋。火葬主要用于患急病死去的青年人和孕妇。葬地一般选在有山有水的地方。成年男子死后，亲人们用冰雪或河水为死者沐浴，装殓在用桦树皮缝制的特殊棺材里，选择一棵枝叶繁茂的大红松，将桦皮棺材吊在半空中厝存。第二年，放下棺材，用他生前的“三宝”—— 猎马、猎犬、猎刀殉葬。后来，改用弓箭、刀具殉葬。女性死者的殉葬物品，是她生前用过的熟皮工具和针线盒。鄂伦春族人的棺柩，还有用柳条编的和用松板制作的。对因恶病死亡的青年人和孕妇，实行火葬。下山定居后，多数是土葬。出殡前，举行祭悼仪式，由萨满祷告。人死后，由家人给穿好衣服，尸体头朝北、脚朝南停放在原来居住的“仙人柱”中，尸体安放好后，要通知亲友。如死者是妇女，要通知好娘家。当天要给死者上供。上供时，亲属们要为死者磕头并痛哭。亲友到来后，死者的子孙要给客人磕头，长者不还礼，同辈者要还礼。前来吊丧的亲友，如果是死者的晚辈，要给死者磕头，如果是长者，只给死者鞠躬。死者亲属要跪下陪着哭泣，吊丧来的亲友，一般要带来烧酒、兽肉和衣物等，以给死者上供。长者死去，全家要为其戴孝。如当时有白布可以当时戴；如果没有白布，也可等周年祭时补戴。

五、社交礼仪民俗

鄂伦春族古老的礼仪和礼节很多。尊重老人和长辈，是鄂伦春的传统美德。在家尊敬父母，与父母分别三日以上就要请客。在外遇上长者，不管认识与否，都要行礼致敬。不论在任何场合，都要长幼有序，落座先让长者坐正席，喝酒先让长者举杯，吃肉先让长者动刀，同行要让长者走在前面；鄂伦春族人非常好客，不论是本族人还是外族人，只要来到主人“仙人柱”前，主人都会热情欢迎。把客人让到“仙人柱”中坐下，要把客人的烟袋接过来装烟，点燃后递给客人。

六、岁时节日民俗

鄂伦春族人的节庆不多，主要有每年举行的氏族集会、每年春天的祭神仪式和春节等。过去春节非常热闹。节前要备足丰富的食品，每人都要制作新的皮衣，愉快地迎接春节的到来。除夕之夜，要把“仙人柱”外的篝火和“仙人柱”内的火塘燃烧得旺旺的。要给诸神烧香。午夜要敬火神，祈求火神保佑全家幸福。最后全家人集中在“仙人柱”中给老人磕头。给老人磕头后，开始在“仙人柱”前进行娱乐活动。有的自家单独活动，有的几家合起来活动。主要是唱歌跳舞，也进行捉迷藏游戏。若岳父家在同一“乌力楞”，要去岳父家拜年。他们有守岁的习惯，认为这一夜不睡，一年都会精神饱满；这一夜吃饱，一年都会丰衣足食。初一、初二在“乌力楞”中互相拜年，初三到其他“乌力楞”给亲戚拜年。

七、工艺美术民俗

独特的山林狩猎生活，培育了鄂伦春族人独特的雕刻艺术。其雕刻主要有桦皮雕、木雕及骨雕三种。其中尤以桦皮雕刻更为独特。他们制作的桦皮制品，造型别致，雕刻上的花纹古朴大方，主要有云字纹、回纹和各种花朵图案。云雷纹作为中心图案，象征吉祥；回转达纹用于制品的边沿或花纹四框；组合花纹主要用于制品盖的中央。桦皮制品上的图案，有些是直接用骨针刺出的，有些是用薄的桦皮剪好图形贴在上面，然后进行雕刻压花。

八、游艺民俗

鄂伦春族是非常热爱生活的民族，虽然游猎生活异常艰苦，环境恶劣，他们却能够千方百计地让自己的生活丰富多彩。每当狩猎闲暇，他们便会开展各项游艺活动，拿出一根皮绳就可以进行跳绳比赛，在河边拣起石头就可以进行投掷比赛，跳到水里又可以进行游泳比赛。马匹是鄂伦春族的主要交通工具，打猎、驮运和搬迁都用马匹，同时还在节日、民族集会或举行婚礼时开展赛马活动。赛马是鄂伦春族人非常普及的一项重要体育活动，分长途赛马和短途赛马。射击、射箭是鄂伦春族儿童、青少年以至中老年人都很喜爱的一项竞技活动。

九、宗教和世俗信仰

鄂伦春族信仰以万物有灵观念为基础，以自然崇拜、祖先崇拜和图腾崇拜为主要内容的原始萨满教。鄂伦春族相信万物有灵却并不崇拜一切，自然中只崇拜那些对他们有重大影响的物象。他们认为天有天神，而且相信人是由天神创造的，所以每年农历正月初一要燃九炷香叩拜南天。太阳不仅能给人带来温暖，而且能驱走黑暗，他们把太阳奉为神，每年农历正月初一晨，要面向东方叩拜太阳神。婚礼次日晨，新郎新娘要对着初升的太阳叩拜。月亮在他们心目中是值守夜班的神。

十、禁忌

鄂伦春族烤肉、煮肉或食肉，均忌以刀叉肉。忌食狗、马肉，因视其为猎人的好帮手。尤忌不敬山神便独自饮酒吃饭。晚辈可与长辈同桌进餐，但忌于同桌饮酒。吃饭时也由长辈先动刀、筷，忌晚辈抢先就餐；婚姻上有“关、魏、葛”“吴、孟”等异姓不通婚的禁忌习俗，亦忌异辈通婚。孕妇忌吃熊、獐肉，否则认为会流产。忌产妇在家中分娩，要远离住处，另外搭一个只容一人的产房，产妇在此分娩，满月后方可回家。禁忌男人入产房，包括丈夫在内。家中若无女眷照顾产妇，丈夫做好饭，以木杆拴牢饭桶，挑进产房给妻子，亦不得入内。家中被褥要分叠。若叠一处，将褥放于下面，忌放被上。做客忌闯屋乱坐，主人允许后方可入座。男客忌坐儿媳、姑娘铺位上。忌妇女踩坐男衣帽。若已踩坐，须用烟熏一熏，或在火炭上抖一抖，方可穿戴，否则要倒霉。出嫁的女儿回娘家，忌刷锅，否则娘家财气会被刷跑。病人忌洗面，否则病情会加重而不痊愈。忌见狗耷拉尾巴走路，认为其家定有病灾；忌用有爪类野兽祭神，以为神灵会抓坏人体，于祭者不吉。忌妇女到神位和“仙人柱”后面，以为妇女的月经、分娩不洁净，会触犯神灵。鄂伦春族还有火神忌、狩猎禁忌、熊忌等。

第 5 节　蒙古族民俗

蒙古族是我国东北主要少数民族之一，主要集中在中国的内蒙古自治区、东北三省、新疆、河北、青海，其余散布于河南、四川、贵州、北京和云南等地。蒙古族人民主要从事畜牧业。此外，还从事加工业、农业和工业。

蒙古族有自己的语言文字。蒙古语属阿尔泰语系蒙古语族，有内蒙古、卫拉特、巴尔虎布利亚特和科尔沁四种方言。现在通用的文字是 13 世纪初用回鹘字母创制的，经过本民族语言学家多次改革，已经成为规范化的蒙古文。

一、服饰民俗

蒙古族服饰主要包括首饰、袍子、腰带、靴子四个部分。首饰大致可分为头饰、项饰、胸饰、腰饰、手饰等五大类。头饰主要有头巾、帽子、头带、头圈、辫钳、辫套、头钗、头簪、耳环、耳坠等，是蒙古族首饰中最绚丽的部分。

在内蒙古、新疆等地牧区，男女老幼一年四季都喜欢穿长袍，俗称“蒙古袍”。春秋穿夹袍，夏季穿单袍，冬季穿皮袍、棉袍。男袍一般都比较肥大；女袍则比较紧身，以显示出女子身材的苗条和健美。其式样和颜色因地因人而略有差异。一般蒙古袍的特点是宽大袖长、高领、右衽，多数地区下端不开衩。袍子的边沿、袖口、领口多以绸缎花边和“盘肠”“云卷”图案或虎、豹、水獭、貂鼠等皮毛装饰，既美观大方，又具有良好的实用功能：冬天防寒护膝，夏天防蚊虫叮咬、遮暴晒；行可当衣，卧可作被。鄂尔多斯等地的蒙古人还喜欢在袍外套穿长短不一的坎肩。

腰带是蒙古族服饰不可缺少的重要组成部分。一般多用棉布、绸缎制成，长三四米不等。色彩多与袍子的颜色相协调。扎腰带既能防风抗寒，骑马持缰时又能保持腰肋骨的稳定垂直，而且还是一种漂亮的装饰。男子扎腰带时，多把袍子向上提，束得很短，骑乘方便，又显得精悍潇洒。腰带上还要挂上“三不离身”的蒙古刀、火镰和烟荷包。女子则相反，扎腰带时要将袍子向下拉展，以显示出娇美的身段。

蒙古靴分布靴、皮靴和毡靴三种，根据季节选用。布靴多用厚布或帆布制成，穿起来柔软、轻便。皮靴多用牛皮制成，结实耐用，防水抗寒性能好。其式样大体分靴尖上卷、半卷和平底不卷三种，分别适宜在沙漠、干旱草原和湿润草原上行走。毡靴用羊毛模压而成。蒙古靴做工精细考究，靴帮、靴靿上多绣制或剪贴有精美的花纹图案。蒙古靴非常适应自然环境。骑马勾踏马镫时能护踝，行路时能防沙防害，减少阻力，又能防寒防蛇。

二、饮食民俗

蒙古族牧民日食三餐，每餐都离不开奶与肉。以奶为原料制成的食品，蒙古语称“查干伊得”，意为圣洁、纯净的食品，即“白食”；以肉类为原料制成的食品，蒙古语称“乌兰伊得”，意为“红食”。

蒙古族的肉类主要是牛、绵羊肉，其次为山羊肉、骆驼肉和少量的马肉。羊肉常见的食用方法有全羊宴、烤羊、烤羊心、炒羊肚、羊脑烩菜等70多种。最具特色的是蒙古族烤全羊（剥皮烤）、炉烤带皮整羊，最常见的是手扒肉。

蒙古族每天离不开茶，除饮红茶外，几乎都有饮奶茶的习惯，煮奶茶最好用新打的净水，烧开后，冲入放有茶末的净壶或锅，慢火煮2~3分钟，再将鲜奶和盐兑入，烧开即可。蒙古族的奶茶有时还要加黄油，或奶皮子，或炒米等，其味芳香、咸爽可口，是含有多种营养成分的滋补饮料。

三、居住民俗

“蒙古包”是对蒙古族牧民住房的称呼。蒙古包的门一般朝向东南方向。包内中央为做饭和取暖用的炉灶，烟筒从天窗伸出。炉灶的周围铺牛皮、毛毡或地毯。正面和西侧为长辈的起居处，东面为晚辈的起居处。周围摆设的家具主要有木质的碗柜、板柜、板箱、方桌等，其特点是小、低，占地少，搬挪方便，不易损坏。蒙古包看起来外形很小，但包内使用面积却很大。而且室内空气流通（除天窗外，边壁墙底部还有一层围毡，夏天可掀开通风，冬天放下保暖），采光条件好，冬暖夏凉，不怕风吹雨打。

蒙古包的最大优点就是拆装容易，搬迁简便。架设时将“哈纳”拉开便成圆形的围墙，拆卸时将哈纳折叠合回，体积便缩小，又能当牛、马车的车板。一顶蒙古包只需要两峰骆驼或一辆双轮牛车就可以运走，两三小时就能搭盖起来。

四、人生礼仪民俗

蒙古族人生了小孩后，也有与汉、满民族相类似的各种礼仪习俗。如洗三、庆满月、过百日、周岁抓周等。剪发礼是蒙古族人成长过程中的第一个重大礼仪。蒙古族小孩到三五岁时，要在奇数年龄时举行剪发礼，邀请亲朋好友参加。剪发时，第一剪子须请属相相合、年纪大、子孙多或弟兄多的人，余下的远亲和朋友依次剪。被推为动第一剪的长者所拿的剪刀要系上哈达，剪时还要口念祝词。被邀来给小孩剪发的客人还要向小孩赠送各种礼品。剪发毕，主人煮整羊置于大铜盘，宴请客人。

五、社交礼仪民俗

献“哈达”是蒙古族礼仪中一种隆重的礼仪方式。“哈达”是藏语译音。拜佛、祭祀、婚丧、拜年以及对长辈和贵宾表示尊敬等都需要使用哈达。哈达以丝绸为料，一般为白色、浅蓝色和黄色。长度通常为 5 尺左右，宽度不等。有的绣有“云纹”“八宝”等民间花纹图案。对长辈献哈达时，献者略弯腰向前倾，双手捧过头，哈达对折起来，折缝向着长者；对平辈，双手平举送给对方；对小辈，一般将哈达搭在脖子上。

敬鼻烟壶是蒙古族牧民的一种日常见面礼。敬献鼻烟壶之礼应在献哈达之后进行。平常日子不献哈达，也可用敬献鼻烟壶或换鼻烟壶来代表尊敬之礼。敬鼻烟壶一般是相互交换，有客来，从长者开始，依次与客人递换鼻烟壶。接过对方的鼻烟壶后，打开壶盖，将鼻烟取出少量，轻轻地闻一闻，盖好再把鼻烟壶归还原主。

六、岁时节日民俗

(1) 白月。蒙古族的年节亦称“白节”或“白月”，这与奶食的洁白紧密相关，而且“白”在蒙古人心目中具有“开元”之意。关于蒙古年节传说不一。据史书记载，自元朝起蒙古族就接受了汉族历法，因此，蒙古族白月与汉族春节正月相符。蒙古族年节，虽然与汉族春节一致，并吸收了一些汉族习俗，如吃五更饺子、放鞭炮等，但也有很多蒙古族传统习俗。农牧区蒙古族在除夕之夜一般都要吃手扒肉、点篝火，以示合家团圆，辞旧迎新。初一凌晨晚辈向长辈敬“迎新酒”，亲朋间互赠哈达，恭贺新年吉祥如意。在整个白月（正月）里，在草原上常会看到穿着节日盛装的牧民带着酒，唱着歌，和着马蹄或汽车、摩托车的伴奏，结伴走亲访友的热闹情景。

（2）马奶节。在锡林郭勒盟，民间除过年节外，还在每年的夏天过“马奶节”。节前家家要宰羊做手扒羊肉或全羊宴，还要挤马奶酿酒。节日的当天，每个牧民家都要拿出最好的奶干、奶酪、奶豆腐等奶制品摆在盘子里，用以招待客人。马奶酒被认为圣洁的饮料，献给尊贵的客人。

（3）那达慕大会。蒙古族具有鲜明民族特色的一种传统体育活动形式。“那达慕”是蒙古语的译音，意为“娱乐、游戏”，以表示丰收的喜悦之情。每年农历六月初四（多在草绿花红、马壮羊肥的阳历7、8月）开始的那达慕，是草原上一年一度的传统盛会。当天，那达慕除了进行男子射箭、骑马、摔跤三项竞技外，还增加了马球、马术、田径、文艺演出等新的内容，同时举行物资交流会。举行那达慕时，牧区方圆数百里的牧民穿起节日的盛装，骑着骏马或乘坐汽车、勒勒车络绎不绝地前来参观。那达慕已成为全民健身和群众娱乐的重要活动。

七、工艺美术民俗

（1）蒙古刀。本是蒙古人日常所用的餐具，由刀、刀鞘和骨筷组成。蒙古刀的刀鞘、刀柄多用檀木或兽骨做成。有的还饰有二龙戏珠、蝙蝠捧日、奔马、梅花鹿等图案的银片或铜片。刀鞘不仅能放餐刀，而且还可在一边放入象牙骨筷。蒙古刀既是蒙古壮年男子防身或宰杀牛羊、吃手扒肉必备的用具，又是一种不可缺少的独特的装饰艺术品，和火镰一起挂在腰带右侧，显得格外威风。

（2）结盟杯。古代北方游牧民族间誓盟，以牛角盛酒，交臂把盏，一饮而尽，以示友谊的真挚和永恒。这种饮具称为结盟杯。结盟杯选用优质成对的牛角，经过挖芯、去皮、多次打磨抛光以后，通体光洁，晶莹透彻，宛如玛瑙一般。再以银或铜打造酒杯，随形嵌入角根，牛角两端饰以錾刻金属花纹，拴结丝绸彩穗。整体造型古朴浑厚，有原始风味。

（3）鼻烟壶。用玉石、象牙、水晶、玛瑙、翡翠、琥珀和陶瓷等料制成。其样式有佛手形、梨形、茄形、桃形和柿子形，小巧玲珑，华丽多彩，古雅美观。鼻烟壶的结构包括壶体、壶肩、壶颈、壶勺、壶盖。造型则可圆、可扁、可方，也可多面体型。圆中又有扁圆、桃圆、蛋圆、滚圆。其外表装饰上雕刻精美，被蒙古人视为珍贵之物，姑娘们恋爱，也以精心刺绣美丽的鼻烟壶袋子作为信物。

八、游艺民俗

（1）赛马。参赛人数不限，选手的年龄不限，一般多为少年人，最小的只有八九岁。比赛设快马、走马、颠马等项目。快马比赛，无论男女老少，均不鞴鞍子，不穿靴子，头束彩巾或戴有彩带的赛马帽。比赛的发令枪一响，参赛的马就像离弦的箭，疾风一般卷过绿色草原，骑手在飞驰的马背上挥臂加鞭，奋力争先，宛如飞霞流彩。在终点，取得优胜的马和赛马手披红挂彩，走向欢呼的人群，接受人们的赞扬和祝贺。

（2）射箭。起源于古代狩猎，在漫长的历史进程中，弓箭作为狩猎工具和作战武器的作用逐渐消失，而作为增臂力、练目力的一项重要的体育竞技比赛却流传至今，并不断规范化。射箭比赛分立射（静射）和骑射两种。比赛分男子组、女子组和少年组。立射一般规定每人射 9 箭，分 3 轮射完。以射中的中心环、内环、外环多少来统计分数，决定名次。骑射要求在骑马奔跑中弯弓射箭，尤为壮观。

（3）摔跤。不受年龄、体重和地区限制，不计时间，采取一次淘汰制。摔跤手（称为“博克”）先进行编排和配对，然后身穿镶有铜钉或银钉，用牛皮或多层帆布制成的“昭德格”（摔跤服），腰间扎上宽厚的皮带，系上用红、蓝、黄三色绸子制成的围裙，下身着白色肥大的摔跤裤和绣有吉祥图案的套裤，足蹬蒙古靴，项戴五色绸穗制成的彩带“景嘎”。景嘎越多表示参赛者获奖的次数越多。

（4）马头琴。蒙古族最具特色的传统乐器，又名“胡琴”，为擦弦类弦鸣乐器。因琴杆上端雕有马头为饰而得名。它由共鸣箱、琴头、琴杆、弦轴、琴马、琴弦和拉弓等部分组成。马头琴的演奏方法与其他拉弦乐器不同，它的弓不是夹在琴的里外弦之间，而是在两弦外面擦弦拉奏的。多用作独奏或自拉自唱。其发音柔和、浑厚而低沉，音色悠扬、醇美，富有草原风味，因而有人形容说：“对于草原的描述，一首马头琴的旋律，远比画家的色彩和诗人的语言更加传神。”

九、宗教和世俗信仰

萨满教是蒙古族古老的原始宗教。萨满教崇拜多种自然神灵和祖先神灵，后来在明、清两朝统治者的支持和提倡下，藏传佛教在蒙古地区兴盛起来。但萨满教在东部地区以祭祀、占卜、治病活动形式不同程度地保存下来。目前藏传佛教在内蒙古地区占有统治地位。

十、禁忌

蒙古族崇拜火，认为火是驱妖避邪的圣洁物，所以进入蒙古包后，不许在火炉旁烤湿鞋子，不得跨越炉灶或脚蹬炉灶，不得在炉灶上磕烟袋、摔东西、扔脏物，不能用刀子挑火、将刀子插入火中或用刀子从锅中取肉。

水为生命之源，牧民忌讳在河流中洗手或沐浴，更不许洗女人的脏衣物，或者将不干净的东西投入河中，并习惯节约用水。蒙古族人骑马、驾车接近蒙古包时忌快行，以免惊动畜群；若门前有火堆或挂有红布条等记号，表示这家有病人或产妇，忌外人进入；客人不能坐西炕，因为西是供佛的方位；办丧事时忌红色和白色，办喜事时忌黑色和黄色；禁止在参观寺院经堂、供殿时吸烟、吐痰和乱摸法器、经典、佛像以及高声喧哗，也不得在寺院附近打猎。

第6节 回族民俗

回族是中国分布最广的少数民族，主要聚居于宁夏回族自治区，在甘肃、新疆、青海、河北、河南、云南、山东也有不少聚居区。回族有小集中、大分散的居住特点。在内地，回族主要与汉族杂居；在边疆，回族主要与当地少数民族杂居。回族主要从事农业，有的兼营牧业、手工业。回族还擅经商，尤以经营饮食业突出。

回族的通用语为汉语，第二语言为阿拉伯语。在日常交往及宗教活动中，回族保留了大量的阿拉伯语和波斯语的词汇。回族信仰伊斯兰教，教徒称“穆斯林”（顺从者）。回族聚居的地方建有清真寺，供教徒进行讲经、做礼拜、宰牲及婚丧嫁娶之用。清真寺设有神职人员专管宗教事务。

一、服饰民俗

回族服饰的主要标志在头部。男子们都喜爱戴白色无檐圆帽。帽子的颜色，通常还有灰、蓝、绿、红、黑等颜色，有的是纯色，也有很多带伊斯兰风格花边或图案、文字的，如星月图案、阿拉伯文的“清真言”等，可根据季节和场合的不同选择戴相应款式。一般春、夏、秋季戴白色，冬季戴灰色或黑色，结婚的新郎多戴红色帽子，以示喜庆。回族除了戴白帽外，有些也用白、黄色毛巾或布料缠头，俗有“缠头回回”之称。回族妇女一般头戴盖头，旨在盖住头发、耳朵、脖颈。回族认为这是妇女的羞体，应该加以遮盖。盖头通常有绿、青、白、黑几种颜色。一般少女戴绿色的，已婚妇女戴黑色或青色的，有了孙子或上了年纪的老年妇女戴白色的。戴绿盖头显得清俊娇丽，戴白盖头显得干净持重，戴黑色盖头显得素雅端庄。盖头大都选用丝、绸、乔其纱等高中档面料制作。在样式上，老年人的盖头较长，要披到背心处；少女和已婚妇女的盖头比较短，前面遮住前颈即可。回族妇女还喜欢在盖头上嵌金边，绣风格素雅的花草图案，看上去清新、秀丽、明快、悦目。

二、饮食民俗

回族分布较广，食俗也不完全一致。油香、馓子是各地回族喜爱的特殊食品，是节日馈赠亲友不可少的。城市的回族一年四季早餐习惯饮用奶茶。肉食以牛、羊肉为主，有的也食用骆驼肉，食用各种有鳞鱼类，如北方产的青鱼、鲢鱼、鳇鱼等。回族长于煎、炒、烩、炸、爆、烤等各种烹调技法，风味迥异的清真菜肴中，既有用发菜、枸杞、牛羊蹄筋、鸡鸭、海鲜等为主要原料，做工精细考究、色香味俱佳的名贵品种，也有独具特色的家常菜和小吃。民间特色食品有牛羊肉泡馍、拉面、打卤面、肉炒面、牛头杂碎、臊子面等。回族喜欢甜味，著名菜肴有它似蜜、炸羊尾、糖醋里脊等。米面中的甜食更多，如凉糕、切糕、八宝甜盘子、甜麻花、甜馓子、糍糕等。回族饮水很讲究，凡是不流动的水、不洁净的水均不饮用。回族也喜饮茶和用茶待客，西北地区回族的八宝盖碗茶很有名。

三、居住民俗

根据地形特点和经济条件，陕西、甘肃、宁夏、河南、河北等山区的回民，因本地林木少，经济基础薄弱，大多住窑洞。地势平坦的地方，大多建造房屋。回族盖房，不看风水，只注意选择地势平坦、采光好、清洁和用水方便的地方。房子的造型有土木结构平房、前后两坡砖瓦房和二层楼房等。回民盖房动工，一般都选择吉祥的日子。在支梁之日，回民讲究请阿訇用红纸写一段《古兰经》贴在大梁上，直到房子盖成也不去掉，以求吉祥。房子不讲究单数、双数，根据经济条件，量力而行。房子不论是三四间，还是六七间，中间两间一般为客房，也叫大房。其余都是单间的，按辈分居住。男孩 12 岁、女孩 9 岁以上都分开居住。西北等地的回民还习惯盖高房子，即除了盖四五间平房外，再盖一间或两间二层小楼子。这种高房子多数是为家庭老人礼拜用的，以防小孩及他人打扰。

四、人生礼仪民俗

（1）诞生礼与成人礼。在婴儿出生的第三天，家人要用洁净的热水给小孩洗澡，称为“洗三”。亲朋好友要给产妇送油香、鸡蛋、肉等营养品。主人要用羊肉臊子面款待亲朋好友，祝愿小孩健康成长。

婴儿出生三天之内，要请一位阿訇给小孩起经名，仪式过后，阿訇便从众多的先贤中选出一个美名（一般都是《古兰经》中记载的圣人的名字）。男孩一般命名为“尔撒”“努哈”“易卜拉欣”等。女孩儿一般起名为“海蒂彻”“阿依莎”“阿米娜”等。另外还有在经名前冠以汉姓，如马穆萨、王尤拜等。命名礼结束后，要进行庆贺，同时要用红枣、红糖、冰糖水等东西给婴儿开口。

按照伊斯兰教的规定，男子 12 岁，即为“出幼”，进入成年，要开始担当宗教义务和履行宗教功课。回族的成丁礼俗称“逊乃提”，即“割礼”，指穆斯林男孩割掉阴茎包皮的仪式。男童一般在 5~9 岁实行割礼。割礼这天，要给小孩换一套新衣服，家里一般要宰羊、宰鸡、炸油香等，请阿訇念经，左邻右舍的亲戚朋友要给小孩散“乜贴”，以示庆贺。女孩9岁开始戴“盖头”，寓意成年。

（2）丧葬礼俗。回族实行土葬、速葬、薄葬，不用棺木。生命弥留之际，一般由阿訇或家属为其念“讨白”（忏悔）或者念“清真言”。去世后，尸体被放在专用的尸床上（水床），并在周围点上清香，以去污味，然后由阿訇或死者家属用皂角水或清水为亡人洗“吾苏鲁”（大净），洗亡人一般是男人洗男人，女人洗女人。洗净后，用三层纯棉（不缝制）白布将死者包裹起来。亡人被抬至墓地，连同包裹亡人的白布一起放入事先挖好的墓穴中。墓穴是从平地向下直挖一个2米深的坑后，再转挖一个2米长的偏洞。墓穴中除包裹亡人的白布外，不允许放入任何陪葬品。出殡时不择时日，不穿白戴孝，不鸣鞭炮，不请客摆席，不准号哭（回族认为死亡是真主的前定，过分号哭是对真主前定的否认，只允许流泪）。回族一般都是葬入回族公墓，不择吉地，按秩序埋葬。回族主张厚养薄葬，不论达官贵人还是平民百姓，一律平等。

五、社交礼仪民俗

回族人民待人诚实憨厚，和蔼可亲，有礼有节。当家里来客人时，走出大门外去迎接。如客人骑自行车，立即把车子接过来推上，对有行李包的客人要把行李接过来提上。客人进屋时，要主动揭开门帘，让客人先进屋。客人入座后，马上沏茶、备饭。把饭菜做好端上桌子以后，主人不陪坐、不陪吃，站在地下，先说一声“请口道”，接着一再谦让、夹菜，照顾客人吃好饭。同客人谈话的时候，不能左顾右盼。送客人的时候，不能沉着脸，要和颜悦色，经一再挽留而不止步再送出大门。到人家做客或入座时，不能从人前面过：坐下的时候，要给靠近自己的人问安。

回族众人同桌聚餐时，先洗手以后，谦让年长的人坐上席，要等他动筷子以后，其他人再动。吃饭时，不说污言秽语，不在碗里乱吹乱搅，要小口进食。吃烙饼、馍馍、油香时，不要拿在手里大口大口咬着吃，而要用手掰着吃。饮水时，要慢饮。

六、岁时节日民俗

回族有三大节日，即开斋节、古尔邦节、圣纪节。

（1）开斋节。每年回历九月被称为斋月。回民认为斋月是一年中最高贵、吉祥、快乐的月份。斋月开始的日期在九月初三以前，如在初一的晚上，人们能见到新月，那么这天晚上就进入斋月。若因气候条件见不到新月，可延迟到初三晚上。男孩12岁、女孩9岁就开始封斋。封斋的人，在日出前要吃饱饭，日出后至太阳落山前，要坚持工作，但禁止行房事，断绝一切饮食。封斋的目的就是让人们体验饥饿和干渴的痛苦，让有钱的人真心救济穷人。通过封斋，回族逐步养成坚忍、刚强、廉洁的美德。斋月的最后一天要寻看新月，见月的次日即为开斋节。开斋节清晨，清真寺的钟声响过之后，回民男女要穿上节日的盛装，到清真寺参加礼拜。之后，要互相祝贺，互赠油香，午后，人们要到坟上为死者祈祷，整墓培土。

（2）古尔邦节。阿拉伯音译，意为“牺牲”“献身”，故亦称“宰牲节”“忠孝节”。大部地区的回族称为“小尔德”，一般在开斋节过后七十天举行。伊斯兰教规定，每年十二月上旬，是教徒前往麦加朝觐的时期。在朝觐的最后一天（十二月十日），要宰杀牛羊共餐庆祝，这就是古尔邦节。这一习俗来源于一个传说：先知易卜拉欣梦见真主命他宰杀爱子伊斯玛仪献祭，考验他对安拉的忠诚。当其子遵命俯首时，安拉为其虔诚感动，特遣使者送来一只黑头绵羊代替，从此阿拉伯人便有了宰牲献祭的习俗。节日里，人们除了会礼、炸油香、炸馓子外，还要宰牛、羊、骆驼。一般经济条件好的，每人要宰一只羊，七人合宰一头牛或一峰骆驼。所宰的肉要分成三份：一份自食，一份送亲友邻居，一份济贫施舍。宰牲典礼举行后，人们访亲问友，馈赠油香，相互登门贺节，并且组织各种文娱体育活动。

（3）圣纪节。在伊斯兰教历三月十二日，是纪念先知穆罕默德的诞辰和逝世的纪念日。节日这天回民首先到清真寺诵经、赞圣、讲述穆罕默德的生平事迹，之后自愿捐赠粮、油、肉和钱物，并邀约若干人具体负责磨面、采购东西、炸油香、煮肉、做菜，然后开始会餐。有的地方摆上十几桌乃至几十桌饭菜，大家欢欢喜喜，一起进餐；有的地方是吃份儿饭，回族群众叫“份碗子”，即每人一份。

七、工艺美术民俗

（1）经字画。穆斯林的一种书法绘画艺术。穆斯林家中通常悬挂条幅、匾额、对联、横幅等，上面用阿拉伯文书写伊斯兰教经典中的警句、格言，这是传统文明和伊斯兰文明融合的结晶。

（2）刺绣。在回族聚居区，回族姑娘们常常以刺绣比聪明、争巧手、看本事，视刺绣为一种吉祥的艺术情趣。鞋头、袜底、鞋垫、坎肩、经挂、裹肚、香包、缠腰、枕顶、枕套、帽檐、耳套、荷包、围裙、盖头、褥面等用品上刺着各种花纹和图案。由于受伊斯兰文化的影响，民间刺绣还艺术地表现其宗教信仰。当她们买回一块布料，洗净后便请阿訇书写上阿文中堂，然后便不分昼夜，千针万线地刺绣。绣完字，一般还用传统的阿拉伯几何图形或云纹样绣上花边，挂在墙上，颇受人们的喜爱与好评。

八、游艺民俗

（1）“花儿”。又称“少年”，是流传在甘肃、宁夏、青海、新疆回族地区的一种民歌。在“花儿”对唱中，男方称女方为“花儿”，女方称男方为“少年”，这种对人的昵称逐渐成为回族山歌的名称，亦统称为“花儿”。“花儿”按传唱地区划分，又分为“青海花儿”“河州花儿”和“宁夏花儿”。“花儿”内容丰富，多为情歌。一般多是四句或六句，歌词多即兴创作，十分口语化。由于“花儿”最早产生于山间田野，歌手们在空旷幽美的环境中无拘无束，放声高歌，所以它的曲调多高昂、奔放、粗犷、悠扬，表现了回族人民对幸福生活和纯真爱情的追求和渴望。每年农历六月初 至初六的莲花山“花儿会”和农历四月二十八日的松鸣岩“花儿会”久负盛名。春夏之交，树木葱绿，山花烂漫。届时，歌手云集，对歌联欢，盛况空前。

（2）口弦。也叫口琴，是一种衔在嘴边的民间小型弹拨乐器。口弦有竹制和铁制两种。竹制口弦长10厘米，扯线弹奏。铁制口弦长5厘米，拨钩弹簧弹奏。弹拨时，琴体中间的钩簧里外颤动，放于嘴边，用口腔做共鸣箱，以口形、气息变化控制，形成音阶。回族妇女还喜欢在口弦上系上五颜六色的丝穗、珠子等饰品，不弹时挂在衣服纽扣上，既是美的表示，也是有音乐才能的显示。

（3）汤瓶舞。由回族男子表演，舞者持白毛巾为道具，表现伊斯兰教礼拜前用“汤瓶”（壶）盛水净身，作“大净”或“小净”的习俗，舞蹈中常出现模拟汤瓶的形象，故有此名。舞蹈动作有擦身、搓背以及挥舞毛巾互相抽打、嬉戏等。

（4）赶木球。回族体育活动。先在场地上挖坑，坑数比人数少一，坑的标准是直径20厘米，深20厘米。用一20厘米长的短木棒当木球。比赛时，参加人数不限，每人手拿1米长的木棒，站在坑前，另一无坑人则用木棒赶球，尽力将球赶入坑内，站在坑边的人要用木棒阻拦，不让木球击进自己守护的坑内，一旦木球被击入坑内，所有守坑的人要轮换坑位，这时赶木球的人乘机占坑，未抢到坑的人就变为赶木球的人。以赶木球次数多的人为负。

九、宗教和世俗信仰

回族信仰伊斯兰教，教徒称“穆斯林”（顺从者）。伊斯兰教是一尊神崇拜。信仰主要包括六个方面：一是信安拉。安拉是独一无二的至上神，安拉创造万物，主宰一切，而且无所不能、无所不知、无所不有。安拉无形象、无方所。二是信使者。穆罕默德是安拉派来的使者，治世安民，普慈众生。三是信经典。《古兰经》是安拉启示众生的经典。四是信天使。天使是安拉的差役，无形无影，神通广大，变幻莫测。五是信前定。世间的一切是安拉早已安排好的，应顺其自然。六是信后世。认为世界终将毁灭，“后世天国”来临的时候，死去的人会复活，接受审判，善者升入天堂，恶者入火狱。六大信仰体现在五个方面的活动中。即每个教徒一生中要修“五功”，即念（念“清真言”）、礼（礼拜）、斋（斋戒）、课（天课）、朝（朝觐）。

十、禁忌

回族人忌食猪肉、狗肉、马肉、驴肉和骡肉，只食偶蹄类反刍的动物肉，如牛、羊、骆驼、鹿、山兔等；禽类中只食鸡、鸭、鹅、鸽等；水产中只食鱼、虾。凶残、丑陋、污秽的动物和动物的有些部位也不吃。不吃未经阿訇按教法规定宰杀的和自死的畜禽肉，不吃动物的血等；忌讳别人在自己家里吸烟、喝酒；禁用食物开玩笑；禁止在人前袒胸露臂；凡供人饮用的水井、泉眼，一律不许牲畜饮用，也不许任何人在附近洗脸或洗衣服。取水前一定要洗手。饭前、饭后都要用流动的水洗手。就餐时，长辈要坐正席，晚辈不能同长辈同坐在炕上，须坐在炕沿或地上的凳子上。舀水、舀饭均不得往外舀。

第7节　哈萨克族民俗

哈萨克族人主要分布于新疆维吾尔自治区伊犁哈萨克自治州、木垒哈萨克自治县和巴里坤哈萨克自治县。少数分布于甘肃省阿克塞哈萨克自治县。

哈萨克族人除少数从事农业生产外，绝大多数人从事畜牧业，终年生活在美景如画的大草原上。他们放牧、运输、远行，都离不开马。每个哈萨克族人都以善骑骏马为荣耀，以他们是“马背上的民族”为自豪。名贵的伊犁马是他们的骄傲，2000多年前伊犁马因其矫健俊美被汉武帝誉为“天马”。

哈萨克族有自己的语言文字。语言属阿尔泰语系突厥语族，文字系以阿拉伯字母为基础的拼音文字。

一、服饰民俗

哈萨克族绝大多数人过着逐水草而居的游牧生活，因而其服饰带有浓郁的草原畜牧生活的特征，牧民主要用牲畜的皮毛做衣服的原料。哈萨克族男子喜欢穿棉毛衣裤，颜色上多选用黑色、咖啡色等深色。冬季主要穿皮大衣、皮裤。衬衣多为高领，上绣花边。衬衣外套坎肩，坎肩上穿短衣，有时还再套“袷袢”。喜欢扎牛皮制成的腰带，腰带上镶嵌有金、银、宝石等各种装饰品，腰带右侧佩有精美的腰刀，以备随时使用。夏季，男子一般戴一种用薄白毡制作的翻边帽，分为两瓣，很有特色。而在冬季，则要戴“吐马克”或“库拉帕热”两种不同的帽子。“吐马克”有两个耳扇，一个尾扇，呈四棱尖顶状，顶上还饰有猫头鹰毛。“库拉帕热”则形似圆锥体，内缝狐皮或黑羊羔皮，外面饰以色彩艳丽的绸缎，美观实用。

哈萨克族妇女的服饰较男子来说更加丰富多彩。她们根据年龄选择不同的样式。年轻的姑娘喜欢穿连衣裙，裙袖有美丽的绣花，裙摆阔大自然成褶。上身外套紧身坎肩，坎肩上绣有美丽的图案并缀有五颜六色的饰品，未出嫁的姑娘头上戴的是“塔克亚”“别尔克”或“特特尔”。“塔克亚”是一种斗形帽，下沿略大，彩缎作面，帽壁有绣花，帽上缀珠，顶上插猫头鹰毛；“别尔克”是用水獭皮做的圆帽，与“塔克亚”类似，只是夏季扎各种颜色的三角和正方形头巾；“特特尔”是一种四方的头饰，上绣各种花纹图案，折起多褶，扎在头上。

二、饮食民俗

作为游牧民族的哈萨克族，其饮食习惯与赖以生存和发展的畜牧业紧密相关，他们的食品以肉、奶、茶、面为主。信奉伊斯兰教的哈萨克族，饮食习惯遵循教规。

肉食中羊肉占有较大比重。最主要的吃法是手抓羊肉，即清炖羊肉。熏肉也是哈萨克族十分喜爱的食品，哈语称之为“索古姆”。每年十一二月，将膘肥体壮的牛、羊宰杀后用松柴烟熏干，可以保存到来年的六七月份。哈萨克族人还喜欢烤全羊。

奶制品主要由羊奶、牛奶、马奶、骆驼奶酿成。他们的谚语说：“奶子是哈萨克的粮食。”可见奶制品在哈萨克族饮食中的分量。马奶酒是哈萨克牧民在各种聚会、盛宴中必不可少的饮品。

哈萨克族以肉食为主，摄入动物脂肪较多，加之所处之地夏季干热、冬季寒冷，因而饮茶成为哈萨克族的习惯。哈萨克牧民中有“宁可一日不食，不可一日无茶”的说法。黑砖茶是哈萨克族人的首选，次为茯茶。

哈萨克族的面食比较少，但仍有本民族的一些特点。比如馕，是用两口小平锅合在一起烤制的，这与维吾尔族的馕形式不同。再如面条、面片，是用手工擀制的。另外还有油果子等。

三、居住民俗

由于哈萨克族主要从事畜牧业，为了适应游牧生活的需要，他们的先祖创造了一种造型别致，具有民族风格的建筑—— 毡房。毡房是适宜于春、夏、秋季转场搬迁的一种简易住房，结构和蒙古包相似。哈萨克牧民一般从 11 月至来年 4 月住在冬牧场。冬牧场的房屋一般建在避风雪的河谷或山谷中，在林区一般用木头构筑而成。其他地方多用土坯或石块砌墙盖房。房屋外形是四方平顶，屋内有铁皮炉子或土砌炉灶。此外，还有一种自古相传的圆顶房屋，哈萨克语称“雪夏拉”，这种房子外形与毡房大致相同，围墙是用石块或土坯砌成，高 2.5 米，上面有撑杆式的细椽子，椽子下端固定在围墙顶上，上端则连接在房子的顶圈，然后放上编织好的苇席或树枝条，上面再抹上一层泥。屋内有 4 根或 6 根顶柱。这种房屋冬暖夏凉，不仅山区有，在城市中也有。

四、人生礼仪民俗

（1）诞生礼与成人礼。哈萨克族在婴儿出生后，别人不能问其性别，知情人也不许讲出去。第二、三天，进行庆祝。在婴儿 40 天时，举行“四十天礼”，参加者要给孩子送衣服、串珠、鹰毛等礼物。由长者给婴儿起名字，礼仪结束后才可以公布婴儿的性别。孩子 5 岁左右举行骑马礼，头上插羽毛到各家拜访，亲友们要送马鞍、马鞭、肚带、马镫带等。男孩在 5~7 岁时举行割礼，行礼的前 4~5 天，孩子穿上新衣服，腰系白布带，骑着由别人牵着的马走亲戚，亲友们要送礼。

（2）婚俗。哈萨克族实行一夫一妻制、氏族外婚制，同一部落的人七代之内禁止通婚，通常可与周围的维吾尔、柯尔克孜、乌孜别克、回、蒙古等族通婚。哈萨克族的婚姻是终身的，一经缔结婚约，便不能随便解除。结婚之后是不允许离婚的，尤其是女方，没有毁约和离婚的权利。男子长大成婚后一般另立毡房独立生活，但还存在着“还子”的习俗，即每对新婚夫妇，要把婚后自己所生的第一个孩子送给男方的父母抚养。祖父母与孙儿女的关系视父母与儿女的关系，孙儿女称祖父母用父母的称谓，祖父母称孙儿女用儿女的称谓。

五、社交礼仪民俗

哈萨克族是个热情、好客、重礼仪的民族。人们相见，总要互致“全家平安”“牲畜平安”等问候。对前来拜访和投宿的客人，不论相识与否，都会热情款待。主人待客，有自己的一套方式。凡客人来都要宰羊待客，至尊的客人，还要在现场宰杀一匹马驹。宰羊前，主人要牵羊到客人面前征得满意。进餐时，先将羊头献给客人。客人接过羊头，要用小刀先割一块面颊肉献给主人家年龄最长者，再割一块羊耳朵给年龄最小的孩子或主妇。然后，自己随便割一块肉吃，再将羊头献给主人。这时，主客围坐一起，一边食用盘中的大块肉，一边细饮主人特制的马奶酒。如果客人辞行，主人要立即去马厩抚摸马的肚子，看是否吃饱了，然后再小心地牵出来，否则便为失礼。如果天色已晚，则一定要挽留客人住宿，否则会遭到左邻右舍的指责。

六、岁时节日民俗

哈萨克族的传统节日是“诺鲁孜节”，类似于汉族的春节。时间是在阳历春分日。这一天（阳历3月22日前后）昼夜相等，被看作“交岁”之日。哈萨克语“诺鲁孜”意即辞旧迎新。家家户户在节前都要清扫屋内外，准备过节食品。节日的食品主要有用大米、小麦、面粉、奶酪、盐、肉等做的“诺鲁孜饭”，还有储存的肉类和水果等。节日这一天，人们身着鲜艳的民族服装，成群结队地走家串村，互相拜年。拜年时，宾主互相拥抱，祝贺新年，一起吃“诺鲁孜饭”，唱“诺鲁孜歌”。吃饭时，每家每户都会把一只羊头奉献给老人。老人在接受这种礼仪时，口念祝词，祝愿家人平安，牲畜满圈。节日期间人们还要举行对唱、摔跤、绕口令、猜谜语等文体娱乐活动。孩子们则要玩踢毽、放风筝、捉迷藏等游戏。

七、工艺美术民俗

（1）雕刻。哈萨克族人在木碗、木勺、木盘、捣马奶杵子、装炊具的木盒以及冬不拉、库布兹等器具上雕刻各种图案。猎枪的枪柄上、马鞭上也精雕细刻着各种漂亮的图案。哈萨克族人还喜欢在木床、箱子、木柜、桌子、摇篮、木门和车子上雕刻各种花纹。

（2）刺绣。哈萨克族十分普遍的手工艺术。刺绣的方法有很多，有挑花、补花、嵌花、缎花、印花、贴花等。许多日常生活用品都是姑娘和少妇们刺绣的对象。如挂毯、箱套、衣袖领口、衣服前襟和下摆、手巾、遮盖衣服的布幔、挂帘帷、帷帐、窗帘、门帘、被褥的罩单、枕套、帽子以及毡房内的其他装饰品，她们主要用丝线和金线刺绣，还将珠子、玛瑙之类的东西穿在一起。

八、游艺民俗

（1）姑娘追。哈萨克族男女青年非常喜爱的一项传统游戏。凡年龄相近的同辈人均可参加这种游戏。姑娘追的过程是先选择一个众人目所能及的指定点。参加游戏的男女骑手在前往指定点的过程中，男子可以随意向女子说俏皮话、开玩笑，按习俗此时怎么戏谑女子都不算过错。到指定点后，男子要机敏地想法甩掉女子往回跑，这时姑娘会放马追赶。一边追，一边会用皮鞭抽打前面的男子。当然这要看女子是不是喜欢这男子了，若是心中喜欢，只会虚晃几下，或轻轻打在背上。若是不喜欢，也会重重打上几皮鞭，来惩罚刚才说过了头的俏皮话的青年。许多哈萨克族青年在这一游戏中产生爱情，最终结成伴侣。

（2）刁羊。哈萨克民族的传统体育活动，起源于中世纪。当时游牧部落十分痛恨在草原上逞凶的狼，一旦捕获了狼，牧民们便将狼驮于马上奔跑，争相抢夺，以示庆贺。后来逐渐发展成了一项专门的娱乐活动，并由刁狼改为刁羊，多在喜庆的日子举行。刁羊比赛一般分两组进行。主持人把一只割去头的羊放在指定处。枪响后，甲乙两队共同向羊飞驰而去，先抢到羊的同队队员互相掩护，极力向终点奔驰，双方骑手施展各种技巧，围追堵截，拼命抢夺。刁着羊先到达终点的为胜方。获胜者按照当地的习俗，将羊当场烤熟，请众骑手共享，称为“幸福肉”。

（3）阿肯弹唱会。哈萨克民族是一个能歌善舞的民族，他们拥有众多的民间歌手，叫作“阿肯”。每年夏季，天气晴朗，水草丰茂之际，他们就要择日举行“阿肯弹唱会”。届时人们在草原上聚集，搭起帐篷，将牛、马、羊放牧在附近草地。各地“阿肯”也都前来，弹起乐器“冬不拉”，一展歌喉。人们围坐听唱，如痴如醉。阿肯们有独唱、对唱、合唱等。除传统曲目外，还往往即兴编词，歌唱赞美草原生活、追求自由民主的理想，其中弹唱时间最长、口才流利、声音嘹亮、最吸引听众者为优胜者，深受人们尊敬。

九、宗教和世俗信仰

古代的哈萨克族人曾经信奉原始宗教，即自然崇拜和祖先崇拜等，后来又信仰过萨满教、佛教、景教等，现在哈萨克族人民大多信奉伊斯兰教。伊斯兰教为人们制定了日常生活的各种规范。

十、禁忌

哈萨克族人信奉伊斯兰教，与之相联系而形成的禁忌很多。做客时，忌讳客人骑着快马直冲家门。忌持马鞭进毡房。忌讳客人从火炉右边入座和坐在火炉的右侧，因为右侧是主人坐的，也不要坐在放食物的木柜上或其他生活用具上，客人的座位应听从主人的指引。在毡房内要席地盘腿而坐，不许把两腿伸直，更不能脱掉鞋子。不能用双脚踩餐布，更不能横跨过去。吃饭时要戴上帽子。主人递送的茶、酒、肉食和其他食品，不管是否合乎自己的胃口，都应高兴地双手接受。不能把整个馕拿在手上用嘴啃，要掰成小块吃。喝奶茶和马奶酒应一饮而尽，不会喝酒也要少许啜上一口，以示谢意。在餐布收拾之前，最好不要离去。如果临时遇有急事外出，必须绕别人背后走。主人做饭时，客人不要走进配餐的地方，忌讳客人乱动餐具。就餐前后，主人会给客人倒水洗手，洗完手，不要乱甩动，应用毛巾擦手，并有礼貌地送还毛巾。如果天色已晚，主人留宿，不要拒绝使用主人的被褥，否则会被主人误会。

不许当着父母的面赞美他们的孩子，尤其不能说胖、美、俊之类的词。不能当面数主人牲畜的数目。不要用脚和棍棒打牲畜的头部。不能跨过拴牲畜用的绳子。走路遇羊群要绕道而过。在住房、水源、礼拜寺、墓地周围，不许随地大小便。忌讳拔春天的新草。不允许用脚踏火。

第 8 节　维吾尔族民俗

维吾尔族是一个历史悠久的古老民族，其族源可追溯到汉代的“丁零”。维吾尔族主要聚居在新疆维吾尔自治区天山以南的喀什、和田一带和阿克苏、库尔勒地区，其余散居在天山以北的乌鲁木齐、伊犁等地，少量居住在湖南桃源、常德等地。

维吾尔族以农业为主，种植棉花、小麦、玉米、水稻等农作物，此外还擅长园林艺术。中国最大面积的葡萄生产基地葡萄沟位于新疆的吐鲁番盆地。

维吾尔族全民族使用维吾尔语，其属于阿尔泰语系突厥语族西匈语支，使用以阿拉伯字母为基础的维吾尔文。

一、服饰民俗

维吾尔族传统服装极富特色：男子穿“袷袢”长袍，右衽斜领，无纽扣，用长方丝巾或布巾扎束腰间。农村妇女多在宽袖连衣裙外面套对襟背心；城市妇女现在已多穿西装上衣和裙子。维吾尔族男女都喜欢穿皮鞋和皮靴，皮靴外加胶质套鞋。男女老少都戴四楞小花帽（“尕巴”）；花帽上有用黑白两色或彩色丝线绣成的民族风格图案，有些还缀有彩色珠片。妇女常以耳环、手镯、项链为装饰品，有时还染指甲，以两眉相连形式画眉。维吾尔族姑娘以长发为美，婚前梳十几条细发辫，婚后一般改梳两条长辫，辫梢散开，头上别新月形梳子为饰品。也有人将发辫盘系成发结。

二、饮食民俗

维吾尔族最喜爱的主食是抓饭，其次是馕、包子、拉面、玉米粥等。副食主要是牛、羊肉以及各种蔬菜。饮料主要是奶茶和茯茶。吃饭时，要铺上饭布，全家共席而坐。饭前饭后要洗手，吃抓饭时要剪指甲。

抓饭，维吾尔族人称之为“波罗”。它的基本原料是鲜羊肉、胡萝卜、洋葱、清油、羊油和大米。食用这种饭时，无论何时何地何人，都是把手冲洗干净之后，伸出五个手指把饭撮掇起来送到嘴里。抓饭种类很多，往往因地、因人、因季节和条件而不同。它营养丰富、美味可口、饭菜俱全且烹制简单，是维吾尔族人民日常生活和婚丧嫁娶等宴席上常见的主食。

馕是维吾尔族人日常生活不可缺少的食品。馕的基本原料是小麦面粉和玉米面粉。其中用小麦面粉做成的称为“阿克馕”，用玉米面粉做成的称为“扎克尔馕”。

三、居住民俗

生活在新疆的维吾尔族早就以农业为主，因此在维吾尔族居住的地方，村庄很多。信仰伊斯兰教后，其民居形式深受波斯—阿拉伯的影响。维吾尔人居住的房屋，一般为土木结构的平顶方形平房，墙体较厚，上开天窗，房顶可做晒台，可乘凉，有较深的带护栏的前廊。室内设有壁炉、壁龛。壁炉用来取暖，壁龛用来存放物品。壁龛和壁炉均饰以精致的石膏花。墙壁用砖砌成图案花纹或挂有壁毯，地上铺设地毯或毛毡。室中央放有长桌或圆桌，家具及陈设品多由装饰巾遮盖。庭院中种植花卉、果树和葡萄，是弹唱、休息、餐饮之所。维吾尔族人民喜爱在庭院或外廊摆设茶具，接待客人。维吾尔族人喜爱清洁，室内外经常打扫得干干净净。

四、人生礼仪民俗

（1）诞生礼与成人礼。在生育方面，过去以多子女为荣，现已实行计划生育。维吾尔族人家中生了男孩特别高兴，但对女孩也不歧视。小孩 40 天后在家中举行起名仪式，第二天进行剃头和洗礼。男孩满 7 岁时要行割礼，这被视为家中一大喜事，十分热闹，亲朋好友都前来庆贺。

（2）婚俗。维吾尔族人的婚配过程一般要经过说媒、订婚、结婚等程序。结婚一般选在天高气爽、牛羊肥壮、瓜果丰盛的秋季，通常男女双方都要大宴宾客，席间有歌舞、音乐、祝酒歌等。婚礼分两天举行。第一天在女家，穿着盛装的新娘坐在室内，新郎由伴郎和一伙男青年簇拥，打着手鼓，吹着唢呐，呼喊着戏语，载歌载舞，前来新娘家举行娶亲仪式。仪式由阿訇主持，念经毕，询问新郎、新娘是否愿意结为夫妻，之后将两块干馕蘸上盐水让新郎新娘当场吃下。表示从此就像馕和盐水一样，同甘共苦，白头到老。到了傍晚，新郎及同伴们动身返回，新娘依依不舍地告别父母，由女性平辈亲友陪伴来到婆家。第二天，在男家举行"揭盖头"仪式，男女双方客人集中一起，大家一起作"都瓦"（祈祷），由男方一位客人出其不意地将新娘的"盖头"揭去，然后亲友们便高歌曼舞以表祝贺。

五、社交礼仪民俗

维吾尔族热情好客，崇尚礼节。路遇尊长、朋友，都要把右手放在胸前，上身前倾，并道"色俩目"，以示问候。走路让长者先行，谈话让长者先说，坐下时让长者坐在上座；小辈在长者面前不准喝酒、抽烟；亲友相见必须握手问候，互相致礼和问好，然后右臂抚胸，躬身后退步，再问对方家属平安。妇女在问候之后，双手扶膝，躬身道别。如男客人来家时，男主人不在，则要请邻居男人招待，女人不能招待客人。

维吾尔族待客和做客都有讲究。如果来客，要请客人坐在上席，摆上馕、各种糕点、冰糖等，夏天还要摆上一些瓜果，先给客人倒茶水或奶茶。待饭做好后再端上来，如果用抓饭待客，饭前要提一壶水，请客人洗手。吃完饭后，由长者领作"都瓦"，待主人收拾完食具，客人才能离席。吃饭时，客人不可随便拨弄盘中食物，不可随便到锅灶前去，一般不把食物剩在碗中，同时注意不让饭屑落地，如不慎落地，要拾起来放在自已跟前的"饭单"上。共盘吃抓饭时，不将已抓起的饭粒再放进盘中。饭毕，如有长者领作"都瓦"（祈祷与祝福），客人不能东张西望或立起。吃饭时长者坐在上席，全家共席而坐，饭前饭后必须洗手，洗后只能用手帕或布擦干，忌讳顺手甩水。接受物品或给客人上茶时要双手，单手接受物品被视为缺乏礼貌的举动。

六、岁时节日民俗

维吾尔族的传统节日主要有开斋节（肉孜节）、古尔邦节（也称宰牲节）、诺鲁孜节等。（详见本章第6节和第7节中所述。）

七、工艺美术民俗

（1）玉雕。维吾尔族的玉雕作品最大的特点是实用、美观、朴素、大方，主要是生活用品和装饰品，造型别致，制作方法采用琢、磨、碾、刻、镂等几种。

（2）铜器。维吾尔族的铜制工艺一般以红铜为原料，工匠们经过冷砸成型，并打制得十分光洁。铜容器、盛具、饮器和装饰品的表面，精心雕刻出单一的或成组的图案花纹。花纹的题材一般都是植物的花、叶、藤等。技法有凸雕、透雕、刻线和镂空等。

（3）地毯。驰名中外的新疆地毯，品种繁多，色泽鲜艳，质地细密，经久耐用。维吾尔族地毯的图案和设色，具有鲜明的民族特点和浓厚的地方色彩，其特点是多层边框，几何图形内填有丰富而多变的纹饰（如各种动物、花卉、果实、叶蔓等），结构严整而富有韵律，形式多样而富有生活气息。新疆地毯原来多用植物和矿物制成的天然染料染毛线，现在改用化学活性染料，在织毯工艺上也有了明显的改进。就地毯的用途而言，主要有铺毯、挂毯、坐垫毯、褥毯等。

（4）艾德来丝绸。采用古老的扎经染色法工艺，按图案的要求，在经线上扎结进行染色的一种绸料，深受维吾尔族妇女喜欢。这种绸子主要产在喀什、莎车、和田、洛浦等地，其风格有所不同。

（5）英吉沙小刀。以其主要产地英吉沙县而得名，有数百年的生产历史。它造型美观，刀体平整光亮，刀口锋利，刀把上镶嵌着银、铜、玉、骨、宝石等，组成民族风格图案，并配有精致的皮鞘，便于携带。

此外，维吾尔族的陶器、花毡、首饰等既是维吾尔人的生活用品，也是做工精细、别具风格的手工艺品，表现了维吾尔族人民的精湛技艺，是维吾尔族人民劳动和智慧的结晶。

八、游艺民俗

（1）赛马。新疆的哈萨克、蒙古、柯尔克孜、塔吉克和维吾尔等民族，都喜爱赛马，盛大节日里，常举行群众性的赛马大会。优胜的马匹被誉为“拜盖阿特”（最好的马），优秀的骑手则受到奖赏。近年来，赛马又增添了许多新项目：障碍赛马、越野赛马、马球、马上射击、盛装舞步赛以及马车驾驭赛等，十分惊险精彩。

（2）高空走绳。维吾尔语称之为“达瓦孜”，它是维吾尔族民间传统体育活动之一。“达瓦孜”起源于神话传说：古时候空中出现了一种飞怪，呼风唤雨，残害黎民。为了上天灭怪，有一位英武少年在地上竖起了一根30多米高的长杆，用一根60多米长的粗绳连接杆顶和地面，然后缘绳上天，与飞怪在天空决斗，将怪诛杀。人民为了感谢这位青年，就开展了“达瓦孜”这项体育活动。现在的高空走绳，表演起来惊心动魄，已兼有体育和杂技的双重特点。表演者手持长杆，不系保险带，在唢呐、羯鼓声中表演走绳，做侧身走绳、蒙眼走绳、倒立走绳、踩碟走绳、飞身跳绳等惊险动作。

（3）维吾尔木卡姆。木卡姆是中亚、南亚、西亚、北非及整个伊斯兰文化圈内拥有的一种乐舞形式。“木卡姆”这个词源于阿拉伯语。在现代维吾尔语中，这个词有广义、狭义之分，广义指一种大型古典歌舞套曲，狭义则指以散板形式演唱或演奏的歌曲或乐曲，它被誉为“维吾尔音乐之母”，源于民间，是融合维吾尔民歌、器乐、说唱、歌舞于一体的大型歌舞套曲形式。维吾尔木卡姆按流行地区和风格特色，可分为南疆木卡姆、北疆木卡姆、刀郎木卡姆、哈密木卡姆、吐鲁番木卡姆等多种。每一种木卡姆有6~12套。人们常说的十二木卡姆，是指南疆木卡姆，由12部大型古典套曲组成，每部套曲又包括“穷乃合曼”、“达斯坦”和“麦西热甫”这三个大部分。十二木卡姆共有歌曲、乐曲260首，全部演唱一遍需要20多小时。伴奏乐器有萨它尔、弹布林、热瓦普、都塔尔、艾介克、卡龙、达甫（小手鼓）等。

（4）舞蹈。维吾尔族舞蹈中，从头、肩、腰、臂、肘、膝、脚都有动作，传神的眼神更具代表性，再加上“动脖”“弹指头”“翻腕子”等一系列的小装饰，更形成了维吾尔族舞蹈的特点。维吾尔族舞蹈大致可分为自娱性舞蹈、礼俗性舞蹈和表演性舞蹈。“赛乃姆”就是一种自娱性舞蹈，不管是什么场合，只要是喜庆的日子，男女老少都来跳舞，自由进场，即兴发挥，还可以和场外的人进行交流，邀请围观者进场一同跳舞，使人感到亲切，气氛融洽。人们在乐鼓声中、伴唱声中翩翩起舞，直到尽兴。

还有一种非常有特点的舞蹈是多朗舞。多朗舞来自塔里木盆地多朗地区。多朗舞有着结构严谨的舞蹈形式。开始跳舞以双人对舞为主。多少对不限，中途不能退场，直跳到竞技开始。竞技是旋转，随着乐曲的不断变化，竞技的人逐渐减少，直到只剩下一个人，这时到了舞蹈的高潮，在众人的喝彩声中结束。舞蹈自始至终都在“多朗木卡姆”的音乐伴奏下进行，热烈而欢快。

九、宗教和世俗信仰

维吾尔族古代信仰过萨满教、摩尼教、景教、祆教和佛教。10世纪中叶以后改信奉伊斯兰教。当前，维吾尔族信仰伊斯兰教。家庭、婚姻、饮食、服饰、丧葬等均受宗教影响。

十、禁忌

维吾尔族有许多禁忌，这些禁忌伴随着他们信仰的宗教及长期的生活习惯而沿袭下来。伊斯兰教所禁食的东西都不吃。同时，见到馕、饼干等食物掉在地上，要捡起来放在不易被人踩到的地方；洗碗涮锅水不能倒在人们走路的地方，而要倒在墙旮旯或不易被人踩到的地方。

在服饰方面，禁止穿袒胸露背和短小的衣服，最反感穿裤衩背心在室外活动和做客。院落的大门禁朝西开，因为伊斯兰教的圣地在西边。

睡觉的时候，禁忌头朝东脚朝西，或四肢平伸直仰。在屋内对坐的姿势也有要求，一般要求跪坐，禁忌双脚伸直，脚底朝人。

在麻扎（墓地）和清真寺内，以及涝坝、水源和伙房等地，禁止大小便、随地吐痰和携带脏的东西。

【本章小结】

本章主要介绍了我国东北地区满族、朝鲜族、赫哲族、鄂伦春族、蒙古族、回族、哈萨克族、维吾尔族的相关民俗。从中我们可以看到他们具有诸多的共性，也有各自的个性民俗。自然环境以及民族自身的生产与生活方式深刻地影响着各个民族民俗的形成、发展与延续。

【复习思考题】

1. 简述满族的形成过程及其分布情况。
2. 为什么满族人忌吃狗肉？
3. 朝鲜族尚白的原因和表现有哪些？
4. 在和朝鲜族人的交往中，应该注意些什么？
5. 赫哲族有哪些与众不同的民俗？

【案例分析】

到辽宁旅游的游客，通常会慕名而吃黄金肉。黄金肉又叫油塌肉片，用上好的新鲜猪肉制作而成，是满族古老的宫廷风味名菜，曾被列为满族珍馐第一味。清朝建立以后，每临大典盛会，酒席宴前，第一道菜，必上黄金肉。而这道美肴，据说为清太祖努尔哈赤所创制。相传，努尔哈赤在幼年时期，因家道中衰，曾流落辽宁抚顺地方，最初在女真部落首领家当一名伙夫。当时，这位部落首领很讲究吃喝，每次进膳需八菜一汤。有一次宴请宾客，他选定部落中一位善烹调的女仆司厨，由努尔哈赤做帮手。当女仆做完第七道菜时，突然晕倒。此时，外厅正等着叫上最后一道菜，努尔哈赤急中生智，忙将切好的里脊肉，裹上蛋黄液，入油锅迅速炒后装盘送上。首领尝后，觉得味道与往不同，特别好吃，宴毕问其故，侍者只好以实情相告。首领甚悦，随又传来努尔哈赤问此菜何名。努尔哈赤为讨吉利，答道："叫黄金肉。"自此，努尔哈赤遂得提擢。后来，努尔哈赤发迹，成为清朝开国皇帝，每届大典，必令先上黄金肉，并当众讲述这段故事。此后，清朝各个皇帝便把黄金肉奉为至上珍馐，以示不忘祖上恩典与赏赐。

结合案例，谈谈饮食民俗与旅游之间的关系。

分析提示：一个地方的特色饮食通常都伴随着动人的传说。这正是当地发展旅游，吸引游客的关键点。

第 4 章

中国西南部分少数民族民俗

【教学目标】

1. 了解藏族、傈僳族、纳西族、羌族、傣族、白族、彝族、哈尼族的概况。

2. 熟悉藏族、傈僳族、纳西族、羌族、傣族、白族、彝族、哈尼族的宗教信仰和主要民俗。

3. 掌握与藏族、傈僳族、纳西族、羌族、傣族、白族、彝族、哈尼族同胞相处时的主要禁忌。

【导入案例】

唐卡系藏文音译，指用彩缎装裱后悬挂供奉的宗教卷轴画。唐卡是藏族文化中一种独具特色的绘画艺术形式，题材内容涉及藏族的历史、政治、文化和社会生活等诸多领域，堪称藏民族的百科全书。

果洛·希热布是西藏唐卡绘画大师，其已创作唐卡400余幅，其中代表作品有：《十世班禅大师》《妙音天女》《南海观音》《大威德金刚》《五大文殊》《金刚萨埵》等。希热布是一名比丘（梵语，佛教指和尚），同时也是一位著名的藏族画家。他参加了世界最长的“彩绘大观”的创作，绘制的《十世班禅大师像》荣获了吉尼斯纪念奖。

从案例中我们可以了解什么？

分析提示：唐卡是藏族文化中最具特色的艺术形式。通过唐卡，我们可以了解藏民族的历史和现在。我们一定要保护好这朵民族文化的奇葩。

第1节　藏族民俗

藏族具有悠久的历史，主要聚居在西藏自治区，青海省的海北、海南、黄南、果洛、玉树等藏族自治州和海西蒙古族藏族自治州，甘肃省的甘南藏族自治州和天祝藏族自治县，四川省的阿坝藏族羌族自治州、甘孜藏族自治州和木里藏族自治县以及云南省的迪庆藏族自治州。

藏族有自己的语言和文字，藏语属汉藏语系藏缅语族藏语支，现行藏文是7世纪初根据古梵文制定的拼音文字。藏族的原始宗教为苯教。其特点是崇拜鬼神和自然物，崇尚巫术。苯教崇天，尊日月之神为光彩之神；重鬼神，崇拜山川湖泊。佛教在7世纪左右由内地和印度传入西藏后，开始与苯教大量融合，特别是密宗传入西藏后，与苯教结合起来加以传播，终于在10世纪形成了佛教的一个新的分支——藏传佛教，并逐步成为藏族的全民宗教。

一、服饰民俗

农区的男子穿一种大领开右襟的氆氇长袍。长袍略长于人身高，穿时将衣服大领顶在头上，然后系上腰带，将头伸出袍身垂下来的部分使其略过膝盖，腰部就自然形成一个囊袋，可以放进随身带的物品。脚穿皮靴或“松巴鞋”，赤脚的也有。过去的俗人男子都留发辫，有时为了便于操作，就把辫子盘在头上。一般都穿两耳，左耳带一个大耳环，藏语叫“纳龙”。

农区和城镇的妇女，冬季穿长袖长袍，夏天穿无袖长袍，内着各种颜色和花纹的衬衣，衬衣的袖子要比其他衣袖长40厘米左右，跳舞时放下袖子，甩动袖子翩翩起舞，姿态优雅。腰前系一块有彩色横条的“邦垫”（围裙），但姑娘一般不准系。由于西藏各地的自然条件、气候不同，服装的样式也有差别，如工布、昌都、山南、日喀则和拉萨等地，有明显的地区特色。装饰方面，地区特色更为明显。一般说来，少女时梳一条发辫，成年后分成两条，另在头顶分出一小撮以供挂“巴珠”。“巴珠”是一种三角形的头饰，上面缀以珊瑚、松耳石，胸前戴一个“嘎乌”（佛盒）。两耳前面挂一双鱼形饰物（耳挂）。

西藏牧民大都生活在辽阔无垠的藏北草原，那里海拔高，风沙大，气候酷寒，他们的服装首先以挡风御寒为目的，当然也注重实用和美观，藏北草原盛产的羊皮是制作服装的主要材料。藏北牧人平日都穿宽大、厚重的羊皮袍，袒露右臂，亮出古铜色的胸膛。袍子大都是光皮的，有的在袖口、衣襟、下摆用15厘米左右的黑平绒镶边。白天穿在身上，晚上可当被盖。他们爱蓄长发，掺入红色丝线编成发辫盘于头上，颇为壮观，故称“英雄发”。夏日戴红缨毡帽，冬日戴毛绒或狐狸皮帽。牧人在节日或盛大庆典上多穿羊羔皮袍，用毛料或缎子做面料，领口、袖口和下摆镶水獭皮或豹皮。他们腰系制作精美的火镰石盒、子弹盒、鼻烟盒等，胸前或右侧挂座钟形的护身符。牧区男子还离不开腰刀、短刀和火枪。藏刀，主要用来切割食物，还用于宰羊、剥皮、削帐房橛子等劳动。牧区妇女平日也穿羊皮袍，领口、袖口和下摆先用黑平绒镶边，再以红、蓝、绿三色平绒条作装饰。

二、饮食民俗

藏族一般日食三餐，以糌粑为主食。食用糌粑时，要拌上浓茶或奶茶、酥油、奶渣、糖等一起食用。

藏族食用蔬菜较少，副食以牛、羊肉为主，猪肉次之。在牛羊宰杀之后，立即将大块带骨肉入锅，用猛火炖煮，开锅后即可捞出食用，以鲜嫩可口为佳。吃肉时不用筷子，而是将大块肉盛入盘中，用刀子割食。牛、羊血则加碎牛羊肉灌入牛、羊的小肠中制成血肠，四川、云南等地的藏族多将猪肉用来制成猪膘，便于保存。肉类的储存多用风干法。

在藏族民间，无论男女老幼，都把酥油茶当作必需的饮料，此外也饮奶。酥油茶和奶茶都用茯茶熬制。茯茶中含有维生素和茶碱，可以补充由于食蔬菜少而引起的维生素不足，帮助消化。藏族普遍喜欢饮用青稞制成的青稞酒，青稞酒是不经蒸馏近似黄酒的水酒，度数较低。

三、居住民俗

藏族最具代表性的民居是碉房。碉房多为石木结构，一般分为两层，以柱计算房间数。底层为畜圈和贮藏室，层高较低；二层为居住层，大间作堂屋、卧室、厨房，小间为储藏室或楼梯间。若有第三层，则多作经堂和晒台之用。因外观很像碉堡，故称为碉房。碉房具有坚实稳固、结构严密、楼角整齐的特点，既利于防风避寒，又便于御敌防盗。

牧区藏族同胞为适应逐水草而居的流动性生活方式多住帐房。普通的帐房一般较为矮小，平面呈正方形或长方形。用木棍支撑高约 2 米的框架，上覆黑色牦牛毡毯，中留一宽 15 厘米左右、长 1.5 米的缝隙，作通风采光之用，四周用牦牛绳牵引，固定在地上。帐房内部周围用草泥块、土坯或卵石垒成高约 50 厘米的矮墙，上面堆放青稞、酥油袋和干牛粪（作燃料用）。帐房内陈设简单，正中稍外设火灶，灶后供佛，四周地上铺以羊皮，供坐卧休憩之用。帐房具有结构简单、支架容易、拆装灵活、易于搬迁等特点。

四、人生礼仪民俗

（1）诞生礼与成人礼。在农村，生了小孩的人家门口，要堆上一堆小石子。生男孩，要堆上白石子；生女孩堆什么石子都可以，并在石堆旁燃烧松柏香枝。

男孩生下来的第三天（女孩是第四天），亲朋好友要前来祝贺。人们走到门口，首先在石堆和香堆上撒上糌粑面，然后再进入主人家门。客人一进屋，先给产妇和襁褓中的婴儿献哈达，给产妇敬酒、倒茶。然后端详初生婴儿，对孩子的出生说一些吉利、祝福的话，一般要说“次仁”（长寿）。最后将各种礼物送给孩子的父母。

小孩出生后，多请舅舅、长者、喇嘛、活佛取名，一般取名者将自己名字中的两个字纳入小孩的名字。藏族人名字多为四个字，如扎西才让等。为方便呼叫，可简呼为两个字。名字的含义多为佛教内容，如丹巴（佛教）、江央（妙音）、格来（吉祥）、多吉（金刚）等。另外，也有用自然界中吉祥的物体做名字的，如达瓦（月亮）、尼玛（太阳）、白玛（莲花）、梅朵（花）等。还有用小孩出生的日子或星期为小孩起名。汉藏联姻的家庭中，出现了带汉族姓、藏族名的名字，如张旺堆、李次加、陈贡布、赵仁增等。

（2）丧葬礼俗。西藏人死后有五种葬法。最隆重的是塔葬，只有大活佛圆寂后，才能把他的遗体放在一座塔里。一般活佛死后，享受火葬。小孩或因其他疾病死亡的人，实行水葬。生前做过坏事的人，用土葬。藏族认为，被埋的人是永远不会转世的。一般的人死后实行天葬。

五、社交礼仪民俗

藏族的礼仪多种多样，礼俗与佛教关系密切，主要有以下几种礼仪：

（1）献哈达。献哈达是藏族人最普遍的一种礼节。婚丧节庆、拜会尊长、觐见佛像、音信往来、送别远行等，都有献哈达的习惯。献哈达是表示纯洁、诚心、忠诚的意思。自古以来，藏族人认为白色象征纯洁、吉利，所以哈达一般是白色的。当然也有五彩哈达，颜色为蓝、白、黄、绿、红。蓝色表示蓝天，白色是白云，绿色是江河水，红色是空间护法神，黄色象征大地。五彩哈达是献给菩萨和做彩箭时用的，是最隆重的礼物。

（2）磕头。磕头也是西藏常见的礼节，一般是朝觐佛像、佛塔和活佛时磕头，也有对长者磕头。磕头可分磕长头、磕短头和磕响头三种。

（3）鞠躬。鞠躬是对长辈或尊者所施之礼。遇见尊敬的人，要脱帽，弯腰45°，帽子拿在手上低放近地。对于一般人或平辈，鞠躬只表示礼貌，帽子放在胸前，头略低。

六、岁时节日民俗

（1）藏历新年。相当于汉族的春节，是一年中最大的节庆。从藏历十二月中旬开始，人们就准备过年吃、穿、用的节日用品。成千上万的农牧民涌入拉萨城，购买各种年货。此时是拉萨一年中最为繁忙的季节。

藏族过年是从藏历十二月二十九日开始的。晚上，家家户户要团聚在一起吃“古突”（面团肉粥），以此辞旧迎新，求得太平康乐。然后，举着火把，放起鞭炮，走到十字路口，祈望来年好运。

藏历除夕是个十分忙碌的日子。这天，除打扫房舍、个人卫生外，各家都要在一个叫“竹素琪玛”的木斗内装酥油拌成的糌粑、炒麦粒、人参果等食品，上面插上青稞穗和酥油花彩板。然后把琪玛、“卡赛”（油炸果子）、青稞酒、羊头、水果、茶叶、酥油、盐巴等摆放在正堂藏柜之上，在大门前用糌粑或白粉画上吉祥八图，预祝新年五谷丰登、人畜两旺。

藏族人大年初一会去抢头道水。据藏族传统，谁抢到第一桶水，就是“金水”，第二桶水被称为“银水”，预示着吉祥、幸运，财源滚滚。当太阳升起时，穿着盛装的人们按长幼次序已吃完几道节日食品。那时，邻居间就要挨户端琪玛、敬青稞酒，高诵沿传已久的“扎西德勒”等表示吉祥、健康、幸福、和睦的祝词。此后，全家会闭门欢聚。也有农牧民到拉萨的大昭寺进行朝拜，祈求新年平安、健康。

到了大年初二，走亲访友活动使大街小巷热闹起来，也成了人们展示新年时装的时刻，到处都是“洛萨（新年）扎西德勒!”的祝福声。

大年初三的活动则以宗教、文体内容为主，转经路上、房顶上弥漫着浓浓的桑烟，年轻人在房顶和山顶上插五彩经幡，以祈福禳灾，而广大农牧区还将举行新马驮鞍仪式、赛马、拔河、投掷等丰富多彩的娱乐活动。藏历新年的欢庆活动将一直持续到藏历正月十五。

（2）雪顿节。起源于11世纪中叶。每年藏历七月一日举行，为期四五天。“雪顿”是藏语音译，意思是“酸奶宴”，后来逐渐演变成以演藏戏为主，又称“藏戏节”。届时，拉萨市附近的居民身着鲜艳的节日服装，扶老携幼，提上酥油桶，带上酥油茶，来到罗布林卡。在繁茂的树荫下搭起帷幕，在绿茵上铺上地毯，摆上果品佳肴，席地而坐，边饮边谈，载歌载舞，观看藏戏，享受节日的欢乐。如今雪顿节已发展成融文艺会演、经贸洽谈、招商引资、物资交流、产品展销、体育竞技、旅游休闲为一体的综合性节日盛会。

七、工艺美术民俗

（1）壁画。藏族的壁画流传非常广泛，主要保存在寺院的墙壁上，可以说有寺就有画。壁画的题材主要是围绕宗教内容。大量的是佛教众神像，如释迦牟尼、文殊菩萨、四大天王、罗汉、度母、仙女、护法神、千佛图等。重要的历史人物和事件也是壁画的重要内容之一，如迎娶文成公主，金城公主进藏，五世达赖朝见清顺治皇帝，以及历代达赖、班禅及高僧的传记画像等。

（2）唐卡。唐卡是一种可以悬挂在墙上的卷轴画或丝绣，锦缎镶边。唐卡与壁画的内容或表现技法十分类似。有宗教画、传记画、肖像画、故事画、风俗画、建筑画、历史画，涉及社会生活的各个方面，这些精湛的艺术品是藏族文明的史诗。唐卡的种类也很丰富，主要有刺绣唐卡、丝唐卡、织锦唐卡、堆绣（也称贴花唐卡）、绘画唐卡、珍珠唐卡。唐卡构图严谨、均衡、丰满，布局上疏密参差，以虚济实、活泼多变。画法上主要有工笔重彩与白描种种，用色讲究色彩富丽，追求金碧辉煌的效果，并用点金和其他中和色统一画面，能达到传神动人的效果。

（3）酥油花。它源于泥塑，和汉族的捏面人或捏糖人很相近。用料是加入不同颜色的酥油。这种酥油作品，最初作为神佛前的供品。后来相沿发展，成为塑造各种题材的艺术品。这类作品以青海塔尔寺和甘肃夏河拉卜楞寺所塑最为著名。它的题材广泛，造型细腻，线条柔润，色泽鲜艳，形象生动、多姿多彩，给人以美的享受。

八、游艺民俗

（1）果谐。一种古老的歌舞形式，意为圆圈歌舞，流传广泛，萨迦地区称“索”，工布地区称“波”或“波强”，藏北牧区、康巴地区、安多地区称“卓”或“果卓”（俗称锅庄）。果谐多在节日喜庆、劳动之余和宗教仪式上演唱，参加者相互拉手扶肩，边唱边舞，不用乐器伴奏。

（2）格萨尔仲谐。藏语“仲”即“讲故事”，“谐”即是“唱歌”。格萨尔是传说中由天神转世能呼风唤雨、降妖除魔、为民除害、威震四方的雄狮大王。藏族史诗《格萨尔王传》是藏族的民间故事，是世界上最长的史诗。近千年来在藏族民间一直以说唱的形式流传。

九、宗教和世俗信仰

藏族尊高僧为上人，藏语称为喇嘛，故藏传佛教又被称为喇嘛教。13~16世纪中叶，佛教日益盛行，佛事活动频繁，佛教寺庙遍及西藏各地。藏传佛教主要教派有宁玛派（红教）、萨迦派（花教）、噶举派（白教）、格鲁派（黄教）和噶当派，其中以黄教影响最大。格鲁派创始人为宗喀巴，他的弟子相继获得达赖和班禅的名号，并获清朝政府册封，形成各自的传承与灵童转世制度。藏传佛教的影响在藏族的社会生活中无处不在。婚丧嫁娶、生老病死，凡事都要请喇嘛。随身佩戴护身佛，每天转经轮，到处是悬挂的经幡。藏族人对佛教的虔诚信仰，远远超过其他民族。由于笃信藏传佛教，因此忌讳在寺院附近砍伐树林、高声唱歌、钓鱼、捕鱼、打猎杀生。在饮食上忌食鱼、虾、骡、马、驴、狗肉，不吃鸡、鸭、鹅等家禽。

十、禁忌

历史上，藏族受到佛教思想的长期熏陶。因此，许多禁忌与佛教有着密切的关系，有的甚至是世俗化了的佛教教规。例如禁止人们在神山挖药材、狩猎、砍柴等。禁止人们驱赶、出卖和宰杀被放生的神牛。农牧业区家家必设神龛，虔诚敬奉，吃饭、饮酒总要先敬神佛。禁止用煨桑的火和酥油灯接火吸烟、燃蜡烛。人们睡觉时，脚不能伸向上方，因为那里一般都供有神龛。人们认为世间万物皆由天神轮巡治理，神又分为凶神和吉神，于是便有了吉日和凶日之分。当进行一些重大事情，如搬家、盖房、婚娶时，往往事先求神卜算，择取吉日。由于游牧生活的需要，牧区家家养有藏狗，用以帮助人们放牧、守夜。人们对狗是十分敬重的，倘若有人打狗，便被认为对主人的侮辱，打狗的人会受到谴责，甚至报复。“家有家主，灶有灶神”，农牧业区都忌讳用脚踩灶或往灶中扔骨头等。藏族最大的禁忌是杀生，受戒的佛教徒在这方面更是严格。虽吃牛羊肉，但他们不亲手宰杀。遇到寺院、嘛呢堆、宝塔等必须下马，顺时针绕行，信仰苯教的则逆时针绕行。在寺庙内要肃静，就座时身子要端正，切忌坐活佛的座位。忌在寺院附近大声喧哗、打猎和随便杀生。

第 2 节　傈僳族民俗

傈僳族与彝族、哈尼族、拉祜族、纳西族、基诺族等属于同一族源。其族名称最早见于唐代著述，唐代史籍称“栗蛮”，主要聚居在云南省怒江傈僳族自治州和维西傈僳族自治县，其余散居在云南丽江、保山、迪庆、德宏、大理、楚雄等州、县，以及四川的西昌、盐源、木里、德昌等县。

傈僳族有自己的语言，属汉藏语系藏缅语族彝语支。原有文字但很不完善，1957 年创制了以拉丁字母为基础的新文字。傈僳族主要从事农业，种植玉米、水稻、荞麦等。

一、服饰民俗

傈僳族服饰典雅、美观、大方。不同地区的傈僳族妇女因服饰颜色的差异而被称为白傈僳、黑傈僳、花傈僳。白傈僳妇女普遍穿右衽上衣、素白麻布长裙，戴白色料珠；黑傈僳妇女多是右衽上衣配长裤，腰系小围腰，缠黑布包头，戴小珊瑚之类的耳饰；花傈僳妇女喜穿镶彩边的对襟坎肩，搭配缀有彩色贝壳的及地长裙，缠花布头巾，耳坠大铜环或银环。聚居在福贡、贡山一带的白、黑傈僳族，年轻姑娘喜欢用缀有小白贝的红线系辫，已婚妇女则多喜欢头戴珠帽“俄勒”。“俄勒”是用珊瑚、料珠、海贝、小铜珠编织而成的。妇女们戴上“俄勒”，头顶上的片片海贝如同银月高悬在上，下面的串珠，宛如众星捧月。最下端的铜珠，嵌在前额，金光闪闪，给人一种华美、尊贵的感觉。

男子服饰最早模拟喜鹊的颜色与样式，称喜鹊服。上衣是麻布短衫，下穿及膝黑裤，缠黑布包头。男子多喜欢在腰间系一条羊毛彩带，肩背革制箭包、砍刀等物。

二、饮食民俗

傈僳族经济以农业为主，主食玉米、荞麦等。喜欢饮茶、喝酒，吃坨坨肉、琵琶肉、苦荞粑粑蘸蜂蜜、籼米粑粑、清水煮乳猪等美味佳肴。他们的酒有水酒和烧酒两种，过去多自行酿制。

傈僳族的腌制工艺至今已有上千年的传统，其腌制的琵琶肉（猪膘肉），味道鲜美、风味独特，是待客的珍品。猪膘肉是将猪宰杀后去毛，剖成两半或切成几大块，经过腌制后吊在屋梁上，用文火熏干制成。存放时间越长，味道越佳，存放时间一般为一年。吃时切成小块和菜一起炒，加入花椒、辣椒等作料。籼米粑粑是体现傈僳族风土人情、图腾崇拜的风味食品，它既是祭祀的主品又是过年的主食，五个一摞，十个一堆，祈求神灵祖先的保佑。烤乳猪是招待贵宾的上菜，火烧而食是傈僳族吃肉类的传统方式，这是历史上狩猎生活方式的延续。

三、居住民俗

傈僳族的住房主要有干栏式竹木结构的二层楼房（竹篾房）、平房式的木楞房和土木结构的瓦房。竹篾房主要流行于怒江地区。先在斜坡上竖立二三十根木桩，顶盖茅草或木板，屋中央置一大火塘，因这种房子下面有很多木桩，故被称为“千脚落地屋”。竹篾房的下面，习惯做畜圈。靠近丽江等地的傈僳族住房多为木楞房。

四、人生礼仪民俗

（1）诞生礼与成人礼。傈僳族妇女生了孩子，门口要挂一个酒瓶，以求吉祥。产妇坐月子一般为20天左右。在此期间，生了男孩的人家，别人不能带弩弓和长刀进室内；生了女孩的人家，不允许穿鞋进屋。婴儿如多啼哭，就要在门口挂毒箭一支，或非毒箭两支，家人7天不去访亲会友。产妇满月以后，要杀鸡敬祖后，才可以自由出入。

少女到了十三四岁，家人要为她举行穿裙礼的仪式，以此承认其已步入成年期，获得了社交权。仪式要选择吉日举行，由家中辈分最高的老妇人主持，女孩首先向家中长辈行礼，然后母亲将自己亲手纺织的麻布长裙为女儿穿上，同时高声吟唱：“女儿啊，今天是你自由的日子，你长大了，你像一只小鸟可以飞了。”举行穿裙礼仪后的姑娘，可以佩戴头饰、耳环，享有较大的社交自由。

（2）婚俗。傈僳族世代居住在大山深处或靠山倚水之地，很少与其他民族通婚。普遍的婚姻形式是一夫一妻制，且遵循男娶女嫁、幼儿与父母同住的习俗。傈僳族是个尚酒的民族，求婚时，以酒为礼，媒人斟酒给女方父母，女方父母喝下了酒，就意味着同意了婚事。双方决定姻缘后，男方还要送上聘礼。举行婚礼时，男女双方家庭宴请宾客，迎亲队伍带酒、馒头、猪肉和象征着光明的松明往女方家，队伍中有舅舅和媒人。到女方家后，迎亲者邀众对歌跳舞。次日，新娘离家，多由母亲陪送，送亲队伍相随，有的还边走边歌，在男方家门口又要隔门对歌。新人进门，拜认公婆。此后欢宴宾客。到晚上，就在院中烧燃篝火，村人围火歌舞，常常酒酣歌畅，不知夜深。

(3) 丧葬礼俗。傈僳族人死后停尸于火塘里侧，头前供酒、饭各一碗。若死者为男性，供肉九斤，女性供肉七斤。吊唁者唱祭歌，手持木棍击地板，以示驱鬼，围着尸体跳“斯我堆”(死舞)。实行土葬，坟坑选在较平坦的山坡间。尸体放置方位依地形而定，头枕高处，侧卧，面向太阳出处。死者生前使用的弩弓、刀、木碗、烟袋，以及织布梭、针线等，被装在布袋里，挂于墓前木桩上。

五、社交礼仪民俗

傈僳族历来有尊老爱幼的品德，青年人或晚辈，对老人或长辈，从语言到行动都有一定的规则，说话要和气，声调要低，不能大声吼叫。长者坐的上方不能随便去坐，传烟递茶先要敬长者，并用双手捧上。路上相遇时，同辈间要互相亲热打招呼，碰上老人即使不认识，也要侧身让路。傈僳族还保留有原始互助的习惯，如遇婚丧娶嫁、修盖房屋，都要相互帮助。对老弱孤寡和穷困者，都有进行扶助的义务。傈僳族人一般出门不带口粮，不论相识与否，到哪家吃哪家。他们认为拒绝帮助别人，就等于断绝别人对自己的帮助，结果自己会孤立无援。

六、岁时节日民俗

(1)“阔时节”。亦作“盍什节”。“阔时”是傈僳语音译，“岁首”“新年”之意，是傈僳族最隆重的传统节日。每年公历 12 月 20 日—22 日为阔时节。节日期间，一般都要酿制水酒、杀鸡宰猪、舂粑粑，准备各种丰盛的食品。还要采折与全家男人人数相同的松树枝插在门口，寄寓祛疾除病，幸福吉祥。同汉族的习俗一样，除夕之夜要吃团圆饭。即使有人身在他乡，家人也要为他留出席位、摆设碗筷。从初一开始，人们便聚集在晒场或开阔地，开展对歌、跳舞、荡秋千、射弩比赛等丰富多彩的文体娱乐活动。有的还要前往泸水县登埂澡塘参加“澡塘赛歌会”活动。福贡县一带的傈僳族青年还会举行“江沙埋情人”的娱乐求偶活动。有趣的是，过阔时节时，傈僳族同胞谁家舂出的第一块粑粑都会先拿给狗吃。据说，这是为了感谢狗“给人间带来粮种”。

(2) 刀杆节。相传是为了纪念明朝大将王骥率领傈僳族抗击入侵之敌大获全胜而举行的。傈僳族人民把这位英雄献身的忌日定为自己民族的传统节日，并用上刀山、下火海等象征仪式，表达愿赴汤蹈火相报的感情。刀杆节于农历二月初八举行，分两天活动。第一天“下火海”，用栗柴烧成一大堆火炭，表演开始，五个人赤脚围着火炭跳出跳进，然后“打火滚”，即在火炭上翻滚，“洗火脸”，即捧起火炭洗脸，最后把在火炭里烧烫了的铁链子拿在手里传来传去，叫“拉火链”，表演完毕群众一起跳舞。第二天，他们把磨快的36把长刀，刀口向上分别用藤条横绑在两根20多米高的木架上，顶端有红旗、鞭炮，形成一刀梯，然后在一片鞭炮锣鼓声中开始表演。表演者空手赤足，从快刀刃口攀上顶端，并在杆顶表演各种高难动作。如今，这项惊险的传统祭奠仪式，已演变为傈僳族好汉表演绝技的体育活动。

七、工艺美术民俗

（1）木酒壶。傈僳族用以装酒的木制品。木酒壶的壶脖细长而壶腹肥大，壶外部还刻有阴阳条纹图案，然后涂以黑漆，极为精致美观，宛如陶瓷壶。

（2）弓弩。弓弩的选材考究，制作精细。做弓臂时，先将木板放在煮酒用的苞谷酵母中煮软，然后将它折成弯形再熏干打磨光滑。弓身在制作时挖制箭槽要一刀刻成，不能修补。弩是用麻和竹丝制成的。弩牙和弩机全是用骨头制作的。傈僳族弓弩既是生活用品，又是精美的工艺品。

八、游艺民俗

傈僳族的娱乐活动多源于生产和生活，内容丰富，形式多样，融娱乐与健身于一体。较为流行的有唱歌、顶杠、荡秋千、爬刀杆、射弩比赛、摔跤、砍竹竿、溜索竞渡、拿石头等。

傈僳族民歌种类繁多，他们非常喜爱唱歌对调，有“盐，不吃不行；歌，不唱不得”之说。“摆时”是傈僳族的集体性对歌活动，直译为“自由地说吧！唱吧！”，它的和声效果由地道的五声音阶构成，曲调热情奔放。

九、宗教和世俗信仰

傈僳族信奉原始宗教，崇拜自然，相信万物有灵。20世纪初，一些西方传教士进入怒江、德宏地区，传入基督教和天主教，所以，也有一些傈僳族人信奉基督教。

十、禁忌

傈僳族人认为不能把脚放在火塘的铁三脚架上，这种行为对火神不尊。不能在家里吹口哨，尤其在晚上更不能吹。傈僳族村寨若进行原始祭祀时，未经允许，不宜观看。在傈僳族的社会生活中，长刀、箭弩、背板及狩猎工具占有重要地位，一般不准妇女摆弄，更不能跨越，以示尊严。在公共场合，严禁从别人的身上或腿上跨越。在饮食上，不吃狗肉。

第3节 纳西族民俗

纳西族先民大致是由三部分组成的：一部分是源于甘肃省和青海省的黄河、湟水地带的古羌人。另一部分则系古代我国西南民族中称为“旄牛夷”“白狼夷”的一支所谓“夷人”族系。还有一部分是当今云南省丽江一带的土著居民。

纳西族主要聚居于云南省丽江市古城区、玉龙纳西族自治县、香格里拉县、宁蒗县、永胜县及四川省盐源县、木里县和西藏自治区芒康县等。

纳西族主要从事农业和畜牧业，种植大米、玉米、土豆、麦类、豆类和棉、麻，“丽江马”闻名全国。金沙江地带，是著名的林区。玉龙山区植物种类繁多，以“植物仓库”之称闻名于世。

纳西语，属于汉藏语系藏缅语族彝语支（有争议，有学者认为纳西语界于羌语支与彝语支之间）。纳西族有两种传统文字：东巴文和哥巴文。东巴文是一种兼备表意和表音成分的象形文字。文字形态比甲骨文还要原始，被认为目前世界上唯一仍然活着的象形文字。哥巴文是一种音节文字。纳西族信仰东巴教、藏传佛教等宗教。丽江纳西族还普遍信奉“三朵神”。

一、服饰民俗

丽江一带纳西族男子服饰与当地汉族相同。中甸一带的穿大襟长衫，着过膝肥腿裤，腰系羊皮兜，扎绑腿。宁蒗、永宁、盐源、木里地区的男子，上穿短衫，下着长裤，宁蒗一带的男子还喜戴手镯，老人穿麻布无领长衫，外加青布坎肩，系腰带。近几十年来穿藏服者渐多。

纳西族妇女的服饰因地区而异。丽江纳西族妇女穿长过膝、宽腰、大袖的大褂，外加坎肩，腰系百褶围腰，下着长裤，披羊皮披肩。宁蒗纳西族妇女穿短衫，下系长可及地的百褶裙，披羊皮，裹青布头巾，戴金、银、玉、石等制作的耳环和手镯，并喜欢束“羊皮带”或“围腰带”。永宁纳西族妇女用牦牛尾巴上的毛编成粗大的假发辫，再在假发外边缠上一大圈蓝、黑两色丝线，并将丝线后垂至腰部。

二、饮食民俗

纳西族一日三餐。早餐一般吃馒头或水焖粑粑，中餐和晚餐较为丰富，一般都有一两样炒菜和咸菜、汤等，特别喜食回族的牛肉汤锅和干巴。不论平原或山区，蔬菜品种较多，四时应市。山区广种洋芋、蔓菁和瓜豆，并以当地的土特产做成各种风味名菜，如清蒸虫草鸭、贝母鸡、天麻鸡等。其中纳西族传统名菜“酿松茸”是用松茸菌帽，酿入肉泥，蒸熟后作为祭祀的一道专用菜肴。肉食以猪肉为主，大部分猪肉都做成腌肉，尤以丽江和永宁的琵琶猪最为有名，可以保存几年不变质。

三、居住民俗

纳西族民居吸收了汉、白、藏等民族建筑的特点，住房多为土木结构，有“四合五天井”“三坊一照壁”“前后院”“一进两院”等形式。其中，最为常见的是“三坊一照壁”，即正房和两侧厢房，与正房对面的照壁共同构成一个院落。一般正房高于两侧厢房，主要供老人居住；两侧厢房由晚辈居住。院落为长方形或正方形，中间种植果树花木或置放盆景。封火板正中的“悬鱼”，象征“吉庆有余”。

四、人生礼仪民俗

（1）诞生礼与成人礼。纳西族社会中，把新生的孩子看作天赐神（十二生肖神）所赠。既是神赐，就必须弄清楚是何方神灵所赠，就必须谢过此神，并向该神灵求名。所以孩子的家人会请东巴大师作一番推算，算出求名的神祇。东巴大师便设坛焚香，诵读降神经典，迎请该神灵降临，然后祈求神灵为孩子赐名。当神灵赐下名后，全家老幼跪拜接受。

云南宁蒗永宁地区纳西族至今仍保留母系大家族的传统，每年正月初一，满 13 岁的孩子在家里的火塘边举行成年礼，民间称之为“穿裙礼”与“穿裤礼”。行礼时，女孩子站在右边的女柱下，男孩子站在左边的男柱下，一脚踏粮食，一脚踏猪膘，象征终生吃用不尽。女孩由母亲为其穿上百褶裙，扎上红腰带，盘起发辫，戴上项链、耳环、手镯；男孩由舅舅为其穿上裤子，扎上腰带，带上佩刀。仪式过后，男女青年就有了结交阿注（伴侣）的权利。

（2）丧葬礼俗。死者的生命神离开了躯体，躯体就不能久存家中，得举行“希坎”仪式，即把尸体火化。葬礼前一天，东巴为死者家做“端禳”，即“祭送端鬼”。非命于战争、水火绝壁、野兽獠牙者，皆为端鬼所为。为使其他成员不再受端鬼之害，需举驱杀端鬼之事。第二天，劝慰灵魂，焚化尸体。第三天，因该家各成员的生命之神受到严重惊吓，需再做祭家神仪式。对尸体的装扮和陪葬品跟汉族相似。三个仪式耗费巨大。第二年还得举办“希务”仪式，即为死者灵魂而操办的礼仪，还得宰杀牛羊。

五、社交礼仪民俗

纳西族很重视人际关系，重感情交往，患难与共，讲求礼尚往来。好客是纳西族的传统美德，若村中或家里来了客人，男女老少都会起来打招呼，热情让座。凡遇天灾人祸，婚丧嫁娶，亲友村邻都会主动接济帮助，不计报酬。尊老爱幼是纳西族的美德。老人在家中具有很高的地位，备受尊重。在家里，年轻人要先照顾老人吃和睡，要给老人端洗脸水、洗脚水，此种美德世代相传，至今犹然。

六、岁时节日民俗

纳西族节日与当地汉族大致相同，三朵节是云南丽江一带纳西族传统节日，农历二月初八举行。相传是纳西族保护神三朵的生日。节日期间，纳西族男女老少游春赏花，小伙子骑上骏马，进行拔旗、拾银圆赛马活动。晚饭后，人们围坐在篝火旁，能歌善舞的纳西姑娘跳起欢快的“阿丽哩”。

七、工艺美术民俗

（1）东巴画。东巴画是纳西族最具特色的美术遗产。纳西族东巴在举行宗教仪式时，要绘制各种各样的神灵、人物、动物等形象，并率众对其膜拜和祭祀，这类服务于宗教的绘画就是东巴画。东巴画具有贝叶经的形式、优美的线条、美丽的色彩、动态的表现和特征的摄取。其中《神路图》是长 10 米左右的卷轴画，是东巴画艺术中的珍品。

（2）雕刻。纳西族的雕刻艺术久负盛名，在宫室庙堂之中甚至是普通百姓的住宅中都经常会有大量的雕刻出现，在门、窗、梁、柱、斗拱、牌楼等处大多有木雕。这些木刻作品层次复杂，镂空雕刻，图案清秀，内容丰富。从事这些雕刻的作者多为农民。在山区，牧羊人也喜欢将雕刻木版随身携带。

八、游艺民俗

纳西族是一个酷爱音乐的民族。纳西族的音乐曲目众多，纳西古乐在民间广为流传，在丽江各乡镇都有自行组织的古乐队。近年来，纳西古乐曾多次应邀到英国、日本、挪威等欧亚国家以及北京、上海、香港等大城市演奏。纳西族的民间歌舞很多，具有代表性的有《热美磋》《喂默达》《阿丽哩》等。

九、宗教和世俗信仰

纳西族信仰东巴教、藏传佛教等宗教。丽江纳西族还普遍信奉“三朵神”。东巴教是纳西族的特有宗教，属原始多神教，主要有祖先崇拜、鬼神崇拜、自然崇拜。东巴文化因保存于东巴教而得名，主要包括文字、经书、绘画、音乐、舞蹈、法器和各种祭祀仪式等。东巴，意为智者，是宗教活动的组织者、主持者，又由于他们掌握东巴文，能写经、诵经、舞蹈、绘画、雕塑，懂得天文、地理、历法，所以成为纳西族古文化的重要传承者。东巴教即因东巴而得名。

十、禁忌

吃饭忌把筷子竖插在饭里（在给死人上香的时候才这样做），忌敲碗筷，忌翻菜，忌坐在门槛上吃饭。忌吃狗肉、马肉、猫肉和水牛肉，传说它们都为纳西族祖先立下功劳，所以平时要善待，死后要善葬。忌跨火塘，不能翻弄灶里的灰，不得在火塘边脱鞋烘脚。祭天、祭祖先、祭战神时，忌外人观看。参加“祭天”或“三朵节”的人，事前要净手，并要跨过由杜鹃枝等燃起的烟火堆，以示除秽。在泸沽湖地区，不得随意进入姑娘的“花楼”，不要询问“阿夏”的情况。忌用刀斧在门槛上砍东西。不得在家中唱情歌，谈恋爱的人不得在长辈面前打情骂俏。有人出远门或出去做生意的时候不能随出门人而扫地，太阳落山后也不能扫地。晚上回家先入火塘屋，忌先入卧室。东巴教规定：不得砍伐水源林，不准在树木生长期进山砍伐，不准猎杀怀孕母兽和幼兽，不准杀死进入家宅的小动物，每年一月至七月这段时间，不准打鸟、不准狩猎、不准捕鱼。不得污染水源。

第4节　羌族民俗

羌族自称“尔玛”，意为“本地人”，其族源可溯至3000多年前的古羌人。羌族主要分布在四川省阿坝藏族羌族自治州的茂县、汶川县、理县、黑水县、松潘县、甘孜藏族自治州的丹巴县、绵阳市北川羌族自治县等。大多数聚居于高山或半山地带，少数分布在公路沿线各城镇附近，与藏族、汉族、回族等族人民杂居。羌族以农业为主，以畜牧业为副，以狩猎和多种副业为辅助。羌族通用汉文，但有自己的语言。羌语属汉藏语系藏缅语族羌语支，分南北两大方言。1993年国家民委通过了《羌族拼音文字方案》，并逐步在推广。

一、服饰民俗

羌族的传统服饰为男女皆穿麻布长衫、羊皮坎肩，包头帕，束腰带，裹绑腿，年轻女子还在绑腿上缠红脚带子。羊皮坎肩两面穿用，晴天毛朝内，雨天毛向外，防寒遮雨。男子长衫过膝，梳辫包帕，腰带和绑腿多用麻布或羊毛织成，一般穿草鞋、布鞋或牛皮靴。喜欢在腰带上佩挂嵌着珊瑚的火镰和刀。女子衫长及踝，领镶梅花形银饰，襟边、袖口、领边等处都绣有花边，腰束绣花围裙与飘带，腰带上也绣着花纹图案。妇女包帕有一定的讲究，姑娘梳辫盘头，包绣花头帕。已婚妇女梳髻，再包绣花头帕。亦喜缠青色或白色的头帕或用瓦状的青布叠顶在头上，用两根发辫盘绕作髻。脚穿云云鞋（船形布鞋），喜欢佩戴银簪、耳环、耳坠、领花、银牌、手镯、戒指等饰物。羌族妇女挑花刺绣久负盛名。

二、饮食民俗

羌族主食为玉米、土豆，辅以小麦、青稞及荞麦。副食是蔬菜、豆类及肉食等。调味品有花椒、辣椒等。

羌族人将玉米磨成细颗粒蒸成玉米饭，称为面蒸蒸；玉米粥内加蔬菜，叫“麦拉子”；用大米煮到半生拌玉米面蒸熟，此饭如以玉米面为主叫“金裹银”，以大米为主叫“银裹金”。他们还会把青稞或小麦做成炒面用以放牧或外出时食用。常年食用白菜、萝卜叶子泡的酸菜，以及青菜做成的腌菜。肉食以牛、羊、猪、鸡肉为主，兼食狩猎兽肉。散居在山区的羌族一般不常食新鲜猪肉，而是吃腌制的“猪膘肉”。羌族特别讲究药膳，较为典型的药膳有：羊肉附片汤、羊归汤、猪肉杜仲汤、黄芪炖鸡汤、黄芪（当归、党参也可）炖猪肉、虫草炖鸭等。

三、居住民俗

羌族房屋以碉楼、石砌房等最著名。羌语称碉楼为“邛笼”，多建于村寨住房旁，高度在10~30米，用以御敌和贮存粮食柴草。碉楼有四角、六角、八角几种形式。有的高达十三四层。建筑材料是石片和黄泥土。墙基深1.35米，以石片砌成。石墙内侧与地面垂直，外侧下而上向内稍倾斜。修建时不绘图、吊线、柱架支撑，全凭高超的技艺与经验，建筑稳固牢靠。

羌族民居为石片砌成的平顶房，呈方形，多数为3层，每层高3米余。房顶平台的最下面是木板或石板，伸出墙外成屋檐。木板或石板上密覆树丫或竹枝，再压盖黄土和鸡粪夯实，厚约0.35米，有涧槽引水，不漏雨雪，冬暖夏凉。房顶平台是脱粒、晒粮、做针线活及孩子老人游戏休息的场地。

四、人生礼仪民俗

（1）诞生礼与成人礼。羌族婴儿的出生礼仪一般包括：报喜、取名、满月、入家谱（7岁时）等。年满15周岁的羌族男子历史上有举行成年礼（冠礼）的习俗。事前需请来亲朋好友围火而坐，受冠礼者身着新衣，朝人类始祖像下跪叩拜，同时接受宗教仪式主持人释比代表天神馈赠的礼品——用白色公羊毛线拴系的五色布条（护身符），之后由族中长者叙述祖先历史，由释比诵经祷告（俗称打“太平保护”）、祭家神、祭羊神。

（2）婚俗。羌族结婚仪式复杂而隆重。订婚过程分“开口酒”（说亲）、“小定酒”（备酒宴招待女方近亲）、“大定酒”（商定结婚日期）三步。结婚又有“女花夜”（对歌）、“正宴”、“谢客”三个仪式。

（3）丧葬礼俗。羌族丧葬分火葬、土葬、岩葬三种。火葬为传统习俗，凶死或传染病死者必须火葬；婴儿死后装小木棺置于岩洞为岩葬；土葬是受汉族习俗影响的一种葬法。

五、社交礼仪民俗

羌族是个重礼仪的民族，他们在各种社会交往中，处处以礼待人，尤其是家有贵宾至，主人往往请客人喝当地特有的“咂酒”，以表敬意。日常生活中讲究长幼有序，尊重师长。家庭里的一切事宜，首先要征得长辈的同意。长辈进屋，屋内的人都要起身迎接。宴席上长辈坐上位，晚辈要给长辈敬酒、倒茶、盛饭。在屋里长辈坐火塘上方。饮咂酒时首先由长辈致开坛词并以长幼顺序饮之，即使达官贵人也要让老人为先。路遇老人，要让立路旁。歌舞开始由长辈领唱。晚辈不得直呼长辈的名字，对长辈要使用敬语。

六、岁时节日民俗

（1）羌历年。羌族除了过我国传统的春节以外，还有本民族的年节。羌历年，羌语称为“日美吉”。羌族民间把春节叫作“过大年”，把羌历年叫作“过小年”。一般在农历十月初一举行，持续3~5天，具有欢庆丰收、向神还愿、祈求来年平安的意思。届时，要封山，不能上山砍柴、打猎，不能下地劳动，全寨男子身着新衣，在神林前杀牛宰羊祭祀神灵，举行大型的祭礼，然后走家串巷，载歌载舞，举族共庆。

（2）祭山会。羌族祭祀山神，祈求神灵保佑人畜兴旺、五谷丰登、林木茂盛、地方太平的大典。届时由“释比”主持，跳神作法，演唱历史传说、史诗，教育后代团结一心，共同维护家族利益。祭山会一般以村寨为单位，由全寨的成年男丁参加，寨中年满12岁的男孩要带祭品、礼物参加并行冠礼，禁止女性在场。祭祀活动一年举行一次或几次，各地不一，一般在春季。

七、工艺美术民俗

（1）挑绣。羌族妇女从小就学会了挑绣的手艺，挑花时不打样，不画线，用五色丝线在蓝色、红色或黑色的棉布上绣成绚丽多彩的图案。挑绣方法有扎花、十字挑花、盘花、贴花四种。图案以动物、植物纹为主，除此以外，还吸收了字纹（寿、贵、万）、云纹、夔纹等图案样式，有100多种图案。

（2）千年木锁。历史上，羌族地区在大门上普遍使用木锁而不用铁锁。精巧的木锁质地坚硬、不易损坏、不易腐烂、用时长久，由于木锁的使用寿命能和碉楼相始终，而碉楼往往能伫立数百年甚至上千年而不倒，因此木锁就被冠以“千年木锁”的美誉。

八、游艺民俗

羌笛，管身竹制或骨制。竹是岷江上游的油竹，削成方形；骨是羊或鸟的腿骨。羌笛管长17厘米，直径1厘米，单簧，双管，竖吹，六声阶，多独奏。音色明亮柔和，哀怨婉转，悠扬抒情，牧人常于山间吹奏自娱。古羌笛既是乐器，又是鞭竿，因有“吹鞭”之说。羌族人民能歌善舞，民间的说法是“没有歌不行，没有舞亦不行”。情歌，羌语称为“柔西”，是反映男女爱情生活的民间歌谣。有试探歌、赞美歌、求爱歌、定情歌、热恋歌、思念歌、盟誓歌、失恋歌等种类，反映了羌族男女青年从恋爱到结合的全过程。逢年过节或婚礼、生日喜庆之时唱酒歌。羌族舞蹈保留着原始乐舞粗犷、古朴的风格，舞者通过舞蹈既取悦祖先神灵，又得以自娱自乐。

九、宗教和世俗信仰

羌族的宗教信仰还停留在多神崇拜的原始宗教信仰阶段，以自然崇拜和祖先崇拜为主。此外，道教、藏传佛教、基督教、天主教、伊斯兰教在羌区均有影响，尤以藏传佛教最为显著。自然崇拜主要表现为对白石的崇拜。羌民一般都在石碉房和碉楼顶上供奉5块白石，象征天神、地神、山神、山神娘娘和树神。羌族宗教仪式执行者羌语称作“释比”“许”等，是不脱离生产的专门从事宗教活动的人，只限于男性担任，在羌族社会中有较高的地位。

十、禁忌

妇女分娩时在门外挂枷单或背兜，忌外人入内；家有病人时在门上挂红纸条，忌外人来访；不能跨火塘或用脚踩三脚架，也不能在三脚架上烘烤鞋袜衣物；看到屋外放有簸箕，说明其家中有牲畜产崽，外人不得闯入；忌进屋打伞、扛锄头；忌晚间吹口哨；忌坐门槛和楼梯；用餐时忌将筷子横放碗上，不能倒扣酒杯；忌吃马肉、母猪肉、耕牛肉等。

第5节　傣族民俗

傣族主要聚居在云南省的西双版纳傣族自治州、德宏傣族景颇族自治州、耿马傣族佤族自治县、孟连傣族拉祜族佤族自治县、景谷傣族佤族自治县、新平彝族傣族自治县，此外，在景东、普洱、腾冲、龙陵、双江、西盟、元阳、河口等30多个县市境内，也有傣族小块聚居或零散分布。

傣族有自己的语言文字，傣语属汉藏语系中的壮侗语族壮傣语支。国内傣族语言主要有德宏傣语文和西双版纳傣语文。傣族有历史悠久的拼音文字，几乎每个支系都拥有一个语言文字系统。傣族几乎全民信仰南传上座部佛教，特别是40岁以上的人几乎都要到奘房中受戒修行，参加每年3个月的入夏安居，诵经修学。

一、服饰民俗

傣族的传统服饰包括男服、女服、头饰。

（1）男服。男子一般穿大襟或对襟短衣，小袖、无领，下穿长管裤，裤脚窄小，冬季寒冷时并不穿棉衣，只用一块毛毡披在身上，白天作披毡，夜里作被盖。

（2）女服。西部德宏傣族妇女，婚前多穿浅绯色大襟短衣，有长袖和短袖两种，下着长裤，束一小围腰；婚后改穿对襟短衫，不穿裤，改穿统裙（亦称筒裙），颜色多为素色、白色，也有黄、红、褐色和浅色花。统裙一般以花布为主，也有单色（黑或蓝）或是在一边上镶上红、蓝布等花边的。南部西双版纳等地傣族妇女装束既美观又华丽，上身着浅绯色的紧身小背心，下着统裙。西双版纳傣族的统裙不仅历史悠久，而且在制作、式样、艳丽等方面都独具民族特色。

（3）头饰。幼女，辫发盘绕头顶用青或者绿色带束之；少女及少妇，则编发为辫围绕头周，或椎髻于顶上，多戴耳环与项链。

二、饮食民俗

傣族地区潮湿炎热，昆虫种类繁多，用昆虫为原料制作各种风味菜肴和小吃，是傣族食物构成的一个重要部分。经常食用的昆虫有蝉、竹虫、大蜘蛛、田鳖、蚂蚁蛋等。捕蝉是在夏季傍晚，蝉群落在草丛中时，蝉翼被露水浸湿，蝉不能飞起，妇女们就赶快把蝉拣入竹箩里，入锅焙干制酱。蝉酱有清热解毒、去痛化肿的医疗作用。傣族人普遍喜食蚂蚁蛋，经常食用的是一种筑巢于树上的黄蚂蚁，取蚂蚁蛋时，先将蚂蚁驱走，然后取蛋。蚂蚁蛋大小不一，有的大如绿豆，有的小如米粒，洁白晶亮，其味鲜美，可生食又可熟食，生食时制酱，熟食时用鸡蛋穿衣套炸。常用的菜蔬有酸果、苦瓜、苦笋、冲天椒，另有野生的花椒、芫荽、蒜、香茅草等可做调味料。

三、居住民俗

傣族人居住的竹楼是一种干栏式建筑。竹楼近似方形，以数十根大竹子支撑，悬空铺楼板；房顶用茅草排覆盖，竹墙缝隙很大，既通风又透光，楼顶两面的坡度很大，呈A字形。竹楼分两层：楼上住人；楼下饲养牲畜、堆放杂物，也是舂米、织布的地方。

四、人生礼仪民俗

傣族丧葬以土葬为主。凶死、暴病死、难产死等非正常死亡或小孩死亡则通行水葬。和尚、佛爷死后则以薄棺盛殓火化，然后将骨灰装罐，葬于寺后。松溜、阿勇牟尼等有广泛影响的高级僧侣病逝，则按佛规建塔安葬，以作永久的纪念。在西双版纳傣族村寨，凡是人死了，要根据死者的不同年龄、不同身份和不同死因而采取不同的丧葬仪式。丧葬方式有火葬、土葬、水葬和天葬四种。火葬是西双版纳很早就有的丧葬习俗。寺庙里的佛爷、领主、僧侣和德高望重的人死后，多用火葬；土葬是西双版纳傣家人的主要丧葬方式；过去在临江河居住的西双版纳人，曾有水葬习俗，无论是病死、凶死、暴死，均用水葬，现已渐渐废弃；天葬是应极少数人生前的嘱咐采取的仪式，以求灵魂升入天堂。

五、社交礼仪民俗

居住在西双版纳的傣族人是有名无姓的，名字随生长阶段不断变化。傣族男子的一生通常总有5个名字，这5个名字是：乳名、和尚名、还俗名、父名、官名。乳名是婴儿时期由大佛爷命名，可用到10岁前当小和尚为止；9岁左右进佛寺当小和尚后，原来的乳名不再用，由老和尚取一新名，即和尚名；除了终身当和尚外，一般和尚都要还俗，所以还要起还俗名，还俗名按当和尚时间的长短而定；还俗名用到娶妻生子时就不再用了，改用父亲特有的名字，即父名，称之某某之父；当了官的，还要以官名取代。相比之下，女子的名字就简单多了，一生只有两个名字，即乳名和母名。乳名要叫到结婚生子，之后就改称为某某之母了。傣族人的称谓也有特点，祖父与外祖父、祖母与外祖母、姑父与舅舅、表兄弟与妻兄弟的称呼是相同的。这表示父族与母族并重。

六、岁时节日民俗

“泼水节”是傣族人民送旧迎新的传统节日，时间在公历四月中旬。节日期间的主要活动是祭祀祖先、堆沙、泼水、丢沙包、赛龙船、放火花及歌舞狂欢等。在每年傣历六月举行的泼水节是最盛大的节日，这一节日傣语称“桑勘比迈”。届时要赕佛，并大摆筵席，宴请僧侣和亲朋好友，以泼水的方式互致祝贺。

七、工艺美术民俗

傣锦是傣族生产和使用的一种具有民族风格的纺织品。傣锦是以苎麻为原料的色织物，纹样为几何图案，用挑花方法织制。傣锦利用腰机织成。织幅不宽，长度也有限，细的苎麻线织成平纹作地组织，以较粗的苎麻纱经染色作彩纬织入。在平纹部分不花纹，而在使用色纬时显色于织物表面。傣锦常使用小方块组成的菱形回纹。在大菱花纹转向时则往往又换用另一色的彩纬，因而在织物表面上常随菱形花纹的斜向转换而调换色调。色调要求和谐，以棕色和黑傣锦纹样色调配。傣锦用挑花方法起纹，织物表面出现大量的浮纹起花。傣锦质地坚牢硬挺，花形美观，多作被面或装饰用。由于傣锦具有独特的艺术风格，作为工艺美术装饰用品，也受到其他各族人民的喜爱。

八、游艺民俗

傣族孔雀舞是我国傣族民间舞中最负盛名的传统表演性舞蹈，流布于云南省德宏傣族景颇族自治州的瑞丽、芒市及西双版纳、孟定、孟达、景谷、沧源等傣族聚居区，其中以云南西部瑞丽市的孔雀舞（傣语为“嘎洛勇”）最具代表性，有1000多年历史，经历代民间艺人加工，形成孔雀舞。现以刀美兰、杨丽萍的《孔雀舞》最为出名。

九、宗教和世俗信仰

傣语称佛教为“洒散纳”，称释迦牟尼为“贡达玛”。在西双版纳、景谷等地，傣族男子都要出家为僧一段时间，在佛寺内学习傣文、佛法、天文地理等知识。人们认为只有入寺做过和尚的人，才算有教化。家境好的小男孩七八岁入佛寺，三五年后还俗。当他们穿戴一新由亲人护送，吹吹打打，在众人欢笑声中进入佛寺，便自豪地认为已经开始得到了佛的庇护，能长大成材了。然后他们剃去头发，披上袈裟，开始平静地诵读经书，学习文化，自食其力。而在现在，因为9年义务教育，小男孩们便白天上学校学习汉语等科学知识，晚上在佛寺学习傣族文化。也有的人读完中学，大学毕业之后参加工作，然后再请一周或一个月的假，入寺学习。回家后仍然算是“康朗”，即还俗的僧人。

十、禁忌

忌讳外人骑马、赶牛、挑担和蓬乱着头发进寨子；进入傣家竹楼，要把鞋脱在门外，而且在屋内走路要轻；不能坐在火塘上方或跨过火塘，不能进入主人内室，不能坐门槛；不能移动火塘上的三脚架，也不能用脚踏火；忌讳在家里吹口哨、剪指甲；不准用衣服当枕头或坐枕头；晒衣服时，上衣要晒在高处，裤子和裙子要晒在低处；进佛寺要脱鞋，忌讳摸小和尚的头及佛像、戈矛、旗幡等一系列佛家圣物。

第6节　白族民俗

白族是我国西南边疆一个具有悠久历史和文化的少数民族，主要分布在云南省大理白族自治州，丽江、碧江、保山、南华、元江、昆明、安宁等地和贵州毕节、四川凉山、湖南桑植县等地亦有分布。使用白语，属汉藏语系藏缅语族。绝大部分居民操本族语言，通用汉语文。元明时曾使用过“僰文”（白文），即所谓“汉字白读”。白族多数人从事农业生产，善种水稻。大理雪梨、宾川柑橘驰名中外。

一、服饰民俗

白族尚白，素以白色衣服为贵。白族服饰总体上看，男子的穿戴简洁朴素，中老年服饰较为淡雅，姑娘和小孩服饰比较艳丽。青年女性的衣饰，主要有头帕、上衣、领褂、围、长裤几个部分。上衣多用白色、嫩黄、湖蓝或浅绿色，外套黑色或红色领褂，右衽结纽处挂“三须”“五须”银饰，腰系绣花或深色短围腰，下着蓝色或白色长裤，或上下一体，色调一致，或衣、褂、裤、围腰各为一色，于多色块对比中求和谐。外罩多为红色、浅蓝色为主的领褂。下穿白色或浅色长裤。腰系短围裙，

镶有花边，缀有绣花图案。头梳独辫，盘于印花头巾中间，再缠以红头绳，左侧飘吊着一束雪白的缨穗，手腕上戴银质或玉石的手镯。脚穿绣花鞋。这一身打扮，浓艳而又不失庄重，线条美丽，婀娜多姿，飘然若舞，十分讨人喜欢。大理白族织绣纹样以花卉图案较为常见，如头巾、围腰、飘带、背带、草帽带、鞋面等，大多以花草植物为主。

二、饮食民俗

白族以稻米和小麦做主食，山区则以玉米、荞子为主食，辅以薯类、豆类、肉类及各种蔬菜、水果等。洱海的鲤鱼、弓鱼、鲫鱼是人们喜食的菜肴。喜食酸辣，“砂锅鱼”是大理著名佳肴。善于腌制火腿、腊肉、香肠、油鸡、螺蛳酱等。爱饮糯米酿造的甜酒，用大米制作的饵丝味道独特。

三、居住民俗

白族多聚居于平坝的村落之中，住房以土木结构的瓦房为主。村落多建于平坝或依山傍水的山脚地带。白族民居通常以东西轴线安排房屋，重院则按横向的南北轴线深入。大门设在东北角上，主房坐西朝东，和厢房、对斤（照壁）围成一封闭式院落。典型的白族民居建筑，其组合形式有“一坊一廊”“三坊一照壁”“四合五井”等。所谓“坊”，指的是三间两层的一个建筑单元。“一坊一廊”是由一坊带两瓦房组成的小院；“三坊一照壁”是由主房和两坊厢房，加上主房对面的照壁所围成的封闭式院落；“四合五井”则是由主房、对斤以及两边厢房围成的四合院，除大院外，四角瓦房形成四个小院，组成大小五个天井。白族民居建筑充分体现了白族悠久的历史文化和精湛的建筑艺术。

四、人生礼仪民俗

白族实行一夫一妻制，婚礼隆重、热烈。按传统风俗，举行婚礼这天，新郎和小伙子们必须骑高头大马去娶亲。新娘娶回后要拜客，由新郎、新娘向家庭中的长辈一一敬拜，然后是请客吃饭。新郎、新娘要陪客人进餐，这时，客人可向新婚夫妇出难题，也可以让他们表演节目，婚礼被喝彩声和欢笑声笼罩着。最有特色的是在婚礼上燃起辣椒粉，于是在欢声笑语中许多人都打喷嚏、咳嗽，热闹无比。背婚是云南大理白族自治州洱源县白族地区普遍流行的一种婚俗。每逢十字路口、三岔道或人员集结的地方，陪宾们便停下来，把嫁妆码成两大摞，让新郎背着新娘围着嫁妆绕“8”字。

五、社交礼仪民俗

白族对人的称谓往往加一“阿”字，表示尊敬和亲切，如称父母为“阿爹”“阿姆”，称祖父为“阿老”。长辈对晚辈亦可加“阿”字，表示亲昵，如“阿弟”“阿妹”，或取名字中的一个字加“阿”，如“阿东”等。白族第二人称代词尊称时多用“呢”，相当于汉语的“您”，表示尊敬。在白族地区，逢重要场合，如生小孩、订婚，人们赠送礼品时必须带“六”字。“禄”和“六”同音，有福有禄即有福气、有钱财，是吉祥的表示。

六、岁时节日民俗

（1）三月街。又名“观音市”，是白族盛大的节日。每年夏历三月十五至二十日在大理城西的点苍山脚下举行。最初它带有宗教活动色彩，后来逐渐变为一个盛大的物资交流会。明清时期，川、藏及江南各省都有商人到此贸易。新中国成立后，三月街已发展成为一年一度的物资交流和民族体育文艺大会。

（2）绕山林。亦称“绕山灵”。每年农历四月二十三日至二十五日举行，是大理白族传统盛会之一。这个节日的由来有不同传说，其渊源是古代原始社会时期氏族成员举行“社祭”的遗风。节日期间，洱海近百个村庄的男女老少佩戴花朵。第一天以村庄为单位组成队伍，在手持杨柳枝的一男一女的带领下，从苍山五台峰下的喜州圣源寺出发，一路边舞边唱边走；第二天到洱海边的村庄沙埃城；第三天沿洱海边到大理三塔附近的马久邑。三天内绕行队伍晓行夜宿。绕山灵除祈祷丰收之外，也是白族人民游春娱乐和青年男女社交集会的场所。绕山队伍中还有打霸王鞭、敲八角鼓、弹三弦的。此外，人们还抬着自己本村的小本主（保护神）塑像到大本主庙来朝贺，并供奉“三牲”，焚香化纸、膜拜祈祷，诵经念佛。

七、工艺美术民俗

白族的石雕以剑川石宝山窟和“大理古幢”为代表。剑川石宝山窟，又名石钟山石窟，分布在石钟寺、狮子关和沙登村三处，系南诏、大理国经数百年不断开凿而成。在白族人的现实生活中，大至住宅、庙宇、牌坊，小至生产工具、家具和生活用品，处处都可看到精湛的木雕杰作。白族木雕，以体现吉祥文化为主旋律。它反映的内容多为祥花、瑞兽、瓜果和民俗文化中的暗八仙及历史人物等，寄托了白族人民对美好生活的真诚向往。

八、游艺民俗

白族人民有栽花种树的传统和观赏花木的娱乐习惯。每年的农历二月十四是古老的朝花节。“踏歌”是白族传统的民间文艺形式，是在结婚、过年等喜庆饮宴时所唱的一种长篇叙事歌曲。

九、宗教和世俗信仰

白族的宗教信仰是多神灵，既有原始的图腾崇拜，也有佛教的信仰。但以本主信仰最为独特。“本主”教是白族全民信奉的宗教。“本主”一词的含义是“本境最高贵的保护神”。白族的“本主”是“人神兼备”的护卫神，仍处于原始宗教阶段。但是这种原始的崇拜，已渗入了祖先崇拜、英雄崇拜，并使祖先崇拜、英雄崇拜构成了“本主宗教”的崇拜核心。

十、禁忌

白族热情好客，先客后主是白族待客的礼节。家中来了客人，以酒、茶相待。著名的“三道茶”就是白族的待客礼。但白族人倒茶一般只倒半杯，倒酒则需满杯，他们认为酒满敬人，茶满欺人。尊敬长辈是白族的传统美德。见到老人要主动打招呼、问候、让道、让座、端茶、递烟。起床后的第一杯早茶要先敬给老人。吃饭时要让老人坐上席，由老人先动筷子。在老人面前不说脏话，不准跷二郎腿。一些山区的白族，家庭成员各有比较固定的座位，一般男性长辈坐左上方，女性长辈坐右上方。白族人家的火塘是个神圣的地方，忌讳向火塘内吐口水，禁止从火塘上跨过。白族人家的门槛也忌讳坐人。男人所用的工具，忌妇女从上面跨过。家庭内忌讳戴着孝帕的人进入，认为这样会给家庭带来不洁。

第 7 节　彝族民俗

彝族，主要分布在云南、四川、贵州和广西壮族自治区。彝族有自己的语言文字。彝语属汉藏语系藏缅语族，彝族文字是一种音节文字，形成于 13 世纪。彝族的宗教信仰主要是自然崇拜与祖先崇拜。云贵地区部分彝族受道教和佛教影响。

一、服饰民俗

彝族服饰古朴、独特。生活在不同地区的彝族人民有不同的服饰习俗，大致可分为凉山型、乌蒙山型、红河型等。凉山的彝族成年男子往往在脑后留一绺长发，象征男性尊严不可侵犯，俗称“天菩萨”。他们还喜欢用青布包头，在前额处扎出一长锥形结，俗称“英雄结”，以示英武气概。凉山彝族姑娘的三节裙是用三种不同花色的布料拼成，跳舞时宽宽的裙摆随风飘起，像一朵大大的喇叭花，而她们的花包头则被看作自由、幸福的象征。

二、饮食民俗

彝族的食品主要为玉米、荞麦。彝族人喜欢饮酒、吃“坨坨肉”。饮酒时席地而坐，围成圆圈，依次轮流喝，这叫喝“转转酒”；逢年过节，彝族姑娘还会抱出一坛酒，插上几根麦秆放在家门口的路边上，供来往过客饮用，这叫喝“秆秆酒”。这两种喝酒的风俗体现了彝族人民热情好客的民族性格。

三、居住民俗

彝族的房屋结构有的地区和周围汉族相同，凉山彝族居民住房多用板顶、土墙；广西和云南东部彝区有形似“干栏”的住宅。

四、人生礼仪民俗

“沙拉洛”，意为“换童裙”，是彝族女孩成长过程中必经的一个环节，是彝族民间区别成人与小孩的分水岭，换童裙标志着该女孩已经走向成熟。举行过成人礼仪的女子，可以自由地参与相应的社交活动，自由出入过去只能由大人可以出入的场所，如参加奔丧、婚庆等场所，也相应当地承担起一定的社会责任。一般在女子15或17岁之间女孩初潮后举行，具体时间须请老人择吉日而定。一般由母亲或长辈妇女主持成人礼仪，参加仪式均为女性，严禁异性观礼。其内容一是改变发式，二是改变耳饰，三是改变裙式。换裙仪式完后，家里让亲友们喝泡水酒、醪糟酒，并杀猪宰羊宴请宾朋，这时男子方可参加。

五、社交礼仪民俗

民间素有“打羊”“打牛”迎宾待客之习。凡有客至，必杀牲待客，并根据来客的身份、亲疏程度分别以牛、羊、猪、鸡等相待。在杀牲之前，要把活牲牵到客前，请客人过目，以表示对客人的敬重。酒是敬客的见面礼，在凉山只要客人进屋，主人必先以酒敬客，然后再制作各种菜肴。待客的饭菜以猪膘肥厚大为体面。吃饭中间，主妇要时时关注客人碗里的饭，未待客人吃光就要随时加添，以表示待客至诚。吃饭时，长辈坐上方，下辈依次围坐在两旁和下方，并为长辈添饭、夹菜、泡汤。

六、岁时节日民俗

彝族的节日主要有“火把节”“彝族年”“拜本主会”“密枝节”“跳歌节”等。“火把节”是彝族地区最普遍且最隆重的传统节日，一般多在夏历六月二十四日或二十五日举行。每到火把节，彝族男女老少，身穿节日盛装，杀牲畜祭献灵牌，尽情跳舞唱歌、赛马、摔跤。夜晚，手持火把，转绕住宅和田间，然后相聚一地点起篝火，翩翩起舞。

七、工艺美术民俗

彝族工艺主要有彩漆绘、刺绣、贴花和铸造等。漆绘主要多施于碗、盘、壶、杯、盔甲、护腕、盾牌、箭筒、马鞍、马笼头、月琴、口弦等之上，颜色以黑、红、黄三种彩为主。彝族妇女擅长刺绣和贴花，常绣（或贴）在头帕、衣袖、衣领、衣大襟、裤脚、挂带、烟荷包、腰带等上。多以黑色为地，配刺（贴）红、黄、绿、蓝等纯度极高的花线。彩漆绘、刺绣、贴花花边的图案有以日、月、彩虹、云等天象为图的，有以水波纹、山形等山河自然地理为图的，有以鸡冠、牛眼、牛羊角、猪齿等动物的某一部分为图的，有以花、叶、树枝等植物的某一部分为图和以绳纹、发辫纹、方块形等为图的。各种图案与现实生活紧密相连，丰富多彩，富有浓厚的民族和地方色彩。

八、游艺民俗

彝族的民间歌舞归纳起来可分为以下几种："打歌"，包括"打跳""跳脚""左脚舞""跳歌""跌腿""跳月"（即"跳乐"）等圆圈舞，流行于云南省西部与四川省凉山交界地区、云南省西南部的彝族和相邻的其他少数民族之中。"跳弦"，因舞者双手持"烟盒"边敲边舞，故也被称为"烟盒舞"。"烟盒舞"流行于云南省中部和南部红河、石屏、建水等地彝族支系尼苏人居住地区。"罗作"，也称"罗索"，是流行于云南省红河南岸彝族支系尼苏人中的另一种圆圈舞。曲调欢愉跳跃，节奏鲜明而强烈，伴之以快速摆手、错步、踏脚等舞蹈动作，特别受到青年们的喜爱。"跳三弦"，也称"大三弦""跳月"，是云南省中部地区彝族支系阿细人、撒尼人喜爱的自娱性舞蹈。在大、中、小三弦和高、中、低不同音色的竹笛伴奏下的"跳三弦"，是"火把节"不可缺少的舞蹈。"披毡舞"，是四川省凉山地区彝族所特有的舞蹈形式。舞者以披毡为道具，通过双臂的伸展、收拢、摆动与身体旋转，来模仿鹰、熊的姿态。该舞现已成为彝族的代表性表演舞蹈。

九、宗教和世俗信仰

彝族的宗教信仰主要是自然崇拜。云贵地区部分彝族受道教和佛教的影响。彝族宗教具有浓厚的原始宗教色彩，崇奉多神，主要是万物有灵的自然崇拜和祖先崇拜。自然崇拜中，最主要是对精灵和鬼魂的信仰。人们认为大自然中许多没有生命的东西都附有精灵，一个家庭中凡是祖先遗留下的一切东西如衣服、首饰、银子、用具，都可附上精灵"吉尔"，认为它具有保护家人的魔力。

十、禁忌

忌17岁以上的女子上楼，如违反，家中要举行"晓补"咒仪，驱除秽气和不吉。新房落成后迁入时，忌男主人走在前，认为这样不利家中人丁发展。云南巍山彝区则禁在家中吹口哨、唱山歌、说粗话，禁带棍棒、绳索、刀枪等器械进堂屋和厨房。

第8节 哈尼族民俗

哈尼族是我国西南边疆古老的民族之一，他们自称为哈尼、卡多、雅尼、碧约、布都、白宏等，绝大部分分布在云南省南部红河与澜沧江的中间地带。其中哀牢山区的元江、墨江、红河、元阳、金平、绿春、江城等县，是哈尼族人口最集中的地区，其余分布在无量山区、红河以东各县。历史上除少部分人信仰基督教外，大多数人信仰原始宗教，有多神崇拜、祖先崇拜。

一、服饰民俗

哈尼族善于用蓝靛染衣服，各家房前屋后种有一种植物称蓝靛，取其叶放水缸内加入一泡，即成蓝色。衣服穿脏后就丢在缸里泡洗，常洗常新，直至穿破而颜色不变。男子多穿对襟上衣、长裤，黑布包头。妇女服饰因地而异，式样较多。红河等地区穿右襟无领上衣，下穿长裤，衣服上绣有彩色花边。西双版纳一带，穿及膝的折叠短裙。哈尼族妇女都喜欢在衣服上镶银质装饰。

二、饮食民俗

哈尼族过去日食两餐，主食是当地产的稻米，玉米为辅。喜把大米、玉米蒸成米饭粑粑、米线、卷粉和豌豆凉粉等。居住在西双版纳的哈尼族人喜将瘦肉剁细，与大米、姜末、八角面、草果面一起熬粥，并以此为主食的上品。哈尼族地区物产丰富，烹饪方法独特，具有本民族风味特点的典型食品很多，如竹筒鸡、生炸竹虫等。比较有名的风味菜肴还有蜂蛹酱、暴腌芭蕉心、酸笋炒麂子肉、肉松酱、清汤橄榄鱼、螃蟹炖蛋清、煮蛇圆子等。

三、居住民俗

哈尼族多居住在半山腰，依山势建立村寨。红河、元阳、绿春等地住的是土墙草顶楼房，以石奠基，以木为柱，土基砌墙，屋顶铺茅草，少数用瓦。楼房有上、中、下三层，下层关牲畜，中层住人和存放粮食，上层堆放瓜菜等杂物。墨江一带多是土基楼房，平面屋顶，间间相连。西双版纳住的是竹木结构的楼房，旁设凉台，别具一格。

四、人生礼仪民俗

婚后妇女一旦怀孕，一般不再出家远行，但产前始终坚持劳动。婴儿降生后，要在门头上悬挂象征性的避邪物，并在母子床铺上悬挂用笋叶做成的人像，表示保护婴儿。

婴儿落地后头三声哭啼，被认为具有特别的意义，是向天地、祖先和村落宣告自己已降临人世间。婴儿出生后3~11天，要为婴儿举行隆重的命名礼仪。模拟劳动是命名礼仪的核心内容。若是男婴，便请来村中一男童，让他肩扛锄头，身穿劳动服，手提糯米饭，在房外母子面前挖地三锄，象征男婴长大后会栽田种地，勤劳勇敢。若是女婴，则请一女童，左手提糯米饭，右手持小砍刀，肩挎篾衣背架，在屋外母子面前砍柴三刀，表示婴儿长大后会砍柴割草，勤劳贤惠。模拟劳动之后随即给婴儿命名。

五、社交礼仪民俗

哈尼族素来热情好客，只要有客人来，都要以酒相待。客人落座后，主人要先敬一碗米酒，三大片肉，称“喝焖锅酒”。筵席期间常常酒歌不断。客人离开时，还要送上一块大粑粑和一包用芭蕉叶包好的腌肉、酥肉、豆腐圆子等食品。哈尼族过去认为火是家庭的生命，对火很敬畏，必须保护火种长久不熄。每家都有数个不同的火塘。火塘的火不仅要烟火不断，而且每个火塘的用处也不能弄混。哈尼族有共享猎物之习，当猎手们进山捕猎归来，无论猎多少，全寨子人都可来分割猎物，各家都可分享一份。如果猎物太少，就直接煮好，大家一起分享。

六、岁时节日民俗

哈尼族节日较多，比较盛行的有“十月年”“埃玛突”“惹矻扎”，俗称哈尼三大节。

(1) 十月年。哈尼族最盛大的节日，一般过节三天，每年夏历十月的第一个属龙日至属马日为节期。节日期间不推磨，不舂碓，不生产，不许把山上的青枝绿叶带回家里。家家户户都要杀猪杀鸡，做汤圆，舂粑粑，敬天地，献祖宗。出嫁的姑娘要带着米酒、粑粑、猪肉、鸡蛋等回娘家拜年。节日过后回婆家时，娘家要送上一只猪腿，表示对亲家的回敬。亲戚朋友之间相互请客吃饭，互致节日的祝贺。青年男女邀约上山，弹三弦、吹巴乌、对山歌，谈情说爱，寻觅知音。

(2) 埃玛突。俗称“长街宴”，意为祭寨神。境内以豪尼、白宏、罗缅、阿邬、罗碧等自称的哈尼族在春节前后过“埃玛突”。“埃玛突”一般是在村子的上方，选择一棵挺拔的大树进行祭祀，整个祭祀活动，由“咪谷”主持。“咪谷”需经村民选举，必须是夫妇双全、五官端正、身体健康、品德良好的男性老人担任。祭祀时要杀一头肥猪，一只大公鸡，并将一背篓黄糯米饭供奉在树下，众人叩头，“咪谷”则念：“祭寨神，保平安，逢凶化吉，消灾免难。”小孩在一旁敲牛皮

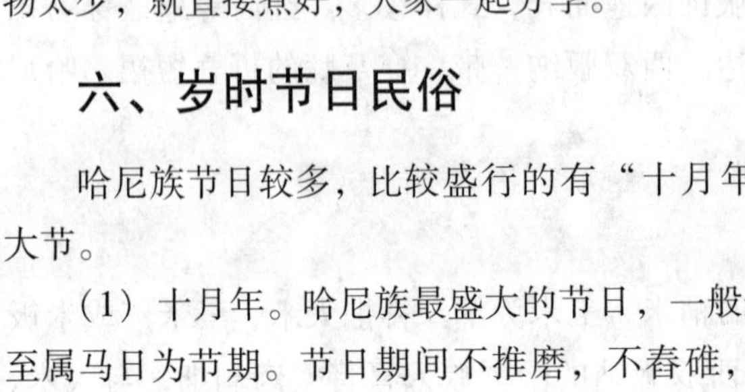

鼓，祝愿全村吉祥幸福。祭毕共同就餐，然后每家分一点猪肉带回家去祭献。“埃玛突”一般过节三天，不事生产，男女青年邀约串山，寻找对象。村里的小孩身背小蛋笼，内装五彩蛋，到处玩耍。节日的最后一晚，全村男子都要到“咪谷”家门前的场地上摆长街宴，边吃边唱，共致节日的祝福。席间由“咪谷”领头，同唱古老的哈尼酒歌。村里新生男孩的人家，要特意献上一壶米酒，向长者报喜，祝全村幸福。

（3）惹砣扎。又叫“砣扎扎”，每年夏历六月的头一个属狗日至属鼠日过节。节期各村都要立“磨秋”（一种秋千），杀牛祭祀。节日前，村里要选出一个叫“倮突”的人主持祭祀。在村边的磨秋场上，由“倮突”开刀杀牛。牛头牛脚归“倮突”，牛肉按户平分。节日期间，家家户户舂粑粑，煮糯米饭，喝焖锅酒，三天之内不事生产，男女青年上山唱山歌、找对象，村里村外，一派欢乐景象。新街镇、牛角寨乡、胜村乡、攀枝花乡、黄茅岭乡的哈尼族，节日期间有摔跤比赛的习俗。

七、工艺美术民俗

哈尼族的工艺美术品也很出色。妇女能用绣、挑、扣等方法刺镶各种图案和花卉。有的能绣龙、凤、鸟、鱼等复杂图案，色彩鲜艳美丽。这些图案大都镶于衣服边沿和围腰、绑腿、帽子之上，使哈尼服饰具有鲜明的民族特点。西双版纳的哈尼族还能用彩线织出有美丽图案的花布和背包。墨江哈尼族纺织的细篾斗笠帽，花色新颖别致，既是精美的艺术品，又是耐用的生活品，为各族人民所喜爱。

八、游艺民俗

每逢节日到来，哈尼族人家少不了要备三样菜：沟边上的水芹菜，田埂上的鱼腥草，山坡上的紫菜花。此外还有凉拌生鱼和苔藓拌蚯蚓两种名菜。在欢度节日时哈尼族开始秋千竞赛，还有串寨活动。

九、宗教和世俗信仰

哈尼族普遍信仰以万物有灵为核心的原始宗教。自然崇拜、图腾崇拜、祖先崇拜、灵魂观念构成信仰的主要内容。生活中的各种禁忌、占卜、祭祀、巫术等为原始宗教活动的主要表现。还有部分哈尼族信仰基督教。

十、禁忌

哈尼族有许多禁忌，如产妇分娩，忌外人闯入室内；进村时不能披着衣服；不能用火塘上的三脚架烘湿鞋；禁止砍伐“龙树”和将污秽物扔置“龙树”之下等。

【本章小结】

本章简要介绍了藏族、傈僳族、纳西族、羌族、傣族、白族、彝族和哈尼族的概况，重点介绍了这几个民族的服饰、饮食、居住、人生礼仪、社交礼仪、岁时节日、工艺美术、游艺活动、宗教和世俗信仰及禁忌等民俗，有助于我们了解这些民族，欣赏他们丰富多彩的民俗生活，更好地与他们相处，同时也有利于推动旅游业的发展。

【复习思考题】

1. 简述藏族、傈僳族、纳西族和羌族的服饰特点。
2. 简述藏族、傈僳族、纳西族和羌族饮食民俗的主要特点及其形成的原因。
3. 傣族、白族、彝族和哈尼族的居住习俗各有什么特点？他们为什么采取这种居住方式？
4. 简述傣族、白族、彝族和哈尼族的宗教信仰和禁忌。
5. 简述藏族、傈僳族、纳西族和羌族的社交礼仪民俗。
6. 简述藏族、傈僳族、纳西族和羌族的节日民俗。
7. 藏族、傈僳族、纳西族和羌族各有什么特色工艺品？
8. 藏族、傈僳族、纳西族和羌族的游艺民俗各有什么特点？

【案例分析】

农历二月初八是哀牢山彝族的跳歌节，十分隆重。大人、小孩、男人、女人都穿上自己最新最好的衣服。家家户户都要杀鸡宰羊。到了晚上，当竹笛划破夜空，三弦响遍村寨，人们一群群、一队队来到歌场，围着篝火，开始打歌。歌场里摆满大酒坛，人们边喝边歌边舞，一直到天亮。正如打歌调中唱到的："跳歌打到太阳出，跳起黄灰作得药。"

你怎样看待跳歌节？

分析提示：旅游的本质是求异。作为特色民俗的跳歌节，保持原味才是其魅力之所在。

第 5 章

中国中南部分少数民族民俗

【教学目标】

1. 了解壮族、苗族、瑶族、侗族、土家族、布依族等中南地区部分少数民族的人口、分布、历史、生产方式、工艺美术、宗教与世俗信仰等特点。

2. 熟悉其在衣、食、住、节庆、礼仪、游艺等方面的习惯和禁忌。

【导入案例】

三月三歌圩

壮族人能歌善舞举世闻名。他们以歌来讲述事情、表露情感，自古以来就有以歌会友、赛歌选贤能、以歌传情择偶、赛歌择婿等风俗，逐渐形成了“歌圩”这种以歌为主的节日盛会。每到农历三月初三，壮族乡村处处成了歌的海洋。穿着盛装的人们向“歌圩”涌去，他们带着节前已做好的五色糯米饭和彩蛋，先去祭祀歌仙刘三姐的神像，祈求她赐予歌才。刘三姐是壮族人心目中美与爱、智慧与才能的化身，据说“歌圩”便是为纪念刘三姐而起的。

人们敬过刘三姐后，即争相亮出歌喉相对唱，歌声此起彼落。打擂台式的对歌是最有趣的，应对双方或单对单，或组对组，歌词往往都是脱口而出，以难倒对方为胜，当然不乏戏谑诙谐之词，逗得听众哄堂大笑。节日期间，不但有欢歌笑语，还有抢花炮、耍杂技、舞龙舞凤、演壮戏等各种文娱活动。同时，造就了双双对对的美好姻缘。

壮族男女青年把三月三视为他们的“情人节”。这时，传情择偶的对歌便在歌圩的一角展开。通常先是小伙子唱“游览歌”观察特色对手，遇到合适的对象，就唱起见面歌、邀请歌，女方如果有意，便以歌声回应，彼此有了倾慕之心，就唱爱慕歌。若姑娘觉得小伙子的人才、歌才都合意，就会悄悄将自己精心绣制的绣球赠给意中人。隆重的歌圩往往要一连狂欢几天。而近年来，壮族歌节更发展成为“广西国际民歌艺术节”，全国乃至世界各地的民歌好手也云集而来，活动内容也更加丰富多彩。

结合案例，谈谈对壮族节日的认识。

分析提示：壮族是中国人口最多的少数民族，其文化节日丰富多彩。壮族有许多节庆，几乎每个月都有不同的节日，可见壮族的文化生活是相当丰富的。

第 1 节　壮族民俗

壮族旧称僮族，是中国人口最多的少数民族，主要分布在广西、云南、广东和贵州等省区，其中全中国35%以上的壮族人居住在广西。秦以来，壮族历代分别称为西瓯、骆越（雒越）、南越、濮、僚、俚、溪峒蛮、乌浒、僮等，1965 年统一称壮族。壮族有自己的语言，属汉藏语系壮侗语族壮傣语支。壮语有自己的文字，但使用面不广。19 世纪 50 年代，创制了以拉丁字母为基础的壮文。现在部分民族学校开设有壮语课程。

壮族地区石灰岩分布很广，是中国南方喀斯特地貌的重要组成部分。这种地形构成了“桂林山水甲天下，阳朔山水甲桂林”的名胜景色。壮族地区气候温和，雨水充足，以农业为主，种植水稻、玉米、薯类等。果品也很丰富。森林面积广，盛产柳州杉、银杉、樟木等名贵木材。驰名中外的三七、蛤蚧和茴油是壮族地区久负盛名的特产。

一、服饰民俗

传统的壮族多用自织的土布做衣料，款式多种多样。女子服装一般为一身蓝黑，上衣是左衽无领阑干衣，腰部扎有紧身带，下身穿长裤，裤角稍宽，裤脚有蓝、红、绿色的丝织和棉质阑干镶边。裤外套短裙，裙也有镶边。头上包黑毛巾，穿绣花鞋，戴耳环、手镯和项圈，裤腰左边悬挂一个彩穗筒。壮族男子多穿对襟上衣，纽扣以布结之。胸前缝一小兜，与腹部的两个大兜相配，下摆往里折成宽边；下裤短而宽大，有的缠绑腿；扎绣花纹的头巾，穿布鞋。

壮族未婚女子喜爱长发，留刘海儿（以此区分婚否），通常把左边头发梳绕到右边（约三七分）用发卡固定，或扎长辫一条，辫尾扎一条彩巾，劳作时把发辫盘上头顶固定。已婚妇女则梳龙凤髻，将头发由后向前拢成鸡（凤）臀般的式样，插上横簪。多用黑帕或花帕头巾，梳髻多是中年以上妇女，且喜欢戴绣花勒额。童帽是用二三寸宽的绣花布条缝制成的无顶遮额帽。

二、饮食民俗

多数地区的壮族习惯日食三餐。早、中餐比较简单，一般吃稀饭，晚餐为正餐，多吃干饭，菜肴也较为丰富。大米、玉米是壮族地区的主食。

壮族对任何禽畜肉都不禁吃，如猪肉、牛肉、羊肉、鸡、鸭、鹅等，喜爱猎食烹调野味、昆虫，对三七的食疗颇有研究，利用三七花、叶、根、须做菜很有特色。壮族还擅长烤、炸、炖、腌、卤成熟法，嗜酒，口味辣麻偏酸，喜食酥香菜品。壮族有腌菜的习惯，腌成酸菜、酸笋、咸萝卜、大头菜等。壮族有许多著名的菜肴和小吃，主要有：马脚杆、鱼生、烤乳猪、花糯米饭、宁明壮粽、状元柴把、白切狗肉、壮家酥鸡、清炖破脸狗、龙泵三夹。

三、居住民俗

居住在坝区和城镇附近的壮族，其房屋多为砖木结构，外墙粉刷白灰，屋檐绘有装饰图案。居住在边远山区的壮族，其村落房舍则多数是土木结构的瓦房或草房，建筑式样一般有半干栏式和全地居式两种。

干栏，也叫木楼、吊脚楼。壮、侗、瑶、苗、汉都有。多为两层：上层一般为 3 开间或 5 开间，住人；下层为木楼柱脚，可作畜厩，或堆放农具、柴火、杂物。但是壮族人的房子，都要把神龛放在整个房子的中轴线上。前厅用来举行庆典和社交活动，两边厢房住人，后厅为生活区。屋内的生活以火塘为中心，每日三餐都在火塘边进行。这又是壮族人特有的方式。龙胜县龙脊乡壮族干栏，以神龛为中心，神龛后面，居中是家公住房，左角是家婆住房，有小门与家公房相通。主妇房在右角。丈夫房在厅堂右侧外。客房在前庭左角，姑娘房在右角楼梯旁。这种布局的最大特点，是夫妻异室，沿袭了古俗。现在的干栏，内部结构略有变化，但基本格局不变。一般干栏都依山傍水，面向田野。一个寨子一个群落，雄伟壮观。有些村寨家家相通，连成一体，就像一个大家庭。

四、人生礼仪民俗

（1）婚俗。壮族的婚姻，有自由恋爱和父母包办两种形式。壮族青年多可通过抛绣球等传统方式表达爱情意愿。壮族一般实行一夫一妻制。妇女和男子一样都是家庭的劳动力，但仅有男子有继承权。其婚姻制中盛行“不落夫家”或“坐家”，现在有些地方还保持这种习俗。青年男女结婚后，新娘便返回娘家居住，遇重大节日和农忙时节才到丈夫家短暂居住，直到怀孕之后才长住婆家。因此，“不落夫家”的时间为三五年不等。

不同地区婚礼习俗有很大差异。桂林地区龙胜县龙脊一带壮族，结婚时有背新娘、砍梯、拆桥、对歌等独特婚俗。新娘出嫁时，通常由一个父母健在、子女双全的男子或者由姑娘的父亲，背着出门。新娘出夫家，由十几位伴娘和歌手陪送。新娘到达夫家，要踏着临时搭的竹梯上楼，再走过为她架的“新桥”进入洞房。她登完竹梯，一位父母健在的男青年立即将竹梯砍断。进入洞房，后面又立即有人拆去“新桥”。“砍梯”“拆桥”，表示新娘后路已断，今生永落夫家，生育子女，创家立业，也寓意新人结合，如意美满，白头偕老，永不变心。晚上，伴娘和歌手要与寨上小伙子们对歌。新娘次日回门，新郎当日或次日接回。晚上伴娘和歌手又要与寨上小伙子对歌，连唱3夜，有茶歌、赞歌、情歌等。

桂北部分壮族地区婚礼习俗是“夜婚”，也称火把婚。婚期晚上，新郎带二三十人，点着火把，边走边唱，直往女家。到女家村寨边，先与新娘女伴对歌，一般总是让男方赢，男方再派一口齿伶俐的小伙子进寨，走近女方家门，又被姑娘们拦住，用歌声盘问，对答无误，才准进门迎亲。新娘上路，由二三十位女伴陪送，一路上边走边与迎亲男青年们对歌，在歌声笑声中，簇拥新娘，到达男家拜堂成亲。新人进洞房后，男女青年继续对歌，直到天明。

（2）葬俗。人死后停尸于正厅，以柚叶、桃叶或姜煎水浴尸换装。入殓时孝男孝女放声号哭，也有唱丧歌的习惯，表示诀别。一般停尸三日。亲戚故旧来吊，酒酒供祭。将死者生前喜爱的器物置于尸旁，用铜钱遮眼、塞口，或填以糯米饭、茶叶，意为使死者在往阴间的路上有赶路饭和买路钱。有的以朱砂点五官，叫作“开光”。尸体遮盖白布。擂鼓或燃放鞭炮志哀。如死者为妇女，还必须向外家报丧，等外家来人“见面”后方能入殓。有些地区，子女为父母办丧事，要请两位歌师分扮舅甥，通宵达旦以问答形式唱丧歌，赞颂死者生前美德，并劝喻世人应尊敬长辈，不忘祖恩。

壮族有“二次葬”的传统。一般葬后三年揭棺，捡取骸骨放入陶缸内，置于岩洞或土洞中，选择“吉壤”再行安葬，称“二次葬”。至此，死者才成为祖先神灵而受供奉。非正常死亡的，被认为将变成恶鬼，因此必须火葬。请道公诵经打斋，骨灰随道公跳过火坑，才承认其阴魂与祖先神灵有同等地位。

五、社交礼仪民俗

壮族是个好客的民族，过去到壮族村寨任何一家做客的客人都被认为全寨的客人，往往几家轮流请吃饭，有时一餐饭吃五六家。平时即有相互做客的习惯，比如一家杀猪，必定请全村各户每家来一人，共吃一餐。招待客人的餐桌上必备酒，方显隆重。敬酒的习俗为用白瓷汤匙，喝“交杯酒”。

客人到家，必在力所能及的情况下给客人以最好的食宿，对客人中的长者和新客尤其热情。用餐时须等最年长的老人入席后才能开饭；长辈未动的菜，晚辈不得先吃；给长辈和客人端茶、盛饭，必须双手捧给，而且不能从客人面前递，也不能从背后递给长辈；先吃完的要逐个对长辈、客人说“慢吃”再离席。

尊老爱幼是壮族的传统美德。路遇老人要主动打招呼、让路，在老人面前不跷二郎腿，不说污言秽语，不从老人面前跨来跨去。杀鸡时，鸡头、鸡翘必须敬给老人。路遇老人，男的要称“公公”，女的则称“奶奶”或“老太太”；遇客人或负重者，要主动让路，若遇负重的长者同行，要主动帮送。

六、岁时节日民俗

壮族是以稻作著称的农耕民族，岁时节庆活动大多随着生产季节和农作节奏来开展，如迎春牛对歌、开耕节、牛魂节（脱轭节、敬牛节）、拜秧节、谷魂节（尝新节）、糍粑节。古时还以收割庆丰收作为迎新岁节日，即所谓“壮年”。这些围绕各个重要生活环节活动的仪俗，表现为原始祭祀性的形式，也带有生产动员和期望丰稔的含义，寄托着对美好生活的祝愿，对调节劳动生活起到一定的积极作用。壮族是多节日的民族，几乎每个月都有节日。除了壮民族节日外，受汉族的影响，不少地区也非常重视春节、端午节、中秋节、重阳节、冬至日等节日。壮族的春节和汉族相似，是一年中最隆重的节日。具有地方特色的民间节日主要有壮年和陀螺节。

（1）壮年。壮年以农历十二月为岁首，十一月末日为除夕。过年时，全寨集资买猪（有的村寨按户轮流专门喂养社猪），宰杀敬祀社王，祈求保佑五谷丰登。社王棚一般设于村边大树脚下，祭时，由魔公主持，在社棚前宰猪敬供，集体叩拜，庄严肃穆。祭毕，将煮熟的猪肉按户均分，带回家里作“接魂”敬祖主要供品。从除夕到初三，即敬土地公之前，严禁内外人出入。过年 10 天之内为节日活动期间，村村寨寨敲锣打鼓，吹笛弹琴，纵情欢娱。亲友互访道贺，青年玩山串寨，对歌作乐。有的还给周围兄弟民族送年礼，近邻的苗、侗、瑶、汉等族，前来做客，有的还鸣炮、击鼓、吹笙，表示庆贺，到处喜气洋洋，充满民族团结气氛。有些壮族村寨，则以春节为大年，其活动与当地汉族相似。

（2）陀螺节。在广西壮族聚居的地方，每年除夕前两三天至新年正月十六，都举行一次有名的体育盛会—— 陀螺节。陀螺有大有小，有轻有重。比赛打陀螺更是热闹非凡，获第一名者荣称“陀螺王”。据说打陀螺自兴起至今，已有 300 多年的历史了。

七、工艺美术民俗

壮族铸造和使用铜鼓已有 2000 多年的历史。铜鼓的类型很多，大小不一。鼓面圆平，鼓身中空无底，装饰着各种图案花纹。在历史上，铜鼓既是乐器，也是权力和财富的象征。

壮锦是壮族民间流传下来的一种独特的织锦艺术，已有 1000 年的发展史，是中国四大名锦之一。它用棉纱和五色丝绒织成，花纹图案别致，结实耐用。现在广西靖西、宾阳等地生产的壮锦，畅销国内外。

八、游艺民俗

壮族人能歌善唱，定期举行唱山歌会，即“歌圩”。右江一带称为“欢”，左江一带称为“诗”，桂北一带称为“比”和“欢”，都是唱山歌的意思。歌圩日期各地不同。以农历三月初三最为隆重。大山歌圩有万人以上参加。内容有请歌、求歌、激歌、对歌、客气歌、推歌、盘歌、点更歌、离别歌、情歌、送歌等。被誉为“歌仙”的刘三姐就是歌手的典型代表。歌圩期间，还举行男女间的抛绣球、“碰蛋”等娱乐活动。

左江沿岸的花山崖壁画是壮族古代文化艺术精华。考古工作者先后在凭祥、龙洲、宁明、崇左、扶绥、大新等壮族聚居区的左江流域各县发现崖壁画。画幅中有人像、兽像、物像（似铜鼓或铜锣的图案、环首刀等）等。人像线条粗犷有力，形象古朴。所有画像全部是土红色，虽长年经风雨侵蚀，但有部分色泽依然清晰。花山崖壁画不愧是壮族的艺术瑰宝。它那古朴粗犷的笔法和风格，那栩栩如生呼之欲出的人物神态，体现了古代壮族人的审美情趣和高超的艺术水准。因宁明县的花山崖壁画的画幅最大，人物画像最多，内容也最复杂，是上述各地崖壁画的代表作。左江花山崖壁画就其分布之广，作画地点之陡峭，画面之雄伟壮观，作画条件之艰险，都是国内外所罕见，在世界美术史上享有崇高的地位。

九、宗教和世俗信仰

壮族的宗教信仰主要为自然崇拜和祖先崇拜。各家都有神龛，敬奉祖先。唐、宋以后，佛教、道教先后传入，建立了寺庙。部分壮族地区有天主教和新教的传入。壮族本民族宗教以摩教（壮族巫教）为主要的信仰。民间崇拜的神灵多而杂，有自然神、社会神、守护神等，崇拜仪式也随诸神的功能而不同。

壮族民间崇拜的神灵主要有花婆神、土地公、社公、禾神、牛神等。花婆神是专管生育儿女的女神，又称“花王圣母”。壮族认为儿女是花婆庭院里的花朵，枯荣全凭花婆主宰。婴儿出生，即在床头铺上纸花，逢年过节由母亲领孩子另祭花婆。孩子有病，也要祭请花婆保佑。土地公是一方之主，主管一方水旱虫灾及人畜瘟疫的神灵。逢年过节或遇有重大危难事件，村民必到土地庙跪拜求签。

社公被认为村寨保护神。多在村边大树下设社坛，每年除夕，各家备酒肉祭祀。新嫁女子，也须携同夫婿回娘家参加祭社。新生婴儿、年满三岁的男孩，由父母带到社前祭社，女孩则于社前穿耳戴环。每遇虫灾，各村寨鸣锣聚众，杀猪、羊、鸡祭社。

禾神是主管谷物丰收的神。六月初六到田间拜祭“田公地母”，聚饮欢歌，并在田边插小纸旗，祈求丰收。七月间有的村寨集体举行“祭青苗”，秋收时，要举行“吃新米”，从田里采集稻谷做新米饭，宰杀鸡、鸭到田头供祭后，才开镰收割。

壮族传说牛是上天派到人间帮助农耕的，以农历五月初五为牛的生日，称“牛皇诞”。该日禁用牛力，在牛栏烧纸祭牛神，并喂牛一团有色糯米饭（黄牛用黄色，水牛用黑色）；春耕大忙后，要举行“收牛魂”仪式，称“牛魂节”。

十、禁忌

壮族人忌讳农历正月初一这天杀牲；有的地区的青年妇女忌食牛肉和狗肉；妇女生孩子的头三天（有的是头七天）忌讳外人入内；忌讳生孩子尚未满月的妇女到家里串门。登上壮族人家的竹楼，一般都要脱鞋。壮族忌讳戴着斗笠和扛着锄头或其他农具的人进入自己家中，所以到了壮家门外要放下农具，脱掉斗笠、帽子。火塘、灶塘是壮族家庭最神圣的地方，禁止用脚踩踏火塘上的三脚架以及灶台。壮族青年结婚，忌讳怀孕妇女参加，怀孕妇女尤其不能看新娘。特别是怀孕妇女不能进入产妇家。家有产妇，要在门上悬挂柚子枝条或插一把刀，以示禁忌。不慎闯入产妇家者，必须给婴儿取一个名字，送婴儿一套衣服、一只鸡或相应的礼物，做孩子的干爹、干妈。忌筷子跌落地上，认为不吉利。吃饭时忌用嘴把饭吹凉，更忌把筷子插到碗里。夜间行走忌吹口哨。忌坐门槛中间。

壮族是稻作民族，十分爱护青蛙，有些地方的壮族有专门的“敬蛙仪”，所以到壮族地区，严禁捕杀青蛙，也不要吃蛙肉。每逢水灾或其他重大灾害时，壮族都要举行安龙祭祖活动，乞求神龙赈灾。仪式结束后，于寨口立碑，谢绝外人进寨。

第 2 节　苗族民俗

苗族主要分布在贵州、湖南、云南、湖北、海南、广西壮族自治区等省（区）。苗族聚居的苗岭山脉和武陵山脉气候温和，山环水绕，大小田坝点缀其间。苗族人主要种植水稻、玉米、谷子、小麦、棉花、烤烟、油菜、油桐等。

苗族的历史悠久，其先祖可追溯到原始社会时代活跃于中原地区的蚩尤部落。商周时期，苗族先民便开始在长江中下游建立“三苗国”，从事农业稻作。苗族在历史上多次迁徙，大致路线是由黄河流域至湘（湖南）、至黔（贵州）、至滇（云南）。苗族有自己的语言，属汉藏语系苗瑶语族苗语支。原先苗族有自己的民族文字，因逃避战争，文字也随之丢失，20 世纪 50 年代后期又创制了拉丁化拼音文字。现今大部分人通用汉文。

一、服饰民俗

苗族服饰从总体来看，保持着中国民间的织、绣、挑、染的传统工艺技法。从内容上看，服饰图案大多取材于日常生活中各种活生生的物象，有表意和识别族类、支系及语言的重要作用，被专家学者称为“穿在身上的史诗”。从用色上看，追求颜色的浓郁和厚重的艳丽感，一般均为红、黑、白、黄、蓝五种。从形式上看，分为盛装和便装。

盛装，为节日礼宾和婚嫁时穿着的服装，繁复华丽，集中体现苗族服饰的艺术水平。便装，样式比盛装样式素静、简洁，用料少，费工少，供日常穿着之用。

苗家的姑娘最爱穿百褶裙，一条裙子上的褶有500多个，而且层数很多，有的多达三四十层。这些裙子从纺织布到漂染缝制，一直到最后绘图绣花，都是姑娘们自己独立完成，再加上亲手刺绣的花腰带、花胸兜，真是异彩纷呈，美不胜收。

苗族酷爱银饰。头饰包括银角、银扇、银帽、银围帕、银飘头排、银发簪、银插针、银顶花、银网链、银花梳、银耳环、银童帽饰。苗家银饰的工艺，华丽考究、巧夺天工。

苗族姑娘绾发髻于头顶，戴上高20厘米左右、制作精美的银花冠，花冠前方插有多根高低不齐的银翘翅，上面大都打制着二龙戏珠、蝴蝶探花、丹凤朝阳、百鸟朝凤、游鱼戏水图案。有的地区，银冠上除插银片外，还插高高的银牛角，角尖系彩飘，更显得高贵富丽。银冠下沿，圈挂银花带，下垂一排小银花坠。脖子上戴的银项圈有好几层，多以银片打制花和小银环连套而成。前胸戴银锁和银压领，胸前、背后戴的是银披风，下垂许多小银铃。耳环、手镯都是银制品。只有两只衣袖才呈现出以火红色为主基调的刺绣，但袖口还镶嵌着一圈较宽的银饰。苗家姑娘的盛装服饰常常有数公斤重，有的是几代人积累继承下来的，素有“花衣银装赛天仙”的美称。

二、饮食民俗

大部分地区的苗族一日三餐，以大米为主食。油炸粑粑常用鲜肉和酸菜做馅。肉食多来自家畜、家禽饲养，四川、云南等地的苗族喜吃狗肉，有“苗族的狗，彝族的酒”之说。苗家的食用油除动物油外，多是茶油和菜油。以辣椒为主要调味品，有的地区甚至有“无辣不成菜”之说。苗族的菜肴种类繁多，常见的蔬菜有豆类、瓜类和青菜、萝卜，大部分苗族都善作豆制品。各地苗族普遍喜食酸味菜肴，酸汤家家必备。苗族的食物保存，普遍采用腌制法，蔬菜、鸡、鸭、鱼、肉都喜欢腌成酸味的。苗族酿酒历史悠久，从制曲、发酵、蒸馏、勾兑、窖藏都有一套完整的工艺。日常饮料以油茶最为普遍。湘西苗族还特制有一种万花茶。酸汤也是常见的饮料。特色食品主要有：血灌汤、辣椒骨、苗乡龟凤汤、绵菜粑、虫茶、万花茶、捣鱼、酸汤鱼等。

三、居住民俗

苗家人喜欢木建筑，一般为三层构建。第一层为了解决斜坡地势不平的问题，一般为半边屋，堆放杂物或者圈养牲畜；第二层为正房；第三层为粮仓，有的人家专门在第三层设置“美人靠”，供青年姑娘瞭望及展示美丽，以便和苗家阿哥建立初步关系。

苗家整个村寨都使用木材作为建筑材料，被现代建筑学家们誉为最具生态的建筑方式，干栏式建筑既解决了山地建筑平地少的问题，也解决了农家杂物堆放及牲畜的圈养问题。

四、岁时节日民俗

苗族是一个富有古老文明、讲究礼仪的民族，岁时节庆独特鲜明。苗族传统节庆按功能含义有几种类型：农事活动节庆；物质交流节庆；男女社交、恋爱、择偶节庆；祭祀性节庆；纪念性、庆贺性节庆等。按时序分，一岁分 12 个月，每月都有一个以上的节庆日。主要民族节日有：

（1）苗年。苗年相当于汉族的春节，一般在秋后举行。节日早晨，人们将做好的美味佳肴摆在火塘边的灶上祭祖，在牛鼻子上抹酒以示对其辛苦劳作一年的酬谢。穿着盛装的青年男女跳起踩堂舞。入夜，村寨中响起铜鼓声，各村寨的男青年手提马灯，吹着芦笙、笛子来到村寨附近“游方”（即男女青年的社交恋爱活动），村村寨寨歌声不断。

（2）芦笙节。流行于贵州的凯里、麻江、丹寨各县交界的舟溪一带。各地的节期不统一，一般在农历的正、二或三月，个别地区选在七月举行。主要是祭祀祖先，庆祝丰收。一般在节日之前要举行仪式，先由某村德高望重的老人主持祭祖，与此同时，各家各户都在自家自行祭祖，随后各村各寨的姑娘穿着盛装，佩戴银花银饰，小伙子和芦笙手们都各自带着芦笙，从四方八面向芦笙场地涌来，各村的青年男子都各自围成圆圈，吹笙跳舞，持续四五天，气氛十分热烈，是一种融歌、舞、乐于一体的群众性的文艺活动。

（3）花山节。此节又名“踩花山”“跳花场”“踩场”“踩山”等，流行于贵州黔西北、四川南部和云南东南部的苗族地区。有的在农历正月，有的在六月，有的在八月。在黔西北的铁盔一带，每年正月初六至初八跳年场，二月十四至十六跳桃花场，七月十六至十八跳米花场。届时，四方八面的人盛装前来，由族长宣布跳场开始，小伙子们吹响芦笙，姑娘们围着花竿翩翩起舞，互相竞技。在花竿的顶上悬有一幅 2 米长的红绸和一个红布小包，内装赏钱。谁能一边吹笙，一边爬上花竿顶端，取下红绸（有的挂一壶酒）和红布小包，并且还能从竿顶吹笙下来，谁便获胜得赏。有的地方还兼举行赛马、射箭及续麻针比赛等活动。青年男女对歌，演奏芦笙、箫、笛、口弦等民族乐器，钟情者互赠绣花手帕、腰带等物。老年人则趁机拜访亲友，互相谈心，活动一整天，甚至到深夜结束。

（4）吃新节。吃新节是苗族春夏之交最盛大、最隆重的节日，由古代的祭祀活动演变而来。各地过节时间不一，一般在农历的六月初到八月中旬这段时间。过节这天，被邀请的客人身穿节日盛装，挑上礼品，牵着斗牛前来做客。祭过祖后，宾主频频举杯预祝丰收。第二天开展斗牛、赛马、跳芦笙等活动。夜幕降临，屋内飘出老人们的酒歌声，芦笙场上荡漾着青春的笑语和欢乐的旋律，芦笙声、酒歌声、情歌声弥漫在苗寨的夜空里。

（5）赶秋节。流行于湖南湘西和贵州桦桃一带的苗族地区，每年的立秋之日举行，为期一天。开始为每年农历“立秋”，青年男女集聚村寨、山场，唱歌跳舞，寻求伴侣。此后，逐渐演变成为庆祝丰收的传统节日。

五、人生礼仪民俗

苗族实行家族外婚一夫一妻制。其婚姻是自由的，婚姻的缔结多为自主，自由选择，父母包办极少。自由婚姻全过程由青年男女作主张，父母不加干涉。贵州黄平苗族男女双方一般通过游方、对话唱情歌，相互沟通情感，情投意合后，由男方父母托媒人到女方家提亲，征得女方家同意后，就算订婚，择吉日结婚。如女方父母不同意，而男女双方爱情坚贞不渝者，就采取逃婚婚配。逃婚在 13 天内，女方家派人找回，婚姻解除；男方再派人去说亲，女方父母同意办酒，也成婚姻。找不回去，13 天后，男方家请酒，终身婚配已定。包办婚姻的一种形式是姑、舅表单方优先婚。

“招郎”主要流行于湖南省城步苗族自治县和湘桂交界等地区，以城步苗族最为盛行。大山区苗族妇女享有较高的地位，一般不外嫁，留在家中“讨丈夫”。无儿无女的人家，也往往要“接”一个女儿，长大后，“招郎上门”，延续家族。让男子出嫁，称为“招郎”。“招郎”入门后，女家长辈称其为子、为侄，忌称女婿、侄郎；同辈称兄道弟，忌称姐夫、妹夫；小辈称伯伯、叔叔，忌称姑爹。

在青年男女婚恋过程中必不可少的食品是彩色糯米饭。湖南城步的苗族把画有鸳鸯的糯米粑作为信物互相馈赠；举行婚礼时，新娘新郎要喝交杯酒，主婚人还要请新郎、新娘吃画有龙凤和娃娃图案的糯米粑。

苗族丧葬形式，在历史上很复杂。见于记载的有洞葬、悬棺葬、土葬、树葬等数种。洞葬，即人死入棺之后，要把灵柩停放在天然的溶洞里。这类葬法主要流行于惠水、龙里、贵定、平塘、都匀、独山、罗甸、平坝、长顺、紫云、望谟等县的部分苗族中；明代时黔中南地区苗族还普遍实行悬棺葬；土葬很早就有，有木棺，也有石棺（黔中地区），现在还有部分人家采用土葬；树葬是人死后用树皮包裹起来挂在树上，今大部分地区已绝迹，仅个别地区对非正常死亡者采用。人死后，停葬期间，亲人亲族都来哀悼，妇女的“哭丧”尤为哀恸，全村全寨的妇女，即使与死者毫无戚族关系，都要集体前来哭丧，极尽悲痛之情。男人无论老少，也感动得嘤嘤而泣。土葬墓地一般是请风水先生选定。黔东南地区有的是葬在家族公墓里。娄顺地区部分苗族还有“停丧待葬”的古俗，即灵柩出丧停放在山中数年以后才入土。

六、社交礼仪民俗

苗族勤劳朴实、开朗大方、热情好客，不论熟人还是陌生人，见面一定问候。当苗族看到一个外族人会讲苗语时，认为这是对苗族人民的尊重，将把客人奉为上宾接待。一般主人的卧室，外人不得随意进入。屋内不能吹口哨，老人面前不能跷二郎腿，走路不能从别人面前走过而要从背后绕行。苗族十分忌讳戴孝的人进入自己家。家里来了贵客，苗族必杀鸡以酒招待。男性客人一定要接受苗家的敬酒，若实在不会喝酒，应该非常有礼貌地加以说明，否则被视为无礼，将失去苗族同胞的信任。在苗族人家做客，切记不能去夹鸡头吃。按苗族传统的礼节，鸡头是要敬给老人的。为了表示对客人的最高敬意，主人常常把鸡头敬给客人，这时懂礼貌的客人就应该双手接过鸡头，然后再转献给在座的老人或长者。客人一般也不能夹鸡肝、鸡杂和鸡腿，鸡肝、鸡杂要敬老年妇女，鸡腿则是留给小孩的。如果碰上苗族人家吃饭，主人必定邀客人入席。如果客人吃了或另有安排，要如实相告，不能以一句“不吃”加以拒绝，否则被认为不尊重主人。切不能一声不吭地离开，当你离开苗族主人家时，一定要致谢。当主人把客人送到门口或寨外，叮嘱客人下次再来时，客人应说“要来的”，而不能说“不来了”，否则也被认为不懂礼貌。

参加苗族的婚礼、葬礼，应和当地人一样，带点钱物表示祝贺或哀悼。在葬礼中，收到了客人的财物后，一群孝儿孝女将向客人行跪拜礼、敬酒，表示深深的谢意。客人不论喝多喝少，都要接过他们的酒杯，否则被视为无礼。

七、工艺美术民俗

苗族的传统工艺美术，主要有蜡染、挑花、编织和雕刻等。蜡染是苗族最有名的工艺美术。苗族自己织出麻布后，在制作服装之前，要经过蜡染。蜡染过的布料，主要用于做妇女的裙子。苗族挑花，多数用未染色的麻布作底，挑时以经纬线为坐标，前后左右相同针数，所挑图案要求对称，花纹多是几何图案，挑花的成品，一般用于缝制裙脚、系腰、团肩、披肩、手袖等。苗族的编织工艺主要有竹具编织和花带编织。苗族雕刻，常见于首饰加工、乐器制作和木工等方面。

八、游艺民俗

苗族的音乐舞蹈历史悠久，群众喜爱的芦笙舞，技艺很高。苗族节日较多，较隆重的节日里歌舞必不可少。

苗族民歌可分为飞歌、游方歌、风俗歌、叙事歌、祭祀歌五种。飞歌在田间地头演唱，也称“顺络歌”“吼歌”“喊歌”“山歌”，是流行于黔东南的一种特别的民歌演唱形式。游方歌是苗族民歌的专称，因地域不同称谓有别，包括“野外情歌”“坐花坡”“坐姑娘”“玩表”“采花”“走月亮”等。

苗族音乐格调古朴，内容丰富。歌声高亢嘹亮，热情奔放。

苗族飞歌是一种最有代表性的典型苗歌，是青年男女隔山隔水的情况下，为互表诚意，邀约游方而放声抒怀的一种情歌。在迎送客人和宴酣时，有时也用飞歌。

九、宗教和世俗信仰

苗族的主要信仰有自然崇拜、图腾崇拜、祖先崇拜等原始宗教形式。苗族传统社会迷信鬼神、盛行巫术。也有一些苗族信仰基督教、天主教。苗族信仰佛教、道教的极少。

苗族对一些巨形或奇形的自然物，往往认为是一种灵性的体现，因而对其顶礼膜拜，酒肉祭供。其中比较典型的自然崇拜物有巨石（怪石）、岩洞、大树、山林等。

在一些苗族地区，人造物崇拜有土地菩萨、土地奶、家神、祭桥、水井等。龙也是各地苗族的崇拜和祭祀对象。

图腾崇拜方面。东部地区许多苗族与瑶族共同崇拜盘瓠（一种神犬）。他们世代传说着“神母犬父”的故事，把盘瓠视为自己的始祖。中部地区一些苗族认为他们的始祖姜央起源于枫木树心，因而把枫树视为图腾。另有一些地区的苗族以水牛、竹子等作为自己的图腾崇拜对象。

祖先崇拜在苗族社会中占有十分重要的位置。逢年过节必以酒肉供奉，甚至日常饮食也要随时敬奉祖先。大多数苗族人虔信巫术。巫术活动由巫师主持。巫师除了熟悉祭祀方法外，大多还能讲述本宗支的谱系、本民族重大历史事件和迁徙来源的路线，熟悉各种神话传说、古歌古词和民间故事，有的巫师还兼有歌师和舞师的职能。所以说，巫师是苗族传统文化重要的传承人，在苗族社会中充任知识分子的角色。此外，巫师还掌握一定的医术，懂得一些草药，在为人驱鬼的同时，辅以医药手段。

近代以来，随着西方传教士深入我国内地传教，在滇黔川交界地区、贵州凯里、湖南沅陵等地区有一些苗族群众皈依了基督教，在滇东南有少数苗族信仰天主教。

十、禁忌

苗族讲究真情实意，非常热情，最忌浮华与虚伪。主人路遇客人不抢走第一步，不走在前面；交谈中用敬语称呼；迎客要穿节日服装；对贵客要到寨外摆酒迎候；客人到家门，男主人要告知在家的女主人，女主人要唱歌开门迎客；在客人面前，女主人不登高上楼；宴会上以鸡、鸭待客为佳肴，尤以心、肝最贵重，要先给客人或长者，客人则分给众人享用，次序是先长后幼。客人不要称主人“苗子”，他们喜自称“蒙”；禁杀狗、打狗，不吃狗肉；不能坐苗家祖先神位的地方，火坑上三脚架不能用脚踩；不许在家或夜间吹口哨；嬉闹时不许用带捆苗家人；遇门上悬挂草帽、树枝或婚丧祭日，不要进屋；路遇新婚夫妇，不要从中间穿过等。

第3节 侗族民俗

侗族主要分布在贵州省、湖南省及广西壮族自治区交会处。侗族源于古代百越，可能是由“骆越”的一支发展而成。侗族使用侗语，属壮侗语系，分南、北部两个方言。原无文字，沿用汉文，1958年设立了拉丁字母形式的侗文方案。现在大部分通用汉文。

侗族主要从事农业，兼营林木。林业以产杉木著称。以生产鱼粳稻为主，善用稻田养鱼，创造和传承了以“稻鱼鸭共生”为特点的侗乡有机农业文化遗产。侗族还以建筑艺术见长。

一、服饰民俗

侗族人民大都穿自纺、自织、自染的侗布，喜青、紫、白、蓝色。黑青色多用于春、秋、冬三季，白色多用于夏季，紫色多用于节日。女裙不分季节，多用黑色。讲究色彩配合，通常以一种颜色为主，类比色为辅，再用对比性颜色装饰。主次分明，色调明快而恬静，柔和而娴雅。

男子装束，近城镇者与汉族无异，唯边远山区略有差别，穿右衽无领短衣，着管裤，围大头帕。有的头留顶发。妇女装束各地互有差别，有着管裤、衣镶托肩、钉银珠大扣、结辫盘头者，有衣长齐膝、襟边袖口裤脚有绲边或花边、挽盘发者，有着大襟衣、大裤管、束腰带、包头帕、绾头髻者，有着对襟衣、衬胸布、围褶裙、系围腰、着脚套或裹绑腿、髻插银锥者，有宽袖大襟、衣滚边绣龙凤花卉、长裙过膝、梳盘发者，也有着汉装者。一般都喜欢戴银饰。

二、饮食民俗

侗族人民的饮食以大米为主要食物，平坝地区以粳米为主，山区则多食糯米。普遍喜食辣椒和酸味。自行加工的“腤鱼”“腤肉”，贮藏十数年不坏。用油茶待客，是侗族人的一种好客习惯。

大部分地区日食三餐，也有部分地方有日食四餐之习，即两茶两饭。茶是指侗族民间特有的油茶。油茶是用茶叶、花、炒花生（或酥黄豆）、糯米饭，加肉或猪下水、盐、葱花等为原料，制成的汤状稀食，既解渴，又能充饥，故常称“吃油茶”。

日常蔬菜十分丰富，除鲜食南瓜、苦瓜、韭菜外，大部分腌成酸菜，如酸黄瓜、酸萝卜、酸刀豆、酸蕨菜等。侗族日常菜肴以酸味为主。不仅有酸汤，还有用酸汤做成的各种酸菜、酸肉、酸鱼、酸鸡、酸鸭等。相传腌酸菜始于宋代。侗族成年男子，普遍喜爱饮酒，所饮酒类大都是自家酿制的米酒，度数不高，淡而醇香。

三、居住民俗

侗族擅长建筑。结构精巧、形式多样的侗寨鼓楼、风雨桥等建筑艺术具有代表性。在贵州、广西的侗乡，有许多久负盛名的鼓楼和风雨桥。桥上建有廊和亭，既可行人，又可避风雨，故称风雨桥。这些时兴于汉末至唐代的古建筑，结构严谨，造型独特，极富民族气质。整座建筑不用一钉一铆和其他铁件，皆以质地耐力的杉木凿榫衔接，全长数十米，石礅上各筑有宝塔形和宫殿形的桥亭，逶迤交错，气势雄浑。

四、人生礼仪民俗

侗族婚姻为一夫一妻制。姑舅表婚较为流行，姨表兄妹和辈分不同的不能通婚。女子婚后有“坐家”（即“不落夫家”）的习俗。新中国成立前，侗族的社会基本单位是封建家长制的父系小家庭。妇女在社会和家庭中的地位低于男子，妇女禁触铜鼓；男人或长辈在楼下，不准上楼。侗族姑娘在婚后才能享受父母和自己积累的“私房”以及分得少量的“姑娘田”“姑娘地”。男子继承家业，无继承人的可招赘养子。

侗族丧葬一般实行土葬。个别地区还有停葬习俗，人死入殡后将棺材停放在郊外，等本族与死者同年同辈的都死亡以后，才一同择日安葬。

五、社交礼仪民俗

侗族是一个崇尚文明礼仪的民族。凡有人进家，不论认识与否，都视为客人，热情招呼，端凳让坐。进出不得从客人面前过，若非过不可，得先说“得罪了，过面前了”；进餐前先端水给客人洗手，然后才请客人入席。侗族人际交往频繁。每逢建造、嫁娶、生育、祝寿、老人过世等，亲朋近邻都前往祝贺或致哀。

六、岁时节日民俗

侗族的节日以春节、祭牛神（农历四月初八或六月初六）、吃新节（农历七月间）较为普遍。有些地区还在十月或十一月过侗年。由于民族之间的交往，侗族也有清明、端午、中秋、重阳等节日。

二月春社之日，侗族有吃社饭之俗，但不搞什么活动。将田园、溪边、山坡上的鲜嫩社蒿（香蒿、青蒿）采撷回家，洗净剁碎，揉尽苦水，焙干，与野蒜（胡葱）、地米菜、腊豆干、腊肉干等辅料掺和糯米蒸或焖制而成，吃起来别有风味，其功能是防疫去瘟，促进健康。

七、工艺美术民俗

侗族手工艺品有挑花、刺绣、彩绘、雕刻、剪纸、刻纸、藤编、竹编等。侗族刺绣以其独特的制作工艺、富有民族特色的图案、丰富深刻的文化内涵、亮丽和谐的色彩，成为中国有名的绣品之一。在博览会上，侗族织锦、侗族刺绣的制作技艺，精美无比的织绣工艺吸引了无数观众。侗族的马尾背扇堪称一流绣品，其造型古老，绣工精制，图案严谨，色彩富丽，充分展示出侗族女子的聪慧和高超技艺。

八、游艺民俗

侗族的文化艺术丰富多彩，有“诗的家乡，歌的海洋”之美誉。音乐曲调既多又美。一领众和、多声合唱的“大歌”声音洪亮，气势磅礴，节奏自由。

侗族民间舞蹈，有“哆耶”、芦笙舞和舞龙、舞狮等。“哆耶”是群众性的集体歌舞，或男或女，彼此互相牵手搭肩，围成圆圈，边走边唱。芦笙舞是由舞者吹奏芦笙边吹边舞的集体舞蹈。乐器除上述者外，还有侗笛、唢呐等。始于19世纪初的侗戏由原有的叙事说唱发展起来，台步简单，动作淳朴，曲调唱腔多样，着侗装，不画脸谱，富有浓厚的民族色彩。

“月也”，是这一村群众到另一村做客，并以吹芦笙或唱歌、唱戏为乐的社交活动。农闲斗牛，是集体娱乐之一。届时老少咸集，人山人海，欢声四起，锣鼓喧天，铁炮震动山谷。有外寨客人途经本寨，则阻之于寨边，以歌对答，谓之“塞寨门”。“行歌坐月”又称“行歌坐夜”，是青年男女进行社交和谈情说爱的通称。北部侗族地区称为“玩山”，青年男女在劳动之余，三五成群，相约在山坡上对唱情歌。南部侗族地区称“走寨”，或称“走姑娘”，晚上姑娘们结伴在屋里做针线活，客寨男青年携带乐器前来伴奏对唱，互相倾诉爱情，深情时男女互相“换记”（送礼物）定情，约为夫妻。

三江县富禄等地侗族群众常于夏历三月三日或二月二日汇集于广坪上，用一特制火炮冲一铁环腾空而起，降落时，让大家抢夺，获得者受重奖，叫作“抢花炮”。

九、宗教和世俗信仰

信仰多神，崇拜自然物，古树、巨石、水井、桥梁均属崇拜对象。以女姓神“萨岁”（意为创立村寨的始祖母）为至高无上之神，每个村寨都建立“萨岁庙”。以鸡卜、草卜、卵卜、螺卜、米卜、卦卜测定吉凶。有的地方受汉族影响，还信汉族的一些神。相信灵魂不死。佛教也有流传，有庵堂寺庙，但信奉的人不多。基督教、天主教也曾传入，但信奉者也不多。侗家户内供奉祖先的神龛，为最神圣之处。一切凶器，刀、枪、剑、戟、戈、矛、弓、弩，甚至棕索，都不准放置其上。否则，为对神大不敬，会招致惩罚。

十、禁忌

为祭女性神“萨岁”修建“萨坛”期间，全寨吃斋，禁止生人进寨。寨内举行祭祀活动时禁止外人入寨，此时会在寨子入口处悬挂用斑茅草打4个结，结成的十字；一切凶器都不能放在供奉祖先的神龛之上。

第4节　土家族民俗

土家族是中国10个最多人口的少数民族之一，仅次于壮、满、回、苗、维吾尔，在全国少数民族中人口排第六位。土家族主要分布于湘、鄂、川、黔毗连的武陵山地区。土家族的先民与古代巴人有直接的渊源关系。北支土家族（湖南省湘西州及湖北省恩施州、宜昌市）自称“毕兹卡”（意为本地人)，南支土家族（重庆市、黔东地区、湖南凤凰、泸溪、麻阳一带）自称为“廪卡”（意为巴人始祖廪君的族人)。有自己的语言，土家语属汉藏语系藏缅语族。大多数人通汉语，目前只有为数不多的几个聚居区还保留着土家语。没有本民族文字，通用汉文。

一、服饰民俗

土家族男子穿琵琶襟上衣，缠青丝头帕。妇女着左襟大褂，滚两三道花边，衣袖比较宽大，下着镶边筒裤或八幅罗裙，喜欢佩戴各种金、银、玉质饰物。在土家族的心中，繁多的色彩中，红色最受人青睐。

二、饮食民俗

土家族日常主食除米饭外，以苞谷饭最为常见。土家族菜肴以酸辣为其主要特点。民间家家都有酸菜缸，用以腌泡酸菜，几乎餐餐不离酸菜。酸辣椒炒肉视为美味，辣椒不仅是一种菜肴，也是每餐不离的调味品。豆制品也很常见，如豆腐、豆豉、豆叶皮、豆腐乳等。土家族平时每日三餐，闲时一般吃两餐；春夏农忙、劳动强度较大时吃四餐。

土家族人最爱吃粑粑（糍粑)、腊肉、油茶等食品。腊肉是土家族的上等大菜。冬至一过，将大块的猪肉用盐、花椒、五香粉腌制好，吊挂在火坑上，下烧柏树枝，烟熏而成。逢年过节或亲朋临门，满桌的菜肴中，正上方必摆腊肉。糯米粑粑是土家族民间最受欢迎的食品之一。重阳节打粑粑，女儿“坐月”送粑粑，修房上梁抛粑粑。节日里馈赠亲友，一般也都是互送粑粑。此外还有合菜、团馓、绿豆粉（米粉)、油炸粑等。

三、居住民俗

土家族民居多为吊脚木楼。木结构的房屋，小青瓦，花格窗，飞檐悬空，木栏扶手，走马转角，古香古色。一般居家都有小庭院。院前有篱笆，院后有竹林，青石板铺路，刨木板装壁，松明照亮。土家房屋组成村村寨寨，很少单家独户。

土家族房屋注重选址，亦讲究“左青龙，右白虎，前朱雀，后玄武”。依山的吊脚楼，在平地上用木柱撑起，分上下两层。上层通风、干燥、防潮，是居室；下层是猪牛栏圈或用来堆放杂物。吊脚楼还有鲜明的民族特色，优雅的“飞檐”和宽绰的“走栏”使吊脚楼自成一格。这类吊脚楼比“栏干”较成功地摆脱了原始性，具有较高的文化层次，被称为巴楚文化的“活化石”。

四、人生礼仪民俗

（1）婚俗。土家族男女多经对歌相爱结婚。土家族婚俗女子出嫁前，有“哭嫁”的风俗。为了准备哭嫁，女孩稍懂事，就要学习哭嫁。观摩、学习如何哭，很小时就陪哭。在哭嫁时，口中念念有词，叫作“送嫁饭”。哭嫁时，同村亲友的女孩都来陪哭。陪哭的人，哭得越伤心，越动听，越感人越好。在出嫁前，姑娘如果不会哭嫁，就会受到歧视和讥笑。男方必须送粑粑到女方家，参加哭嫁的人多、范围广，而且有专门的哭嫁歌。在婚前哭嫁的时间短则五六天，长则一两个月。要与家人、亲戚、朋友之间哭。哭的内容有“哭爹娘”“哭哥嫂”“哭姐妹”“哭媒人”“满堂哭”“表姐妹哭”“堂姐妹哭”等。新中国成立后哭嫁已逐渐淡化，仅在深山僻野居住的部分土家人中还有遗风遗俗。

（2）葬俗。土家人丧葬基本是土葬，古代巴人也有火葬、悬棺葬、船棺葬的习俗。现已基本灭迹。土司制度前，土家族实行火葬。土司制度时期至今实行土葬，葬礼由土老司主持操办，土老司祭祀亡人时，将天窗口的纺车倒纺三下，念经送亡人过天桥上天庭。然后土老司唱丧歌，吹牛角，顿时火炮连天，哭唱哀鸣，极为悲痛，历时几天几夜。然后将装好遗体的棺木抬上山埋葬。改土归流至民国时期，土家族丧葬由道士主持。新中国成立后，土老司、道士停止活动，以开追悼会唱丧歌代替道场。

五、社交礼仪民俗

土家族十分好客，平时粗茶淡饭，若有客至，必盛情款待。夏天先喝一碗糯米甜酒，冬天就先吃一碗开水泡团馓，然后再以美酒佳肴待客。一般说请客人吃茶是指吃油茶、汤圆、荷包蛋等。湖南湘西的土家族待客喜用盖碗肉，即以一片特大的肥膘肉盖住碗口，下面装有精肉和排骨。为表示对客人尊敬和真诚，待客的肉要切成大片，酒要用大碗来装。无论婚丧嫁娶、修房造屋等红白喜事都要置办酒席，一般每桌九碗菜。节日或待客，酒必不可少。其中常见的是用糯米、高粱酿制的甜酒和咂酒，度数不高，味道醇正。

若是逢年节到土家族人家里做客，主人还会拿出雪白的糍粑去烤，待烤得两面金黄开花时，吹拍干净，往里灌白糖或蜂蜜，双手捧给客人。有的地方给客人吃糍粑还有些讲究，即把烤好的糍粑给客人后，客人不得吹拍火灰，要接过就咬，这时主人会抢回去吹拍干净，蘸上糖再给客人。

六、岁时节日民俗

土家族节日较多。从节日内容看，有祭祀节日、纪念节日、庆贺节日、社交娱乐及生产性节日五类。主要民间节日有：

（1）赶年节。赶年节是土家族传统节日，以“赶年”最为隆重。土家人过大年时间比汉族提前一天，小月为腊月二十八，大月为二十九。为什么要提前，有几种传说：为了抗倭寇打仗而提前。在明嘉靖年间，其先民随胡宗宪征倭。于十二月二十九大犒将士，除夕倭寇不备，遂大捷，后人沿之，遂成家风。虽提前一天“赶年”，大年三十晚上还照样过除夕。有的地方是“初一拜家神，初二拜丈人，初三初四拜友邻”。还有各种文娱活动，“玩龙灯”“荡秋千”“踩高跷”“唱傩戏”等。

（2）牛毛大王节。土家人以四月七或十七、四月八或十八为牛毛大王节。这天一定要杀猪，做大坨肉祭祖，摆筵席招待亲友及出嫁姑娘。当地流行讲“牛毛大王的故事”，传说古时农民刀耕火种，所获无几，饿殍遍地，牛王据实禀告玉皇大帝，大帝看牛王勤俭刻苦，命令牛王下凡到人间传旨，只准三日一餐。牛王到凡尘了解到三日一餐难以活命，于是改为一日三餐。牛王返回复命，玉帝听了大怒，立即贬牛王为民耕田，终日食草。牛王为民出力，土家人称其为牛毛大王。据传牛王下凡时间是四月初七或十七，有的则过四月初八或十八，作为牛毛大王的生日。每到这天，牛不耕田，用最好的饲料喂养。

七、工艺美术民俗

土家族工艺品中织绣艺术是土家族妇女的传统工艺。“西兰卡普”是土家族民族工艺中的一朵奇葩。它是一种土家锦，又称“打花铺盖”。其以独特的工艺和美妙的构图被列为中国五大织锦之一。

土家族的传统工艺还有雕刻、绘画、剪纸、蜡染、刺绣、编织等。湘西的“金色桐油”，鄂西的“坝漆”，都是饮誉中外的名产。

八、游艺民俗

土家族爱唱山歌，山歌有情歌、哭嫁歌、摆手歌、劳动歌、盘歌等。2010 年 10 月 18 日，贵州省沿河土家族自治县被命名为“中国土家山歌之乡”。传统舞蹈有“摆手舞”“八宝铜铃舞”，以及歌舞“茅古斯”。乐器有唢呐、木叶、“咚咚喹”、“打家伙”等。

“摆手舞”是流行的古老的集体舞，也是土家族最隆重的风俗活动。在舞蹈仪式上，唱起摆手歌，跳起包括狩猎、军事、农事、宴会等方面的 70 多个动作，祭祀祖先，祈求丰收。“薅草锣鼓”也很有特色，鸣锣击鼓间以歌唱，从而指挥劳动，提高工效。“摆手”选阴历单日开始，持续的天数也是单数。一般三天、五天、七天，在农历正月初九或三月初三开始，参加的人数上万。节奏鲜明、动作优美、朴素，有浓郁的生活气息。

九、宗教和世俗信仰

土家族处于原始宗教崇拜阶段，有祖先崇拜、自然崇拜、英雄崇拜、图腾崇拜等多种形式。其祖先崇拜为土王、八部大神、向王、向王军，这些都是土家早期的祖先神，认为其灵魂可以庇护本民族的繁荣昌盛。建有庙、祠堂，定期祭祀。对自然崇拜，认为万物皆有神，如日、月、星、辰、雷、雨等。另外还信仰梅山神、梯玛神。图腾崇拜其内容则是“白虎图腾”。

有的地方信道教。每逢年节都要大敬祖先，初一、十五也要进行小敬。此外，土家族还敬灶神、土地神、五谷神、豕官神，在修房造屋时祭鲁班等。

白虎在土家人的心目中有着举足轻重的地位。土家族自称“白虎之后”。相传，远古的时候，土家族的祖先巴务相被推为五姓部落的酋领，称为“廪君”。廪君率领部落成员乘土船沿河而行，行至盐阳，杀死凶残的盐水神女，定居下来。人民安居乐业，自然廪君也深受人们的爱戴。后来廪君逝世，他的灵魂化为白虎升天。从此土家族便以白虎为祖神，时时处处不忘敬奉。每家的神龛上常年供奉一只木雕的白虎。结婚时，男方正堂大方桌上要铺虎毯，象征祭祀虎祖。除了进行宗教式的虔诚敬祭，土家人的生活中也随处可见白虎的影子。其意用虎的雄健来驱恶镇邪，希冀得到平安幸福。

十、禁忌

腊月三十忌去水井挑水，说是龙王过年，不得惊动，否则来年龙王会降灾害；这天不得宰杀畜禽，伤害生命，让各种生灵平安度过大年三十。大年初一不准说不吉利的话和哭泣、吵架、骂人，不能用嘴或吹火筒吹火，特别是初一早晨，带有死、病、痛、穷、杀、不要、没有、睡了等字词的话都不准说。对妇女禁忌颇多。孕妇禁忌与人吵架、跑跳和到响声惊心的地方去，家里禁忌动土、敲壁、动床铺、移家具、钉钉子，更不得对孕妇扬斧扬刀，以免惊胎。如果禁忌不好，要请土老司安胎。孕妇不得进园摘瓜果、看人做豆腐、看新婚夫妇拜堂和看别人未满月的孩子，以免瓜果不结，豆浆凝不成豆腐，新娘晚生育，小孩缺奶。不得到办丧事的人家去吃酒，以免遇邪。产妇分娩后 3 天不得出房门，7 天不得进灶房，40 天不得进堂屋和别人家的房，否则将得罪灶神、得罪祖先。产妇不能吃鸡头、鸡脚、鸡翅和鸡屁股，否则小孩长大后不讲理、不会写字、会翘嘴巴。妇女不得坐在门槛上，说这样是侮辱门神；不准外人同闺女说笑，说这样有损门风。

第5节　瑶族民俗

瑶族是我国的少数民族之一，主要分布在广西壮族自治区和湖南、云南、广东、贵州等省的山区。瑶族居住地区多为亚热带，海拔一般多在1000～2000米。因其居住地区、风俗习惯等方面的差异，又可分为“盘瑶”“山子瑶”“顶板瑶”“花篮瑶”“过山瑶”“白裤瑶”“红瑶”“蓝靛瑶”“八排瑶”“平地瑶”“坳瑶”等。新中国成立后，统称为瑶族。瑶族有自己的语言，属汉藏语系苗瑶语族瑶语支。瑶族各地语言差别很大，有的甚至互相不能通话，通用汉语或壮语。瑶族没有本民族文字，一般通用汉文。历史上，瑶族和苗族有密切的亲属关系，同源于秦汉时的“武陵蛮”部。

一、服饰民俗

瑶族服饰丰富多彩，常饰以五色丝线的绣花，古有“瑶好五色衣裳”之称。在不同地区，瑶族各部之间各有差异。根据其衣着、头饰等分为红头瑶、白头瑶、蓝靛瑶、白裤瑶、沙瑶等。

瑶族服装以青、蓝二色为主。男子则喜欢蓄发盘髻，并以红布或青布包头，穿无领对襟长袖衣，衣外斜挎白布“坎肩”，下着大裤脚长裤。

瑶族妇女服饰有多种类型：有穿大襟上衣，束腰着裤者，衣裤的长短各地不同。有穿无领短衣，以带系腰，下着长短不等的百褶裙、裹腿者。瑶族妇女善于刺绣，在衣襟、袖口、裤脚镶边处都绣有精美的图案花纹。发结细辫绕于头顶，围以五色细珠，衣襟的颈部至胸前绣有花彩纹饰。

瑶族妇女的头饰式样繁多，她们喜爱以银簪、银花、银串珠、弧形银板等配以彩色丝带做头饰，风格别致。广西大瑶山的部分瑶族妇女，头上戴有三条弧形大银钗，两头上翘，重达一斤左右。少女、未婚或已婚妇女从头饰上就可以区别。不少瑶族妇女除上衣饰有银牌外，还戴银手镯、耳环、项圈、头钗、头针等。

二、饮食民俗

瑶族居民的主食以玉米、大米、红薯等为主。日常菜肴有黄豆、饭豆、南瓜、辣椒和家禽家畜等。桂北地区的一部分瑶族盛行“打油茶”，即以油炒茶叶煎汤，佐以生姜、辣椒、食盐调味，趁势冲泡炒米、炒豆、米花之类同饮，具有特殊的风味。每逢节日。瑶族人家还要做粑粑。节日菜肴主要是鸡、鸭、鱼、猪肉、豆腐、粉丝以及各种蔬菜。

三、居住民俗

瑶族住房有竹舍、木屋、茅房和小部分泥墙瓦屋。房屋一般是一栋三间，中为厅堂，两侧房前部为炉灶或火塘，后部为卧室，屋前屋后，分设洗澡棚或猪牛栏。

四、人生礼仪民俗

（1）婚俗。瑶族一般不与外族通婚，招赘习俗较为普遍。男女青年婚前恋爱较为自由，利用节日、集会和农闲串村走寨的机会，通过唱歌形式，寻找配偶，双方合意，即互相赠送信物，“各自配合，不由父母”；也有需征求父母同意，请媒说合，方可结婚的。

茶山瑶的婚俗别开生面。接亲时，不吹唢呐，不抬花轿，不打锣鼓放鞭炮。男方派房族兄弟数人，半夜点火去接新娘。女方家里每一重门都点上一盏油灯，照着接亲房族。当吃罢“领情饭”之后，便把新娘接走。陪同新娘的有新娘房族姐妹数人。此时正是午夜，新娘离开村寨无人知道。新娘到新郎家酒席也很简单，当太阳东升时，新郎新娘扛着锄头双双下地劳动。

（2）葬俗。瑶族的丧葬因地区和支系不同而异。如“勉支”大都行土葬。“布努支”过去兴岩葬，现行土葬。“拉珈支”瑶族成年人行火葬，未成年人行土葬，婴儿行挂葬。连南八排瑶人死后，将尸体绑于椅子上。出殡时，抬轿似的将尸体抬至墓穴入棺，人们称为“游尸葬”。

（3）瑶族的成丁礼。度戒，是成丁礼的一种形式，在自称“金丁”汉称“蓝靛瑶”地区最为流行。举行度戒的多半限于男孩，一般在十六七岁。男孩经过度戒方能求婚。度戒仪式多在村外举行，在一块平地上搭一高台，高台由一张四条腿的桌子绑四根柱子组成。度戒的男孩从高台上翻滚下来，落在台下的棉被上。棉被铺在事先由8个人拉成的一张藤篾织的大网上。度戒时，除为男孩祈求吉祥外，还要宣读有关瑶族成丁后应遵守的戒律。

五、社交礼仪民俗

瑶族是十分注重礼仪的民族，在日常生活中，有许多礼仪禁忌。路途相遇，不论相识与否，都要热情打招呼，否则被视为不懂礼貌。用餐时忌讳互用碗筷。忌讳衣裤当户晒。忌讳在屋内吐痰。猪日不杀猪，鸡日不杀鸡，牛马日不买卖牛马。有客人到家，客人先要与主妇打招呼，主人才高兴，否则被认为傲慢无礼。

瑶族十分尊敬长辈与老人。路遇老人要主动打招呼，并让到路的下方。在老人或长辈面前，不跷二郎腿，不说脏话。与老人和长辈同桌共餐，要让他们坐上席，主动给他们添饭加菜，可口的菜肴要移到老人和长辈面前摆放。

火塘是瑶族家庭的核心，火塘上的三脚架以及灶膛，不能用脚踩，火塘内的柴火忌讳倒着烧。有些地方的瑶族忌吃狗肉，还有些地方的瑶族忌吃乌龟、蛇和鳝鱼。

六、岁时节日民俗

瑶族的节日较多，有大节日、小节日之分。大节日有盘王节、春节、达努节、中元节、社王节、清明节等，小节日几乎每月都有。瑶族的民族节日主要有：

（1）盘王节。瑶族最为盛大的节日，节日时间为农历十月十六。但根据各地瑶族传统习俗和谷物收成、人畜康泰的情况而定，每三五年才过一次，甚至有的12年过一次。每逢“盘王节”，村寨房舍要打扫干净，男女老幼梳妆打扮，换上节日盛装，载歌载舞，尽欢而散。盘王节可以一家一户进行，也可以联户或者同宗同族人集聚进行。但不管以哪种形式举办，都要杀牲祭祀，设宴款待亲友。节日一般为三天两夜，也有的长达七天七夜。节日期间，瑶族人民杀鸡宰鸭，汇集一起，首先祭祀盘王，唱盘王歌，跳起黄泥鼓舞和长鼓舞，追念先祖功德，歌颂先祖英勇奋斗精神。其次，欢庆丰收，酬谢盘王，尽情欢乐。与此同时，男女青年则开展对歌活动，抓住良机择意中人。有的地方还要打花棍、放花炮及请戏班子唱戏等。

（2）达努节。“达努”是瑶语，意为“不要忘记”。节日定在农历的五月二十九。相传这一天，是瑶族始祖“祖娘”的生日，所以又叫“祖娘节”。过节这天，瑶族村村寨寨都要打扫得干干净净，并祭献给祖娘甜米酒和糯米粑粑。按照传统习俗，家家都要杀鸡宰羊，穿着节日盛装的青年男女约聚在预定的地点，敲击着象征祖娘遗留下的铜鼓，虔诚地为祖娘祝寿，并祝瑶家人畜两旺，年年丰收。在表演击鼓的时候，人们还争相给最佳鼓手敬酒祝贺，赐予“鼓王”的美名。此外还要唱传世的“密洛陀”古歌，跳起欢快的舞蹈，歌颂祖娘的功德。

（3）讨寮皈节。意译是逃脱凶恶的菩萨。如今节日里，瑶民都着盛装，到集会地点尽情欢乐，周围汉人也参与同乐。人们赶集聚会，青年男女赛歌对舞、谈情说爱，充满喜庆气氛。另外，“讨念拜”，意译是月半所过的节，每年农历三月十五至十七举行。这三天，瑶家山寨一片欢腾。男女老幼换上节日的盛装，会聚在水洞坪圩场，欢度传统佳节。传说夏历四月初八是牛的生日，所以，人们将这天作为牛节。牛节这天，禁用牛一天，不能对牛高声吆喝，更不能用鞭、棍打牛。有的地方还要烧香拜祭牛神，祈求耕牛无灾无难，六畜兴旺，五谷丰登。

七、工艺美术民俗

瑶族民间工艺主要有蜡染、挑花、刺绣、编织等工艺。瑶族的挑花刺绣工艺精致细巧。女性六七岁就习作挑花，长大成人时，已成为刺绣的能手。瑶绣花纹图案的取材广泛，树木花草、飞禽走兽、几何图形、文字人物等，名目繁多。瑶绣用红、黄、白、黑等色丝线为材料，用黑布、蓝布或白布为底，鲜艳夺目，令人称奇。瑶族民间编织分纱织、篾织两大类。一是用土纱或彩色纱、线编织成布料或各种花纹图案的服饰品，有头巾、腰带、花带、床单、被面、花巾帽、围裙等。二是用竹篾或树藤编制成各种生产生活用具，有皮箩、竹篁、斗笠、吊箩、提篮等。

八、游艺民俗

瑶族在远古时代就有了民族起源的神话传说。先秦古籍《山海经》就有盘瓠神话的原始记录。除盘瓠神话外，反映本民族远古社会生活的神话，还有《盘古开天地》《伏羲子妹造人民》等。歌谣在其文化艺术中占有十分重要的地位，源远流长，形式多样，内容丰富，其中的《盘王歌》歌词长达3000多行，为瑶族人民的伟大艺术珍品。此外，还有史诗般优美的传说、故事、寓言、童话、笑话、谜语、谚语等。

瑶医药是瑶族人民长期与疾病作斗争的智慧结晶，有着悠久的历史。瑶医对各种恶性肿瘤和红斑狼疮的治疗有很好的疗效。

抛花包是富宁县瑶族男女青年的一种娱乐形式，瑶语叫“武多”。瑶族的花包用红、黄、蓝、白四色布拼缝而成，内装玉米。活动人数不限，男女各为一方，每人都握两个花包，距离约一丈，左手接来右手抛去，男女对掷，往复循环，一时满场彩花飞舞。现在富宁瑶族的抛花包活动，是青年男女的一种交际活动，许多青年男女都是通过抛包活动结为终身伴侣的。

九、宗教和世俗信仰

瑶族的宗教信仰比较复杂，有些地区原始的自然崇拜、祖先崇拜或图腾崇拜占有一定地位，有些地区则主要信奉巫教和道教。道教对瑶族影响很大，凡属丧葬等祭祀仪式，基本上按道教法旨进行，只是其中掺杂了一些民族原始宗教的内容。瑶族人认为狗是自己的祖先，在重大节日时都是先由狗上桌舔食后方能食用。

十、禁忌

忌用脚踏火炉撑架；忌在火炉里烧有字的纸张；进入瑶家忌穿白鞋和戴白帽，因为象征丧事；忌坐门槛；穿草鞋不能上楼；不能坐主妇烧火的凳子；到木排上，忌“伞”，言及“雨伞”时，要说“雨遮”，因“伞”与“散”谐音；遇人伐木时，忌说“吃肉”“死”之类不祥之语等。崇拜盘王的瑶族过去普遍禁食狗肉；崇拜“密洛陀”的瑶族过去则禁食母猪肉和老鹰肉。绝大部分瑶族禁食猫肉和蛇肉。有的地方产妇生产后头几天禁食猪油。

第6节　布依族民俗

布依族主要集中在贵州、云南、四川、广西等地。其中贵州省有200多万人，占布依族人口的95%以上。布依语属汉藏语系壮侗语族壮傣语支，没有本民族文字。20世纪

50年代创制了布依文，但未能普遍推广，现在通用汉文的较多。布依族以农业为主，种植水稻的历史较为悠久，享有“水稻民族”之称。红水河流域还是中国最重要的林区之一。

布依族与壮族有同源的关系，都是古代百越的一支，只是壮族主要生活在广西，布依族主要生活在贵州。如今布依族人还保留着一些古代越人的风俗习惯，如居住干栏式房屋、敲击铜鼓等。也有人认为，西汉时的夜郎国，与今布依族有渊源关系。

一、服饰民俗

布依族男女多喜欢穿蓝、青、黑、白等色布服装。青壮年男子多包头巾，穿对襟短衣（或大襟长衫），长裤。老年人大多穿对襟短衣或长衫。妇女的服饰各地不一，有的穿右衽大襟衣，着长裤或褶子裙，戴银质手镯、耳环、项圈等首饰。有的喜欢在衣服上绣花，有的喜欢用白毛巾包头。布依族姑娘从小就有制作蜡染的灵气，她们所穿的服装大都是亲手缝制，合身得体，古朴典雅。

二、饮食民俗

布依族主食多以大米为主，普遍喜食糯米，并常当成改善生活或调剂口味的主食。冷菜、“青苔冻肉”“拌豌豆凉粉”等，是布依人喜欢的食品。布依人嗜酸辣，酸菜、酸汤和辣椒几乎每餐必备，尤以妇女最喜食用，还有血豆腐、香肠及用干、鲜笋和各种昆虫加工制作的风味菜肴。

大部分布依族都善制作咸菜、腌肉和豆豉。荤菜中，狗肉、狗灌肠和牛肉汤锅为上肴。(部分布依族的分支族人不食狗肉，因狗曾经救过其祖先)。每年秋收之后，家家都要酿制大量的米酒。布依族喜欢以酒待客，不管来客酒量如何，只要客至，都以酒为先，名为“迎客酒”。饮酒时不用杯而用碗，并要行令猜拳、唱歌。

布依族传统小吃很多，特别是居住在云南的布依族，善作米线、饵块、豌豆粉、米凉糕等。布依族豪爽好客，节日时很多布依族都用各种植物枝叶把糯米染成五颜六色，做花糯米饭招待客人和分送给亲朋好友。

三、居住民俗

布依族居住的显著特点是依山傍水聚族而居。民居多为干栏式楼房或半边楼（前半部正面是楼，后半部背面看是平房）式的石板房。石板房以石条或石块砌墙，墙可垒至五六米高，以石板盖顶，铺成整齐的菱形或随料铺成鳞纹。镇宁布依族苗族自治县县府所在地城关镇，绝大多数房屋都是石头建造，甚至建成三四层的石楼，俗有“银色镇宁”之美誉。该镇的石建筑，历史悠久的已有600多年。石头民居不仅不透风雨，而且古朴美观，屋顶举重若轻，安居而不压抑。这种房屋冬暖夏凉，防潮防火，只是采光较差。

布依族建造房屋有很多讲究。首先要请阴阳先生看“风水”，选择依山傍水处作宅基，不仅要背靠青山，而且要面朝碧峰。起房造屋要选吉日，竖房架的吉日要供祭鲁班。上梁时又要举行歌舞祭礼和宴饮。最后是接祖宗牌位和灶神（炭火）到新居。建新房的整个过程，在布依族村寨里都充满喜庆与互助的气氛。

四、人生礼仪民俗

布依族的婚姻是一夫一妻制。同宗或同姓严禁通婚，也保有“姑舅表婚”和兄终弟及的转房制习俗。男女青年婚前恋爱自由，各地未婚的男女青年都喜欢借助年庆节俗、赶集和集体聚会的时机，以三五人到七八人自由组合的方式，通过谈天说笑和唱歌对调，表达彼此的感情。当一个男子看上某一个姑娘时，按照传统，必须找第三者做伴，有的则由自己的姐嫂出面介绍。女方有意，即可单独相约到幽静处进一步对唱山歌，表达情感，直到双方互赠信物，就表明他俩已盟誓终身了。再通过订婚，测八字相合者则可择定结婚日期。聚居区一带的布依族仍保有“不落夫家”或称为“坐家”的习俗。有的要两三年甚至五六年后才长住夫家。杂居区的布依族已大部分革除这一风俗。婚姻实行自主婚。接亲时要对歌，俗称对姐妹歌。新娘到男方家的当天晚上，要举行唱荷包歌和要荷包的活动，有“一夜荷包一夜歌”的说法。

五、社交礼仪民俗

布依族人好客、热情、大方、真诚，凡来到山寨的，亲朋故旧、素不相识的，一律会以酒相待。布依族习惯以酒敬客，客人或多或少都应喝一点。布依人很讲礼，不欢迎满嘴脏话、举止粗鲁的客人。布依族送礼必须送双数。孩子体弱多病，父母就要给他寻找保护人干爹、干妈。寻找干爹、干妈有两种方法：一是择日在家等候，3 天内第一个登门的人，即为孩子的保护人；二是择吉日由父母领着孩子，在路上等候第一个过往的行人，即为保护人。

布依族家庭都是分居另住的。尽管兄弟分居，在分配财产时，要留给父母养老田，由兄弟轮流耕种。父母去世后，养老田转为上坟田，供清明时节扫墓之用，使子孙后代永远铭记长辈们的谆谆嘱托和养育之恩。

六、岁时节日民俗

布依族传统节日除大年（春节）、端阳节、中秋节基本与汉族相同外，还有“二月二”“三月三”“四月八”“六月六”“六月二十四”“牛王节”等富有本民族特色的节日。最隆重的节日是农历“六月六”。个别地方有“撒秧粑节”“小年”“腊月二十九”“正月二十七”“三月三”等节日。

一年之中最大的节日是过大年（即春节），从除夕过到十五。除夕前要杀年猪、春糯米粑粑、备各种蔬菜。年节期间还要举行许多娱乐活动。著名的民间节庆活动有：

（1）跳花会。每年农历正月初一至二十一举行。跳花会是青年男女的社交活动，规模盛大，参加人数过千，很多未婚青年男女通过吹木叶、对歌订终身。每逢节日，姑娘们都穿着艳丽服装，小伙子们穿着对襟衫，系着留须的腰带，吹着木叶，一个个满面春风。牛皮大鼓迅雷般地响震空谷，时快时慢，时抑时扬。青年男女这里一群，那里一堆，翩翩起舞，唱着古老的歌，或坐在河岸边吹“嘞友”、弹月琴、吹木叶，谈情说爱。跳花会又是年轻小伙子和姑娘们的搭桥会，他们在草坝上播种了爱情，跳花会结束后，第二天是“牵羊”日，意思是订婚约，青年人把“羊”牵回家去（把姑娘带回去相亲），看看男方的家境，以决定自己的终身大事。

（2）六月六。六月六是布依族人民的传统佳节，有过“小年”之称。节日的早晨，由本村寨几位德高望重的老人，率领青壮年举行传统的祭盘古、扫寨赶“鬼”的活动。除参加祭祀的人外，其余男女老少，按布依族的习惯，都要穿上民族服装，带着糯米饭、鸡鸭鱼肉和水酒，到寨外山坡上“躲山”（当地汉族人民称为赶六月场）。祭祀后，由主祭人带领大家到各家扫寨驱“鬼”，而“躲山”群众则在寨外说古唱今，并有丢花包等各种娱乐活动。

六月六节已有悠久的历史。布依族人每年六月六日都举行祭盘古、供祖先的活动，以示子孙延续、五谷丰收，年复一年，就形成了这个民族节日。

此外，三月三是布依族人民的传统节日。每到农历三月初三，布依族家家户户都要做花糯米饭来招待亲戚朋友。“查白歌节”是贵州兴义地区布依族传统节日，节期在每年农历六月二十一至二十三。届时有周围10多个县乃至云南、广西的各族群众数万人参加，规模可谓盛大。

七、工艺美术民俗

布依族的蜡染久负盛名。布依族姑娘从十二三岁起，便开始跟母亲学习蜡染技术。先把蜜蜡加热熔为蜡汁，然后用三角形的铜蜡刀蘸蜡汁，在自织的白布上精心描绘各种漂亮生动的图案，再放入蓝靛缸中渍染成蓝色或浅蓝色，最后将布入锅煮掉蜜蜡，捞出后到河水中反复荡涤，晾干，就成为独具特色的蜡染工艺品。

做成的蜡染布料，图案丰厚朴实，绘画活泼豪放，并呈现出独有的龟纹（亦称小波纹），具有机器所不能代替的艺术效果。蜡染布多作妇女头巾、衣裙、围腰及被面、门帘、窗帘之用。有些工艺水平较高、图案新奇精美的，也被当作艺术壁挂来装饰居室客厅及宾馆饭店。布依族妇女还在蜡染衣裙上再加刺绣，更加风采迷人。除蜡染之外，布依族民间传统工艺还有扎染、织锦、刺绣、木雕、石雕、竹编等。

八、游艺民俗

布依族的文化艺术绚丽多彩。传统舞蹈有铜鼓舞、织布舞、狮子舞、糖包舞等。传统乐器有唢呐、月琴、洞箫、木叶、笛子等。地戏、花灯剧是布依族人喜爱的剧种。大歌和小歌是流传于黔南的具有多声部结构的两种歌唱形式；盘歌则用唱歌来盘问对方，随机应变、互相问答，天文地理、山川草木皆可入歌。民间流传的口头文学有神话、传说、故事、寓言、谚语和诗歌等，还有极具民族特色的布依戏。

九、宗教和世俗信仰

布依族信仰多神，崇拜自然和祖先，也有少数信仰基督教。每年有许多祭日，要祭山神、树神等。每家堂屋中都供有祖先的牌位，逢年过节都要祭祀。

到布依族人家做客，不得触动神龛和供桌，火塘边的三脚架忌讳踩踏。布依族村寨的山神树和大罗汉树，禁止任何人触摸和砍伐。部分布依族分支族人不吃狗肉，一种解释是狗曾经救过其祖先；另一种解释是人类以前并无稻谷，是狗从天神的晒谷场带回稻谷给布依族人，才使得布依族成为人类中最早种植水稻的“水稻民族”。部分布依族分支族人不吃鱼肉，因为相传布依族最早的母亲是龙王的女儿—— 一条神鱼。

十、禁忌

布依族在长期的历史发展过程中，由于生产力水平低下，对自然界许多现象缺乏科学的理解与认识，对土地、种子、水以及各种旱、虫、冰雹、雷电、瘟疫等自然灾害产生了敬畏和迷信，随之也相应有着许多的禁忌。他们在生产活动中，诸如抉择垦荒、建房、出猎等，常要杀鸡占卜，如占的结果呈现凶兆，便十分忌讳，往往要改变行动，顺从“神意”。每年正月初一至十五。一般不从事生产劳动，有“正月初三以前不动土，十五以前不动刀”之说。四月初八，相传是牛的生日，这一天禁忌动土耕种，尤其忌讳驱牛干活。在布依族的生产实践中，还有闻春雷辍耕的禁忌习俗。认为雷声是天神对下界的警告，晴天响雷尤为不祥，故闻雷必辍耕，所忌时间因地而异，一般是每年头次闻雷声三天内不耕作，有的甚至连忌七天。第二次起逐渐减少到两天或一天。牲畜在布依族的生产与生活中也占有重要的地位。一般大牲畜生产后，主人家要在门外插上用红纸剪成的小三角旗，让外人知道已有“喜财”，提醒人们不要乱闯进家。如果有非接待不可的客人时，就请客人帮忙喂幼畜，认为这样以后就可以消除“邪气”对牲口的影响。

【本章小结】

本章介绍了壮族、苗族、瑶族、土家族、侗族、布依族的民俗状况。这些民族多分布在中南及西南地区，信仰万物有灵，祖先崇拜占有重要地位。多数民族居住在山区吊脚楼，讲究礼仪，能歌善舞，有众多的民间节日和丰富多彩的游艺活动。各民族又在衣、食、住、礼仪、节日、信仰等方面有自己的特点，有着各自的习惯和禁忌，应加以对比分析，以便熟识。

【复习思考题】

1. 试比较壮族、苗族、瑶族、土家族、侗族、布依族在饮食、民居、社交、节庆、游艺等方面习俗的异同点。

2. 分析侗族在建筑和音乐方面的特色。

3. 瑶族保留的成丁礼仪对现代社会成年教育有何意义？

【案例分析】

苗族著名村寨

1. 南花苗寨

南花苗寨位于贵州凯里市三棵树镇，地处美丽的巴拉河畔。村寨依山而建，吊脚楼层层叠叠，鳞次栉比，掩映在苍翠茂密的林木之中。南花苗寨以秀丽的自然风光、浓郁的民族风情而闻名。

2. 大簸箕苗寨

大簸箕苗寨位于贵州省丹寨县南皋乡境内，因为形状像半边的簸箕而得名。寨子里居住着92户人家，世世代代居住在这个簸箕寨里。纺车悠悠，岁月悠悠，古老的山歌在这里传唱了几百年，无论现代文明如何点缀这个古老的村寨，这里依然上演着男耕女织、安详平静的田园生活。

3. 格多苗寨

格多苗寨位于黔南美丽的清水江畔，分为大寨和小寨，由几块田地相隔。寨中现有230多户人家，总人口1200人。

格多苗寨在不同的时代里涌现出多个苗王，在黔南颇有名气。格多苗寨祖先原在江西朱家巷，后迁徙入贵州。村民的住房是木质结构吊脚楼。日常交流语言用苗语。寨子里是单一的卢姓。民居多为吊脚楼，从山脚修到山腰，鳞次栉比，具有典型的苗寨风格。寨顶有两棵六个成年人才能合抱的“保寨树”，郁郁葱葱，气概不凡。

试分析苗族村寨的特征。

分析提示：苗族民居，基本都是吊脚楼，此乃缘于其住地是大山区且盛产木材，村民因地制宜，就地取材，因材施用，师承自然，创造文化。苗族的吊脚楼民俗特点明显。

第 6 章

中国东南部分少数民族民俗

【教学目标】

1. 了解黎族、畲族、高山族的概况。
2. 熟悉黎族、畲族、高山族的宗教信仰和主要民俗。
3. 掌握黎族、畲族、高山族的禁忌。

【导入案例】

合亩制地区的黎族人，有一些特殊的节日。例如每年三月、七月插秧之后和在十月的“牛月”，要集体举行一次“招福”礼仪式。届时男女老少都云集到“亩头”家中，集体跳“招福舞”“黎家乐”等，敲锣打鼓，通宵达旦。在“牛日”这天，要给牛喝一种“牛魂石”浸过的酒，以示对牛的祝愿，并且为耕牛修牛栏，禁忌杀牛。

结合案例，谈谈你对黎族节日的认识。

分析提示：黎族在历史发展过程中形成了自己的节日，它们是黎族习俗的组成部分，也是黎族社会文化、心理状态的一个侧面。

第 1 节　黎族民俗

黎族是中国岭南民族之一，主要聚居在海南省中南部的东方、白沙、陵水、昌江黎族自治县，其余散居在海南其他县市与当地各族杂居。黎族有自己的语言，黎语属汉藏语系壮侗语族黎语支。过去黎族没有本民族文字，使用汉字，1957 年创制了以拉丁字母为基础的黎文。随着国民教育的普及，黎族也通用汉文。

黎族以农业为主，属稻作犁耕农业文化类型，兼有狩猎、捕鱼、采集和林业等多种经营。黎族民间手工业也很有名，主要有纺织、竹藤器编制、木器制作、制陶、酿酒等。民间手工纺织的“黎锦”富有民族特色。黎族没有形成完整的宗教体系，流行祖先崇拜和自然崇拜。各地均以祖先崇拜为主，认为鬼魂吃饱穿好就可到祖先处“团聚”。

一、服饰民俗

黎族男子一般上身穿无领对胸无纽扣麻衣，腰间前后各挂一块麻织长条布，头上缠红布或黑布，形状有角状和盘状，然后插雉翎。妇女一般穿对襟或偏襟，直领或圆领上衣，上衣边沿绣花，并缀以贝壳、铜钱、穿珠等饰品；下着色彩艳丽的花筒裙，裙子的合口褶设在前面；头发扎成球形，上面插上银簪或者骨簪。穿着盛装时头插银钗，颈戴银链、银项圈，胸挂珠铃，手戴银圈。

二、饮食民俗

黎族人民以大米为主食，也吃玉米和甘薯。一般一日三餐，均是粥。他们生活习惯是“爱稀不爱干”，这与当地天气炎热有一定关系。普遍是把饭煮熟后，用冷水冲成稀饭，平时不喝水，用米汤解渴。蔬菜一般煮着吃，很少炒菜。吃肉的方法也多用火烤和生腌。

黎族所吃稻米分为粳米和糯米，平时做饭用的多为粳米。粳米的质量甚佳，其米粒大色白，味颇香美。糯米多用于节日或喜庆时制作糯米团或包粽子，但更多的是用于酿制糯米甜酒。比较有民族特色的饭食是“竹筒饭”，将米放入竹筒内，加上水，用火烧竹筒，米熟饭成后有竹香味，这种饭最适于出门野餐。黎族人平时还喜欢嚼槟榔，常吃槟榔有防病治病和美容的功效，故黎族同胞视槟榔为健康长寿食品。

三、居住民俗

黎族人传统居住的房屋是以茅草为盖，以竹木为架的简易茅草屋。黎族茅草屋主要有两种样式——船形屋和金字形屋。传统船形屋的构造，以格木、竹子、红白藤和茅草为建筑材料，房屋的骨架用竹木构成，十分原始和简单。它属于传统的竹木结构建筑。金字形屋以树干作为支架，竹干编墙，再糊稻草泥抹墙。房屋的大小一般由人口或经济能力来决定。生活起居全部都容纳在这样的空间里。

随着经济的发展和受汉族的影响，船形屋基本上已不存在。如今黎族的民居多数和汉族已无区别，有的还建起了二层或三层的钢混平顶小楼，富丽堂皇，装饰典雅别致。只有分布在五指山的部分黎族，目前还保留着一种房架低矮的房屋。

四、人生礼仪民俗

黎族各地区都盛行“放寮”，即青年男女去寮房谈情说爱。寮房，黎语称为“布隆闺”，意为无灶屋，是一种简易的草房，有兄弟“布隆闺”和姐妹“布隆闺”两种。放寮时，一般是男子采取主动，他们吹箫唱歌向女子表达爱慕之情。如果双方情投意合，便互赠信物表示定情。未婚青年男女放寮为社会所承认。同血缘、已婚者不能放寮，否则会遭到社会舆论的非议，受到严厉的惩罚。

黎族人结婚讲究吉日良辰。每年秋后至来年春节前，是结婚的旺季。择下吉日良辰，就可以举行婚礼。结婚当天，新郎村里许多男青年陪同新郎前去新娘村寨迎亲。到了新娘家，送上结婚礼物后，便可把新娘接走。新郎新娘迎亲队到新郎的村口时，村口路中燃起一堆火，新娘要跨火而过，意为消灾灭邪，保佑平安。此时，在村口等待已久的八音乐队和火枪手奏乐鸣枪。在欢腾声中，新郎新娘进村，步入新郎家门。此刻，迎亲队、送亲队、亲朋好友、贺喜村民们入席用宴。新娘方的陪娘和前来贺喜的客人们闹至通宵之后，第二天返回。但新郎的亲朋好友及同村村民们要吃喝 3 天才散席。婚宴上多为对歌助兴，有时也有群起舞蹈，以跳为乐。婚礼 3 天之后，新娘便可回娘家。

五、社交礼仪民俗

黎族人民热情好客。有宾客至，主人先取出炭火、烟叶、烟筒或槟榔盒，在门口接待。接着把客人的行李收放屋内并安排好客人休息，然后准备饭菜。酒席上主宾对坐。如果客人是位男性，则先喝酒后吃饭；如果是位女性，则先吃饭后喝酒；如果主宾是很要好的朋友，就要边喝酒边对饮。喝酒时，主人先双手举起酒碗向客人表示请酒，然后自己把酒一饮而尽，接着把一碗碗的酒捧给客人，客人必须接下，表示领情。

六、岁时节日民俗

黎族的春节黎语称为“江”和“葛姆”，意为“年”。黎族的春节是黎族民间节日。

与汉族春节的情形基本一致。过春节前，家家做年饭、酿年酒、舂“灯叶”。春节期间，举行各种具有民族特色的喜庆活动。

农历三月初三是黎族人民的传统节日。这一天，具有敬老美德的黎族同胞带上自己腌制的山菜、酿好的米酒、做好的糕点去看望寨内有威望的老人；年轻的男子则结伙外出狩猎、打鱼，姑娘们烤鱼、煮饭，并连同带来的物品一起祭拜祖先。晚上燃起篝火，小伙子们跳起传统的黎族舞蹈，男女青年对唱山歌，互诉衷情，互赠信物，双方相约明年三月三不见不散。因三月三从其来历和主要活动内容来说，都与婚恋有关，故而也称为爱情节。

七、工艺美术民俗

黎族工艺美术是在海南岛独特的自然环境和历史条件下发展起来的。具有明显的独特的文化内涵。黎族雕刻历史悠久，主要分为木雕、骨雕、石雕三大类。以平面雕、线雕为主，圆雕、浮雕、透雕其次。画面以人物纹、动物纹、植物纹、几何纹等为主。一件件雕刻作品，不仅仅是艺术佳作，而且是黎族生产、生活、风俗、宗教的记录和写照。

黎族家庭手工业中，以纺织最为著称，且有着悠久的历史。早在唐宋时期，黎族的棉纺织技术就优于中原。织出的黎锦闻名于世。黎族的织锦图案主要是体现黎族审美意识、生活风貌、文化习俗、宗教信仰及艺术积累的文化现象。其内容主要反映黎族社会生产、社会生活、爱情婚姻、宗教活动以及传说中吉祥或美好事物等。

剪纸也是黎族民间传统装饰艺术的一种。其寓意丰富，趣味无穷，是我国民间艺术的重要组成部分。当然，剪纸不是黎族原有的民间艺术，而汉黎文化交融的产物。其中有特点且又能体现黎族民间剪纸技艺的是灯笼、棺材罩、马、伞等。

八、游艺民俗

黎族人能歌善舞，以情歌、打竹舞（亦称跳竹竿）最富民族特色。

九、宗教和世俗信仰

黎族还没有形成完整的宗教体系，流行祖先崇拜和自然崇拜，而以祖先崇拜为主。黎族的宗教信仰多种多样，并渗透到社会生活各个方面，是属于原始宗教类型。

十、禁忌

黎族人相信万物有灵的多神崇拜，所以，在日常生活中禁忌颇多。第一，凡年初一至初五不能秽语伤人，不能扫地，不然家里六畜不宁，生产不好，而且影响家人不吉利；第二，凡有病人求鬼时忌外人进屋，一切零食都得避免，不然病不会痊愈，病状反会转剧；第三，儿童拜年，不给红包当年即会不吉利；第四，睡觉忌头朝门外，这乃死人的象征；第五，不能在3、5、9月份结婚，不然，会招致新妇生病，子孙后代难以繁衍；第六，须择良辰吉日迁入新屋，不然生产不振，人畜不宁；第七，入屋门忌刀袋系腰间，这是引棺材入宅的象征；第八，砍山栏一定要选择龙日、马日、兔日等吉祥日，同时日间不能在田头睡觉，否则庄稼将经不起风吹雨打；第九，在三月初八的牛节里，禁忌杀牛，而且要给牛喝一种用牛魂石浸过的酒，以保来年丰收；第十，人们不得跨过炉灶，不准用脚踩、用刀砍等，如果违禁，据说“灶神”就要发怒，引起家人生病；第十一，平常忌讳别人当面提及自己先辈的名字；第十二，部分地区对猫禁杀忌食。

第2节 畲族民俗

畲族自称“山哈”，是我国人口较少的民族之一，散居在我国东南部福建、浙江、江西、广东、安徽省境内，多数与汉族杂居，其中90%以上居住在福建、浙江广大山区。其余近10%的人口分布在江西、广东和安徽省境内。

畲语属汉藏语系苗瑶语族苗语支。畲族有自己的语言，但无自己的文字。99%的畲族使用汉语客家方言，通用汉语文。畲族主要以农业为主，农产品主要以稻谷、红薯、小麦、油菜、烟叶为主。畲族居住的山区盛产林木及毛竹，茶叶在国内外市场上享有盛誉。

一、服饰民俗

畲族的传统服饰多用苎布和棉布缝制。服装颜色多为青黑或蓝色。由于居住地区不同，服饰的样式不一。过去畲族男子的服饰有两种：一种是穿着色麻布圆领、大襟短衣，长裤；另一种是结婚或祭祀时穿的礼服，结婚礼服为青色长衫，祭祖时则穿红色长衫。现今，畲族男子服饰已与汉族没有什么区别。

畲族妇女服饰以象征万事如意的“凤凰装”最具特色，即在服饰和围裙上刺绣着各种彩色花纹，镶金丝银线，高高盘起的发髻扎着红头绳，全身配挂叮叮作响的银器。外出时戴精致的斗笠，斗笠是畲族著名的编制工艺品，做工精细，上面有各式细巧的花纹，再配上红绸带、白绸带以及各色珠子，更加精致美观，成为畲族妇女最喜爱的装饰品。现在，畲族年轻女性的变化很大，四季多穿长裤，很少打绑腿和光着脚，头饰也比过去简单，一般剪短发或梳辫子。

二、饮食民俗

畲族日常以番薯和稻米为主食，还有以稻米制作成的各种糕点，常统称为“馃”。节日食品较有特色，主要有乌米饭、菅叶粽和糍粑等。粉丝是畲家制作点心和菜肴的重要原料。畲族大都喜食热菜，一般家家都备有火锅，以便边煮边吃。除常见蔬菜外，豆腐也经常食用，农家招待客人最常见的佳肴是“豆腐酿”。肉食最多的是猪肉，一般多用来炒菜。竹笋差不多是畲家四季不断的蔬菜。饮茶是畲家日常必不可少的，大部分以自产的烘青茶为主。畲族的酒多以白酒和自家酿制的糯米酒为主。

三、居住民俗

畲族多住茅草房和木结构泥墙瓦房。畲族称房子为寮。清代以前，畲族的住房大都是以竹子为架搭成的“悬草寮”。这种茅寮称“千柱落脚”或称“千枝落地”，四面通风，呈“介”字形。架料多缚成框格形，寮面的茅草也是打成草匾之后盖上。大多没有隔间。前后开门，不开窗户，没有烟囱。一般占地20平方米，寮高3米，墙高2米。有的“山寮”成“人”形。它仅在寮中央竖1排3~5根树杈，叉上架着横杠，两边斜靠若干木条，扎上横条（竹片），覆盖茅草而成。茅寮结构低矮，阳光不足，泥土地面十分潮湿。

近代畲家住宅与汉族民居格局大致相同，为土木建筑，朴实无华，极少有装饰品。1978年后，随着畲村物质生活条件的不断改善，出现了砖木结构、钢筋混凝土结构的新式住宅。

四、人生礼仪民俗

在畲族民间，除通常的嫁女之外，嫁男和做两头家也是畲族的婚姻特色。男到女方落户，和嫁女一样，女方出给男家一定财礼，男到女家要改成女家一样的姓，嫁来的男子在家庭和村坊不受歧视。做两头家即新婚头几年两边的家都要照顾，居无定处，几年后才能确定在夫妻娘家中经济条件较好的一方落户。

目前，畲族婚姻普遍实行一夫一妻制。一般同姓不婚，都在本民族内部盘、蓝、雷、钟四姓中自相婚配。畲族青年男女的婚姻恋爱比较自由，在劳动或社会交往中通过对歌来建立感情。男女双方不讲聘礼或彩礼，只需备置一些生活必需品和劳动用具。受汉族的影响，畲族的婚姻从订婚到结婚有一套礼俗，如女方要索取聘礼，结婚要坐花轿等。畲族以凤凰为图腾，他们自认为凤凰的传人，每位畲族姑娘结婚的时候一定要戴着凤冠行礼。

五、社交礼仪民俗

畲族人待客热情。去畲族家一般都要有进门三道关。按畲族的规定，客人来了，主人首先端一条凳子请你坐。然后泡茶、敬烟，敬烟总是敬两支表示尊重，喝茶也要喝两碗。再拿出花生和黄豆请你吃。如果你客气，不坐不喝也不吃，主人会认为你不是真正的朋友，只不过是过路人而已，会生气，再也不理睬你。因此去畲家做客，主人请你吃什么，千万不要客气。必须注意的是，到畲族人家里做客，如果随身带着雨伞，进门以后一定要将伞放到门后，别拿进厅堂，因为雨伞放进厅堂是报丧的标志。如果某家大门上挂着用红布条捆着的龙舌兰，说明这一家生了孩子，客人不要随便进去，当然，如果主人邀请尽可入内。就座后，主人会煎四个荷包蛋用糯米酒泡好请你吃，这说明生的是男孩；如果只煎两个荷包蛋，说明生了女孩。遇到这种情况，客人不能不吃。他们认为，客人不吃是不吉利的，因此会很恼火的，甚至会当着客人的面，连蛋带碗一起砸在地上。但是注意，吃完以后绝对不能抹嘴巴，他们认为抹了嘴巴孩子会不好带。

六、岁时节日民俗

畲族与汉族的节日大致相同，如春节、元宵节、清明节、端午节、中元节、中秋节、重阳节等。但也有本民族特有的“二月二”“三月三”“封龙节”“会亲节”等民族节日。

（1）年节。也叫春节，是畲族最隆重和热闹的节日。从农历十二月二十四的“祭灶”“送神”畲族就开始过新年了。祭灶神后，就准备除夕的“年夜饭”，合家“围炉”。畲族届时家家蒸制“黄金糍”，吃“黄金糍”是畲民过新年的特色之一。

（2）二月二。又称会亲节，是畲族仅次于春节的传统节日。主要流行于闽东的福鼎、福安等县。所谓“会亲”，系指原由福鼎双华、福安坂中至浙南、闽东各地的畲族于每年这个时候回祖地相聚，举行会亲活动。

（3）三月三。又称“乌饭节”，是畲族人纪念本民族英雄同反动统治阶级斗争取得胜利的节日。如今，各地畲民为纪念民族英雄雷万兴，每年“三月三”都要蒸制乌米饭，合家共餐，馈赠亲友。还要举办舞会，集体对歌，欢度节日。

（4）封龙节。是畲族人民祷求风调雨顺、五谷丰登的娱乐性节日，于每年农历夏至后“辰”日举行。这一天畲族群众不从事农活，人们穿上节日盛装，兴高采烈地赴舞会，在山坪、田垅对“打”山歌，歌词多歌颂劳动、喜庆丰收和表达爱情。

七、工艺美术民俗

畲族民间手工艺主要是木匠的雕刻和妇女的织带、绣花，其次是竹编、石雕等。织带是畲族农村妇女必学的手艺，也是衡量一个女子是否心灵手巧的标准。小姑娘五六岁时就跟妈妈学织带。彩带织得粗细，定亲时，不论男方送什么礼物，姑娘回礼必须有自己织的彩带。女子送给朋友、情人的礼物也多为彩带。彩带作裤带、腰带、围裙带等用。

八、游艺民俗

畲族有“歌舞海洋”之称。畲族有史歌《高皇歌》。畲族诗歌分为阳歌、阴歌和乐歌三部分。畲族民间舞蹈，最具代表性的是“做聚头”，这是由畲族始祖业绩衍生出的原始宗教礼俗并融进部分道教文化的“祭祖”长舞。乐歌即山歌，畲族的民间山歌十分丰富，有关于民族起源与迁徙的传说故事，有歌颂爱情和劳动的杂歌，也有根据汉族故事改编的小说故事歌等。畲族人民历来重视体育活动，体育活动的项目也很多，有武术、登山、“打尺寸”、“操石磉”、骑“海马”、竹林竞技等。

九、宗教和世俗信仰

畲族的宗教信仰主要是祖先崇拜。祖图，又称“盘瓠图”，是畲族信仰的主要标志之一。畲族把有关始祖盘瓠的传说画在布上，制成约 40 幅连环画式的图像，代代相传，称为“祖图”。畲族民间还有《高皇歌》，记述盘瓠王不平凡的经历，歌颂其英勇杀敌、繁衍子孙的丰功伟绩。畲族每年还定期举行隆重的祭祀，族人共聚祠堂、悬挂祖图，是早期原始社会中图腾崇拜的残迹。此外，畲族民间信仰还有其他世俗神灵，属多神崇拜。

十、禁忌

农历正月初一忌挑粪；初一至初四不扫地；初五早上“送年”，即扫地后，将垃圾在路口烧掉。除夕日至正月初三，以及正月十五日禁骂人，不能引火、点灯，忌借邻家用具。正月十五不可晒衣，否则养的鸡会被鹰叼走。正月二十禁农事，有“正月廿作田工，不够补天川”的俗谚。二月十九观音生日忌挑粪，忌做污秽事。立春后第五个卯日为春分，是日禁用牛，禁挑粪，禁到河里洗衣、晒衣。三月三不下田，否则田断水路。“封龙节”不动铁器，否则有水灾。清明节、八月初一忌锄田，忌挑尿桶，否则大旱。立秋日不动土，不用牛等。畲民忌被称为“畲客”，尤忌“畲客仔”“畲客婆”，认为此乃蔑称。故只可称其为“畲民”“畲族人”或“山哈人”等。

第 3 节　高山族民俗

高山族主要居住在中国台湾省，也有少数散居在大陆福建、浙江等沿海地区。高山族是一个能歌善舞的民族，其杵舞和长发舞都有很高的艺术水平。他们口头文学也很丰富，有神话、传说和民歌等。高山族有自己的语言，属南岛语系印度尼西亚语族，大体可分为秦淮、曹、排湾三种语群。没有本民族文字。散居于大陆的高山族通用汉语文。高山族以稻作农耕经济为主，以渔猎生产为辅。

一、服饰民俗

高山族常用的衣料是用麻自织的“番布”。高山族的服饰丰富多彩，绚丽多姿。男

子的服装，一般都配有羽冠、角冠、花冠，以花为冠可以说是一个特点。有些部族的男子还要佩戴耳环、头饰、脚饰和臂镯、手镯等。台湾南部的男子穿对襟长袖上衣，外套坎肩式短褂，系宽腰带。衣袖、领、腰及下摆都镶上彩色花边，用黑色布缠头，经常带藤盔和木盔。帽顶上有圆形的图案，这是高山族雅美人图腾的标志。高山族妇女服饰基本上是开襟式，在衣襟和衣袖上绣着精巧美丽的几何图案。这种开襟服饰适应亚热带气候，可以起散热、凉爽的作用，也易显示出人体上身的丰满、健壮的体型。妇女穿过膝的短裤，戴头珠，戴腕镯，腰扎艳丽的腰带，脖颈上配有鲜花编成的花环，使人产生活泼、自由、妩媚的感觉。

二、饮食民俗

台湾高山族早期多以小米、番薯为主食，食皆用手。后来，随着大陆移民的增多，逐渐吸收了汉民族的饮食方式，改用筷子，大米逐渐成为主食。在主食的制作方法上，大部分高山族都喜把稻米煮成饭，或将糯米、玉米面蒸成糕与糍粑。不过，不少高山族部落都有自己独特的食品，保留着不少传统的特色。如兰屿的雅美人吃鱼有男女之别的限制；高山族人喜欢饮酒，其用小米所酿制的酒，也呈现出特有的饮酒文化。高山族嗜烟酒、喜食嚼槟榔。

三、居住民俗

高山族过去是依山傍水，巢居穴处，或辟竹编茅，架木为屋。现在住宅类型有木屋、竹屋、茅屋、板岩石屋、草顶地下房屋等，但十分讲究造型和实用相结合。大都呈长方形或四方形，有门无窗，也没有烟囱设备，所以屋内光线往往不充足。

四、人生礼仪民俗

婴儿出生后普遍施行沐浴礼。平埔人认为神灵、观音与三保太监在江河中投撒了圣药，给婴儿洗浴则可长命百岁，无灾无病，而且“他日纵没有勋业，为鲸为鲤为蛟鼍”，会成为一名有作为的青年。卑南人在婴儿出生后先举行汲水仪式，翌日又抱婴儿出户拭面祛邪。

在高山族中，成年礼只属于男性。男子一旦成年，要举行隆重的成丁礼升入青年等级，进入会所食宿，并参加集体劳动和作战。青年们在成丁礼之后，被承认是部落正式成员，才有权参与社会政治生活。在他们看来，成年是步入一生最辉煌的转折点，意味着成熟、独立和承担社会责任。各族群都非常重视成年礼仪，虽然仪式繁简不同，但都以崇尚勇武奋进为宗旨，鼓励青年人磨炼成材。

高山族各个族群的婚姻形式也有差别，有的至今还保留着母系氏族婚姻的习俗。如阿美人、卑南人流行的招赘婚，就是男子出嫁的对偶婚形式。高山族的婚姻实行一夫一妻制，禁止近亲结婚。男女大多自由恋爱结合，结婚年龄没有明确规定，但男子必须通过成人礼后才可以结婚，女子则必须熟练掌握了生活技术后才能结婚。因为只有掌握了生活技能，才能有生活保证，组成的家庭才是稳定的。

五、社交礼仪民俗

高山族的基层社会组织是“社”，以会所作为社的活动中心，也是男性年龄组织的教育训练场所。年龄组织是社内部以年龄为序的一种等级制度。各支系的年龄等级划分有多少之别，大致可分为幼年、少年、青年、壮年和老年等级别。凡男性，都要归入相应的年龄等级，担负一定的社会分工。每隔数年，要举行一次晋级礼。从少年开始，严格按照性别施以基本训练。男性是狩猎、耕战方面的技能训练，女性是纺织、家务及采集方面的训练。

六、岁时节日民俗

高山族的节日往往与农事活动有关，比如播种节和丰收节，内容是祭祖、举行农耕仪式、会餐歌舞娱乐等。每年十月金秋季节，各个部落都要举行丰收节的盛会。热情的排湾人总是请来许多客人，一起庆祝丰收。人人把家中的好酒好菜带到盛会地点，首先敬族长或村长一杯“敬长酒”，祝愿大家幸福快乐。然后以酒代茶，任客人狂饮。

而住在台湾兰屿岛上的高山族雅美人的妇女，大都留着长长的头发，每逢年节，她们便在村寨草坪上翩翩起舞，随鼓乐有节奏地把头发抛前抛后，一扬一落。据说跳这种长发舞，是祝父母长辈延年益寿之意。在节庆期间，除歌舞聚宴外，还增添了体育比赛、文化展览、游艺活动等。

七、工艺美术民俗

高山族的手工工艺主要有纺织、竹编、藤编、刳木、雕刻、削竹和制陶等，它们以做工精巧、造型古朴、富有美感而闻名。尤其是珠衣、连杯、银兜及各种服饰工艺，更加精彩。其中排湾人等支系的木雕艺术颇为精湛，刳削是著名传统工艺，仅用一把刀就能刳制成各种富有民族特色的器具。

高山族还有许多富有原始艺术特色的服饰工艺品，如藤帽、头箍、项链、臂环、手镯、珠铃腰饰、脚饰等，多取材于木、藤、竹、贝珠、贝片、玻璃珠、铜铃、纽扣、钱币、猪牙、鹿角、兽皮、羽毛等，造型稚拙，精工细作，融实用性与艺术性为一体，显示出高山族人民非凡的才智。

八、游艺民俗

高山族文学艺术以口头民歌、民谣为主，有颂祖歌、耕作歌、悲歌等。乐器有口琴、竹笛、鼻笛、弓琴、腰铃、臀板等，尤以杵乐最为著名。因为杵乐歌舞在高山族人民居住的地方非常盛行。它还成为青年男女恋爱的纽带，许多美满姻缘就是在杵乐声中结下的。文体活动有刺球、秋千、长跑和抽陀螺。

高山族是能歌善舞的民族，无论劳动、恋爱、婚宴、节庆、祭祀等，都有歌舞抒情寄意。高山族支系较多，所以表现在音乐歌舞上的风格丰富多彩。民间传统歌曲，多为触景生情，即兴演唱。有的如高山流水，自然悠扬；有的如击竹鸣玉，清丽动人；有的如排浪鼓石，节奏明快。

九、宗教和世俗信仰

高山族还保留有原始宗教的信仰和仪式。他们崇拜精灵，各地信仰的神不一，有天神、创造宇宙之神、自然神、司理神和其他精灵妖怪。祭仪有农事祭（包括开垦祭、播种祭、除草祭、收刈祭、新谷入仓会等）、狩猎祭、渔祭、祖灵祭等。盛行巫术，其占卜方法有鸟卜、梦卜、水占、竹占、瓢占、饭占等，并有多种形式的巫术。

十、禁忌

具有普遍意义的禁忌，属于视觉的，如禁忌遇见横死者及其葬地、遇见动物交尾等；属于触觉的，如禁忌接触神物、接触死者的器物等；属于行为的，如禁忌排气、打喷嚏、同族性交等。特殊禁忌，如：女人不能接触男人使用的猎具与武器，诸如弓、箭、枪、矛等，不得擅自进入男性会所和祭祀场地；男性不能接触女人使用的织布机和生麻，在狩猎、捕鱼及农忙期间，禁止与女性同房；成人在会所受训期间，禁止与女性接触；在捕鱼、出猎或祭祀期间，家里不能断火；祭祀期间不能吃鱼等。其中，祭祀中打喷嚏尤为忌讳，南部高山族认为喷嚏意味着灵魂出壳，有招诱恶灵的危险，是祸事临头的征兆。阿美人生产禁忌男人与寡妇窥视，婴儿禁忌父亲怀抱，据说由于婴儿躯体软弱，会通过接触使其父传染软弱的病症，以致狩猎、出征时奔跑乏力，一无所获。

【本章小结】

本章简要介绍了黎族、畲族、高山族概况，重点介绍了这几个民族的宗教信仰及禁忌、服饰、饮食、居住、人生礼仪、社交礼仪、岁时节日、工艺美术、游艺活动等民俗，对我们了解这些民族，欣赏他们丰富多彩的民俗生活，更好地与他们相处，有积极的作用，同时也有利于推动旅游业的发展。

【复习思考题】

1. 简述黎族、畲族、高山族的服饰特点。
2. 简述黎族、畲族、高山族饮食民俗的主要特点及其形成的原因。
3. 黎族、畲族、高山族的居住习俗各有什么特点？他们为什么采取这种居住方式？
4. 简述黎族、畲族、高山族的宗教信仰和禁忌。
5. 简述黎族、畲族、高山族的社交礼仪民俗。
6. 简述黎族、畲族、高山族的节日民俗。
7. 黎族、畲族、高山族各有什么特色工艺品？

【案例分析】

高山族的各种节日中，以“丰收祭”最为隆重。“丰收祭”也叫丰年祭、粟祭或丰收节，每年举办一次，届时除摆酒席供品外，还伴以各种文体活动。节日里，人们穿起节日盛装，妇女们戴上手铃、手镯，颈上挂起珠串，头上插上鲜花，男子在腰间佩带一串铜铃，族人自带一缸酒到场，围着篝火，边跳舞，边吃边饮酒，庆贺一年的劳动收获，甚至通宵达旦。

高山族的“丰收祭”反映了什么？

分析提示：在农业时代，温饱是头等大事。高山族的丰收祭是人们庆祝丰收的一种方式，反映了农业的重要性。丰收祭无疑具有地域特色，是高山族发展旅游的一大亮点。

第7章

亚洲民族民俗

【教学目标】

1. 掌握亚洲主要国家的民俗，了解文化交流对民俗形成的重要性。
2. 区别不同民族、不同地域、不同国家的民俗。

【导入案例】

韩国人在61（虚岁）岁的生日那一天过六十花甲大寿，由子孙来摆宴。花甲也叫“回甲”“还甲”，指的是回到自己出生的那一年的意思。因为“華”字是以六个“十”字和一个“一”字组成的，所以也可以叫“华甲”。举行六十花甲大寿时，通常准备丰盛的食物，把菜肴堆得很高，所以叫作“高排床”或者“望床”。婚礼和古稀寿宴的食物虽然丰盛，但六十花甲寿宴的饮食可以说是最盛大的、最讲排场的。上桌的食物主要有鲜水果、煎鱿鱼、肉脯或者鱼脯、年糕、传统点心和其他食品。一般把这些饮食堆叠成圆柱形，高至30~60厘米，然后把食物排成两到三排。

结合案例，谈谈韩国主要的人生礼仪民俗。

分析提示：韩国在历史上受儒家文化影响比较大，因而韩国的人生礼仪民俗比较像中国。

第1节 日本民俗

日本是位于亚洲大陆东岸的太平洋岛国。领土由北海道、本州、四国、九州四个大岛组成。日本自20世纪60年代末期起一直是世界公认的第二号资本主义经济强国，实行君主立宪政体，被称为“日出之国”。日本为单一民族国家，国内大城市主要有东京、大阪和神户等。官方语言是日语，官方文字是日文。

日本主要民族为大和族，北海道地区约有3万阿伊努族人，通用日语，北海道地区有少量人会阿伊努语，冲绳列岛还有少量琉球人会琉球语。主要宗教为神道教和佛教。首都东京是一座有千万以上人口的现代化大都市。日本的动漫产业极为发达，是世界第一动漫王国。

日文文字是由汉字、假名、罗马字组成的。汉字有两种读法：一种是音读，另一种是训读。假名又分为平假名和片假名。不论是平假名或片假名的字形都仿自中文。日本古代没有文字，和中国有了文化上的交流之后，日本人就利用汉字的草书字形创造了平假名，利用汉字的偏旁部首创造了片假名。

日本经济高度发达，国民拥有很高的生活水平。日本的经济特点是生产商、供应商和经销商的紧密结合、强大的企业联盟、紧密的团队合作、年功序列制、终身雇用制等。

日本的服务业，特别是银行业、金融业、航运业、保险业以及商业服务业占GDP最大比重，而且处于世界领导地位，首都东京不仅是全国第一大城市和经济中心，更是世界数一数二的金融、航运和服务中心。自第二次世界大战后，日本的制造业得到迅速发展，尤其电子产业和汽车制造业。日本三菱是世界上仅次于美国通用的超级企业财阀。日本的电子产业和高科技著名制造商包括索尼、松下、佳能、夏普、东芝、日立等公司。汽车业方面，日本公司的汽车生产量超越美国和德国，是全球最大的汽车生产国。其中丰田、马自达、本田汽车行销全球。

一、服饰民俗

和服是日本的传统服装。日本平民和服受东吴的编制缝纫风格影响较深，故称为“吴服”。而贵族和服则受之后的唐朝的影响更深，称为“唐服”。今天，平民在节日、庆典上多穿着吴服，即一般意义上的和服，而皇族礼服仍以唐服为主。

和服属于平面裁剪，几乎全部由直线构成，即以直线创造和服的美感。和服裁剪几乎没有曲线，只是在领窝处开有一个20厘米的口子，上领时将多余的部分叠在一起。如将和服拆开，人们可以看到，用以制作和服的面料，仍然是一个完整的长方形。由于和服的裁剪制作具有上述特点，所以在量体裁衣方面比较自由。在制作和服时，较少为

人的体形所左右，高矮胖瘦不同的人，即使穿着同一尺寸的和服，也很少给人以衣不合体的印象。因为，它可以因人而异，在腰间调节尺寸。和服虽然基本上由直线构成，穿在身上呈直筒形，缺少对人体曲线的显示，但它却能显示庄重、安稳、宁静，符合日本人的性格。不仅如此，和服同时也顺应日本的自然：日本绝大部分地区温暖湿润，因此服装的通气性十分重要。由于和服比较宽松，衣服上的透气孔有8个之多，且和服的袖、襟、裾均能自由开合，所以十分适合日本的风土气候。

和服种类繁多，无论花色、质地和式样，千余年来变化万千。不仅在男女间有明显的差别（男式和服色彩比较单调，偏重黑色，款式较少，腰带细，附属品简单，穿着方便；女式和服色彩缤纷艳丽，腰带很宽，而且种类、款式多样，还有许多附属品），而且依据场合与时间的不同，人们也会穿不同的和服出现，以示慎重（女式和服有婚礼和服、成人式和服、晚礼和服、宴礼和服及一般礼服）。和服本身的织染和刺绣，还有穿着时的烦冗规矩（穿和服时讲究穿木屐、布袜，还要根据和服的种类，梳理不同的发型）使它俨然成了一种艺术品。设计师不断在花色和质地上推陈出新，将各种大胆的设计运用在花色上，使现代印象巧妙地融入了古典形式之中。

二、饮食民俗

日本人普遍爱食用生鱼，因而盖着生鱼片的寿司是日本国内最流行的食物。日本料理非常讲究保持食物的原味，不提倡加入过多调料，以清淡为主。对菜肴的色相尤其有着很高的要求，不但使用各式各样精致的盛器来装食物，对食物的形状、排列、颜色搭配也都有细腻的考虑。看着那一道道精细得有如风景画一般的日式料理，初到日本的游客往往不忍破坏那份美丽。日本的冷面放在竹制盘上，用筷子夹起一口的量放在冷汤里进食。有些餐馆没有附上汤匙，日本人习惯拿起碗来喝汤。日本人习惯下班后三五成群地去喝酒。在大都市内的娱乐中心区，到处都有酒吧。

（1）日本的酒类。①啤酒。日本人最喜欢喝啤酒，无论是生啤酒或是瓶装的都受欢迎。在夏天，部分百货公司更设有露天啤酒馆，吸引大量游客。②日本清酒。清酒既可热喝也可冷喝，无论哪一种清酒，都是日本菜肴的最佳搭配。酒味可口甜美，容易喝过量而醉。③威士忌。日本人喜爱喝加冰加水的威士忌。④烧酒。这种酒用番薯、大麦、蔗糖等材料制成，与伏特加有些类似。

（2）日本传统美食。①日本火锅。锅置于餐桌上，在锅汤内不断放入牛肉片、蔬菜、豆腐等，且煮且食。②天妇罗。在麦粉中加入鸡蛋和冷水，拌成麦粉浆，然后把虾、鱼、蔬菜等，放入锅内油煎。③寿司。在有醋味的饭团上，加以各种生鱼片。④生鱼片。生的鱼片，用酱油佐食。⑤怀石菜。被认为日本烹调技术的精华，利用蔬菜、鱼介、海草等精制而成，味道异常鲜美。⑥串烧。一串串的鸡肉或肝脏，巨火烘熟。⑦炸猪排。猪肉片在面包屑里一滚，然后用油煎。

(3) 日本菜的拼摆。日本菜的拼摆独具一格，多喜欢摆成山、川、船形状，有高有低，层次分明。有人用插花来比喻日菜的拼摆，叫作“真、行、草”。“真”为主，“行”为附，“草”为装饰、点缀。摆出的菜要有主有次，有点缀。一份拼摆得法的日餐菜点，犹如一件艺术佳作，色泽自然，色调柔和，情趣高雅，悦目清心，给人以艺术享受，使人心情舒畅，食欲增加。日菜的刀法和切出的形状与中餐、西餐不同。日菜的加工多采用带棱角、直线条的刀法，尽量保持食品原有的形状和色泽，同时根据季节的不同使用不同的原料。用不同季节的树叶、松枝或鲜花点缀，既丰富了色彩，又加强了季节感。例如秋季喜欢用柿子叶、小菊花、芦苇穗等，突出秋季的特点。同时，拼摆的数量一般用单数，偶数的“二”可以用，“四”是绝对不能用的，原因是“四”与日语“死”的发音相同。一般多采用三种、五种、七种。各种菜点要摆成三角形，如果三种小菜即采用一大二小。五种则采用二大三小，看起来是三角形。

三、居住民俗

(1)“气”文化。受土地资源的限制，日本住宅不可能像美国、加拿大那样分布得十分离散，为了保持居住环境拥有新鲜的空气，日本居民都自觉地维护居住环境。现代的住宅设计中渗透了这种文化意识，通过对烟尘污染的控制、绿化植被的营造，设置宽大的门窗、隔扇，采取简洁的室内陈设布置，有效地提高了空气质量及其流通性能。住宅设计上的“气”文化，给日本人带来的好处之一是日本人的寿命延长了。

(2)“季”文化。日本国土狭长，四季气候分明，为了使居室融入自然，日本人在现代住宅设计中注意根据地方气候、风土来考虑安排居室布局，使住宅空间努力追随自然的阳光、风和绿色，把室外的景物纳入视野。或者通过种种人工手法，建造充满自然情趣的庭院。人们身居室内，亦可饱览自然界的变化，感觉自然生命力的脉搏，从中体会人生的意义。

(3)“木”文化。日本在建筑材料的开发方面居于世界前列，但这并未改变日本人对室内木料装修的偏爱。木料装修能带给日本人回归自然的感受，而且对于居住在地震带上面的日本人来说，木料无疑是较安全的建材。日本人的木装修做工精致，线条简洁，颇具原木风格，不像欧陆的木装修那样繁杂、豪华，而且与室内小空间流动合一，给人亲切、高雅的感觉。

(4)“座”文化。日本人乐于在充满木材、纸张（糊于移门、窗扇上）等天然材料的特殊气息所形成的氛围中，盘腿屈膝坐在榻榻米上无拘无束地交谈、饮食，进行心灵的对话。这种赤脚文化，也可叫作“座”文化。在现代住宅设计中西洋风日盛的今天，日本人仍保留着这一民族传统习惯，亦属难得。

四、人生礼仪民俗

（1）束带仪式。从江户时代开始的束带仪式是为了预祝孕妇顺产而在她的下腹部缠绕带子的仪式。从怀孕 5 个月开始，举行祝愿妊娠及胎儿平安的仪式，通过缠绕带子，来防止流产，且防止腰疼及受冷以达到安产的作用。这个仪式一般选在怀孕 5 个月后的戌日进行。戌（犬）多产且多顺产，所以在十二支中选择戌日。该仪式所用的带子称为岩田带，是由一条白棉带子和两条一红一白的丝带组成。一般由妻子的娘家赠送。孕妇一般缠白棉带，红白的丝带一半用于举行仪式，仪式后收起来，直到孩子诞生后才染上颜色准备制作成新生儿的襁褓。现在一般用具有伸缩性的材质。在腰带以外也有赠送孕妇装或直接送现金的。同时也有在给孕妇缠腰带时要说祝福的话，举行仪式后设宴款待大家的风俗。

（2）出生祝贺。在日本关于出生有很烦琐的礼节。在妻子的娘家生产时婆婆要去参加出生祝贺；在婆家生产时娘家要送去襁褓做贺礼。但因为现代人习惯在医院生产，这种风俗也就渐渐淡了。庆祝出生的“内祝”所选的礼品则可以和出生这个主题毫无关系，而只是向亲人及为孕妇出过力的人赠送谢礼。但在现代接受了出生贺礼后又回赠内祝的做法越来越普及。赠送内祝的时间为生产后一个月左右进行土地神参拜时。内祝所赠礼品一般为红豆饭、红白饼、红白糖、干松鱼等专用礼品。花费金额一般在收到的礼品的一半到 1/3。一般在礼品上包裹用糨糊纸做得红白蝴蝶结，纸面写上内祝的字样，并署上孩子的名字。

（3）七夜。孩子出生的第七天为七夜。在那天要举行祈祷新生儿健康成长的仪式。从前也称为产养仪式。除七夜外，还有二夜、五夜、九夜举行的仪式。从前在出生后的第七天要给新生儿取名祝贺。在七夜仪式上，为孩子取名的亲人要在纸上写下命名的字样，同时署上孩子的出生年月日及取名人的姓名。然后再给孩子穿上新襁褓，喂祝贺食品。

（4）取名。按常规，取名人由孩子亲人中最权威的长辈担任。从前一般由外祖父之类的人来取名，现在多由孩子父母取名。姓名使用的汉字应该从常用汉字和人名汉字中选择，如果使用生僻字，有可能造成户籍管理部门不予受理的情况，必须注意。决定要名字后，就在奉书纸上写上命名，在纸的左端记下孩子的出生年月日，然后装入白木匣子中供进神龛。

（5）出生证明。出生证明在婴儿出生日算起 2 周内填报。需填报的内容有孩子的出生地及籍贯，还有填报人的现住所等，受理机构为任何一个市区町村的政府办事处。填报人按婴儿的父亲、母亲、同住者、接生医生及助产护士的顺位进行。必须填写的文件有出生证明、医生或助产护士填写的出生证明书及母子健康记录 3 种。母子健康记录由医生签署后立即交给居住地的政府办事处。

五、社交礼仪民俗

日常生活中，日本人相见时极重礼节。通常要脱帽鞠躬。在行鞠躬礼时，日本人不但讲究行礼者必须毕恭毕敬，而且在鞠躬的度数、鞠躬的时间、鞠躬的次数等方面还有其特别的讲究。一般而言，鞠躬度数的大小、鞠躬时间的长短、鞠躬次数的多少，往往与表示的尊敬的程度成正比。日本人在行鞠躬礼时，还规定手中不得拿东西，头上不得戴帽子，把手插在口袋里亦不允许。有的时候可一面与人握手，一面鞠躬致敬，或是仅仅与他人握手为礼。不过在一般情况之下，日本妇女尤其是日本的乡村妇女，与别人见面时，只鞠躬而不握手。在行见面礼时，日本人讲究必须同时态度谦虚地问候交往对象，常用的见面礼节话有“您好”“您早”“晚安”“再见”“拜托了”“初次见面请多关照”等。在日本民间，尤其是在乡村，人们在送别亲友时，往往还会向对方行跪礼。跪礼即屈膝下跪，它是妇女所行的礼节。

日本人与他人初次见面时，通常都要互换名片，否则即被理解为不愿与对方交往。因而有人将日本人的见面礼节归纳为“鞠躬成自然，见面递名片”。在一般情况下，日本人外出时身上往往会带上好几种印有自己不同头衔的名片，以便在交换名片时可以因人而异。

日本人在人际交往中对清洁十分重视，对他们来讲，每天都非洗澡不可。不仅如此，日本人还有请人一起去浴室洗澡的习惯，用他们的话来讲，这叫作“裸体相交”。他们认为，这一做法可以使人减少束缚，坦诚交往。

日本人宴请友人时，桌上总要摆一碗清水，并在客人面前摆上一块白纱布。主持人先将自己的杯子在清水里涮一涮，杯口朝下在白纱布上将水珠按净，然后斟酒并双手敬给客人，目视着客人干杯。接着，客人也以同样的方式向主人敬酒，如此交杯尽兴，以表宾主亲密无间，称为“交杯礼”。

日本人姓名的组合顺序与中国人姓名的组合顺序一样，二者都是姓在前，名在后。不过，日本人的名字字数往往较多，并且以四字的最为多见。日本人妇女婚前姓父姓，婚后则改夫姓。称呼日本人时，可以称之为“先生”、“小姐”或“夫人”，也可以在其姓氏之后加上一个“君”字，将其称“某某君”。只有在较正式的情况下，称呼日本人时必须使用其全名。在交际场合，日本人的信条是“不给别人添麻烦”。因此，他们忌讳高声谈笑，但是在外人面前，他们则大都要满脸笑容，而不论自己是否开心。日本人认为，这也是做人的一种礼貌。

六、岁时节日民俗

(1) 元旦。时间为1月1日。元旦是新的一年中最初的一天，也是祈求在新的一年能幸福和拟订一年计划的日子。这一天，日本人会到神社和寺庙去做第一次的参拜。元旦早上吃年糕汤（称“杂煮”）。

（2）成人节。时间为1月第2个星期一。日本的成人节源于古代的成人仪礼，而日本古代的成人仪礼是受中国“冠礼”的影响。所谓“冠礼”，指男子成年时举行的一种加冠的礼仪。从加冠这天起，冠者便被社会承认为已经成年。日本仿我国旧礼制，始行加冠制度在天武天皇十一年（公元683年）。按中国古代阴阳学说，冠日多选甲子、丙寅吉日，特别以正月为大吉。1948年，日本政府根据民俗规定，满20岁的人要过“成人式”，目的是要让青年意识到自己已成为社会的正式成员。凡年满20岁的男女青年在成人节这天要身穿传统服装参加官方或民间团体为他们举办的成人仪式，内容包括年轻人宣誓、长者的祝贺和参拜神社以及参加各种传统的文娱活动等。

（3）镰仓节。时间为2月，在秋田县横手地区举行。在镰仓节前夜，孩子们聚坐在一个纵横2米左右，被称为“镰仓”的雪屋里喝甜酒、吃甜饼，屋的中间设一祭坛，用来祭拜水神。在为期两天的镰仓节期间，游客们被请进雪屋，品尝日本米酒和米糕。

（4）女孩节（偶人节）。时间为3月3日。这是日本女孩子的节日。这个节日起源很早，要追溯到700年前的平安时代。如今的庆祝方式是从江户时代传下来的。有女孩子的家庭都要供出小巧的偶人（也叫“雏人形”），祝愿家中女孩成长与吉祥。这种小偶人价格昂贵，女孩的父母，尤其是外祖父母，差不多都要为她买一套精美的小偶人。少的摆一层，多的用“偶人架”摆上好几层，最多的可摆七八层，而最上的一层，大多是一个皇帝和一个皇后。女孩从一岁时得到这些小偶人，以后每年3月3日都要拿出来陈列，直到出嫁时带走。

（5）男孩节（端午节）。时间为5月5日。在这一天，有儿子的家庭门前均悬挂着祝男孩子健康成长的“鲤鱼旗”。日本以阳历5月5日作为端午节。端午节与男孩节同日，所以这天家家户户门上还摆菖蒲叶，屋内挂钟馗驱鬼图，吃祛邪的糕团（称“柏饼”）或粽子。“菖蒲”和“尚武”谐音，“鲤鱼旗”表示鲤鱼跳龙门。鲤鱼旗是用布或绸做成的空心鲤鱼，分为黑、红和青蓝三种颜色，黑代表父亲、红代表母亲、青蓝代表男孩，青蓝旗的个数代表男孩人数。日本人认为鲤鱼是力量和勇气的象征，表达了父母期望子孙成为勇敢坚强的武士的愿望。根据“尊重儿童的人格，谋求儿童的幸福，同时感谢母亲”的原则，规定这一天为全国公休日。

（6）七夕（乞巧节）。时间为7月7日，被隔在银河东西两岸的牵牛星与织女星，只能在每年的这一天相会。这是中国的传说与日本古老的习俗的融合。7月7日这天，人们在庭院前供上玉米和茄子，把写有歌词、心愿的五彩诗笺系在竹竿上，祈祷女孩子的手艺像织女一样灵巧。据说在日本，七夕节始于圣武天皇天平六年。每到“七夕”，妇女们便在一起玩各种游戏，其中最为常见的是“乞巧”。

（7）盂兰盆节。时间为8月15日左右。盂兰盆节是日本民间最大的传统节日，又称“魂祭”“灯笼节”“佛教万灵会”等，原是追祭祖先、祈祷冥福的日子，现已是家庭团圆、合村欢乐的节日。每到盂兰盆节时，日本各企业均放假7至15天，人们赶回故乡团聚。在小镇和农村生活的人还要穿着夏季的单和服跳盂兰盆舞。

（8）京都“大文字”送火节。时间为8月16日。在京都市东郊如意岳（也叫大文字山）举行的盂兰盆会。在这座山的中腹，设有75座火床，形成“大”字，在火床里放松木劈柴，在晚上8点钟左右同时生火燃烧。“大”字的第一笔画长73米，第二笔长146米，第三笔长124米。据传说，从前如意岳山麓寺院失火时，这寺院的主佛阿弥陀如来佛升在山顶上发出光芒，照亮四方。从这以后便每年举行“送火节”，纪念阿弥陀如来的灵验。

（9）七五三节。日本独特的一个节日。每逢11月15日，3岁和5岁的男孩、3岁和7岁女孩穿上鲜艳的和服去参拜神社，祈愿神灵保佑他们在成长道路上一帆风顺。据说这种习俗始于江户时代中期。这一天，孩子们都要吃“赤豆饭”，还要吃专为庆贺“七五三”而做的红色或白色的棒形糖果“千岁糖”，希望孩子吃了可以活泼健壮、长生不老。古时日本人人视奇数为吉祥之数，其中“七五三”又是最无忌讳的数字（与之相反，四和九是日本人最忌讳的数字）。

（10）除夕。时间为12月31日。按照日本的风俗，除夕前要大扫除，并在门口挂草绳，插上橘子（称“注连绳”），门前摆松、竹、梅（称“门松”，现已改用画片代替），取意吉利。人们一边倾听寺院里传来的108响除夕钟声，一边吃荞麦面条。它象征着人们对幸福的祈祷，愿它像荞麦面条一样久长。

七、工艺美术民俗

（1）日本染织。日本的文化和中国的文化有很多相通的地方，一些日本人常说中国是日本文化的母亲，反映在染织上更为明显。日本被说是丝绸之路的终点，在贸易中中国将本国的文化传入西亚和欧洲，又将那里的文化带回中国，再传到韩国、日本。从日本的正仓院所藏的染织品来看，无论是以丝织物为主的舞台用布、歌舞伎、能装、祭祀的幡、皇家衣物，都体现着唐风。日本人模仿唐纹样，学习唐技术，从织到染印、刺绣等都体现着唐的技艺，这使日本的染织得到很大的发展。江户时代以前，日本的染织是一边接受中国的东西，一边将其变化和发展，不断吸收、改进，在吸收改进的过程中逐渐形成了日本民族风格的染织。和服是呈现日本染织文化的主体，无论是日常穿用的和服，还是皇家宫廷和服都让我们看到日本染织的技和美。在和服中使用的材料主要是真丝、棉、麻、葛、芭蕉等，近年来化学纤维的使用渐多。日本京都是染织传统工房集中的地方，有名的西阵织和川岛缀织（缂丝）至今名声不衰。

（2）毛猴。一种日本民间工艺品，它是用中药里的蝉蜕（即知了壳）和辛夷（即玉兰越冬的花骨朵）制成的，用料虽简单，但制作者的艺术构思却非常巧妙。他们凭着对社会上各种人物形象的观察和个人的感性认识，将带绒毛的辛夷作身子，截取蝉蜕的臂和爪黏结上去，以物代猴，以猴代人，做成千姿百态的艺术品。据说，东京“毛猴”的历史源自明治天皇，主要是模拟人的动作和生活场景，反映市井生活。过去，毛猴作品主要以反映社会行业、民情风俗为多，有剃头的、掏粪的、倒水的、推小车的、卖糖葫芦的、算卦的……有的能成为一组完整的艺术作品，如“县官出巡”“娶亲行列”等。近年来，作品的题材也有创新，除保持传统题材外，还有反映现实生活的。毛猴已经由儿童玩具发展成室内案头陈设品，被国际友人所称赞，成为日本一种最受欢迎的旅游纪念品。

八、游艺民俗

（1）相扑。古称素舞，起源于中国汉代，由两名大力士裸露上身，互相角力。7世纪，在允恭天皇的葬礼上，中国派遣特使到日本表演素舞致意，被认为中国相扑首次传入日本，对日本原有的相扑造成一定影响，后来成为日本的国技、日本国际性的格斗术和体育运动。作为专业竞技项目，在日本国内称作大相扑。

（2）艺伎。日本传统职业。产生于17世纪的东京和大阪，最初的艺伎全部是男性，在妓院和娱乐场所以演奏传统鼓乐、说唱逗乐为生。18世纪中叶，艺伎职业渐渐被女性取代，这一传统也一直沿袭至今。

（3）歌舞伎。日本所独有的一种戏剧，也是日本传统艺能之一。在日本国内被列为重要无形文化财产，也在2005年被联合国教科文组织列为非物质文化遗产。歌舞伎是日本典型的民族表演艺术，起源于17世纪江户初期，1600年发展为成熟的一个剧种，演员只有男性。近400年来与能乐、狂言一起保留至今。歌舞伎的始祖是日本妇孺皆知的美女阿国，她是岛根县出云大社巫女（即未婚的年轻女子，在神社专事奏乐、祈祷等工作），为修缮神社，阿国四处募捐。她在京都闹市区搭戏棚，表演《念佛舞》。这本是表现宗教的舞蹈，阿国却一改旧程式，创作了《茶馆老板娘》。阿国女扮男装，身着黑衣，缠上黑包头，腰束红巾，挂着古乐器紫铜钲，插着日本刀，潇洒俊美。阿国表演时还即兴加进现实生活中诙谐情节，演出引起轰动。阿国创新的《念佛舞》，又不断充实、完善，从民间传入宫廷，渐渐成为独具风格的表演艺术。现代歌舞伎的特征是布景精致，舞台机关复杂，演员服装与化装华丽，且演员清一色为男性。

（4）狂言。一种兴起于民间，穿插于能剧剧目之间表演的一种即兴简短的笑剧，是猿乐能与田乐能的派生物。狂言与能乐一样，同属于日本四大古典戏剧。狂言通过在现实世界中取材的人物或事件用幽默的方式给武士和其他贵族阶级以辛辣的讽刺。并且因为其作品都是从庶民的生活中取材，再以当时的口语演出，所以容易被广大劳动人民所接受，而成为一种最为典型的平民艺术形式。

（5）能乐。日本典型的古典舞蹈，起源于中国的傩舞，因其神秘，为上流社会所钟爱，有人称它为幽灵的艺术，展现人鬼之间的对话。能乐在明治政府成立以前，一直被称为猿能乐，这是在吸收中国民间曲艺和唐朝散乐的基础上创立和发展起来的一种带有滑稽性的表演、对白艺术。13 世纪的观阿弥、世阿弥父子在前人的基础上，创立了以歌舞为主体的能乐。由于受到当时统治者的推崇，能乐成为上层阶级所喜好的宫廷艺术。1603 年，江户幕府将能乐定为宫廷音乐，民间不能擅自演出。

能乐的主角是戴着面具表演的，演青年女性戴小面，翁面是老头戴的，还有鬼神面。为了表现神鬼世界，演员通过面具进行虚拟表演，用手掩面表示伤心落泪，或将面稍向下以示伤感。对于没有接触过能乐的人来说，面具是了解它的最佳途径。

能乐的表演，分直面（不戴面具）和戴面具两种。通常只有主角戴面具。能面由桧木雕刻而成，不少已有五六百年的历史。能面的独特之处在于兼有“悲哀与微笑两种截然相反的表情”，有的能面看似微笑，眼角却如泣如诉；有的能面看似悲伤，唇边却漾出一丝平和的笑意。悲喜兼备的能面扩大了能乐师的表演空间。

如同面具一样，能乐中鲜艳奢华的服装也非常著名。这与能乐光秃秃的舞台和拘谨的动作相比，对比鲜明。主角服装厚达五层，还有用棉缎制作的外套。演员穿上这套行头威严伟岸。在某些演出中，还要加上红色或者白色的假发，效果非凡。能乐所有的节目唯一的背景就是松树。

据说，在能乐保留的 240 多种曲目中，有许多表现人鬼对话的。剧中主角，有为情爱所困、抑郁而终的女孩，有受诅咒变身为蛇的少妇，有在战争中捐躯武士的亡灵，为此，能乐又被称为幽灵的艺术。

九、宗教和世俗信仰

日本是个多宗教国家，主要有神道教、佛教、基督教三个大的宗教和许多小宗教。日本的民间神多种多样。这些神均生活在日本人的日常信仰生活之中，比较有代表性的民间神大致有以下几位。

（1）御子神。日本人认为神、人相同，都会有子孙后代。因此，日本民间有将神之子称为“御子神”的习惯。这种御子神信仰与“王子信仰”“母子神信仰”有很密切的联系。特别是王子信仰，将王子的形象当作神来祭祀。日本的许多神是以儿童的形象出现的，如水神少童、雷神龙子等。将幼儿作为神是有一定背景的。因为幼儿时常被当作神的替身，有时通过幼儿之口传达神的旨意等。

（2）天神。日本人将菅原道真作为天满天神加以祭典。古时候日本人奉天神为国神。天满天神信仰统一日本全国还有一段故事。大臣菅原道真蒙冤屈死以后，日本国内天灾不断。朝廷认为这是菅原的幽灵在作怪，便在北野祭祀道真，封他为“天满自在天神”“大政威德天神”等。另外，朝廷还赐他“火雷天神”封号，以便借助他的威力压服雷神。菅原道真生前是杰出的学者、文人。所以天满天神同时又作为诗歌、文笔、学问之神受到人们的崇拜。每年正月二十五日，日本全国都要举行祭祀天神的活动。大阪天满宫的天神祭与京都的祇园会是日本关西地区有代表性的夏季祭祀活动。

（3）八幡。在日本约有10万个旧村社以上的神社，其中约1/3与八幡宫有联系。如许多冠以地名“某某八幡”的十分常见。日本的八幡信仰起源于九州的宇佐地区。八幡主神、八幡大菩萨、大带姬命是以日本古代的应神天皇和神宫皇后为原型的。此外，“八幡”多次出现在日本史书记载之中。传说钦明天皇时期，八幡神是以锻冶神的面目出现的，后来又被当作母子神加以祭典。平安初期八幡神又作为守护神受到皇室的重视，其地位与伊势（神宫）相同，成为国家宗庙。中世纪以后，八幡又成为日本的武神代表。

（4）伊势。日本人的伊势神宫信仰俗称“伊势信仰”“神明信仰”。在日本，神明是神的统称，取意“天地神明”，后来便成为伊势神宫的代用词。过去伊势斋宫年年由未婚的皇女侍奉，这是由于长期以来它一直是皇室的氏神的缘故。古时伊势神宫是禁止一般人祭祀的。祭祀仅限于皇室。到了平安末期才允许一般人入神宫参诣。中世纪以后，庶民中间的伊势信仰已十分普遍。明治维新以后，伊势神宫与日本的国家神道结合起来，每年参拜的人数更加可观。

（5）熊野。日本和歌山南部的熊野是一处幽邃的山岳地带，历来有“世外天地”之称。这里自古以来被日本人视为神圣之地。在这个基础上日本人创造了熊野信仰。“熊野本宫大社”、新宫的“熊野速丘大社”、那智的“熊野那智大社”三神社被称为“三熊野”或“熊野三山”。日本平安时代随着修验道的兴起，熊野山成为修道者的大本宫，除修行者以外，民间也大兴参拜神山之风。以法皇、上皇为首的皇室参诣队伍经常来到这里。到了日本镰仓时代、室町时代熊野信仰也渗透到武（士）庶（民）之中，各地通往熊野的道路纷纷开通。伊势通往熊野的道路的建立，加深了伊势信仰与熊野信仰的联系。

（6）稻荷。稻荷信仰自古以来在日本人当中拥有十分广泛的信仰层。今天仅稻荷神社就拥有信徒3万余名。日本关东、东北地区均把稻荷神作为宅地神加以信仰。稻荷祭日一般在2月的初午日举行。这也是受伏见大社的影响的结果。此外，日本不少地区在农活开始前及收获后两次祭稻荷神。祭日与山神祭、田神祭十分相近。可见日本人是把三者同作为作物之神加以供奉的。日语中“稻荷”是稻子的果实的意思。据说稻荷神也就是粮灵神。日本的稻荷与狐狸有很深的联系。传说狐狸是山神的使者。日本的渔民根据狐狸鸣叫之声及吃供品时留下的痕迹判断凶吉。稻荷不知不觉又成为渔业神。可以说这是稻荷神信仰的第二次发展。

（7）浅间。自古以来日本民族就把富士山视为神圣的山。日本平安初期祭祀富士山神灵的浅间神社应运而生。浅间信仰实际上就是以浅间神社为媒介的富士山信仰。今天浅间神社总数已达1300余座。这些神社集中在富士山周围以及日本东海地区。静同县的浅间神社是日本富士山信仰的中心。最初浅间神社以祭富士山神为主，后来逐渐把木花关耶姬作为祭典的主要对象。到了平安末期，富士山成了修行者的道场。许多修行者登山来这里求道。江户时代出现了一位名叫长谷川角行的修行者，他整理了富士信仰的教义，组织了一个名“富士讲”“浅间讲”的登山拜佛组织。这个组织在日本农村飞快地发展起来。特别是江户时代出现了空前繁荣局面，号称“江户八百八讲”。日本人称体验过登山求道的人为“先达”。明治时期以浅间登山拜佛组织为基础，出现了几个教派神道。日本人至今仍保持浅间登山拜佛的传统。白装素裹的人们一边唱“六根清净”，一边集体登富士山的情景在日本经常可以看到。

(8) 淡岛。在日本，淡岛神作为治疗妇女病的神受到人们的敬仰。和歌山县的加太神社被人们称为“淡岛明神”。据说各地神社的淡岛神都是从这里请去的。传说淡岛明神是住吉明神的后代，由于患妇女病被流放到淡岛地区。从此，她发誓要祛除妇人疾患。和歌山县粉河町地区人每年三月节时，将一对男女人偶放入水中，使其经过纪川行至淡岛。从日本元禄时代开始，社会上出现一种称为“淡岛愿人”的乞丐。他们携带用红色、紫色碎布拼成的神龛，歌唱淡岛神的功德，周游各地。他们靠苦于妇女病煎熬的妇人们供奉的衣物、镜、香资生活。由于“淡岛愿人”的活动，淡岛信仰也广泛传播开来，拥有十分广泛的支持层。这种信仰在妓女云集的地区威望极高。

十、禁忌

日本人一男一女上街时，女子在右边走；如果挽手行走，是女子挽着男子。三个人上街，中间的位置让给受尊敬的人。日本有送礼的癖好，在送礼时往往采取这样的做法：送些对主人毫无用途的礼品，因为收礼的人可转送给别人，那个人还可以再转送给第三者。日本人对装饰着狐图案的东西甚为反感。狡猾狐狸是贪婪的象征。到日本人家做客，携带的菊花只能有15片花瓣，因为只有皇室帽徽上才有16片瓣的菊花。日本人忌讳荷花。日本忌讳“四”。因为日语中“四”和死同音。所以日本人医院里没有“四”号病房和病床。日本从四月一日到七日叫绿化周，包括街道绿化日、宅旁绿化日、学校绿化日、荒山绿化日、交通绿化日、绿化树木保护日。日本人抽烟只是自己抽，很少主动敬你一支，因为日本人认为香烟是有害身体的。日本人一有伤风咳嗽，外出时就戴上白色的口罩。日本人用大拇指表示“老爷子”，用小拇指表示“情人”。日本人认为龙虾长须，弯腰像个老人，因此喜欢在元旦这天用龙虾作为装饰品，象征延年益寿，长命百岁。

日本人说恭维话的方式也与西方人不一样。西方人会对你个人在贸易上的成就或公司的成就直接表示赞赏，而日本人却常常兜着圈子说。比如，如果日本人想称赞你的修养，他不会直截了当地表示，而是对你办公室的装饰发表些议论，即所谓“借题发挥”。社交活动即便在商务活动中，欧美人也常常邀请谈判对手到家里做客或参加鸡尾酒会。但在日本，这样的社交活动是不常见的。日本人喜欢邀请客人到饭店或餐馆吃饭，然后再到酒吧喝酒。日本商人把招待客户作为影响客户的一个手段。日语中出现了“nominication”这一日英复合词。“nomi-”是日文中喝酒的意思，而“-nication”则来源于英文的“communication”（交际）。由此可见，日本人是很重视吃喝这类交际活动的。

第2节　韩国民俗

韩国主要民族为朝鲜族，占全国民族总人口的99%。韩国是一个民族比较单一的国家。韩国通用韩语，民族服饰为“韩服”。韩服是从中国传入朝鲜的一种汉服样式，后经过朝鲜族人民改动，就形成了今天的韩服。

在朝鲜历史上，世宗大王以前，朝鲜族是没有文字的，所以一直使用中国的汉字。世宗大王创造了韩语。韩语与朝鲜语略有不同。因为战后朝鲜半岛南北长期分裂，南北语言也出现略微差异。一般将韩国惯用的表达方式称为“韩语”，将朝鲜惯用的表达方式称为“朝鲜语”。

第二次世界大战以后，韩国在李承晚统治下始终不重视经济发展，朴正熙上台后，确定了外向型经济的发展战略，开始了著名的“汉江奇迹”。韩国经济开始逐步增长，实现了电子、汽车、钢铁、造船等行业的“三级跳”。韩国农业发展极其缓慢，在国民经济中不占重要地位，在国民生产总值中所占比例日趋下降。粮食自给率不高，且呈下降趋势。韩国曾是个传统的农业国。韩国是农产品主要进口国家，进口量趋于增长，但其农业市场对外国的参与极为敏感，是个对外开放程度较小的经济部门。

一、服饰民俗

韩国服饰最初受中国唐代服饰的影响。唐代时，新罗与唐朝交往非常密切，服饰特点几乎与唐朝无异。韩服的个性发展开始于李氏朝鲜中期。从那以后，韩服特别是女装，逐渐向高腰、襦裙发展，同中国服饰的区别逐渐增大。但官服、朝服等重要礼服，仍一直延续着较多的中国特色。朝鲜战争期间（1950—1953），西式服装进入韩国。到了20世纪六七十年代，由于生活和工作节奏加快，人们觉得韩服太过烦琐，穿着不便，因而洋服流行开来。朝服只有在节日和有特殊意义的日子里才穿。

韩国服饰文化包括传统韩国服装和现代韩国服装，韩服是从古代演变到现代的韩民族的传统服装，优雅且有品位，是韩国的传统服装，也是韩国优秀的传统文化之一。一般来说，韩服的线条兼具曲线与直线之美，尤其是女式韩服的短上衣和长裙上薄下厚，端庄娴雅。男性以裤子、短上衣、背心、马甲显出独特的品位。白色为基本色，根据季节、身份，材料和色彩都不同。在结婚等特别的仪式中，一般平民也穿戴华丽的衣裳和首饰。另外，增加实用性的生活韩服很受欢迎。朝鲜时代随着儒教地位的巩固，衣着上也开始重视形式与礼节。朝鲜时代大礼服是祭礼服。大礼服也称冕服，是宗庙、社稷等祭礼或正初、冬至等大节日里穿的衣服。

二、饮食民俗

主食白米饭，常见的菜肴有以肉、鱼、豆腐、蔬菜等炖煮的火锅，韩国特有的营养丰富的泡菜以及用韩国式的调味料拌制的各类小菜。餐具使用汤匙和筷子。菜馆有多种不同风味的调味品。韩国菜除了辣味以外，还具有独特的色、香、味，令人垂涎三尺。

(1) 韩定食（韩国式客饭）。传承朝鲜时代宫中菜的传统风味，各式小菜摆满桌面，除了泡菜以外，一般不加辣椒粉。蒸、烤、烫、拌等烹调方法各不相同。每家餐厅的食谱、价格也不尽相同，但几乎都有用小麦煎饼包卷肉类、蔬菜等八种小菜食用的“九折坂”，以及加放肉类、鱼类、蔬菜、蘑菇炖煮的火锅“神仙炉”。

(2) 烤牛肉和烤牛排。在多种烤肉中最受欢迎的是烤牛肉（切成薄片的牛肉腌制后烤熟）和烤牛排（腌制后放在铁板上烤熟）。两者皆以生菜、芝麻叶等蘸辣椒酱或豆瓣酱食用。有时附带提供3~5样泡菜或小菜，有的餐厅则需另加点白米饭和汤。

(3) 烤牛里脊。将适当厚度的牛里脊烤熟后，醮少许黄酱，用洗净的生菜等新鲜蔬菜包卷后食用，或醮香油、盐等食用。

(4) 面条火锅。切成薄片的牛肉或海鲜，与各种时令蔬菜以及面条一起，放入烧开的汤锅内，煮熟后即可食用。清淡可口，余味无穷。

(5) 包饭套餐。用新鲜蔬菜，包卷熟肉或其他蔬菜的风味食品。每家餐厅选用主料会略有不同，但大都是用蔬菜加少许酱（黄酱、辣椒酱或混合酱）后，卷包起来食用。与以肉为主的“包肉”不同，主料是蔬菜的包饭，不必担心胆固醇问题。蔬菜的甘苦味，还有助于增进食欲。

(6) 冷面。主要有汤多且爽口的“水冷面”和以辣椒酱调味的辣味“拌冷面”两种。任何季节，在享用烤牛肉等菜肴后，以冷面作主食是最受欢迎的食用方式。“面”有以荞麦为原料制成的平壤式冷面，也有以马铃薯为原料制成的咸兴式冷面。各餐厅的种类皆有所不同，面上加的配料大多以肉类、蔬菜或水煮蛋为主，也有放生鱼片的。面可以用剪刀剪后再食用。

(7) 拌饭。韩国式拌饭，其中“石锅拌饭”是韩国独有的，值得一尝。白米饭上盖上黄豆芽等蔬菜、肉和鸡蛋等，盛在滚烫的石锅内，加适量的辣椒酱后，搅拌后，多种材料的味道相混合形成独特的风味。在大部分的韩国餐厅均可品尝到，全州中央会馆等是有名的拌饭专门店。

(8) 汤茶。利用生姜、桂皮、人参、五味子、大枣、草决明、葛根等中药材，长时间煎熬而成。中药可健身防病，并有治疗功效。因此，韩国人在感到疲倦时，总是饮用中药汤茶，提神防病。

(9) 韩果。自古以来是祭祀的供品，也是婚礼仪式或饮茶时食用的韩国传统点心，有面粉加上蜂蜜、麻油后油炸的油蜜草；茶食与中国的样式相似，加上中药材，以糯米等轧制的姜糖、麦芽糖亦与中国相似。此外还有将水果或蔬菜用蜂蜜腌制而成的蜜饯果，婚礼所用的韩果既可口又美观。

三、居住民俗

韩屋根据儒教观念，区别身份、男女、长幼而做空间上的安排。即根据不同的房型和用一道小围墙把居住空间区分成上中下。里屋和客厅是属于上的空间，是主人居住的地方；离大门最近的行廊斋是属于下的空间，是下人居住的地方；中门间行廊斋是属于中间阶层的守门人居住的空间。

一般的朝鲜上流住宅根据内外有别思想区分为象征女人居住空间的“里”和象征男人居住空间的“外”。这些空间是在一个大宅院内用小围墙区分的。里屋是内部的主要空间，是女主人进行有关家族衣食方面等各种活动的地方。里屋里有保管衣服和寝具类的各种柜子，还有各种小型器具和屏风等。里屋大厅是连接婆婆居住的里屋和媳妇居住的隔壁屋的地方。这里还可以通到院子，是房屋中开放的中心空间。朝鲜时代放置在里屋大厅的家具种类有米仓、橱柜等厨房用具，祭祀时还可以放置祭祀台、烛台、瓷器等。

四、人生礼仪民俗

（1）百日。祝贺婴儿出生 100 天的纪念日。“100”是象征大、完美和成熟的数字。因此，百日宴的意义在于祝贺孩子顺利通过这一过程，并预祝孩子将来健康成长。百日宴一般准备白米饭、放肉的海带汤、绿色蔬菜以及白色蒸糕（主要用粳米）、红豆粉糯米高粱团子、五色松糕等糕点。到了这天，把食物送去邻居家一起享用，人们相信百日糕应该分到百户人家，这样孩子才能无病长寿。收到百日糕的人家也不能把空盘子直接还给主人，而一定要把白色的棉线或者白色的米放在上面还回去，因为棉线和米分别意味着长寿和财富。

（2）周岁。孩子出生满一周岁的那天举办的仪式，意在祈愿孩子幸福长寿。那一天，满周岁的孩子会穿上新衣服，大人还准备年糕和水果为主的食物，并让孩子抓周。通常用新的饭碗和汤碗盛白米饭和海带汤，也摆上绿色的凉拌菜和水果。此外，必须摆上白色蒸糕（主要用粳米）和糯米高粱团子，以及各色水果。除了食物以外，桌上还摆上好些东西，让孩子挑选。根据孩子所抓起的东西，预测孩子将来会成为什么样的人。就桌上摆放的东西而言，男孩子的话，放上米、白色的棉线团儿、书、纸、笔、弓箭等；女孩子的话，则不放弓箭，放上剪刀、针和尺子。

（3）婚礼。男女结成夫妇的终身大事。按照传统的婚礼程序，举行婚礼之前，新郎家把盛放有彩礼（彩缎）和聘书的箱子送到新娘家。新娘家收到箱子后，把箱子放在蒸糕的笼子上，这时候的年糕就叫作封彩糕。封彩糕是糯米蒸糕，通常在上面撒红豆粉，还把 7 颗大枣排成扇形放在最上面的正中央。用糯米做封彩糕的意义在于祝愿新婚夫妻像糯米一样永远黏在一起，和睦相处。年糕为二层，象征一对夫妻。此外，红豆粉象征消灾免祸，7 个大枣象征 7 个儿子，祝愿多子多孙。婚礼仪式通常在新娘家举行。新郎和新娘站在婚礼宴桌面前行礼，来参加婚礼的人都吃面条。第二天，新郎和新娘到新郎家去拜访公婆和其他婆家的长辈，并行大礼，这叫作“弊帛”。虽然各地有所不同，但一般来说，桌上摆放大枣、栗子、肉脯和酒。如今，虽然不举行传统婚礼，但“弊帛”这种风俗仍然保留了下来。

五、社交礼仪民俗

韩国人崇尚儒教，尊重长老，长者进屋时大家都要起立，问他们高寿。和长者谈话时要摘去墨镜。早晨起床和饭后都要向父母问安；父母外出回来，子女都要迎入才能吃。乘车时，要让位给老年人。吃饭时先为老人或长辈盛饭上菜，老人动筷后，其他人才能吃。韩国人见面时的传统礼节是鞠躬，晚辈、下级走路时遇到长辈或上级，应鞠躬、问候，站在一旁，让其先行，以示敬意。男人之间见面打招呼互相鞠躬并握手并只限于点一次头。鞠躬礼节一般在生意人中不使用。和韩国官员打交道一般可以握手或是轻轻点一下头。女人一般不与人握手。在社会集体和宴会中，男女分开进行社交活动，甚至在家里或在餐馆里都是如此。

在韩国，如有人邀请你到家吃饭或赴宴，你应带小礼品，最好挑选包装好的食品。席间敬酒时，要用右手拿酒瓶，左手托瓶底，然后鞠躬致祝词，最后再倒酒，且要一连三杯。敬酒人应把自己的酒杯举得低一些，用自己杯子的杯沿去碰对方的杯身。敬完酒后再鞠个躬才能离开。做客时，主人不会让你参观房子的全貌，不要自己到处逛。你要离去时，主人送你到门口，甚至送到门外，然后说再见。

韩国人用双手接礼物，但不会当着客人的面打开。不宜送外国香烟给韩国友人。酒是送韩国男人最好的礼品，但不能送酒给妇女，除非你说清楚这酒是送给她丈夫的。在赠送韩国人礼品时应注意，韩国男性多喜欢名牌纺织品、领带、打火机、电动剃须刀等。女性喜欢化妆品、提包、手套、围巾类物品和厨房里用的调料。孩子则喜欢食品。如果送钱，应放在信封内。

六、岁时节日民俗

（1）新年。通常在阳历 1 月底或 2 月初到来的被韩国人称作新年的农历正月初一，是传统最盛大的节日。全家人聚集一堂，穿上最好的衣服，举行祭祖仪式。祭祀后享用丰盛的家宴，家庭中的晚辈向长辈拜年。

（2）元宵节。韩国人称阴历正月十五“上元”为“大望日”。人们对正月十五的喜爱不亚于新年。这一天人们要节食，吃用 5 种以上谷物煮制的五谷饭，祈愿丰年。这一天还要吃花生、松子、栗子等坚硬的果实，吃的个数要与自己年龄相同，边吃边祈愿健康。据传这一天，还有一大早就起来，喊“卖暑了”，向别人卖暑的风俗。如果把暑卖

掉，就可以保证今年夏天不会中暑。在正月十五的民俗游戏中，最有代表性的是“放风筝”和“放鼠火”。“放鼠火”是指在正月十五的晚上火烧田埂上的杂草，用来赶走杂鬼，迎接神圣的春天。杂草燃烧起来，会烧死害虫的蛋卵，赶走老鼠，还可为田造肥。放风筝是世界人民都喜爱的一种游戏。韩国人主要在阴历正月初一到十五之间放风筝。大都在风筝上挂上写有“去祸迎福”的条幅，等到太阳落山时就拉断丝线放飞风筝，据传这有助于防止疾病、事故、荒年等，即去祸迎福。

（3）斗牛节。韩国的斗牛习俗可以追溯到农耕时代，起初是牧童闲来无事取乐解闷，后来发展成为部落或氏族显示势力的一种手段。1910—1945 年日本占领朝鲜半岛时期，斗牛比赛因易于聚集人群、鼓舞士气而为当时的占领者所惧，被迫中止。直到 20 世纪 70 年代，斗牛比赛才又开始逐渐盛行。清道郡举行成规模的赛事始于 1990 年，到 1995 年已经发展成“韩国之最”。每年 3 月，庆尚北道的清道郡就成了斗牛爱好者云集的地方。

（4）佛诞节。佛教是韩国最大、最为活跃的宗教之一，拥有数以百万计的信徒。韩国佛教信徒每年 5 月举行仪式庆祝佛诞日（农历四月初八）。佛祖释迦牟尼的生日为农历四月初八日，每年的这一天都要举行隆重的仪式，欢庆佛祖释迦牟尼的诞生。

（5）中秋节。在韩国人的心中，中秋节是不亚于甚至高于春节的传统民俗节日。韩国的中秋习俗中，有一项重要的内容，就是传统舞蹈“强羌水越来”。该舞蹈被韩国列为第八号非物质文化遗产。该舞蹈是由一群妇女身着韩服，手拉手围成圆圈载歌载舞。其渊源十分有趣。据说是古时候敌军入侵时，妇女们围着村落旁的山峰转圈，让远处观察的敌军误以为有伏兵伺机而动，望而生畏。后来则逐渐演变成了中秋节日的一项传统民俗舞蹈。

七、工艺美术民俗

（1）书法。朝鲜王国的书法最初是崇尚笔触典雅灵秀的赵孟頫体。世宗第三子安平大君的赵体书法造诣之高无与伦比。韩沪也是韩国书法史上的重要人物，他至诚地师法王羲之，创造出自己的风格。19 世纪涌现了一些与 16 世纪到 17 世纪初的中国书法家如文徵明等有渊源的有特色的风格。这种新趋势的出现来源于韩国同中国清朝的密切的文化接触。一批文人学者热心于进行这种接触，因为他们急切希望以清朝为榜样，寻求改善人民生活和建设国家的切实可行的途径。朝鲜时代最伟大的书法家是实学派的金正喜。金正喜是杰出的书法家和学者，他建立了人称“秋史派”的风格。他的书法脱胎于中国隶书，但是他在布局上富于画感，善于在不对称中见和谐，而且笔触有力无比，笔下的字充满活力。由于这些才能，他终于创造了自己特有的生动有力的风格。在20世纪的头二三十年，尚有少数朝鲜时代书法家健在，但是，在1920年左右日本书法的影响开始出现。自从第二次世界大战结束以来，传统书法只是作为一门次要艺术保存了下来。20世纪60年代以来的新趋势是书法使用韩国字母书写。

（2）雕塑。从20世纪60年代到70年代，由于政治和社会的变化以及国家经济的迅速发展，韩国雕塑取得了显著发展。在这个变化惊人的过渡时期，韩国雕塑艺术出现了具有国际影响的现代艺术运动的两大潮流。第一股潮流是20世纪50年代末到60年代初开始传入韩国的所谓“反形式抽象主义”。这个运动随着韩国先锋派艺术协会的成立而迅速发展，在整个60年代为韩国雕塑界注入了新的活力。这一派雕塑家拒绝传统的学院派现实主义所尊重的一切自然形式，追求通过非表象形状自发地表现他们的情感。到了70年代，这种情感抽象主义面临另一派坚持对立概念与风格的新的艺术运动的有力挑战，这一派叫作“雕塑概念主义”。雕塑概念主义追求“纯”抽象，不受一切情感上的联系和内涵意义的拘束。在风格上，这个运动的艺术家主张简单、率直的形式，明显不同于上一代反形式先锋主义派的复杂和隐晦。80年代，雕塑家的人数和雕塑活动空前增长。一些年轻艺术家开始怀念过去的比较富于人情味的倾向。

八、游艺民俗

传统舞蹈最早始于史前时代的宗教仪式。当时各部落在神坛祭典时，常伴有集体歌舞，这样的歌舞随时代的变迁逐渐演变成固定的形式。三国时代的高句丽古墓上就出现了载有人们跳舞场面的壁画；而高丽时代（918—1392）的大型燃灯会（一种佛教的法会）和八关会（向上帝祈愿太平盛世的活动）等国家举办的活动也包含有跳舞的内容。到朝鲜时代（1392—1910），舞蹈以初、中期的宫廷舞蹈、后期的民俗舞蹈为中心得到发展。宫廷舞蹈指在宫中宴会和招待贵宾的盛筵时所跳的舞蹈，大部分是赞扬王室尊严、威严的内容。舞者的服饰以华丽、艺术为特征。宫廷舞中较具代表性的是剑舞、鹤舞和处容舞。民俗舞蹈则随农业生产力的提高和工商业的发达在民间得到了很大发展，不仅有直接表现老百姓生活、感情的内容，还包含有对社会现实的批判。最具代表的是假面舞、山台假面剧、僧舞、巫俗舞、傀儡戏、太平舞、闲良舞、驱邪舞等。其中的面具舞和山台假面剧借讽刺官僚和僧侣的内容而对当时的社会进行了讽刺。而划归于现代民俗舞蹈的长鼓舞、扇子舞则是在1930—1960年创作出来的。此外，还有佛教仪式上的铜钹舞、法鼓舞、蝴蝶舞等及孔庙祭典、宗庙祭典上的舞蹈。

九、宗教和世俗信仰

（1）佛教。佛教约在4世纪经由中国传到朝鲜半岛。不同于追求个人解脱的南方佛教，韩国信仰的是追求普度众生的大乘佛教。到今天，佛教成为占全体宗教人口40%以上的韩国最大的宗教。

（2）天主教。天主教于18世纪传入韩国。当时在争权夺利中处不利地位的“南人派系”从西方引进学问，开始研究“西学”，这是天主教传入韩国的开端。因此，韩国的天主教是主动引进的，这种情况在世界上并不多见。但天主教在传入韩国初期遭到了迫害，殉教者很多。当时朝鲜坚持锁国政策，把天主教徒看成国家政策的挑战者。目前，天主教徒占全体宗教人口的20%左右，是韩国第三大宗教。

（3）山神祭。韩国人从原始时代起便开始崇拜自然，认为万物有灵。山有镇山神，也叫“山神”。山神掌管着人间的旱、涝、病、死。韩国人从三国时代开始，就为了祛病祛灾，在许多有名的山上设立山神堂，供着神位，每年春秋两季进行祭祀。即使在现代文明高度发达的今天，韩国许多地方依然保留着祭祀山神的活动。每年端午节，在江陵的大关所进行的“城隍祭”便是山神祭的一种。

（4）城隍祭。祭祀城隍的庙坛称城隍堂。韩国信奉城隍的习俗系高丽时从中国传入的，逐渐普及民间。城隍堂多建于老树下、山岭间或村子的一头，是用石块砌起来的。祭祀时，全村推选出祭主，共同筹集经费。平时，人们路过城隍堂，要鞠躬行礼，有的人还在堂前放块石头或插棵松枝，吐三口唾沫。

十、禁忌

韩国人禁忌颇多。逢年过节相互见面时，不能说不吉利的话，更不能生气、吵架。农历正月头三天不能倒垃圾、扫地，更不能杀鸡宰猪。寒食节忌生火。生肖相克忌婚姻，婚期忌单日。渔民吃鱼不许翻面，因忌翻船。忌到别人家里剪指甲，否则两家死后结怨。吃饭时忌戴帽子，否则终身受穷。睡觉时忌枕书，否则读书无成。忌杀正月里生的狗，否则三年内必死无疑。

与年长者同坐时，坐姿要端正。由于韩国人的餐桌是矮腿小桌，放在地炕上，用餐时，宾主都应席地盘腿而坐。若是在长辈面前应跪坐在自己的脚底板上，无论是谁，绝对不能把双腿伸直或叉开，否则会被认为不懂礼貌或侮辱人。未征得同意前，不能在上级、长辈面前抽烟，不能向其借火或接火。吃饭时不要随便发出声响，更不许交谈。进入家庭住宅或韩式饭店应脱鞋。在大街上吃东西、在人面前擤鼻涕，都是粗鲁的。

在韩国人面前，切勿提“朝鲜”二字，也不要把“首尔”说成“京城”。照相在韩国受到严格限制，军事设施、机场、水库、地铁、国立博物馆以及娱乐场所都是禁照对象，在空中和高层建筑拍照也都在被禁之列。

第 3 节　泰国民俗

泰语是泰国的官方语言，属壮侗语系的台语族。泰语是一种分析型语言，不同的声调有区分词汇和语法的作用。泰国共有 30 多个民族，泰族为主要民族，占人口总数的 40%，其余为老挝族、马来族、高棉族，以及苗、瑶、桂、汶、克伦、掸、塞芒、沙盖等山地民族。泰语为国语。94%的居民信仰佛教，马来族信奉伊斯兰教，还有少数信奉基督教、天主教、印度教和锡克教。

泰国实行自由经济政策，属外向型经济，较依赖美、日、欧等外部市场。20 世纪 80 年代以来，制造业尤其是电子工业发展迅速，经济持续高速增长。

一、服饰民俗

泰族服饰在民族服饰中相当具有特点，少女的服饰更是如此。妇女服饰上身服装淡雅，下身大红大花，扎包头，发上插各种花、梳子或装饰等，与过去基本相同。不同的是料子的质量、花色品种、服装的式样等，都有了很大的改进。她们一般都喜欢穿绯色的紧身小背心（胸前缝有各色花边），外面穿的是紧身短上衣，圆领窄袖，有大襟，也有对襟，有淡红色、淡黄色、青绿色和天蓝色等；下身穿筒裙，一直长齐脚背，色彩鲜亮美丽，大都用丝绸、缎子、的确良、锦纶等料子缝制。腰间系一根工艺精细的银腰带，宽一寸多。妇女的衣服、筒裙都紧紧地裹住身子，将人体的线条勾勒得更加流畅。男子一般穿无领对襟小袖衫，下穿长管裤，用白布、蓝布、红布包头。近年来出现了有领对襟或大襟的小袖衫，头巾改为水红色、绿色、粉红色的绸子，裤子依旧。

二、饮食民俗

泰国美食国际知名。无论是口味辛辣的还是较为清淡的，和谐是每道菜所遵循的原则。泰国美食的特点要根据厨师、就餐人、场合和烹饪地点情况而定，以满足所有人的胃口。泰国烹饪最初反映了水上生活方式的特点。水生动物、植物和草药是主要的配料。

因为有佛教背景，泰国人避免使用大块动物的肉。大块的肉被切碎，再拌上草药和香料。泰国传统的烹饪方法是蒸煮、烘焙或烧烤。受中国影响，引入了煎、炒和炸的方法。17 世纪以来，烹饪方法一直受到葡萄牙、荷兰、法国和日本的影响。17 世纪后期，葡萄牙传教士在南美洲习惯了红辣椒的味道，于是在泰国菜中引入了红辣椒。

泰国人非常擅长“暹罗-伊势”的外国烹饪方法，并替换一些成分。印度饮食中使用的酥油被椰子油取代，椰子汁代替了其他乳制品。减少使用过于强烈的纯香料，增加了新鲜的草药。泰国菜上菜不是按照一定的顺序，而是一次上齐，这样用餐的人就可以尽情享受各种味道的相互补充，相互结合。

三、居住民俗

泰国农村广大地区的居民大都居住在高脚屋里（即干栏式结构），楼上住人，楼下放置农具、柴火，饲养牲畜和家禽（猪、牛、鸡等），木墙瓦顶（也有木顶、草顶）。住人层分内、外两房，内房为卧室，为家庭成员住房，不经允许外人不得入内。外房为客厅和家庭用房。室内一般为竹板地板。城市居民大都住泰式风格现代化楼房。

四、人生礼仪民俗

按泰族人的习惯，一个青年男子结婚前，必须建造一幢自己的房屋。而这幢房子通常要建在他岳父的宅院里。结婚后，要同妻子家的人一起生活。现在这种习俗已不再为人们所遵守，既可以同新娘在岳父家生活，也可以将新娘带回自己的父亲家生活，或自己单独生活。泰人结婚前，一般都要先举行订婚仪式。

泰族人实行一夫一妻制，但社会上仍有一夫多妻的现象存在。女子在家庭中的地位与男子平等，男女孩均可继承家庭财产。农村田间劳动由男女双方共同承担。泰族人死后一般均请僧侣来念经超度，然后实行火葬，过去将尸体运往野外用柴焚烧，现在则送到附近寺庙用先进的火葬设备火化。

五、社交礼仪民俗

现代的泰国人姓名跟西方人的姓名一样，即名在前，姓在后。平时相互称呼，只称名，不称姓。妇女婚前随父姓，婚后一般随夫姓；如不随夫姓，丈夫遇意外死亡，不得继承其遗产。此外，泰国人在称呼时，在每一个人的姓名前都有冠称，而且不同的身份使用不同的冠称，以区别男女和身份。一般平民百姓，男孩的冠称为“艾努”，女孩为“伊努”，或“努十名”，意为“小鬼”。成年男子的冠称为“乃”（先生），已婚女子冠称为“娘”（女士），未婚女子冠称为“娘藻”（小姐）。有学位或专业技术职务者，以其学位如博士，或职称如教授、副教授、讲师、工程师、医师等来冠称。军警则以其军衔或警衔代冠称，退役后，只要未被剥夺军衔，仍可以旧衔冠称。王族成员内，国王的嫡子（包括女儿）冠称为“昭法”，国王的庶子或昭法的嫡子冠称为“帕翁昭”，照法的庶子或帕翁昭之子为“蒙昭”，蒙昭的子女为“蒙拉差翁”，蒙拉差翁之子女为“蒙銮”。按规定，蒙昭以上才称得上王室嫡族，够称亲王，以下不算亲王。

六、岁时节日民俗

（1）万佛节。每年阴历三月十五为万佛节，如是闰年则改为阴历四月十五。传说佛教的创始人释迦牟尼于这一天在摩揭陀国向前去王舍城竹林园大殿集会的1250名罗汉首次宣讲佛教教义。泰国从1913年起将这一天作为官方例假。

（2）宋干节。每年阳历 4 月 13 日—15 日为宋干节，俗称泼水节，即泰国的新年，这一节日是泰国最隆重的节日，节日活动内容丰富，主要活动是泼水。这一天，家家门口备有清水，洒泼相识的人和过路行人，以示祝福。

（3）春耕节。每年阳历 5 月为春耕节，其具体的日子在每年雨季开始后由王室办公室公布。节日的这一天，由国王在曼谷王家田广场主持春耕播种仪式，祈求天神保佑丰收。此仪式源于婆罗门教。

（4）吠舍佉节。每年阳历 6 月 15 日为吠舍佉节。“吠舍怯”是按音译的梵语，意为印度梵历二月。这一天是释迦牟尼诞生、成道和涅槃的纪念日。世界佛教徒联谊会于 1954 年在仰光召开的第三次大会上，规定为“世界佛陀日”。现已成为泰国法定的节日。

（5）水灯节。每年阴历十二月十五日为水灯节。源于佛教徒敬奉古印度耐秣陀那提河沙滩上的佛陀的脚印。这一天晚上，人们把制作精巧、美观的水灯放入河中，任其漂流。这被看作敬奉河中龙王，祈求风调雨顺之举。

七、工艺美术民俗

（1）泰国杧果木工艺。泰国是世界上最适合杧果树生长的国家之一，泰国产的杧果木具有木质紧密、质地粗厚、易于加工处理且不易开裂等优点。泰国民间的杧果木手工业已经有几百年历史。杧果木工艺品，采用泰国优质杧果木精制而成。

（2）泰国大象工艺。泰国是世界上产象大国，被称为“象之国”。大象是泰国人心中的尊贵动物，是力量与优雅的象征；大象是荣誉和吉祥的象征，受到国王的宠爱。大象工艺品，纯手工精工雕刻而成，充满异域风格，如同艺术品一样精致，不仅具有实用价值，还可以当作摆件，送朋友或放在家中都是非常有品位的选择。

（3）竹编。以纯天然竹子为原料、精心制作，采取特殊工艺处理，产品达到不发霉、不开裂、不生虫的三防效果，颜色鲜艳的田园风，外形漂亮、环保自然，贴近生活，让家的感觉更加舒适轻松自在。不仅可以用来当作果盘，还可以用作收纳篮。

（4）泰丝。有不计其数的不同颜色和吸引人的设计，泰丝普遍用于衣物制作上，也有根据长度而出卖的布料，或者时尚成衣等。经过近年来的生产，泰丝采用了更多的重量，生产成为理想的布料、室内装饰品和其他的家庭装备。另外，这种丰富的织品也使用于地面的席垫、餐巾、领带、围巾和其他各种装饰品，并且还有制作精妙的纪念品，包括首饰盒到笔记本等。

八、游艺民俗

（1）泰拳。泰国的传统搏击技术，特点是可以在极近的距离，利用手肘、膝盖等部位进行攻击，是一种非常狠辣的武术。在武学里有文练、武练、横练，泰拳属横练，具有很强的杀伤力。近年由于瘦身热潮，有人利用泰拳的高热量消耗来代替带氧舞蹈。

（2）人妖。主要指的是专事表演的从小服用雌性激素而发育的男性。其中部分是变性人（外生殖器做了手术），而大部分仍然是“男人”，只是胸部隆起，腰肢纤细，完全丧失了生育能力。大多人妖都很漂亮，通常手脚较大，并可通过声音鉴别。在泰国，有“不看人妖就等于没有到泰国”的说法。泰国人妖主要集中在芭堤雅和普吉岛附近一带，其人妖已经成为泰国旅游业的支柱产业。

九、宗教和世俗信仰

（1）佛教。13 世纪，泰国统治者大力推崇佛教，积极引进斯里兰卡（锡兰）的上座部佛教（或称小乘佛教）。此后，佛教在泰国迅速传播，并成为泰国的国教。泰国宪法规定，国王必须是佛教徒和宗教的维护者。泰国的男子上至国王，下至平民，一生中均须剃度出家一次。为期至少 7 天，一般为 3 个月，也有长期为僧不还俗的。在泰国削发为僧被视为一种社会资历，受到尊敬。在农村，没有出家的男子，则被视为“粗野人”。佛教对泰国社会生活影响巨大，国家庆典、军队的阅兵仪式、商行开张、婚礼喜庆，都请僧侣到场诵经祝福；丧葬祭祀，也须由比丘诵经超度。

（2）基督教。基督教是于 16 世纪初至 17 世纪随着西方殖民主义者入侵泰国的时候传入的。目前，泰国有天主教堂 400 多座，神职人员 4000 多人。天主教团体 30 多个。教会学校 130 多所，学生约 15 万。全国有基督教徒约 30 万，其中天主教徒超过 60%，其余属于新教各派。全国共分为曼谷和沙功那空两个大主教区。

（3）伊斯兰教。泰国穆斯林约占总人口的 8%。各地文化、风俗和语言都不相同，但以信仰为共同基础，到处建造有类似的清真寺。泰国穆斯林大多属于逊尼派，极少数为什叶派。全国有清真寺约 3000 座，最大的清真寺为北大年的中心清真寺和曼谷的清真大寺。较大的清真寺还设有经学院、阿语学校、讲习所等。

（4）其他宗教。泰国还有印度教、婆罗门教和锡克教等。印度教徒几乎全是印度侨民，而且大都聚居在曼谷。婆罗门教目前在曼谷和泰南洛坤府有几座婆罗门教寺庙及图书馆。锡克教，现在曼谷有一座锡克教寺庙、一所锡克教徒子弟中学、一所锡克教卫生所。

十、禁忌

不要触及他人头部，也不要弄乱他人的头发。在泰国，人的头部被认为精灵所在的重要部位。如果你无意中碰及他人的头部，应立即诚恳地道歉。泰国人忌讳外人抚摸小孩（尤其是小和尚）的头部，小孩子的头只允许国王、僧侣和自己的父母抚摸。即使是理发师也不能乱动别人的头，在理发之前必须说一声“对不起”。泰国人睡觉时，头部不能朝西，因为日落西方象征死亡，只有人死后才能将尸体头部朝西停放，泰国人建筑房屋时，也习惯房屋坐北朝南或坐南朝北，而不朝西。此外，蓄须也被认为不礼貌。

泰国人认为人的右手清洁而左手不洁，左手只能用来拿一些不干净的东西。因此，重要东西用左手拿会招来嫌弃。在比较正式的场合，还要双手奉上，用左手则会被认为鄙视他人。与左手一样，脚掌也被认为不净。入座时，应避免将脚放在桌子上。用脚尖撞人或指人都会被严厉地呵斥，也绝对不能把脚掌冲向佛。泰国人认为脚部是卑贱的，只能用来走路，不能干其他事情，如用脚踢门和用脚指东西等。坐时，不要跷起脚和把脚底对着别人。妇女落座，要求更为严格，双腿必须并拢，否则会被认为不文明，缺乏教养。

在泰国，婴儿落地，接生者只能用竹刀割断脐带，而不能用剪刀。婴儿出生后，把婴儿的胎盘放在瓦锅里，等孩子满月后才埋到屋后。初生的婴儿每日都得放到冷水中浸泡几次，直到他面白唇紫时，才抱出来，据说这样可以防止孩子得病。邻里亲友探望产妇时，不能谈论冷热、汗疹、生病和死亡等事情。泰国人不用红笔签名，因为泰国人死后，要在棺材口写上其姓氏，写时用的是红笔。在人经常走过的地方，如门口、房顶等处禁止悬挂衣物，特别是裤衩和袜子之类。在一些农村里，忌赞美别人小孩子长得漂亮。不能拣水灯。泰国人在泰历的每年 12 月月圆时要举行水灯节，这是泰国最热闹的一个节日。在观看水灯时一定要注意，无论那水灯多么精致美丽，都绝对不能捡起来，否则就会受到严厉的惩罚。

第 4 节　新加坡民俗

新加坡是一个城市国家，原意为“狮城”。官方语言为英语、汉语、马来语、泰米尔语，在华人中也流行闽南语、粤语、潮语、客语、琼语、福州话等。新加坡公民主要以种族区分，包括华人、马来人、印度人以及其他种族。每平方千米达 7000 多人，是世界上人口密度最大的国家之一。新加坡的华人基本源自中国福建、广东和海南等地，其中大部分是福建人。据统计，福建后裔约占新加坡总人口的 47%，如漳州人、莆田人、泉州人、福建客家人等，福建后裔约占新加坡国会议员的一半。另外还有潮汕人、客家人等。主要宗教为佛教、道教、伊斯兰教、基督教和印度教。

新加坡属于中等发达国家。自 1965 年从马来联邦脱离，工业化推动了新加坡的经济转型。主要有制造业，包括炼油、石化、修造船、电子电器、纺织、交通设备等部门。新加坡是世界第三大炼油中心。电子工业是增长最快的部门，但面临着其他亚洲国家的竞争。政府正致力于提高生产率，以在低成本、高技术领域保持竞争优势。

一、服饰民俗

新加坡不同民族的人在穿着上有自己的特点。马来人男子头戴一顶叫“宋谷”的无边帽，上身穿一种无领、袖子宽大的衣服，下身穿长及足踝的纱笼；女子上衣宽大如袍，下穿纱笼。华人妇女多爱穿旗袍。政府部门对其职员的穿着要求较严格，在工作时间不准穿奇装异服。娘惹装最能展示华人与马来文化融合美的精髓，其是在马来传统服装的基础上，改成西洋风格，加上中国传统的花边修饰。颜色不仅有中国传统的大红粉红，还有马来人的吉祥色土耳其绿。珠鞋也是娘惹装的重要部分，将微如米粒的珍珠，用细如发丝的针线，一颗颗缝起来。一双娘惹珠鞋，往往要用上千粒珠子，花两三个月的时间完成。

二、饮食民俗

新加坡是一个多民族的国家，有华人、马来人、印度人以及西欧人等。因其种族的多元化，新加坡的饮食丰富多彩。无论是中式菜肴、西式快餐、日本料理、韩国烧烤、泰国餐、印度尼西亚餐，还是马来风味、印度风味的饮食，这里都有。新加坡被称为美食天堂，在这里不用出门，就可以吃到异国的饮食。

新加坡也有自己的特色菜，这是由长住马来西亚、新加坡的华侨，融合中国菜与马来菜所发展出来的家常菜。另外，具有代表性的新加坡食物有海南鸡饭、福建炒面、鲜蛤炒果条、炒萝卜糕、酿豆腐、沙煲饭、云吞叉烧面、虾面、卤面、鱼丸果条面、牛肉粉、鱼头米粉、肉骨茶、山瑞汤、鱼头炉等，各式点心和粥类也很可口，如炸香蕉、五香虾饼、水晶包、春卷、潮州式薄饼、黄梨饼、皮蛋粥、猪肉粥、鱼粥、鸡粥、鸭粥等。早期的中国移民，沿用福建、广东的饮食习惯、风味，加上自己的风格，逐渐形成了新加坡自己的特色食物。粤菜是新加坡最受欢迎的中国菜，以清淡及推陈出新闻名，从简单的叉烧面到精心制作的上汤鱼翅或脆皮乳猪，都令人食欲大增。新加坡的许多餐馆在午餐时推出粤式点心，以蒸或炸的点心为特色，颇受欢迎。除了粤菜，其他有名的中国菜还有北京的烤鸭、上海的鳝鱼、潮州卤鸭、海南鸡饭、客家酿豆腐与辛辣的四川菜等。沙爹烤肉串是最受当地人及西方游客喜爱的食物，一串串腌好的牛肉、羊肉或鸡肉在火炭上烤熟后，再蘸上花生及椰浆调制而成的沙爹酱，非常美味。

新加坡附近水域的海产丰富，品质鲜美，龙虾、螃蟹、虾、贻贝、墨鱼及各种海产品都是上桌的好菜，海鲜受到欢迎也使一些餐厅专卖各种海鲜。一般而言，东海岸一带的海鲜餐厅收费较市区的许多餐馆便宜。

三、居住民俗

新加坡政府的住房原则：居者有其屋。由政府建屋局统一规划、布点、设计，交建筑商修建，建屋局派工程监理员监管工程品质。工程完工后由政府建屋局，独立监理单位等验收。之前，建屋局对本国公民符合申购新屋条件的公民排号，按号选房，并给予购屋补贴，大约为房款的1/5。成人子女不论婚否都可单独申购政府新屋，在享受同等补贴待遇后，若选新房靠近父母组屋，还可额外享受一笔可观的购房补贴。这样优待购房子女的目的，是为了培养子女孝敬父母，方便子女随时经常看望和帮助年老父母，促进家庭和谐，减轻社会扶老助老的社会成本。政府建屋局修建的组屋多近地铁站周围，方便公民出入，距地铁站稍远的组屋区，还有短途巴士衔接。在整个组团内均衡分设托儿所、幼儿园若干，小学、中学、书院数所。在地铁站附近建有大型购物中心，生活、娱乐、卫生、银行、治安等一应俱全。

四、人生礼仪民俗

在新加坡人眼中，男婚女嫁是件大事，不论华人还是马来人都很重视。马来人的婚事要经过求亲、送订婚礼物、订立婚约等程序。新加坡的华人讲求孝道，如有老人行将去世，其子孙必须回家中守在床前。丧礼一般都很隆重。

五、社交礼仪民俗

新加坡人举止文明，处处体现着对他人的尊重。他们坐时，端正规矩，不将双脚分开，如果交叉双脚，只是把一只腿的膝盖直接叠在另一只腿的膝盖上。他们站立时，体态端正，而不把双手放在臀部，因为那是发怒的表现。

在社交场合，新加坡人与客人相见时，一般都施握手礼。男女之间可以握手，但对男子来说，比较恰当的方式是等妇女先伸出手来，再行握手。马来人则是先用双手互相接触，再把手收回放到自己胸部。新加坡人多食米饭，有时也吃包子等，但不喜食馒头。马来人用餐一般用手抓取食物，他们在用餐前有洗手的习惯，进餐时必须使用右手。饮茶是当地人的普遍爱好，客人来时，他们常以茶水招待，华人喜欢饮元宝茶，意为财运亨通。新加坡公共交通事业较为发达，每个车站都标有明显记号。新加坡是个多民族的国家，商店的分布也有民族特点。如东部地区有个“马来市场”，主要出售马来服装食品。新加坡政府极力阻止付小费，即便是对服务员的额外服务付小费，对方也有可能拒收。

六、岁时节日民俗

（1）农历新年。农历新年来临之际，牛车水（Chinatown）沿街彩灯高悬，一派繁荣景象。这时，小摊贩们也开始出售各种传统节日礼品，如嫩柳、小橘树、梅花以及各种风味小吃，如肉干。象征着吉祥的红色和金色装饰在商店里随处可见，舞龙狮的敲锣打鼓声震耳欲聋。除夕夜，华人家庭都会聚在一起吃顿团圆饭。在新年的第一天（即农历正月初一），每个孩子都可以得到一个红包和代表好运的金橘。每年农历新年会举行春到河畔迎新年活动。

（2）圣诞节。新加坡的圣诞节非常热闹，在这个一年里最为抢眼的庆祝活动中，成千上万的彩灯将乌节路的主要商业区点缀得异彩纷呈。为了争得“最佳装饰建筑”荣誉，街道两旁的餐馆和商店都修饰一新。街头演唱诗歌以及其他特殊形式的慈善活动也增添了圣诞节日气氛。节日的宗教意义也没有被人忘记，教堂会在圣诞节前夕和圣诞节举办特别的活动来庆祝这一节日。

（3）屠妖节。庆祝光明战胜黑暗、正义击败邪恶的节日。屠妖节亮灯仪式标志着庆祝活动的开始。节日期间，人们去寺庙做祷告。每个家庭也会烹煮香浓四溢的节日佳肴。小印度的寺庙和街道用彩灯和花环精心装饰，再加上五彩的拱门，整个地区被点缀得格外耀眼。

七、工艺美术民俗

（1）新加坡蜡染。一种蜡染的印花布，有新加坡产品、马来西亚产品、印度尼西亚产品，各具特色，其中以新加坡产的最便宜最时髦。它由机器印染，花色相同的较多。马来产品以花和蝴蝶图案居多，色彩艳丽，价格适当，为馈赠佳品。自用的话，可买印度尼西亚蜡染，它的别名“纱丽”更为世人所知，设计多用条纹及黑、黄色调，手绘制品更是出色。

（2）新加坡皮革。主要是鳄鱼皮和爬虫类的皮革制品。由于从养殖鳄鱼到加工皮革都在新加坡国内进行，所以价格便宜，具有吸引力，也确立了其在新加坡的特产地位。其中鳄鱼皮的皮包、鞋子、小装饰品等，种类丰富。

（3）鱼尾狮纪念品。鱼尾狮是新加坡的代表物之一，有各种鱼尾狮纪念品如钥匙扣、摆设、杯等。

八、游艺民俗

（1）新加坡木偶戏。此游艺受新加坡四大种族文化的启发，通过古老的歌舞艺术形式，融入新加坡传统戏曲和现代舞等元素。随着民族鼓声的阵阵响起，象征华人、马来人、印度人和娘惹族的舞者，身着融入各族特色元素的艳丽服装，通过现代化的舞蹈动作，在交织着传统鼓乐和电子乐的现代曲调中，翩翩起舞，将新加坡多元文化的神采呈现给观众。

（2）新加坡舞蹈。舞者和鼓手身着红黑铠甲装，如同穿越时空的海洋之神。表演融合了打击乐器、现代舞蹈和精妙配乐，行云流水。震撼鼓声与舞者的舞步完美结合，共同呈现在舞台上，将观众带入一个奇幻的世界。舞蹈完美结合传统与现代，刚柔并济，并以“鼓”为主题元素，更显动感有力。

九、宗教和世俗信仰

(1) 佛教与道教。早期的华人移民，如同其他种族的移民一样，带来了他们的宗教信仰与习俗。不同籍贯的华人，各自兴建庙宇，让善男信女参拜。其中有一些庙宇，已成为国家古迹，如天福宫、双林寺和凤山寺等。在新加坡，绝大多数的佛教徒，是属于大乘教派，其次是小乘、金刚乘和其他教派。

(2) 兴都教。印度人也把他们的宗教、文化和艺术带到了新加坡。他们早期的宗教事迹，是在新加坡不同地区兴建兴都庙，其中大部分是以南印度的风格为主。兴都庙成为许多印度节日与庆典的焦点。印度人的生活深受宗教的影响，而他们的生活中的不同阶段，也要进行各种宗教仪式，大部分的印度家庭都设有祭坛或祷告室。

(3) 基督教会。莱佛士登陆新加坡 4 个月后，他把一块土地赠送给伦敦宣教会。5 个月后，第一位传教士抵达新加坡。最初数十年里，一些不同的团体，对新加坡的基督教教会的发展做出独特贡献，包括西方商人族群、马六甲的海峡华人族群、海外传教士，以及印度与中国的基督徒移民。神学院与圣经学院也随着成立。

(4) 伊斯兰教。马来人或巴基斯坦血统的信徒基本上属于伊斯兰教的逊尼派，另外也有少部分的印度人和华人信奉伊斯兰教。新加坡建有伊斯兰教堂共 80 座，当中较为著名的有哈贾法蒂玛教堂和苏丹教堂。

(5) 锡克教与其他。锡克教在新加坡有 7 间锡克庙，如中央锡克庙，是锡克教徒的主要圣地。犹太教在新加坡设有两个会堂，其中马海阿贝犹太庙建于 1878 年，是东南亚最古老的犹太会堂。

十、禁忌

新加坡华人在饭馆里吃饭时，常用筷子和瓷匙。如果外国人需要，饭店会提供餐叉和汤匙，但一个外国旅客如能使用或试着使用筷子，将会被认为恭敬的表现。有时用手指帮忙是允许的，尤其是在吃鸡或其他禽类时。马来人和印度人可能用右手代替筷子，用芭蕉叶代替盘子。当采用马来人和印度人的方式吃饭时，应向主人请教或模仿他的做法。用餐时不要把筷子放在碗或装菜的盘子上，不用时，也不要交叉摆放，应放在托架、酱油碟或放骨片的盘子上。如有海员、渔夫或其他爱好划船者同席，不要把盘子里吃了一半的鱼翻转过来，因为那将预示翻船，要把鱼骨移开，从上面吃到下面。

在社交性的谈话中，切忌议论政治得失、种族摩擦、宗教是非和配偶情况等，但可交流旅行方面的经验，也可谈论所到过的国家的各种见闻。好的交谈话题是当地的风味食品、餐馆、受欢迎的旅游地区和主人一方的商业成就。

新加坡严忌说“恭喜发财”，他们将“财”理解为“不义之财”或“为富不仁”，说“恭喜发财”被认为对别人的侮辱和嘲骂。用食指指人，用紧握的拳头打在另一只张开的掌心上，或紧握拳头，把拇指插入食指和中指之间，均被认为极端无礼的动作。双手不要随便叉腰，因为那是生气的表示。新年期间不扫地，不洗头，否则好运会被扫掉洗掉；不要打破屋里的东西，尤其是不要打破镜子，因为那预示着家庭的分裂或发生其他不幸的事；不穿旧衣，不用针和剪刀，它们会带来坏运气。新加坡人认为4、6、7、13、37和69是消极的数字，他们最讨厌7，平时尽量避免这个数字。新加坡人视黑色为倒霉、厄运之色，紫色也不受欢迎。他们偏爱红色，视红色为庄严、热烈、刺激、兴奋、勇敢和宽宏之象征。他们也欢迎蓝色和绿色。新加坡禁止在商品包装上使用佛的图像，也不准使用宗教用语。忌讳猪、乌龟的图案。

第5节　马来西亚民俗

马来西亚是位于东南亚的一个国家。马来西亚由13个州组成，共分为两大部分：一个是位于马来半岛的西马来西亚，北接泰国，南部隔着柔佛海峡，以新柔长堤和第二通道连接新加坡；另一个是东马来西亚，位于加里曼丹岛的北部，南部接印度尼西亚。马来西亚也是东南亚国家联盟的创始国之一。马来语为国语，通用英语，华语使用较广泛。伊斯兰教为国教，其他宗教有佛教、印度教和基督教等。

马来西亚重视发展高科技，启动了“多媒体超级走廊”“生物谷”等项目。近年来，通过稳定汇率、重组银行企业债务、扩大内需和出口等政策，经济取得较快增长。在保持经济持续稳定增长的同时，着力控制财政赤字，取消了一批耗资巨大的形象工程，将重点转向农业等基础产业建设，带动乡村发展。积极推动消费和投资，把私营经济作为国家经济增长的新支柱。鼓励发展旅游、教育事业，实现经济多元化。

一、服饰民俗

马来人有其传统的服饰，称礼服。正式场合和隆重节日均着礼服。目前较流行的服饰是“巴迪”（蜡染）。男子穿的巴迪衣被誉为马来西亚国服，“巴迪”设计优美，图案繁多，款式别致，有的编织手法相当细腻。“巴迪”为一种上衣，图案讲究对称，图案花纹不对称者不算真正的“巴迪”。“巴迪”有的是由蜡染布制成，有的则由丝绸作原料，大多宽而大，薄而凉爽。“巴迪”有长袖、短袖之分，出席晚宴者穿着长袖“巴迪”。传统的马来妇女服饰分上衣和纱笼（筒裙），衣宽如袍，袖长，衣身长过臀部，纱笼十分宽大，通常长达足踝。马来妇女穿着传统服装时，头上披着一条薄薄艳丽的纱巾，纱巾垂挂至肩膀或胸前。她们的服饰习俗忌讳袒胸露臂。马来族服饰造型、设计特点具有浓厚的民族情调。马来西亚人的服饰偏好红色、橙色和其他一些鲜艳的颜色，他们认为黑色属于消极之色。所以他们的服饰给人的感觉总是快乐奔放的，处处显示热带风情。

二、饮食民俗

马来西亚是食客的天堂。形形色色的马来食品，色香味俱全、种类繁多的中餐，南北印度风味美食，娘惹与葡萄牙美食，以及人人喜爱的沙爹、咖喱饭、咖喱牛肉、力沙、鸡饭、各式炒面粉和西方美食应有尽有。马来西亚人的主食除米饭外还有桑粑，桑粑是将虾发酵后做成虾酱，拌上辣椒，放在石臼里捣碎，浇上酸橙汁使之略带药味。米饭、桑粑加蔬菜是最基本的饭菜，若再加上洋葱、大蒜、生姜、香料、小干鱼等，就是比较丰盛的一餐。

三、居住民俗

马来西亚民居的最大特点，是建造者十分重视民居的通风性和耐热性，窗户开得特别大，有的屋顶与墙身稍稍离开，以保持房间的凉爽通风。为了防潮以及防范热带蛇虫，房子的全部结构都建在离开地面的支柱上，屋前搭出一个长方形的凉台，一个可随时取下的梯子就是上楼进门的唯一通道。

（1）马来人。早期的住房与海、河密切相关。为了捕鱼、喝水、运输方便，就在海边河畔搭屋成家，渔村建在水上，所谓街道就是一些连接起来的小桥。在马来西亚北部，常常可以见到放木排工人的村庄，宽宽的木筏上有竹制的茅屋。在马来西亚的港口城市，有许多船上人家，他们终生在船上居住。

（2）塞诺伊人。塞诺伊人的村寨一般分两类：一类是两三户有亲戚关系的人家组成的建在水边的高脚屋村寨，这是今天最普遍的一类；另一类是由一个或几个如同加里曼丹达雅克人那样的长屋组成的村寨，长屋最里边的房间属于头人（头人这个职位是世袭的），这类长屋已较少见了。居住在深山老林里的塞诺伊人喜欢住在河源地带，他们盖房子更随便。

（3）塞芒人。塞芒人的住房非常简陋，是用棕榈叶搭的窝棚。棚子一端触地，另一端用两三根木棍支起，有时他们把小屋建在树上。

（4）海达雅克人。在沙捞越州，海达雅克人集体住在长屋里。长屋是一种与浮脚楼相似但很长的房子（长达数十米，甚至有 200 米长），长屋中间有一通道，通道两旁是住户。

（5）陆达雅克人。居住在离沙捞越州首府古晋 58 千米的甘蓬加犹山区，他们住的“长屋”是用椰子叶覆盖的，屋内的地板、梁柱，特别是高架木桩，用的都是上等硬木，墙壁则竹木兼用。

四、人生礼仪民俗

马来的婚俗奇异有趣。一男子可娶四妻。马来人生小孩有许多习俗。婴儿出生时，助产婆要举行吐涎仪式。第三天宴请亲友。对于死者，马来人哀痛在心，但从不号啕大哭。亲友及相识者齐聚在家，为死者祈祷。

五、社交礼仪民俗

在马来西亚，朋友间无论是见面、话别或相遇，都要轻微点头以示礼貌。马来人介绍人们相互认识时，通常先介绍年长者或比较有身份的人物；先介绍妇女，后介绍男子。当你被别人介绍时，你应该对他人一一问候。传统的马来人见面礼十分独特。他们在见面时会用双手握住对方的双手互相摩擦，然后将右手往心窝点一点。但拘于礼节，对不相熟的女士则不可随便伸手要求握手。但现在西式的握手问好在马来西亚是最普遍的见面礼，不论用在马来人、华人或印度人都可通用无阻。马来人的食物一般以米饭、糕点为主，口味偏淡。到马来人家做客，应准时赴约。主客应坐在主人的右边，或坐在餐桌的首位。取食时，不要把公用勺碰到自己的盘子。应等主人邀请时再开始进食，不要自己动手。在马来餐厅用餐时若看到餐桌上有一个大大的水壶，可别误以为它是装着饮用水的茶壶。其实里头的水是用来洗手的。一般马来人都是用右手抓饭来吃，所以用餐前及用餐后洗手是马来人餐桌上的礼节。

六、岁时节日民俗

（1）大宝森节。每年1月下旬至2月初举行，印度教徒对印度神进奉献礼，信徒们带上枷锁，手携鲜花水果，向神许愿。

（2）开斋节。马来人最重要的节日。每逢伊斯兰教历9月，全国穆斯林都要实行白天斋戒禁食，斋月后第一天就是开斋节。节日前夕，穆斯林要进行慈善捐赠活动。节日清晨，穆斯林们在教堂举行隆重的祷告仪式，之后互相祝贺。节日里，人们从四面八方赶回家里，同亲人团聚，亲朋好友互相拜访祝贺佳节。

（3）佛祖节。佛祖释迦牟尼诞辰（5月25日），也是纪念佛陀成道和涅槃的日子。在这一天清早，所有佛教徒都焚香顶礼膜拜，人人食素，家家户户点起油灯，所以又名“灯节”。

七、工艺美术民俗

（1）锡制品。马来西亚是世界主要锡产国，锡制品质地精良，而且价廉物美。以日常用具较多，锡制的饰物也很受游客欢迎。锡制品有高脚杯、瓶饰、徽章、小雕像、咖啡盘及烟灰缸等。雪兰莪州和槟榔屿州都出产质地精良的锡器，有银器一样的光彩，而且耐热性能极高，平常的保养也容易。

（2）巴迪手工蜡染布。马来西亚的手工蜡染布，自古以来闻名于东南亚。在绢布或棉布上染上色彩鲜明的蝴蝶、花卉、飞鸟和几何图案，设计别致，极具特色。马来西亚的巴迪布有各式各样吸引人的设计及颜色。制作巴迪布要经过一段非常特殊的过程。先以蜡打底（画草图），然后染色、晾干、设计，再将布料煮沸，这个过程往复进行。巴迪布可以制成服装、桌布、窗帘、手提袋、图画及帽子。

（3）月亮风筝。马来西亚的风筝也有悠久的历史，早在马六甲王朝时，就已经有放风筝的习俗。马来西亚风筝造型奇特、巧夺天工，令人爱不释手。马来西亚航空的标志，采用的就是风筝图案。风筝的形状有鱼、鹰、猫、鹦鹉、孔雀、青蛙等，然而人们最喜欢月亮风筝。在正式的官方场合，马来姑娘常常手执图形优美的月亮风筝欢迎贵宾。

八、游艺民俗

（1）音乐。马来西亚常见的乐器是鼓和铓锣。其中以双面桶形鼓“甘丹”最为流行，它分为母鼓和子鼓。这里的铓锣，在音乐中占有重要地位。有悬挂着演奏的一对大锣，还有一种编锣，由4~8个小锣平列在架上构成；演奏旋律的弓弦乐器“列巴布”有2~3弦，主要用于舞蹈或说唱的伴奏；还有竹制、木制或金属制的排琴；现在比较流行的旋律乐器，是用竹筒制作的摇奏乐器“安格隆”。

（2）舞蹈。马来西亚是一个半岛国家，当地的文化受到周边诸国的影响，产生了多种分类，舞蹈艺术也是如此。由印度传来的 Bhara natyam，将表达式舞蹈 Nritya 与纯舞蹈完美地结合在一起，表达出对神明的崇拜与敬仰；锡克人的擅长的 Bhangra，通过灵巧的动作与精彩的特技，伴随着民谣式的音乐，表达出丰收的喜悦；与恰恰舞有着异曲同工之妙的 Joget，是社交场合和庆典中最常见的舞蹈；而沙巴卡达山杜顺的民族舞蹈 Sumazau 通常由成排的舞者以恢宏的阵势，模仿鸟类飞翔的动作伸展双臂，在有节奏的鼓点声中舞动；在沙捞越十分流行的舞蹈 Datun julud，在乐器 Sape 的伴奏下，表现出王子在子嗣诞生后心中无比激动，快乐溢于言表的心情。

九、宗教和世俗信仰

马来西亚与其他东南亚国家一样，是一个多宗教并存的国家。马来西亚的国教是伊斯兰教，其他宗教还有佛教、印度教、基督教和原始宗教。

（1）伊斯兰教。从7世纪到17世纪，伊斯兰教在东南亚的扩张和传播延绵了1000年。伊斯兰教在马来西亚有很深的影响。在全国人口中，穆斯林占将近55%。马来人取阿拉伯名字，按伊斯兰教的训言生活。清真寺遍布马来西亚城乡，寺内每天都有信徒作祈祷。星期五是马来西亚的主祷日。

（2）佛教。在马来半岛上曾一度盛行，15世纪以后逐渐衰落。19世纪，大批华人的到来使得佛教特别是大乘佛教得以恢复和发展。吉隆坡和华人集中的槟城是马来西亚佛教中心。马来西亚佛教总会设在槟城，该会还办有马来西亚佛学院。

（3）印度教。在进入马来半岛时，被称为婆罗门教。15世纪，伊斯兰教在马来半岛盛行后，印度教徒大多改信伊斯兰教。现在，信奉印度教的只有印度人，印度教徒实行严格的种姓制度。

（4）原始宗教。马来人的原始宗教崇拜的是多种神仙和原始拜物教。现在马来西亚信仰原始宗教的主要是一些土著少数民族。

十、禁忌

一般而言，男女可互相握手问好，但一些信奉伊斯兰教的女性可能会以点头和微笑代替握手，向新相识的男性表示友好。故男方应等女方伸出手来才与她握手。而传统的“Salam”问好方式亦已相等于握手礼，即双手互相合掌但勿紧握；男性会伸出双手轻触朋友伸出的手，然后双手指向自己胸口，即表示“我衷心欢迎您”，对方便应以“Salam”式问好来回应。拜访别人之前，礼貌上要先致电对方。进入马来西亚人的屋子之前须先脱掉鞋子。主人通常会奉上饮品，接受是礼貌的表现。用手吃饭或给予、接受物品时使用右手。在指示地点、物品或他人时通常不可使用右手的食指，而应用右手的拇指且另外四指紧握，才是正确的指示方法。进入祈祷和参拜地方，如清真寺和庙宇时均须脱掉鞋子，一些清真寺还会供应长袍和头巾给女性参观者。在这些场所通常是可以拍照的，但应事先请求批准及同意。敬酒并非马来西亚人一般习惯，因其国民多信奉伊斯兰教，不喝含有酒精的饮品。

第6节　印度尼西亚民俗

印度尼西亚共和国，简称印度尼西亚，为东南亚国家之一；其由上万个岛屿组成，是全世界最大的群岛国家，疆域横跨亚洲及大洋洲，别称“千岛之国”。民族语言200多种，通用印度尼西亚语。印度尼西亚无国教，但规定一定要信仰宗教。官方语言为印度尼西亚语。英语普及率很高。

一、服饰民俗

印度尼西亚人的着装很有特色，尤其是那绚丽多彩的花衬衫给人以深刻印象。这种花衬衫的图案千变万化，是用“巴迪克”，即“蜡染的、有很多小点图案的花布”做成的，这种花衬衫后来也被称为“巴迪克”。现在，巴迪克被尊为印度尼西亚的“国服”，政府官员在出席重大活动时一定要穿它，逢年过节等喜庆场合老百姓也离不了它。纱笼是印度尼西亚巴厘岛妇女都有的服装，所用的布料多种多样，有纯棉、真丝、化纤、织锦缎等，纱笼的款式也不尽相同。一袭纱笼裹在腰间，恰到好处地将她们优美、苗条的身材轮廓勾勒出来，在走动时随风摇动，轻盈俏丽，柔媚多姿。

二、饮食民俗

印度尼西亚地处热带，不产小麦，居民的主食是大米、玉米或薯类，大米最为普遍。印度尼西亚人喜欢用香蕉叶或棕榈叶把大米或糯米，包成菱形蒸熟而吃，称为“克杜巴”。不过，印尼人也喜欢吃面食，如吃各种面条、面包等。

印度尼西亚人绝大部分信仰伊斯兰教，不吃猪肉，而是吃牛羊肉和鱼虾之类。印度尼西亚是一个盛产香料的国家，印度尼西亚制作菜肴喜欢放各种香料，以及辣椒、葱、姜、蒜等，因此印度尼西亚饭食的特点，一般是辛辣味香。印度尼西亚人喜欢吃“沙爹”“登登”“咖喱”等。“沙爹”是牛羊肉串，制作方式讲究，先把鲜嫩的牛羊肉切成小块，然后浸泡在香料等的调料里，再用细竹条穿起来，用炭火烤，边烤边用调料汁在串肉上洒滴，使串肉散发出阵阵的香味，烤熟后蘸辣椒花生酱一起吃，味道鲜美可口。“登登”是牛肉干，制作方式也很考究：先把鲜嫩的牛肉切成薄片，再涂上伴有香料的酱油，略放些糖，然后晒干。吃的时候，用油炸，味道也很美。印度尼西亚盛产鱼虾，吃鱼虾也很讲究。除了煎、炸之外，有的鱼开膛后，在鱼肚里涂上香料和辣酱，然后烤熟吃。

印度尼西亚风味小吃种类很多，主要有煎香蕉、糯米团、鱼肉丸、炒米饭及各种烤制糕点。印度尼西亚人还喜欢吃凉拌什锦菜和什锦黄饭。什锦菜的做法是：先将喜欢吃的蔬菜洗净，切好后用各种佐料拌在一起，佐料以花生酱为主，这是印度尼西亚的大众菜。什锦黄饭的做法是：把姜黄洗净，然后搓成末，加水榨出浓汁，加上椰汁、香茅草和小橘叶。将大米洗净，然后放入上述汁叶煮熟，出锅后即成黄米饭。吃时，饭上盖以肉丝、鸡蛋丝、炸黄豆和炸红葱等。印度尼西亚人视黄色为吉祥的象征，故黄米饭成为礼饭，在婚礼和祭祀上必不可少。

印度尼西亚人吃饭不用筷子，而是用勺和叉子，有时也喜欢用手抓饭。抓饭时，先把米饭盛在盘上，然后用右手指将饭捏成小团，送到嘴里一口一口地吃。饭桌边上要放一碗清水，边抓饭，边不时用手蘸蘸清水，以免米饭粘在手指上。喜欢手抓饭的人，觉得这样吃很开胃。

印度尼西亚盛产咖啡，早餐时，印度尼西亚人一般是喝咖啡加面包点心或者是油炸香蕉。由于地处热带，印度尼西亚人喜欢喝各种冷饮。除冰激凌、汽水外，还有品种繁多的冷饮，如用菠萝、椰子、杧果等制作的各种冷饮，伊斯兰教徒不能喝烈性酒，所以印度尼西亚人多只喝啤酒。

印度尼西亚盛产各种热带水果，尤其是香蕉品种多达几十种。根据香蕉的品种，吃法也不同。有生吃的、有煮吃的、有用油炸的、有用炭火烤的。用油炸的，一般是先将香蕉去皮、切成两半，用稀面裹上，再用油炸。用火烤的，一般是先把带皮的香蕉压扁，然后在炭火上烤熟，吃的时蘸糖酱。

三、居住民俗

印度尼西亚的建筑具有明显的外来色彩。

（1）印度尼西亚木结构建筑风格受中国文化的影响。印度尼西亚的木结构房屋随各民族的习惯而建造成不同式样的住房，如爪哇人、巽达人的住房，一般是方形的，多数建在抬高的地基上，但也有高脚屋，不过离地面不高；米南加保人的住房，屋顶两端翘起来，形成马鞍形，房屋内部很宽敞，分为好几间屋，供年长者、孩子、新婚夫妇居住；巴厘人的住房，一般都盖在一个小院内，院子用土墙围着，院内有住房、附房和家庙。因为雨季时雨水多，印度尼西亚大多数民族的木结构房屋都是高脚屋，地板离地面高2米或更高，一般木结构住房内也会分为几间屋，有卧室、有厨房，房子门前都设有梯子，大部分木结构房屋建筑体现了中国木结构建筑的特点，斗拱结构，崇尚自然，着重通风、遮阳、隔热、防潮、轻巧通透、淡雅明快。

（2）郑和下西洋推动印度尼西亚宗教建筑建造。郑和下西洋沿途经过了印度尼西亚的泗水、雅加达、三宝垄、北苏门答腊、亚齐，所到之处宣传伊斯兰教义，促进了伊斯兰教在印度尼西亚的发展，印度尼西亚华人为了纪念他建造了郑和清真寺。郑和清真寺，奇特处在于三教合一，融佛教、伊斯兰教、天主教于一体，它不仅是印度尼西亚华人信奉伊斯兰教的启蒙圣地，也是印度尼西亚华人与其他族群交流、沟通并促进相互了解的桥梁，它是印度尼西亚各民族融为一体的象征。

（3）印度尼西亚华人致富起步的排楼建筑。从中国明朝郑和下西洋开始，掀起了中国广东和福建两省的沿海居民下南洋淘金的热潮，前期主要是出口买卖中国的丝绸和茶叶，再运回印度尼西亚的香料卖到中国。帝国主义者入侵使中国沦为半殖民地，中国沿海大批居民为谋生下南洋，下南洋的主要地点就是印度尼西亚。早期印度尼西亚华人建造不同样式的沿街排楼建筑，一层楼做门面零售，二层楼居住。印度尼西亚华人靠着勤劳的双手和聪明的头脑，生意不断扩大，几代人的共同努力，逐步将小作坊和小店铺发展成为印度尼西亚煤炭、矿产、造纸、房地产、小商品零售等行业龙头。目前印度尼西亚华人约占全球海外华人的1/4，占印度尼西亚人口的6%，却拥有印度尼西亚60%以上的财富，印度尼西亚华人在创造财富的同时，也将中国的文化发扬传播。

四、人生礼仪民俗

印度尼西亚的伊斯兰教信奉者，其喜丧礼仪与伊斯兰教徒大同小异。印度尼西亚其他民族，在喜丧礼仪上则各具特色。印度尼西亚达雅族男女找对象时，爱用木炭互相画对方的脸，以此来表达爱情。在他们的婚礼上，两位新人身着漂亮的民族服装，按女左男右的位置站在上面，并一起握住“结亲网”，同时由长者主持宰猪仪式，让猪血洒在木屑和一把剑上。在丧葬礼仪方面，巴厘岛上的特伦扬人去世后，实行天葬。它只适用于那些寿终正寝者，其他死于谋杀、自杀者不能天葬。在印度尼西亚众多的民族节日中，有一个间隔时间最长的节日，即巴厘人的埃卡·达萨·鲁德拉节。它每隔一百年举行一次，而且年份必须是一百年的倍数。

五、社交礼仪民俗

在印度尼西亚，当人们坐下来时，两腿不能交叉，如果非要这样做，要把一条腿的膝盖放在另一条腿的膝盖上面。在巴厘岛，坐下时两腿要平放在地板上。如果把脚尖或鞋底对着别人，都认为对别人的侮辱。印度尼西亚人不喜欢外国人当众接吻。人们如果召唤小孩和三轮车驾驶员，可以用手势，而在其他场合叫人，应将掌心向下伸出手指作内屈运动，但不要用一个手指。印度尼西亚人不喜欢当面打哈欠，如果难以控制，要用右手将嘴捂上。在同别人说话时，将手放在臀部会被认为对人不礼貌。印度尼西亚人常用笑声来掩饰震惊，但他们反感嘲笑别人的错误，也不能模仿任何人的动作，否则会伤害他们的感情。不在街道上或走路时吃东西，认为这是不礼貌的；也不用左手去握手、碰别人。在印度尼西亚，与别人谈话或进别人家都要摘下太阳镜。

印度尼西亚人是友好的，容易接近的。他们在社交场合与客人见面时，一般习惯以握手为礼，与熟人或朋友相遇，传统礼节是用右手按住胸口互相问好。在作正式介绍时，对称谓要多加注意。多数中间阶层的印度尼西亚人有两个名字，而许多下层人只有一个。富有者通常都有很长的姓和名，但只选用一个短名和首字母缩写名。在称呼人时，只能使用他们的第一个姓，不能用第二个。

印度尼西亚人在饮食习惯上以大米为主食，副食品主要有鱼、虾、牛肉等，但不爱吃海参。伊斯兰教徒忌食猪肉，也不吃带骨、带汁的菜肴及鱼肚等。印度尼西亚人习惯吃西餐。受当地华人影响，他们普遍喜欢中餐。除在官方场合有时使用刀叉外，一般都习惯用右手抓饭。他们在用餐时，有边吃边喝凉开水的习惯，也爱喝葡萄酒、矿泉水等，一般不喝烈性酒。被主人邀请到家里吃饭，客人在开饭或喝酒之前要等候主人的邀请，吃饭时不要多说话，用餐完毕要在盘子里留点食物。作为客人，不应对食物提出特别要求，不要提出要盐等东西。

六、岁时节日民俗

（1）元旦。和世界各国人民一样，印度尼西亚人也过元旦。这一天，家家户户，欢聚一堂，举行宴会或歌舞会，欢庆新的一年的到来。

（2）古尔邦节。是伊斯兰教的主要节日之一。按伊斯兰教规定，伊斯兰教历 12 月 10 日为古尔邦节。每逢此日，穆斯林沐浴着盛装，举行庆祝活动。

（3）卫塞节。印度尼西亚佛教纪念佛陀悟道的日子。每逢这一节日，来自全国各地的佛教徒云集到中爪哇的婆罗浮屠、门都特等寺院举行盛大的庆祝活动。

（4）开斋节。这是印度尼西亚最重要的节日。每年伊斯兰教历 9 月，全国伊斯兰教徒都要实行白天斋戒禁食，斋月后第一天便是开斋节（日期在公历二三月间）。开斋节前夕，伊斯兰教徒要进行慈善捐赠活动。节日法定只放假一天，但实际上一般都要放假三天以上，有的单位甚至放假一周以上。外出工作的人都要赶在开斋节前返回老家与亲人团聚。开斋节前夕的晚上是个不眠之夜，各清真寺整夜念长经，诵经声通过高音喇叭传到四面八方。开斋节那天，家家户户打扫得干干净净，门前挂着用嫩椰叶制作的装饰物。人们都身着盛装，互相拜访，有的机关团体还搞团拜，气氛热烈，一片喜庆景象。

（5）静居日。巴厘印度教徒的新年，时间在巴厘历十月初一。这是个庆祝方式非常独特的节日。节日前几天，人们便开始忙碌起来，男人们打扫庭院，制作节日用的形似魔鬼、雄狮、巨龙等的木偶，女人则赶做新衣及节日祭祀用的菜肴糕点。节日前一天是个欢庆日，人们兴高采烈，喜气洋洋，身穿艳丽民族服装去参加欢庆活动。上午，人们载歌载舞，鼓乐齐鸣。下午，男人们敲锣打鼓，抬着3~4米高的大型木偶绕村、绕家游行，女人们也头顶祭品走在游行队伍里，场面异常热烈。这种游行，不只是为了娱乐，更重要的是驱除邪恶，以求来年风调雨顺，人寿年丰。游行有时会进行到深夜。节日那天，巴厘岛则出现另一番完全不同的景象：街上除值勤警察、警车、救护车、旅游车辆外，没有任何其他行人车辆，所有店铺都大门紧闭，停止营业。入夜后，家家都不点灯，整个巴厘岛一片漆黑，没有一丝亮光，所有娱乐场所都停止活动，没有一点响声。人们整天闭门不出，不生火，不做饭，不欢乐也不悲伤，只是静静地思过，净化自己的灵魂，以求内心的安宁，并进而将它融于自然界的宁静之中，达到真正的“空”和“静”，以便在新的一年里一切从零开始，按神的启示和意志去生活。

七、工艺美术民俗

（1）巴厘岛巴迪布。一种手工蜡染布，黑、红、黄为主色的鲜艳明快，蓝、褐、白为主色的看上去凝重深沉。手工制造出丰富的花色图样，其中暗含了巴厘人的宗教观念和审美情趣。用巴厘岛巴迪布制作的长袖男衬衣和女士纱笼被定为印度尼西亚国服，在各种场合都会看到。

（2）巴厘岛木雕。印度尼西亚的木雕，尤其是巴厘木雕，享誉国内外。巴厘岛木雕是一种传统工艺品，它最初与巴厘人的宗教信仰息息相关。人们把自己崇拜的印度教诸神用石头或木头雕刻出来，供奉在庙宇、庭院、堂室内。后来代代相传，便产生了无数能雕善刻的巧匠。巴厘岛木雕大都用质地坚硬、花纹细密的乌木、柚木等木料雕刻而成，其造型千姿百态，有栩栩如生的神鹰、神牛、雄狮、雄牛等动物及各种禽鸟，有惟妙惟肖的巴厘渔夫、少女，有民间故事中脍炙人口的传奇人物，也有当代各种抽象艺术形象。

（3）巴厘岛银器。巴厘岛的银制品分两大类、一类是以纯银或银合金打造的银器；另一类则是用一条纤细的银丝按图案设计盘曲焊接而成的，做工精湛，玲珑剔透，是巴厘岛银饰的代表作。在巴厘岛购买银饰的最佳地点是苏鲁村，那里的居民世代制造银器，技艺高超，而且能找到不少独一无二的原创作品。

八、游艺民俗

在观看印度尼西亚歌舞团的演出时，观众有可能看到极具印度尼西亚民族特色的舞蹈银铛舞及盘子舞、扎蓬舞等。另外，在印度尼西亚当地非常闻名的还有机灵舞，由一名舞蹈演员喊口令，其他演员做动作，随着口令的加速，演员们的动作也越来越快，且保持高度一致，每次表演总会掀起高潮。

爪哇岛的古典舞蹈是印度尼西亚舞蹈的重要组成部分。这种古典舞来自宫廷，有点像中国京剧的感觉，有唱腔、有人物、有情节，反映的内容是历史上闻名的宫廷或民间的爱情故事、善恶斗争。其表现形式也多样，运用刀具、弓箭、刀戟等道具、面具，还会模拟各种动物等，比如现在还可以看到的《乌格尔卡迦林》是模拟大象动作的舞蹈，《安路达》取材于鸳鸟的动作。

九、宗教和世俗信仰

印度尼西亚是一个信仰多宗教的国家，官方承认的宗教有伊斯兰教、基督教、天主教、佛教和印度教。90%的居民信仰伊斯兰教，6.5%的居民信仰基督教，信仰天主教者占3.1%，其余的居民信仰佛教和印度教等宗教。

目前印度尼西亚伊斯兰教徒的人数在世界上居首位。伊斯兰教对印度尼西亚的政治、经济、文化、教育以至风俗习惯都有极其广泛和深远的影响。伊斯兰教徒很讲究礼节，熟人相见，除互致问候外，还念诵祝词“愿真主保佑你”，而“请”“谢谢”“对不起”等礼貌用语更是时常挂在嘴上。文雅、谦恭、和蔼是穆斯林公认的美德。宗教在穆斯林生活中起着决定性的作用。虔诚的教徒每天要到清真寺做5次跪拜，跪拜前要脱鞋，然后沐浴净身，一般清真寺内都保持安静、肃穆的气氛。穆斯林大都热情好客。到朋友家做客时，要衣着整洁，对家中长者要表示尊敬；吐痰、挖鼻孔是人人避讳的行为；用餐时要赞扬主人的厨艺；按教规不饮酒，禁吃猪肉。

伊斯兰教历九月是伊斯兰教徒的“斋月”，斋月期间，一切穆斯林的饮食都在日落以后进行，在日出后至日落前的12小时，不得进食和吸烟。如果有人违反教规，要受到处罚。在印度尼西亚部分地区，也有对脚和手的禁忌。进入清真寺朝拜，必须先脱鞋。用脚开门和指东西是不礼貌的行为。传递和接收物品忌用左手。另外，伊斯兰教规禁止喝酒，所以不要向穆斯林馈赠酒类礼品。

十、禁忌

印度尼西亚民族以热情好客和谦和著称：①到印度尼西亚人家里做客，主人如硬留你吃饭，也不要一再推辞，否则主人会认为你看不起他或对他存有戒心而不高兴；②印度尼西亚人敬烟时，总是将烟盒先磕一下，使几支烟露出烟盒，然后再递到客人面前，客人取烟时，一般先将露出烟盒最长的那支烟按进烟盒，然后取露出烟盒最短的一支，以示谦虚，从烟盒中取一支递给客人，或远抛给客人被认为对人不敬；③印度尼西亚人讲究礼节，伊斯兰教徒之间一般使用阿拉伯语问候，并双手合十至前额表示诚意和衷心祝福，对女教徒（一般戴面纱者）不要主动伸手要求握手。

印尼人有一些特殊的习惯：①他们喜欢打赤脚（尤其在乡下），喜欢铺席席地而坐（男士盘腿，女士跪坐）；②喜欢用右手抓饭吃（在非正式场合）；③伊斯兰教徒一般不喝酒，对不太熟悉的人千万别随便敬酒、劝酒；④不少印度尼西亚人性格比较幽默，爱开玩笑，如不是出于恶意，即使玩笑过火一点，他们也不会生气；⑤印度尼西亚人忌讳别人摸他的头部，认为头部是神圣不可侵犯的部位，代表着一个人的尊严；⑥印度尼西亚人忌讳别人用左手给他递东西，这是因为印度尼西亚人习惯便后用左手撩水冲洗，左手被认为不洁，如用左手递东西，对方会觉得不尊重他，如果实在腾不开右手而不得不用左手递时，一定要说声“对不起”，以示歉意，印尼人在叫人、招呼人时忌讳随便用手，尤其是用食指示意，认为那是对人的不敬。

第7节　印度民俗

印度，是印度共和国的简称，位于亚洲南部，是南亚次大陆最大的国家，最悠久的文明古国之一，具有绚丽丰富的文化遗产、旅游资源。英语和印地语同为官方语言。

印度人口的经济结构一直没有明显变化，农业人口始终占70%左右，主要原因就是人口增长过快，超过了工业发展对劳动力的需求，致使农业部门的剩余劳动力无法向其他经济部门转移。有数以千万计的人处于失业或者半失业状态。过去二三十年生育高峰期出生的儿童已经或即将大批进入劳务市场，这预示着人口问题还将进一步恶化。

一、服饰民俗

在印度，可由不同的服饰和装扮看出当地人的宗教信仰、种族、阶级、区域等。印度男性多包有头巾，这种头巾称为Turban。头巾有各式各样的包裹方法，其中锡克教男性头巾，具有特定样式。根据传统，锡克人从小到大都必须蓄头发、留胡须，并且包着头巾。小孩头巾样式比较简单，只用黑布绑成发髻形状。成年人的头巾样式比较复杂，首先必须用黑色松紧带将长发束成发髻，然后再以一条长约3米的布，裹成头巾，样式为两边对称成规则状。锡克人头巾色彩繁多，有的人甚至搭配衣服颜色。印度男性多穿一袭宽松的立领长衫（Tunic），搭配窄脚的长裤（Dhoti），拉贾斯坦地区男性，裤子是以一条白色布块裹成的，头上的布巾，花样变化极多，色泽鲜明。

印度妇女传统服饰是纱丽（Sari），一般长5.5米，宽1.25米，两侧有滚边，上面有刺绣，穿时以披裹的方式缠绕在身上。印度妇女擅长利用扎、围、绑、裹、缠、披等技巧，使得纱丽在身上产生不同的变化。印度纱丽的穿着方式变化繁多，不同的种族、区域、信仰，会有许多不同的色彩、质感和穿裹方式。

二、饮食民俗

印度人的日常饮食，南北方有很大差别。北方人以小麦、玉米、豆类等为主食，他们尤其喜欢吃一种叫作“恰巴提”的薄面饼。南方和东部沿海地区的人们以大米为主食，爱吃炒饭。而中部德干高原则以小米和杂粮为主。印度人喜欢吃带有辣味的、伴有咖喱的食物。在饮水和饮料方面，印度人和西方人一样，没有喝热水的习惯，一般喜欢喝凉水或者饮用红茶、牛奶和咖啡。

三、居住民俗

古印度是四大文明古国之一，其建筑文化源远流长，大致有以下几种建筑风格。

（1）早期的印度建筑（前1500—前1200）。大多由土砖建成，在印度河流域有几座繁荣的城市。这些城市具有精心规划的方格系统，主要街道形成了矩形的街区。

（2）佛教建筑（前300—公元320）。这种原始的木质和土砖建筑，就目前尚存的最早建筑来看，主要有三种形式：住人的洞穴、凿出的布道讲经的石洞、佛塔。这几种神堂都是为了供大量信徒聚会而设计的。布道石洞的主要形式和细部沿袭了早期木结构建筑的原型。佛塔为半球状的坟墩，其四周则有一条供信徒举行祭典仪式时行走的道路，印度最有代表性的当数桑奇佛塔。佛庙是石结构的神堂，其外部大多覆以丰富的雕饰物。

（3）伊斯兰建筑（600—1500）。主要建筑类型是清真寺和宫殿。清真寺的平面布局大都是矩形的庭院，内有一间祈祷大厅，格局完全对称。外表用琉璃砖、抹灰刻花贴面砖图案或彩色石条块，装饰富丽堂皇。装饰运用圆形、方形等几何符号构成象征性的图案，结合阿拉伯文字。著名的泰姬·玛哈尔陵是伊斯兰教建筑的代表作，美轮美奂，无与伦比。

（4）印度教建筑（600—1750）。这种风格的各式寺庙都有不点灯的神殿，神殿上部有一尖塔，前部有一个或多个门廊形大厅，充作宗教性舞蹈的场所。殿堂内的雕饰通过形象的重复实现整体的协调。建筑表面用当地岩石雕刻栩栩如生的人物形象，使这些寺庙别具一格。

四、人生礼仪民俗

印度人有4大传统仪式，分别是出生、葬礼、婚礼和普迦仪式。

（1）出生。印度传统上十分重男轻女。印度人庆祝小孩出生与平安成长的方式，就是到寺庙进行“普迦仪式”、唱颂祈祷文，然后和亲朋好友举行餐宴。印度小孩出生后，父母都会找人为他们占卜，小孩的名字多半取自英雄或神祇。小孩的生辰八字尤其受到重视，因为这可以决定小孩未来的婚姻对象。

（2）葬礼。印度教徒死亡时，都会在河坛举行火葬仪式。印度教徒去世后，家人会以黄色或白色绢布包裹尸体，然后放在两根竹制担架上，以游行方式抬到河坛火葬地点。传统上，将死者抬送到火葬场的任务，应该由家属担任，但现在大都交给专人处理。在印度，专门处理丧葬事宜的人，都是被视为种姓地位最低的贱民。一般送葬的仪式都非常简单，但是比较富有的人家，可能会请乐师在前面演奏，浩浩荡荡地游行。火葬前，死者的长子必须手持油灯绕行遗体3次，当火葬柴堆被点燃时，死者长子必须将头发剃光，只在后脑勺儿留一小撮，然后到河里沐浴净身。火葬结束后，死者骨灰会被扫到河里，代表灵魂已经脱离躯壳，得到解脱。

（3）婚礼。印度人的婚礼是社会地位的代表，也是一生中重大的仪式。印度青年到了适婚年龄，都会由父母代为寻找社会阶级、语言相同，以及星相匹配的对象。印度婚礼仪式相当烦琐，结婚之前，双方家长会通过充当媒人的祭司讨论嫁妆事宜，女方必须答应男方提出的嫁妆数量后，双方才选定黄道吉日，开始筹备婚礼。婚礼前一天，新娘必须根据传统化妆方式，开始抹油、沐浴、更衣、梳头、画眼线、抹唇砂，并且在脚上涂以红色、在额头点红色蒂卡、在下巴点黑痣，接着还要用植物染料在手脚上绘饰汉那图案，然后洒香水、佩戴首饰和发饰，最后是把牙齿染黑、嚼槟榔、擦口红，才算大功告成。婚礼当天，新郎官骑着一匹白马浩浩荡荡地来到新娘家。这时女方家里已经架起火坛，双方亲友在祭司念诵的吉祥真言中，绕行火坛祝祷。之后，新娘在女伴的簇拥下走到火坛前面，由祭司将新娘的纱丽和新郎的围巾系在一起，代表婚姻长长久久。印度婚礼的晚宴是在新娘家里进行的，一对新人坐在婚宴中接受亲友的祝福。婚礼当天晚上新郎在新娘家过夜，翌日才将新娘迎娶回家。

（4）普迦仪式。普迦是印度教中向神祇膜拜的仪式，普迦仪式必须由祭司担任。仪式中信徒会将神像装饰后抬出寺庙游行庆祝，并且奉献鲜花、蒂卡粉等供品。最后再由祭司手持油灯，在神像前面进行“阿拉提”（arati）。在“阿拉提”的过程中，信徒用手轻轻覆盖祭司手中的灯火，然后在自己的眼睛上碰触一下，代表接受神祇赐予的力量。通常在普迦仪式结束后，信徒可以分到一些祭祀过的鲜花、蒂卡粉或水，称为“波拉沙达”（Prasada）。所以在印度，只要看到印度人从寺庙膜拜出来，额头上几乎都涂有红色或白色的粉末。

五、社交礼仪民俗

（1）那摩斯戴。是印度人最常用的问候语。印度人在见面和告别时，都必须说一句“那摩斯戴”，这是印地语，意即“您好”。双手合十是和“那摩斯戴”相伴的身体语言。一般是双手合十于胸前，或举手示意。两手空着时，则合十问候；若一手持物，则举右手施礼，切不可举左手。合十的高低也有讲究。对长者宜高，两手至少与前额相平；对晚辈宜低，可齐于胸口；对平辈宜平，双手位于胸口和下颌之间。

（2）拥抱。是印度人经常的礼节。在久别重逢、即将远行等场合时，印度人之间就相互拥抱。拥抱时，彼此将双手搭在肩上，先是把头偏向左边，胸膛紧贴一下，然后把头偏向右边，再把胸紧贴一下。有时，彼此用手抚背并紧抱，以示亲热。

（3）献花环。在印度是欢迎客人常见的礼节，尤其是对于远道而来或是比较尊贵的客人，主人都要献上一个花环，戴到客人的脖子上。花环由一簇簇鲜花串缀而成，客人越高贵，所穿的花环也越粗。

(4) 摸足。是印度的社交大礼。在很重要的场合，对于特别尊敬的长者用额头触其脚，吻其足，或摸其足。现在多用的是摸足礼，即先屈身下蹲，伸手摸一下长者的脚，然后再用手摸一下自己的额头，以示头脚已碰。

(5) 脱鞋。在印度，进庙脱鞋是人人必须遵守的规矩。印度的寺庙无数，各种宗教虽然教规不同，但进庙脱鞋的规矩却是一样的。踏进寺庙之时，无论是谁，一定要脱鞋，以示对神的尊重。

六、岁时节日民俗

(1) 元旦。这是世界性节日，印度也不例外。新年伊始，各家各户都要喜庆一番。只是印度人在形式上似乎又加上了一点本国特色，那就是在相互拜年时，要在亲朋好友的额头正中点上红点，以示吉祥。

(2) 丰收节。也叫“庞格尔节”，在公历3月中左右，盛行于南印度。节日期间，家家户户要扫除，人们要穿戴一新，烧做甜牛奶米粥敬奉太阳神，而后全家分食。出嫁的女儿要回娘家团聚。人们还要举行敬牛仪式，给牛洗澡，染牛角，以好食待牛，牵牛游行或举办赛牛会等。

(3) 佛陀日。也叫“吠舍节”，在公历4、5月间的月圆日，是佛教节日。南传佛教认为，佛陀释迦牟尼诞生、成道、涅槃都在这一日。这一天，佛教信徒要举行法会，到佛庙敬香拜佛。

(4) 扎格纳特乘车节。公历6、7月间，是印度教节日。扎格纳特意为“世界主宰”，即克里希纳神，是印度教大神毗湿奴的化身。节日期间，印度各地凡有扎格纳特庙宇的地方都要举行沐浴节。沐浴节后15天，将扎格纳特等神像安放在礼车之上，放上供品，送到附近的寺庙中去，信徒们会敲锣打鼓，载歌载舞，格外热闹。

七、工艺美术民俗

印度本土手工工艺品在世界都堪称绝妙，印度手工艺品类包括：

(1) 木质工艺品。如烟斗、果盘、佛雕、杯垫、玩具、墙挂、烛台、挂件、烟缸、摆件、首饰盒、动物、人物、纸巾盒等。

(2) 金属工艺品。如铜挂件、果盘、佛音碗、动物、铜人物、花瓶、佛雕、咖啡具、烛台、阿拉丁神灯、杯、烟缸、铜盒、铜刀具、冰桶、玩具等。

（3）工艺饰品。耳环、耳钉、项链、手镯、手链、戒指、脚链、发簪、头饰、坠子等。

（4）家居品。印度作为文明古国之一，家居品风格有浓郁的民族特色——色彩艳丽、线条繁复。印度纺织工艺发达，这是因为按照印度的传统，人应该是席地而坐的，漂亮的地毯和挂毯才是家里最重要的装饰品；也是因为席地而坐的传统，印度家具尺寸普遍不大，我们在市场上看到的印度大件家具其实是非常高档的。印度家居品种类繁多，主要包括柜类家具、桌类家具、座类家具、床类家具等。

八、游艺民俗

从地区角度看，印度舞蹈可分为北印度舞蹈和南印度舞蹈两类。北印度舞蹈主要有克塔克舞和曼尼普利舞。南印度的古典舞蹈主要有婆罗多舞和格塔克里舞。

曼尼普利舞是印度四大古典舞蹈之一，产生于曼尼普尔地区，因而得名。曼尼普尔一向有“舞蹈之乡”的称号，舞蹈是曼尼普尔人生活中的重要组成部分。婆罗多舞是南印度泰米尔纳德邦的传统舞蹈。这个舞蹈源于北印度的雅利安文化，但在南印度得到了发展和完善。哑演是婆罗多舞的特点，通过身体各部分的动作表达丰富的思想感情，诸如战争、爱情、仇恨等。格塔克里舞是喀拉拉邦最有名的舞蹈。格塔克里舞实际上是一种故事性很强又独具特色的颂神舞。大诗人瓦拉多尔称格塔克里舞为“艺术的皇后”。把故事、诗歌、音乐、舞蹈、表演和绘画巧妙地结合起来，是格塔克里舞的一大特点。克塔克舞产生于北方邦的首府勒克瑙。克塔克舞男女均可表演。内容主要是表现克里希纳与拉塔的爱情故事。克塔克舞演员的脚上系有许多小铜铃，演员随着鼓声的变化而发出不同响声，时而铿锵有力，繁音流泻；时而细碎悦耳，娓娓动听。随着鼓点和音乐，用身体各部分的动作和面部表情，表现各种感情，所以有人称它是表演各种体态的舞蹈。

九、宗教和世俗信仰

印度是一个政教分离的国家，坚持世俗主义。但宗教对其政治具有巨大的影响。在印度，绝大多数人都信奉宗教。

（1）印度教。印度教信众超过人口的82%，也就是说多达8亿以上的人口信奉该教。印度教由大约形成于公元前10世纪的婆罗门教发展而来。印度教既是一种禁欲的宗教，又是一种纵欲享乐的宗教，而在实际生活中，它则变成一种哲学、一种生活方式和一种风俗习惯。印度教的宗教仪式相当繁复。一个正统的印度教徒一生中要经过家庭祭祀和公共祭祀的16种圣礼。

（2）伊斯兰教。伊斯兰教在印度的地位仅次于印度教，信奉者约有1.2亿人，公元8世纪前后由阿拉伯传入印度。15—18世纪莫卧儿帝国时期，伊斯兰教在印度得到迅速发展，并被定为国教。作为统治阶级的思想工具，伊斯兰教统治印度长达几个世纪。不少印度教徒特别是那些低种姓的印度教徒，由于倾慕该教教友平等的思想，纷纷改宗信奉，当然也有一些是被迫改宗的。现在，印度的穆斯林主要集中在北方邦、西孟加拉邦、比哈尔邦和安得拉邦，80%属于逊尼派。

（3）基督教。基督教信徒超过 2000 万，是除了印度教和伊斯兰教以外信众最多的宗教。教徒主要分布在南部诸邦，其中以喀拉拉邦为最，其次分布在印度东北部和一些大城市。相传，基督教于公元 1 世纪时就已传到印度。由于基督教主张人皆平等，因此在种姓制度盛行的印度颇受欢迎，不少低种姓的印度教徒皈依该教。

（4）锡克教。锡克教是在伊斯兰教影响下经过改革的一个印度教教派。该教强调信仰唯一的真神，认为各种宗教在本质上是同一的。主张业报轮回，提倡修行，但反对印度教的祭祀制度和一切形式的礼仪，反对任何形式的偶像崇拜，反对种姓制度，反对寡妇殉葬和重婚，主张消除教派间的对立和冲突。

十、禁忌

睡觉时，不能头朝北，脚朝南；晚上忌说蛇；节日或喜庆的日子里忌烙饼；婴儿忌照镜子，否则会变成哑巴；父亲在世时，儿子忌缠白头巾、剃头；3 和 13 是忌数，因为湿婆神有 3 只眼睛，第三只眼睛是毁灭性的，13 是因为人死后有 13 天丧期；妇女在怀孕期间，忌做衣服、照相；忌用左手递接东西。在市场上陈列的花环，禁止人们用鼻子嗅或用手摸，有上述行为将受到人们的厌恶。

在印度忌吹口哨，特别是妇女。在饭店、商店等服务性行业中，客人若用吹口哨的方式来招呼侍者则被视为冒犯他人人格的失礼行为。头是印度人身体上最神圣的部分，故不可直接触摸他们的头部。千万不要拍印度孩子的头部，印度人认为这样会伤害孩子。即使在朋友家里，也不要赞扬孩子，许多印度人认为这种赞扬会引起恶人的注意。印度人禁止穿戴皮革制品（腰带、表带、鞋、衣服），特别是在圣地，因为印度教徒不杀牛，穆斯林不杀猪，耆那教徒不许杀人和动物或昆虫。进入印度的庙宇或清真寺，要脱去鞋子，要跨过门槛而不能踩着门槛而过。光脚进寺庙，事先要在入口处洗好脚以表示礼貌。凡进入伊斯兰教清真寺者，均不能穿短裤或无袖背心，也要求脱鞋。凡进入锡克教寺庙者，必先戴上头巾或帽子，然后脱鞋才可进入。

【本章小结】

亚洲在 7 大洲中面积最大。古代时中国在亚洲长期居于领先地位，对亚洲其他国家有着较大的影响。故而，亚洲很多国家的民俗都打上了中国民俗的烙印。随着近代以来西方势力的东进，亚洲国家的民俗又留下了欧洲的印记。从亚洲国家的民俗中，可以清楚地看出文化交流的痕迹。

【复习思考题】

1. 简要介绍一下日本的主要民俗。
2. 韩服的基本特征是什么？
3. 新加坡的主要民俗有哪些？
4. 到印度旅游应该注意什么？

【案例分析】

泰国熏香，蕴含了植物精华，具有净化空气、杀菌除臭、舒缓精神、美容保健的功效。熏香燃烧后产生的香气借由呼吸融入四经八脉，通过血液循环促进人体细胞的新陈代谢，提高人体免疫功能，调节神经系统，从而达到治疗效果。心情不好时，它能改善你的情绪；天气潮湿，气味不好时，能净化空气；卫生间、卧室、客厅都少不了。平时，香放在衣柜里，还能防虫，去味，让衣柜持久芳香。真可谓用途多多，居家必备。

结合案例，谈谈泰国的工艺美术民俗。

分析提示：泰国工艺美术最初受到中国的影响，在近代又受西方影响。现代泰国的工艺美术是中国、西方文化与泰国本土文化融合的产物。

第 8 章

欧洲民族民俗

【教学目标】

1. 能对欧洲概况和民俗有一个比较全面的了解。
2. 进一步了解俄罗斯、英国、法国、德国等国的主要民俗。

【导入案例】

英格兰人的婚俗丰富多彩，从求婚到度蜜月均按自己的传统方式进行。英格兰北部约克市的求婚方式颇为奇特，继承了古代民间遗风。女孩子成年以后，要出嫁时，便穿上不同颜色的紧身服饰，向男性示意。不同的颜色表示不同的意思，恰恰和交通信号灯一致。绿色的表示："来吧！我愿意恋爱，大胆地追求吧！"黄色表示："机遇是有的，如果合我的意还是有成功的机会的。"红色表示："目前我还不想谈情说爱，不要追求我。"勇敢的小伙子会根据对方的服饰颜色，按自己的选择去大胆地追求，绝不会被扣上行为不端的帽子。

结合案例，谈谈你对英国民俗的认识。

分析提示：英国是一个岛国，曾经称霸全球，英国很多民俗与此相关。

第 1 节　英国民俗

英国全称大不列颠及北爱尔兰联合王国。英国位于欧洲大陆西北面，英国本土位于大不列颠群岛，被北海、英吉利海峡、凯尔特海、爱尔兰海和大西洋包围。英国是世界上第一个工业化国家，具有多元文化和开放思想。首都伦敦是欧洲最大和最具国际特色的城市。英国官方语言为英语。此外，还有威尔士语、爱尔兰盖尔语、阿尔斯特苏格兰语、苏格兰盖尔语、康沃尔语为英国各地区的官方语言。

一、服饰民俗

英国人注意服装，穿着因时而异。英国人讲究穿戴，注意服装的得体与美观。男要肩平，女要束腰，衣服平整，裤线笔挺。既要突出健美的线条，还要掩盖身体的缺陷。

在某些特定的正式场合，英国人还保留不少传统服装：法院正式开庭时，法官仍然头戴假发，身穿黑袍。教堂做礼拜时，牧师要穿上长袍；每届国会开幕，女王前往致辞时，更是头戴珠光闪烁的王冠，随行的王宫女侍都身着白色的长裙礼服；王宫卫士身穿鲜红的短外衣、黄扣黄束腰，头戴高筒黑皮帽；伦敦塔楼的卫士着黑帽、黑衣，上绣红色王冠及红色边线，近卫骑兵是黑衣、白马裤、黑长靴、白手套，头戴银盔，上面飘着高高的红穗。

英国人的衣着已向多样化、舒适化发展，比较流行的有便装夹克、牛仔服等。

二、饮食民俗

英国人一般较喜爱的烹饪方式有烩、烧烤、煎和油炸，对肉类、海鲜、野味的烹调均有独到的方式。他们对牛肉类特别偏好，如烧烤牛肉，在食用时不仅附上时令的蔬菜、烤洋芋，还会在牛排上加上少许的芥末酱。在佐料的使用上则喜好奶油及酒类；在香料上则喜好肉寇、肉桂等新鲜香料。

英国人对早餐非常讲究。英国餐馆中所供应的餐点种类繁多，有果汁、水果、蛋类、肉类、麦粥类、面包、果酱及咖啡等。晚餐对英国人来说也是日常生活中最重要的一部分，他们选择的用餐时间通常较晚，而且都是边吃边喝边聊，以促进用餐人之间的情谊，可以想见他们是属于极有自主性的民族，而一顿晚餐对他们来说可能要花上好几个钟头。

三、居住民俗

英国人尚绿不尚大，也不尚新，许多人住的是自己父辈、祖辈甚至是曾祖辈留下的房子，他们往往以展示自己房子悠久的历史和古色古香的建筑风格为荣，许多富足人家还住在老辈人留下的茅草顶的平房里。他们也非常喜欢乡间别墅。房屋从外部看十分简陋，但进入其内却十分整洁、现代化。英国人居住重实用、不尚新的传统有利于节约，避免了因频繁拆弃旧房和建筑新房而造成建筑垃圾的产生，利于环保。

四、人生礼仪民俗

英国人家中有人去世，往往在报上登一则小启事，亲友见启事后前去参加葬礼，以表对死者的敬意和对其家属的问候。葬礼分两部分：前半部分在教堂举行，由牧师主持追悼礼拜；后半部分是葬礼，在墓地举行。

丧偶的妇女在葬礼后的两三个星期内一般不接见客人，六个月内一般不外出拜访，一年内不参加娱乐聚会和大型宴会，而对丧偶的男子，只要求在一定时期内穿着规矩，不参加花天酒地的交际活动即可。

五、社交礼仪民俗

英国的礼俗丰富多彩，彼此第一次认识时，一般都以握手为礼，与人握手时，无论男女，无论天气多冷，都应先把手套脱掉，而且脱得越爽快，越能体现对对方的尊重。随便拍打客人被认为非礼的行为，即使在公务完结之后也如此。

英国人的时间观念很强，拜会或洽谈生意，必须预约，准时很重要，最好提前几分钟到达。他们相处之道是严守时间，遵守诺言。若请你到家里做客，需要注意，如果不是为公事，早到是不礼貌的，因为女主人要为你做准备，你去早了，她还没有准备好，会使她难堪。最好是晚到 10 分钟。

英国人通常付小费，一般服务行业以 10%付小费。旅馆每天每间 20 便士左右，房等级高的小费应略为增加。中晚餐可给 10%的数目。车站和机场行李搬运工人视情况给 1 镑左右的小费。出租车小费亦给 10%，长途租车可每天给 2~3 镑。

六、岁时节日民俗

（1）圣诞节。英国的圣诞节是最重要的家庭节日。12 月 25 日和 26 日两天是国家法定节日。在圣诞节这天，家庭举行聚会，吃传统的圣诞午餐或晚餐，并交换礼物。

（2）复活节。复活节没有固定的日期，是在 3 月末和 4 月中旬之间。公共假期从星期五一直到复活节后的星期一。这时候有特别的宗教活动，孩子们会收到巧克力彩蛋。在复活节当天，城镇有复活节游行。在复活节前的星期四，女王每年会访问一座不同的大教堂，送当地居民一些金钱，被称为濯足节救济金，作为象征性的礼物。

七、工艺美术民俗

英国的民间艺术非常繁荣。英格兰的陶器、木刻和木画、民间木版画都极具特色，广受欢迎；苏格兰以花格布、皮手袋、匕首闻名；威尔士则以橡树雕刻的家具和色彩鲜艳的装饰陶瓷著称。

英国传统工艺品以玻璃最为突出，融切割、研磨、黏结技术于一体，以抽象的造型、巧妙的空间处理和色彩的搭配形成节奏感和韵律感，给人以强烈的美的感受。骨质瓷是英国人对世界瓷器的贡献，它白度高、比重轻、透明度好、瓷质细腻、光泽柔和。

八、游艺民俗

音乐在英国文化生活中占有相当重要的地位，英国不但拥有世界一流的交响乐团和歌剧、舞剧团，而且还有不同层次的业余乐团、唱诗班和歌剧小组。

戏剧在英国历史悠久，伦敦最早的剧场建于 16 世纪文艺复兴时期，当时正值英国戏剧的黄金时代。英国人最引以为豪的喜剧大师莎士比亚就是这个时期众多剧作家中的佼佼者，他的剧本在英国和世界各地常演不衰，至今仍拥有大批观众。

英国人酷爱竞技体育是世界闻名的，许多近代竞技体育的发源地就在英国，如橄榄球、板球、高尔夫球。足球是英国最盛行的运动项目，不但英国观看球赛的人多，业余时间踢足球的人也不少。此外，远足、骑自行车、登山、打猎、钓鱼也是英国人比较喜欢的户外运动。

赌博在英国被视为正当消遣方式，与赌博相关的运动项目中，赛马历史悠久，也是最吸引英国人的一项运动。

九、宗教和世俗信仰

在英国，每个人都享有宗教自由，因此，在英国各中心地区也形成了多种不同的宗教信仰蓬勃发展的局面。英国有两个“官方的”教堂：英格兰教堂（英国圣公教会）和苏格兰教堂（长老教派），除此之外，各种不同的宗教和数不胜数的教派在英国都可以找到自己的代表。

绝大多数的英国人都信奉基督教。穆斯林是英国国内最大的非基督教团体（超过 150 万人）。此外，印度教、锡克教和犹太教也拥有大量的信徒，而且数量还在不断增长。

悠远而多元化的宗教历史在英国的另一个产物，就是遍布英国各地令人叹为观止的教堂、寺院和修道院建筑。格拉斯敦伯雷修道院，是以往凯尔特举行宗教活动的地方，曾经在亚瑟王的传奇故事中扮演过重要的角色；坎特伯雷大教堂的戏剧色彩也非常浓厚，相传圣奥古斯汀于公元 597 年从罗马来到英国传福音，5 年之后，他主持修建了坎特伯雷大教堂。

十、禁忌

英国人有排队的习惯，你可以看到他们一个挨一个地排队上公共汽车、火车或买报纸。插队是一种令人不齿的行为。英国人非常不喜欢谈论男人的工资和女人的年龄，甚至他家里的家具值多少钱，也是不该问的。如果你问了一位女士的年龄，那是很不合适的，因为她认为这是她自己的秘密，而且每个人都想永葆青春，没有比对中年妇女说一声“你看上去好年轻”更好的恭维了。在英国购物，最忌讳的是砍价。英国人不喜欢讨价还价，认为这是很丢面子的事情。如果你购买的是一件贵重的艺术品或数量很大的商品时，你也需要小心地与卖方商定一个价钱。英国人很少讨价还价，如果他们认为一件商品的价钱合适就买下，不合适就走开。

第 2 节　法国民俗

法国位于欧洲西部，与比利时、卢森堡、瑞士、德国、意大利、西班牙、安道尔、摩纳哥接壤，其本土呈六边形，三边临水：南临地中海，西濒大西洋，西北隔英吉利海峡与英国相望。地中海上的科西嘉岛是法国最大岛屿。法国地势东南高西北低。西部属海洋性温带阔叶林气候，南部属亚热带地中海式气候，中部和东部属大陆性气候。

法国通用法语。法国是最发达的工业国家之一，在核电、航空、航天和铁路方面居世界领先地位。法国铁矿蕴藏量约 10 亿吨，但品位低、开采成本高，煤储量几近枯竭，所需矿石完全依赖进口。能源主要依靠核能，水力和地热资源的开发利用比较充分。

一、服饰民俗

法国时装在世界上享有盛誉，选料丰富、优异，设计大胆，制作技术高超，因此法国时装一直引导着世界时装的潮流。法国人对于衣饰的讲究，在世界上最为有名。所谓“巴黎式样”，在世人耳中即与时尚、流行含意相同。在正式场合，法国人通常要穿西装、套裙或连衣裙，颜色多为蓝色、灰色或黑色，质地则多为纯毛。出席庆典仪式时，一般要穿礼服。男士所穿的多为配以蝴蝶结的燕尾服，或是黑色西装套装，女士所穿的则多为连衣裙式的单色大礼服或小礼服。

二、饮食民俗

作为举世皆知的世界三大烹饪王国之一，法国人十分讲究饮食。在西餐之中，法国菜可以说是最讲究的。法国人爱吃面食，面包的种类很多；他们大都爱吃奶酪；在肉食方面，他们爱吃牛肉、猪肉、鸡肉、鱼子酱、鹅肝。法国人特别善饮，他们几乎餐餐必喝，而且讲究在餐桌上要以不同品种的酒水搭配不同的菜肴；除酒水之外，法国人平时还爱喝生水和咖啡。法国人用餐时，两手允许放在餐桌上，但却不许将两肘支在桌子上。在放下刀叉时，他们习惯于将其一半放在碟子上，一半放在餐桌上。

三、居住民俗

法国大多数居民的居住形式呈密集型模式。许多家庭住的是一家一套公寓房，越来越多的家庭希望拥有自己的独院住宅。法国人住房一突出特点是复古怀旧，喜“旧”厌“新”。很多法国人不愿意住现代化的高楼大厦，而偏爱古老的旧房子。许多大城市在翻新重建过程中，仍保留了部分具有代表性的老区。

法国人的房屋装修观念与中国人有较大的区别，可以用简单、实用、个性化来概括。法国的许多新建房的墙体、地板已经简单装修过。值得一提的是，现在法国人普遍采用化纤地毯，而不用纯羊毛地毯，因为通过高科技方式制造出来的化纤地毯，有不吸尘、无静电、自动灭菌的功能，这是纯毛地毯不能具备的性能。住房装修的个性化在法国也是很有特点的，比如有小孩的家庭，单独给小孩一个房间，屋里的陈设要严格以孩子的爱好为标准。

四、人生礼仪民俗

结婚前先要订婚，仪式非常简单，一般由女方的家长宴请男方的家长及兄弟姐妹，也可同时邀请其他亲戚，甚至一两名好友出席。婚礼也已逐渐简单化，但仍不失为最隆重的家庭节日，带有庄严神圣的色彩。婚礼由市长或他的一名副手主持，习惯上是在周二、四、五、六早上10时至下午5时之间举行，婚后大宴宾客。法国农村有的地方在婚前要签订财产婚约并办理公证，婚约中要写明未婚夫妇的全部财产、未婚妻的嫁妆和未婚夫的产业。婚龄纪念在民间已成为一种喜庆的风俗。女子守寡300天后，或宣布与丈夫分居300天后可以再嫁，男子则无时间上的限制。

五、社交礼仪民俗

与英国人和德国人相比，法国人在待人接物上表现是大不相同的。主要有以下特点：

（1）爱好社交，善于交际。对于法国人来说社交是人生的重要内容，没有社交活动的生活是难以想象的。

（2）诙谐幽默，天性浪漫。他们在人际交往中大都爽朗热情。善于雄辩、高谈阔论，好开玩笑，讨厌不爱讲话的人，对愁眉苦脸者难以接受。受传统文化的影响，法国人不仅爱冒险，而且喜欢浪漫的经历。

（3）渴求自由，纪律较差。在世界上法国人是最著名的“自由主义者”。“自由、平等、博爱”不仅被法国宪法定为本国的国家箴言，而且在国徽上明文写出。他们虽然讲究法制，但是一般纪律较差，不大喜欢集体行动。与法国人打交道，约会必须事先约定，并且准时赴约，但是也要对他们可能的姗姗来迟事先有所准备。

六、岁时节日民俗

（1）帝王节。每年的1月6日，人们纷纷购买甜饼，这种甜饼内含有一种叫蚕豆的小东西。家中最小的成员，把眼睛蒙上，将甜饼分给大家，每人吃甜饼时都避免咬到蚕豆。吃到蚕豆的人将封为国王（皇后），并挑选他的皇后（国王）。全家人或朋友们举杯高颂：“国王干杯，皇后干杯。”

（2）圣-喀德琳节。11 月 25 日，是圣-喀德琳节，是个地道的巴黎地方节日。25 岁尚未婚嫁的年轻姑娘们梳妆成圣-喀德琳。这些庆祝圣-喀德琳节的姑娘在位于与其同名的大街上的圣女雕像前献花圈。这一天做了许多黄色和绿色的小帽子，一个比一个新颖。在大的女装店内，人们跳舞，喝香槟酒。

七、工艺美术民俗

雕塑在法国是最古老的文化之一，20 世纪以来，法国的雕塑进入了现代化、多元化时期，除传统的石雕、木雕外，还出现了许多以往从未有过的形式，如集合艺术、废品雕塑等。玻璃饰品在法国诞生很早，而玻璃工艺又是法国文化雕塑的重头戏，从小摆饰发展到现在的居家大摆饰，无不体现法国人的浪漫与想象。

法国人浪漫的个性造就了法国工艺品别具一格的特点。人们看到的许多埃菲尔铁塔模型弯曲得像个欧米茄字符，神秘的蒙娜丽莎摇身变成了朴实的村妇，阿尔萨斯的标志鹳鸟往往以童话人物的形式出现，而传统陶瓷器上的图案却是著名作家圣爱修伯里笔下的“小王子”。

八、游艺民俗

令法国人着迷的一种娱乐方式就是音乐。无论是古典音乐还是现代音乐，在法国都有着广泛的听众，这种对音乐的迷恋，在法国已成为一种时尚。法国舞蹈主要有古典舞、爵士舞、踢踏舞、迪斯科舞和霹雳舞。舞蹈在法国绝非仅指那专业演员在舞台上的舞蹈表演，而是变成了广大群众所喜爱、为广大人民所接受的一种业余爱好。

法国人喜欢运动，其运动项目非常丰富，主要有足球、环法自行车赛、滑雪、赛马、掷铁片、臂球、登山等。

九、宗教和世俗信仰

几百年内天主教一直作为法国国教，天主教徒占人口的 85%，其次是新教、东正教、伊斯兰教和犹太教。1905 年法案规定法国为世俗国家，国家与教会分离，各宗教一律平等，国家不介入宗教和精神生活领域，公共服务和公共教育完全世俗化。

十、禁忌

法国的国花是鸢尾花。对于菊花、牡丹、玫瑰、杜鹃、水仙、金盏花和纸花，一般不宜随意送给法国人。法国人大多喜爱蓝色、白色与红色，他们所忌讳的色彩主要是黄色与墨绿色。法国人忌讳“13”与“星期五”。

在人际交往之中，法国人对礼物十分看重，但又有其特别的讲究：宜选送具有艺术品位和纪念意义的物品，不宜送刀、剑、剪、餐具或是带有明显的广告标志的物品。男士向一般关系的女士赠送香水，也是不合适的。在接受礼品时，若不当着送礼者的面打开其包装，则是一种无礼的表现。

第3节　德国民俗

德国位于欧洲中部，东邻波兰、捷克，南毗奥地利、瑞士，西接荷兰、比利时、卢森堡、法国，北接丹麦，濒临北海和波罗的海。西北部海洋性气候较明显，往东、南部逐渐向大陆性气候过渡。主要是德意志人，另有少数丹麦人、索布族人、弗里斯兰人和吉卜赛人。通用德语。多数人信奉基督教。

一、服饰民俗

德国人很讲究清洁和整齐，对衣冠不整、服装不洁者难以容忍。男士平时穿西服套装、夹克或大衣，工作时就穿工作服，下班回到家里可以穿得随便些。看戏、听歌剧时，女士要穿长裙，男士要穿礼服，至少要穿深色的服装。参加社会活动或正式宴会更是如此。

德国人的传统民族服装随地区而变化：东南地区妇女一般戴白帽，大宽裙色彩对比鲜明；西南地区农村喜穿绿色百褶裙，上身着红黄短褂，穿长靴。男子则普遍喜穿靴子、红裤、红衬衫套绣花坎肩，戴黑帽子。作为传统民族服装，女装以黑林山区最为典型，身着黑色长裙，内穿黑白相间的衬衣；巴伐利亚地区的男装也极具代表性，身着皮短裤、长袜、背心，外套西服。

二、饮食民俗

德国人饮食有自己的特色。德国人多属日耳曼族，爱好“大块吃肉，大口喝酒”，每人每年的猪肉消费量达66千克，居世界首位。德国人爱吃猪肉，也喜欢自己养猪。在德国最大的工业区鲁尔，尽管区内处处是高楼大厦，然而居民都在大楼之间辟出一个个养猪场，每年都雇用屠夫宰杀自家养的猪，一家人吃上大半年。由于偏爱猪肉，大部分有名的德国菜都是猪肉制品，最有名的一道菜就是酸卷心菜上铺满各式香肠及火腿，有时用一只猪后腿代替香肠及火腿。除了猪肉，德国人均面包消费量也高居世界榜首，每人每年要吃掉80千克面包。

三、居住民俗

德国人的住房条件较好，而且十分注重整理和美化自己的住宅。德国民居一般分二至三层，大多数为独院式，虽然各个造型独特，却有一种共同的风格：整洁，典雅端庄，简约精致，稳沉大方，但又不失迷人的优雅和浓郁的浪漫情怀。德国人很注重房屋的维护和修缮，许多房子看上去很新，实际上却是有上百年历史的老房子。民居主体结构是木质的，他们在木头表面涂上不同的颜色，房子的外框结构一目了然，除了阳台摆放着各种奇异鲜艳的花草，德国人还喜欢装饰外墙，有的是自家的涂鸦，大部分都是别具匠心的设计，豪华一点的还有雕刻。

四、人生礼仪民俗

德国城市中实行土葬或火葬，没有一定的要求与规定。城市周围建有墓地，并由殡仪馆为其服务。在德国的民间传说中，镜子被视为魔鬼的工具，是死神隐蔽的场所，妖魔利用镜子的反照能力，扰得人不得安宁。因此，人在临终前要将镜子用布蒙住，以使亡灵能安详地解脱尘世罪孽，升入西方极乐世界。人们认为通过这些临终慰藉，亡者能安详地离去。

五、社交礼仪民俗

通常来讲，同德国人打交道没有太多的麻烦。他们都比较干脆，很少摆架子，或者给人以模棱两可的答复。德国人比较注意礼仪。朋友见面以握手为礼，告别时亦如此。十分要好的、长时间未见的朋友相见或长期分开时可以相互拥抱。在交往过程中，大多数人往往用“您”以及姓氏之前冠以“先生”或“女士”（也作“夫人”讲）作为尊称。只有亲朋好友和年轻人之间互相用“你”以及名字称呼。对女性，不管其婚否或长幼，都可以称“某女士”，但对已婚妇女应以其夫姓称之。

六、岁时节日民俗

（1）慕尼黑啤酒节。又称“十月节”，每年 9 月末到 10 月初在德国的慕尼黑举行，

持续两周，是慕尼黑一年中最盛大的活动。在这个节日期间主要的饮料是啤酒，而且消耗量惊人，所以中国人喜欢把他们的这个节日简称为啤酒节。

（2）兰茨胡特婚礼节。德国的兰茨胡特婚礼节独具特色。兰茨胡特城，每四年的 7 月初举行一次欧洲最大的传统婚庆活动。人们穿着华丽古雅的服饰，让人们重温过去的婚礼节庆气氛。届时，全城一派热闹非凡的景象。婚礼节启迪人们更加珍爱婚姻，珍爱家庭，珍爱永不衰退的爱情。

七、工艺美术民俗

德国工艺品主要有陶瓷、玻璃、木雕等。位于莱比锡和德累斯顿之间的迈森，自古就以陶瓷闻名于世，尤以独特的白瓷产品和天蓝色的洋葱花样瓷器著称。慕尼黑是德国一个重要的工艺品中心，特色工艺品丰富多样，其中彩绘的蜡烛、木雕手工艺品和啤酒杯等深受游客的喜爱。

八、游艺民俗

德国是“音乐王国”，德意志民族是一个热爱音乐且极具音乐天赋的民族，从巴赫、亨德尔、贝多芬等杰出的古典音乐大师，到德国“歌曲之王”舒伯特与舒曼，再到瓦格纳、勃拉姆斯、米德米特等音乐名家，他们都在世界音乐史上占有无可比拟的崇高地位。长期以来，古典音乐一直是德国音乐的主流，不过近几十年爵士乐、摇滚乐和流行乐也逐渐为德国听众所接受并形成了各自独特的风格。德国的爵士音乐主要以自由爵士乐闻名。阿尔贝特·孟格斯道夫是世界上最优秀的长号演奏家之一。德国年青一代很热衷摇滚乐，德国著名的摇滚乐队“蝎子”“王子”等都是世界上知名的乐队。音乐在德国人的生活中占有重要的地位。德国人自发地组织了几百万个家庭小乐队，每当下班后或在公休日，人们与亲朋好友欢聚在一起吹拉弹唱，自娱自乐，音乐已成为德国人抒发共同情感的一种社交方式。

九、宗教和世俗信仰

德国的主要宗教信仰是基督教和天主教，有少数人信奉东正教和犹太教。现在随着社会的发展，信教的人正在减少，尤其是年轻人。德国没有国家教会，即国家对教会没有行政监督作用，国家对宗教信仰持一种中立态度。德国的宗教是一支重要的政治力量。德国社会的宗教气氛还是很浓重的，单纯的全国性的宗教节日就有 13 个，如三圣节、狂欢节、复活节、圣体节、圣诞节等。每逢这些节日，全国都要放假，由此可见宗教对国家及社会的影响。

十、禁忌

在德国，忌讳“13”。要是 13 日碰巧又是个星期五，人们会特别小心谨慎。此外，德国人祝贺生日的习惯也不同于中国人。在中国，友人生日临近，你方便时，送他生日礼物并祝他生日快乐，他一定会为你的关心及热情而感激不尽。但如果这事发生在德国，则会适得其反，这是因为按德国的习俗，生日不得提前祝贺。

第 4 节　意大利民俗

意大利地处欧洲南部，包括亚平宁半岛及西西里、撒丁等岛屿，北以阿尔卑斯山为屏障与法国、瑞士、奥地利和斯洛文尼亚接壤，东、南、西三面临海。94%的居民为意大利人，少数民族有法兰西人、拉丁人、罗马人、弗留里人等。除西北部与东北部的少数民族讲法语、德语和斯洛文尼亚语外，绝大多数居民讲意大利语。意大利大部分居民信奉天主教。意大利是发达工业国家，经济规模居世界第六位。

一、服饰民俗

意大利人普遍讲究衣着。平时出门，男士大多穿深色西装，系一条享誉世界的意大利真丝领带，穿黑色皮鞋；女士穿着漂亮的西服裙，佩戴首饰，脚蹬一双漂亮的意大利皮鞋，还要带一个精致的小手提包。意大利人穿着特别注意场合，在正式社交场合一般是着西式服装，在家里则穿便服或休闲服。在一些节庆活动中，常举行规模盛大的化装游行，从小孩到老年人都穿各式各样的奇装异服。

二、饮食民俗

意大利人有早晨喝咖啡、吃烩水果、喝酸牛奶的习惯。酒，特别是葡萄酒是意大利人离不开的饮料，不论男女几乎每餐都要喝酒，甚至在喝咖啡时，也要掺上一些酒。意大利面，又称之为意粉，通体呈黄色，耐煮、口感好。意大利面用的面粉是一种“硬杜林小麦”，久煮不糊。它的形状也不同，除了普通的直身粉外，还有螺丝形的、弯管形的、蝴蝶形的、贝壳形的。

三、居住民俗

意大利作为文明古国，灿烂的文化遗产不仅仅体现在遗迹上，也体现在民居建筑上。意大利民居的一大特点是实用；第二特点就是造型各异，几乎没有一个样的。意大利人更喜欢自己的家与别人不一样。

四、人生礼仪民俗

意大利的婚丧嫁娶习俗，与欧洲其他国家相似，仪式多与宗教仪式相关。意大利人的嫁娶需要经过订婚（交换订婚戒指）、结婚（分为民政和教堂婚礼）两道仪式，3 月、4 月是意大利青年选择结婚高峰期。在 1974 年 5 月以前意大利人是不允许离婚的，在 1974 年 5 月 16 日全民公决后，意大利人的离婚率一直居高不下。

五、社交礼仪民俗

意大利人喜欢请客吃饭，这是朋友间聚会的一种方式。上餐馆吃饭，多是共同摊钱，除非对方声明请客。意大利人也好客，如应邀到朋友家吃饭，一般是主人做东，客人应该带点酒、甜食，或者带些纪念品或鲜花送给主人；礼品包装要讲究一些，否则主人会感到不悦。作为主人接受礼物，应当面将礼品包装打开，并加以赞美。和人交谈，要端庄和蔼，彬彬有礼。双方不可靠得太近，谈话声音不可太高，坐时忌跷“二郎腿”，更不能抖腿部。谈话要专注，忌在大庭广众面前耳语，更不能与对方说话时用手指着他人，那样会被认为没教养，或引起不必要的误会。初次见面交谈切忌打听对方的收入、家产、年龄和婚姻，异性之间交谈时眼睛不能老是盯着对方，在路上与妇女交谈应当边走边谈，不能停下站着说话，与妇女同座时不要吸烟，同相识的妇女打招呼，男方应起立，女的可以坐着回答。

六、岁时节日民俗

（1）威尼斯狂欢节。狂欢节一般在2月份。各个城市一般都会组织各种庆祝活动，有化装游行、各种文艺演出等。人们穿戴整齐，相拥着来到广场、公园。有的扮成各种动物，有的装成各种明星，有的身着古人的衣饰。戴着面具的、涂着油彩的，汇聚成一个神奇的世界。意大利以狂欢节著称的城市是位于海滨的维亚雷焦。此外，威尼斯、罗马、米兰、佛罗伦萨的狂欢节也各具特色。

（2）威尼斯赛舟会。每年9月的第一个星期日，威尼斯的划船好手都会聚集到大运河上参加传统赛舟会。许多人换上富有古典韵味的服装，或在岸边观赛，或泛舟水上，整个城市似乎重回文艺复兴时期。选手们身着传统服装，参加一项古老的集赛舟和服饰展为一体的竞技项目。

七、工艺美术民俗

意大利的雕塑家继承和发扬了古罗马艺术中以人为中心的精神。为了表现裸体的完美，雕塑家认真研究了人体结构。雕像一般只有一个颜色，没有眼珠，但正是色调的单纯和表情的淡薄构成它的美，观众可以从四周观赏。一尊完美的雕像可以说是既高雅又通俗的艺术，不需要深奥的文字解说，不同种族和文化程度的人都会感受到它体现的精神。

八、游艺民俗

意大利人爱看歌剧，并引以为荣。对于绘画有较高的欣赏水平。普遍爱好体育活动。许多人喜欢跑步、体操、游泳等，排球、篮球、滑雪、击剑、骑自行车等运动项目也拥有大量爱好者。意大利足球有着悠久历史和光荣传统，至今一直居于世界最高水平之列。意大利也被誉为“世界足球王国”之一。其鲜明的特点就是稳固防守的前提下寻找进攻机会，获得进球以至比赛胜利。后卫防守坚固，中场控制流畅，前锋效率之高令所有对手胆寒，后防线更被公认为“钢筋混凝土防线”，在各个位置涌现出了一大批伟大的球星。“防守反击”这种风格似乎为其他国家队迷所不齿，但是无碍意大利成为世界上最伟大的几个足球国度之一。事实上，足球就是防守与进攻的有机结合，任何国家的足球都不能不讲防守。

九、宗教和世俗信仰

意大利堪称天主教世界的中心，教皇的宫廷就设在罗马梵蒂冈。大多数居民信奉天主教，意大利是天主教氛围最浓的国家之一。

十、禁忌

意大利人忌讳菊花。意大利人忌讳交叉握手，忌讳数字“17”。送礼严忌送手帕，忌讳以戏称、虐称或随意昵称来称呼自己的心上人，忌讳鲜花送双数，忌讳游客在乘车时吃喝。

第 5 节　西班牙民俗

西班牙是一个位于欧洲西南部的国家，与葡萄牙同处于伊比利亚半岛，东北部与法国及安道尔公国接壤，面积 50 万平方千米，主要人口是卡斯蒂利亚人（即西班牙人），少数民族有加泰罗尼亚人、加里西亚人和巴斯克人。大多数居民信奉天主教。卡斯蒂利亚语（即西班牙语）是官方语言和全国通用语言。

一、服饰民俗

披风是西班牙女性的传统服饰，至今仍流行，西班牙妇女外出有戴耳环的习俗，否则会被人嘲笑。斗牛裤子是男士的传统行头。

二、饮食民俗

西班牙人的主食以面食为主，也吃米饭，喜食酸辣味的食品，一般不吃过分油腻和咸味太重的菜。早餐习惯吃酸牛奶、水果；午餐和晚餐通常要喝啤酒、葡萄酒或白兰地酒，饭后则喝咖啡及吃水果。

西班牙具有特殊风味的烹调术，是旅游资源的一个重要组成部分。塞戈维亚的烤乳猪、米兰达埃布罗的烤羊肉、巴伦西亚的以红色作配料的“巴戈亚饭”、曼卡的奶酪、比斯开湾的海味等，皆是脍炙人口的美食。

三、居住民俗

西班牙建筑风格以“含蓄中的震慑力”著称，在世界建筑界独树一帜。西班牙的建筑设计被公认位居世界前沿，众多建筑师在世界上声誉卓越，广受瞩目。西班牙建筑风格的最大特点是以浅色调为主，建筑外立面色彩明快，既醒目又不过分张扬，采取更为质朴温暖的色彩，采用柔和的特殊涂料，不产生反射光，不会晃眼，给人以踏实的感觉。西班牙采用的建筑材料取材朴实，产品完全手工化、精细化。西班牙的住房都不算大，但是设计非常合理，厨房较大，厕所里有浴室，客厅也比较实用，但卧室非常小。西班牙10层以上的高层住宅楼比较少，多数都是5到6层的低层楼房。但每栋楼都有一到三层地下车库。住宅小区一般都有游泳池，有花园。楼内公共部分更是阔气，楼道地板大都铺设瓷砖，或者铺设大理石，或者铺设地毯。楼道墙壁都粉刷得非常讲究，并且规定隔几年就要重新粉刷一次。楼道内十分干净，一尘不染。公共环境干净整洁。西班牙住宅小区环境优美，每个小区一般都有服务员打扫卫生，有的小区还有24小时门卫，以保障安全。

四、人生礼仪民俗

西班牙马斯克人的婚礼沿袭一套传统的习俗。人们习惯上认为星期二是“吉日”，因此婚礼一般选在这一天举行。典礼要在教堂里按天主教教会规定的仪式进行。尽管是传统天主教国家，但是由于受到现代婚姻家庭观念的冲击，青年人趋向于晚结婚、不结婚、不要孩子。婚龄男女结婚率只有5‰左右，也就是说同居比例巨大。不过西班牙的离婚率也较低，只有0.5‰。

五、社交礼仪民俗

西班牙人的见面礼节一般采取握手、亲吻和拥抱三种方式。两人初次相识边握手边问候，如对方无握手之意，可点头说“你好”致意。到西班牙人做客，无论是熟人、朋友、亲属之间，都须事先约定，如不经事先打招呼就贸然到主人家或办公室是一种失礼行为。西班牙人通常在正式社交场合与客人相见时，行握手礼。与熟人相见时，男朋友之间常紧紧地拥抱。西班牙人的姓名常有三四节，前一二节为本人姓名，倒数第二节为父姓，最后一节为母姓。通常口头称呼称其父姓。

六、岁时节日民俗

（1）西班牙斗牛。闻名世界的西班牙斗牛，是颇为盛行的一种竞技表演。它起源于古代的宗教活动。18世纪中叶，西班牙各地开始兴建正式的斗牛场。斗牛季节是3月至10月，斗牛季节里，每逢周四和周日各举行两场。如逢节日和国家庆典，则每天都可观赏。

（2）布尼奥尔西红柿节。每年8月的最后一个星期三，在西班牙巴伦西亚地区的布尼奥尔小镇举行西红柿节。它是西班牙一年一度的民间传统节日，被喜欢它的人们形象地称之为“番茄大战”。节日当天，成千上万的当地居民和外地游客脱掉上衣，奋力把透熟多汁的西红柿掷向其他人，很快，西红柿汁就在小镇的街道上形成了一条条番茄的河流，而人们的身体和欢笑也都淹没在西红柿红色的海洋之中。

七、工艺美术民俗

西班牙的手工艺品种类丰富，从吹玻璃、木作加工、打铁、锻铜，再到面具加工、提线木偶、小提琴制作、做泥塑，以及烧陶瓷器皿、做烛台、制皮革等样样都有。这些精美的作品的制作都是通过传统手工的方式来完成的，但是在形态上已经与当代艺术自然地融为一体了，虽然手艺可能已经有了千百年的历史，但是形象上已经再也不是历史本来的形态了，这些作品都是现代人审美观的自然流露。

八、游艺民俗

斗牛是西班牙的国粹，风靡全国，享誉世界，尽管从动物保护的观点上看目前人们对此存在争议，但是作为西班牙特有的古老传统还是保留到现在，并受到很多人的欢迎。

塞维利亚弗拉门戈舞是西班牙具有代表性的舞蹈。表演者一边跳舞，一边击掌打出节奏，舞者极富张力的躯体，歌者嘶哑的声音，演奏者的大力弹拨，都似乎在表达疯狂的喜悦，或者极度的苦痛。那些吉卜赛弗拉门戈舞者的目光骄傲、孤独、炯炯有神，如鹰隼一样带着光芒，穿透观者的灵魂。它只属于那些执着、勇敢，历经苦难却用歌声去赞美、用臂膀拥抱生活的人。

九、宗教和世俗信仰

天主教的影响更多地表现在西班牙人的日常生活中。像其他天主教徒一样，西班牙人一生中最重要的时刻都是在教堂中度过的：出生后的洗礼、第一次领圣餐、婚礼和死后的葬礼。西班牙节日众多，有一个原因就是每一个城市、每一个村子、每一种职业都有一个圣徒作为守护神。每到圣徒生日的时候，这个城市或者行业工会就要举行大弥撒和宗教游行。另外，每一个教徒也都有自己的守护神，不仅要过自己的生日，也要过圣徒的生日，称作“Día del Santo”。西班牙人的名字大多取自圣徒，最常见的男女名字就是圣父圣母“何塞”和“玛丽亚”，而且不论男女，都经常把这两个名字连用。

十、禁忌

西班牙人忌讳送大丽花和菊花，只有在葬礼上才送菊花。送的时间也有讲究，每月的13日一般都不送花，送花时也不送13支，因为“13”这个数字在西班牙人心中不吉利。

在西班牙，不要对斗牛活动有非议，如果你对情况不了解，最好不要对斗牛活动发表任何意见。到西班牙人家中做客，可送上鲜花，他们最喜爱石榴花。

第6节 荷兰民俗

荷兰，位于欧洲西部。西、北两面濒北海，东临德国，南接比利时。荷兰因位居欧陆理想位置，素有“欧洲门户”之称，以风车、木屐、郁金香闻名于世。荷兰是世界上最早的资本主义国家，资本主义生产关系的建立，促进了生产力的发展，使之一度成为海上殖民强国。荷兰是联合国及欧盟的创始国之一，是第一个完全欧元化的国家。荷兰是世界上人口密度最高的国家之一，它的人口密度超过400人/平方千米。80%以上为荷兰族，此外还有弗里斯族。官方语言为荷兰语，弗里斯兰省讲弗里斯语。

一、服饰民俗

大部分荷兰人的穿着打扮和欧洲大陆的其他国家大同小异。在正式社交场合，如参加集会、宴会，男子穿着都较庄重。女士典雅秀丽。最富特色的是荷兰马根岛上居民的服饰，该岛女孩的衬衣都是红绿间条衫。

二、饮食民俗

荷兰人早午餐多吃冷餐。早餐多以面包涂奶油或奶酪，喝牛奶或咖啡为主。荷兰人不太喜欢喝茶，平常以喝牛奶解渴。荷兰人的正餐是晚餐。晚餐前都习惯先喝些饮料，然后很正规地在餐桌上铺上台布等。通常是两道菜，一道汤。汤常用粟米粉调制而成，美味可口。荷兰人在饮食上习惯吃西餐，但对中餐也颇感兴趣，当地中国菜馆之多居欧洲前列。

荷兰的奶酪十分有名，其消费量与出口量均居全球之冠，天然风味的豪达奶酪、风味独特的艾登奶酪、熏制奶酪等各色各样，一应俱全。

三、居住民俗

荷兰的老房子以节约空间闻名。老式住宅一般4~5层。虽然建筑手法、材料风格各异，但几乎所有的单元都将居住者与水、建筑、自然的关系放在重要位置。很多单元设计有中庭、屋顶花园，或是低低的临水露台。所有的建筑语言都用最平实的材料表达，砖、木、铁皮、铝板、U形玻璃这些材料，都是当地最平常的材料，却被建筑师得当运用，给人一种平和的气质。

四、人生礼仪民俗

荷兰的青年男女在订婚时，男方要给女方送一双漂亮的木屐，作为订婚之物。居住于城市的荷兰青年的婚姻同西欧各国大体相同。当荷兰的男青年有意向一位姑娘求爱时，总是先要敲开姑娘的家门，等姑娘的父母出来时，便请姑娘的父母为他点燃一根雪茄，姑娘的父母便对青年提出各种问题，以考察他的品行和能力。当他再次要求点燃雪茄时，即可给他一个十分明确的答复。

五、社交礼仪民俗

在官方场合，荷兰人与客人会面时，通常行握手礼。而在日常生活中，朋友相见，大多行拥抱礼。见亲密的朋友时，也有行吻礼的。荷兰人不喜欢交叉握手，认为这是不吉利的行为。来荷兰进行商务活动的最佳月份是每年的3—5月、10—11月。荷兰人具有很强的时间观念。荷兰人很喜欢听恭维话，所以在商务活动中，对他们的室内摆设等夸奖几句，他们会格外高兴。

六、岁时节日民俗

（1）郁金香节。荷兰人把每年最接近5月15日的星期三定为“郁金香节”。在这一天，人们用五颜六色的鲜花装饰成各种各样的花车，在乐队的伴奏下，浩浩荡荡地穿街过市。人们还头戴花环，挥舞花束，簇拥着“郁金香女王”游行，一条条街道成了一道道流光溢彩的花的河流。每年这一天，全世界有几十万人涌到荷兰，参加这具有浓郁民族风情的盛会。

（2）鹿特丹国际电影节。鹿特丹国际电影节是在电影界深获好评的国际电影节，自1972年诞生之初就被贴上“非常具有实验精神”的标签，并一直被视为“世界新锐导演的最重要舞台”。

七、工艺美术民俗

木屐是荷兰最具民族特色的工艺品，是民族风俗文化的缩影。如今，荷兰木屐的实用价值大减，已少有人穿了，倒是观光客喜爱不已，成了必购的纪念品。木屐的造型很可爱，整个样子像一艘小船，可做装饰品，还可以做花瓶，就是荷兰人也舍不得把它扔掉。

八、游艺民俗

经典音乐方面，荷兰拥有大量的管弦乐团，分布在全国各地。其中最负盛名的为阿姆斯特丹皇家音乐厅管弦乐团，该团经常在国外演出。荷兰音乐节名扬四海，每年的6

月份在阿姆斯特丹持续1个月的时间。流行音乐也成绩显著。

体育运动是荷兰人日常生活中的一个重要组成部分。足球在荷兰民间运动中位列第一。拥有逾100万会员的足球协会也是最大的体育组织。新建在阿姆斯特丹的体育馆“阿锐拿”是欧洲最先进的体育馆。网球运动在最近的若干年内发展迅速。网球协会拥有70万以上的会员，在荷兰名列第二。其他的常见运动有体操、游泳、排球、自行车赛车、柔道、滑冰、曲棍球、帆板、手球和篮球。高尔夫球运动也在迅速发展。此外，业余时间很多人做骑自行车运动，自行车也被称为荷兰的“国车”。

九、宗教和世俗信仰

荷兰宪法规定宗教信仰自由。对荷兰社会影响最大的是罗马天主教和荷兰新教。荷兰是欧洲最世俗的国家之一，近一半人认为自己无宗教信仰。罗马天主教的势力集中于荷兰南部的林堡省和北部拉邦特省；而新教则在从西南的泽兰省到东北的格罗宁根省的一条广阔地带势力最强。新教曾经是荷兰最大的宗教，然而在过去的一个世纪，新教教堂不断减少。伊斯兰教的发展始于清真寺的兴建。荷兰还拥有一些印度教徒，主要是来自前殖民地国家苏里南的移民。

十、禁忌

荷兰人忌讳“13”和星期五。在相互交往中，他们不愿谈论政治、经济和物价等问题，还特别忌讳别人对他们拍照。

第7节　丹麦民俗

丹麦位于欧洲北部日德兰半岛上及附近岛屿，南部是德国，北部濒临大西洋北海和波罗的海，属温带海洋性气候。瑞典和挪威分别位于丹麦以北及西北方向，与丹麦隔海相望。丹麦官方语言为丹麦语，英语为通用语。

一、服饰民俗

丹麦人在正式社交场合很注意着装整齐，通常西装革履，衣冠楚楚。举行盛大晚宴时，人们还习惯穿晚礼服。但是，在日常生活中他们衣着较随便，穿各式流行服装的都有，不少人喜爱着运动服。在夏季，丹麦的一些海滨胜地，到处可见穿着游泳衣的游客。

二、饮食民俗

丹麦三明治是具有代表性的丹麦食物，这是一种开口三明治，从最简单的到复杂得像雕塑品的都有。举世闻名的“丹麦酥”，在丹麦几乎每隔一个街角就有面包店陈列着许多令人流口水的不同种类。典型的丹麦菜包括猪肉丸、水煮鳕鱼配芥末酱、脆皮烤猪肉、马铃薯炖牛肉，以及牛肉汉堡配洋葱，还有一种冷食自助餐，菜色有鲱鱼、沙拉、各式冷肉片和乳酪。

丹麦人的主食以面食为主，尤爱吃面包，副食爱吃牛肉、羊肉，蔬菜则常吃西红柿、洋白菜等；丹麦人喜欢喝酒，平时常饮咖啡、酸牛奶和花茶。

三、居住民俗

丹麦是以农业为主的国家，有闻名世界的畜牧场。丹麦处处可见青绿的牧野风光。丹麦的典型农家，房屋两侧多建牛舍。16—19世纪的房屋、庭园和石板路，宁静的街景令人缅怀昔日美好的时光。

四、人生礼仪民俗

世界上许多国家的人们习惯于送他们的恋人戒指或一束花，作为订婚礼物。但在丹麦的一些地方，人们认为送给未婚妻刻满情诗的棒槌是吉利的，因为棒槌能带来好运和美满。筹办婚姻得好几天，可却是秘密进行的，因为公开筹办会触怒鬼怪或引起它们的嫉妒。在婚庆快要结束的时候，人们把一大坛啤酒抬到园子里。新郎新娘的手握在酒坛上方，然后酒坛被打得粉碎。在场的适婚女子会把碎片捡起来。

五、社交礼仪民俗

丹麦人举止大方，性格豪放，他们在一块交谈时喜欢离得稍远些。这只是一种民族习惯，并不是有意疏远对方，他们其实是很善于结交朋友的。丹麦人与南欧人不同，他们约束较少，行为较自由，但也有不少的规矩，譬如，你到当地人家中拜访，进门后如果主人请你脱大衣，则表明主人愿意久留你，否则就是主人不想久留你。

六、岁时节日民俗

丹麦忏悔节在2月底。过去这是宗教斋戒期的前夜，现在是孩子们盛装打扮的一个有趣的狂欢节日。这一天，孩子们穿上各种色彩华丽、样式古怪的服装，比如戴上礼帽或是蒙上佐罗式的眼罩，去敲邻居家的门，要求赠予礼品。他们还聚集一堂，轮流用棒球球棒敲一个悬挂着的大木桶，当木桶被打破时，里面的糖果糕点滚落出来，孩子们便欢天喜地地分而食之，而打破桶的幸运孩子就成为斋戒期的“国王”或“王后”。

七、工艺美术民俗

丹麦的特色产品有陶瓷器、家具、室内装饰品、时装、手工台布等。还有丹麦设计的音响产品，丹麦的银制品、陶器、琥珀、家饰、文具以及手工玻璃器皿等很受欢迎。在丹麦，有一句随处可见的谚语：“如果银子会说话，讲的肯定是丹麦语。”淋漓尽致地体现了丹麦人对自己银制品的自豪感。

八、游艺民俗

丹麦人格外青睐自行车，500多万人口的国度拥有自行车420万辆，这不能不说是个“奇迹”。丹麦人的生活是安逸宁静的，骑自行车是他们休闲锻炼的一大时尚。因为骑自行车是一项融娱乐、健身与生活为一体的活动。它对内脏器官产生的影响，并不亚于长跑和游泳，特别是骑车郊游，能将沿途美丽的风光一览无余，是一种美的享受。

九、宗教和世俗信仰

九成以上的丹麦人隶属于由国家支持的丹麦国家教会，这是路德福音教会中的一支，但只有不到5%的人经常上教会礼拜。

十、禁忌

丹麦人忌讳“13”“星期五”，认为这些数字或日期是令人懊丧的，是灾祸将要降临的兆头。忌讳用一根火柴点三支香烟，认为这样很不吉利。忌讳盐，认为盐会给人带来灾祸。忌讳4人交叉握手，认为这样做不吉利和有伤和气。忌讳在门口聊天说话，认为在门口说话是不吉祥的征兆。所有的门口都一样，绝对禁止在这里和别人打招呼。丹麦人不喜欢别人在7、8月份找他们谈公事，因为他们的国家冬季漫长，人们都十分珍惜这两个月左右的夏季时间。如果有人在这段时间去打扰他们，难以受到诚心实意的热情接待。

第8节　俄罗斯民俗

俄罗斯位于欧洲东部和亚洲北部，是世界上领土面积最大的国家。东濒太平洋，西接波罗的海芬兰湾，横跨欧亚大陆。大部分地区处于北温带，气候多样，以大陆性气候为主。俄罗斯是世界上人口减少速度最快的国家之一。全国有180多个民族，主要少数民族有鞑靼、乌克兰、楚瓦什、巴什基尔、白俄罗斯、摩尔多瓦、日耳曼等。人口分布极不均衡，西部发达地区人口稠密。高加索地区的民族成分最为复杂，有大约40个民族在此生活。居民多信奉东正教，其次为伊斯兰教。俄语是俄罗斯的官方语言，各共和国有权规定自己的国语，并在该共和国境内可与俄语一起使用。主要少数民族都有自己的语言和文字。

一、服饰民俗

俄罗斯人注重仪表，很爱干净，衣着整洁。出门旅行总要带熨斗。参加晚会、观看演出，俄罗斯人习惯穿晚礼服，尤其是看芭蕾舞剧，显得特别高贵。俄罗斯的民族服装有着鲜明的民族特点。男子穿亚麻布绣花衬衫，系彩色腰带，外套坎肩，下穿灯笼裤，扎裹腿，脚蹬皮靴，头戴毡帽、皮帽或草帽。妇女的传统民族服装艳而不俗，上穿绣花衬衣，下穿条纹或方纹图案的大长裙，腰系毛织小花围裙，再配上五彩绒线织成的腰带，头戴花头巾，脚穿皮靴或皮鞋，显得既健美又活泼。

二、饮食民俗

俄罗斯人喜喝红茶加糖、蜂蜜或果酱。俄罗斯的饮茶文化源远流长。早在 18 世纪，俄罗斯的一些城市就开始生产茶具，其中图拉被公认为真正的茶炊之都。茶炊是俄罗斯传统饮茶文化的象征。在今天的俄罗斯，茶炊已经成为温馨家庭的独特标志。俄罗斯人喜欢饮酒，但不太讲究菜肴，有酒喝就行。女士们一般喝香槟酒和果酒，而男士们则偏爱伏特加。伏特加是一种用粮食酿造的烧酒。好的伏特加虽然度数高，但喝后不容易上头。

三、居住民俗

俄罗斯的传统住房是圆木架成的房子，屋顶雕刻有马头形木雕，门、窗框上雕有花纹图案，十分精美，但是这样的房屋现在只能在农村看到了。

四、人生礼仪民俗

俄罗斯人从 16 世纪末信仰东正教，开始实行土葬，葬礼的程序繁多，如停尸、举行教堂葬礼、殖仪、送葬、哭丧等。

五、社交礼仪民俗

俄罗斯人见面一般接吻和拥抱，是俄罗斯人的重要礼节，男女在隆重的场合相遇，常常是男子弯腰吻女子手背。日常生活中，长辈吻晚辈的面颊三次（先右、后左、再右），男子间只能拥抱，亲兄弟姐妹见面，可拥抱亲吻。尊重女子是俄国社会风尚，女士优先显示了俄罗斯人的绅士风度。男士吸烟要先征得女士们的同意，让烟时不能单独递一支，要递上一整盒；相互点烟时，不能连续点三支烟。俄罗斯人喜欢结交朋友，待人友好亲切，感情真挚热烈。公共场合人们相互谈话低声细语，从不大声喧哗，妨碍他人。与人交谈，不打断别人讲话，以表示尊重。谈话时不习惯问长问短，听对方讲话时不能左顾右盼或做小动作。初次见面，不宜问生活细节，尤其对妇女，在任何情况下都不能当面问她们的年龄。朋友久别重逢，寒暄问候时，切不可谈论胖瘦，俄罗斯人有这一习惯，特别是对妇女，她们觉得这是形容她们臃肿丑陋。俄罗斯人十分注重仪表美，外出时衣冠楚楚，他们认为不扣好纽扣或把外衣搭在肩上都是不文明的表现。

六、岁时节日民俗

（1）犁节。7 月 5 日是俄罗斯鞑靼人的传统节日“犁节”。俄罗斯鞑靼人以各种各样的方式欢庆传统民族节日“犁节”，庆祝春耕结束，期盼好收成的到来。有演员们表演鞑靼民族歌舞；有鞑靼老人在庆祝“犁节”的活动中展示民族传统纺线工艺；有人在庆祝“犁节”的活动中参加传统民族游戏。

（2）洗礼节。俄罗斯东正教节日，在公历1月19日。这一天往往是基督教的入教仪式，新生儿在命名日受洗。在洗礼节那天人们除去教堂祈祷外，还要到河里破冰取“圣水”。1月18日晚是占卜日，特别是女孩子，在这一天晚上要占卜自己的终身大事。

七、工艺美术民俗

俄罗斯的民间工艺历史悠久，像木刻、陶器、地毯、刺绣、藤和麦秆编织品等都久负盛名。俄罗斯极富民族特色的纪念品——套娃，几乎是俄罗斯传统工艺品的象征。

八、游艺民俗

马是传统的民间交通工具，北方地区的鹿、狗及马拉雪橇既是民间节日中的重要内容，又是人们喜爱的交通工具。俄罗斯人文化娱乐活动丰富多彩，城市剧院里经常上演歌剧、话剧、芭蕾舞剧，座无虚席；歌舞演出、杂技表演、马戏团演出更是场场爆满。俄罗斯人的文化素质高，几乎家家户户都有书橱，读书看报蔚然成风。俄罗斯民间创作如舞蹈、音乐、口头文学等十分丰富，还有许多古老的戏剧形式，其中流传最广的是源自16世纪的民间木偶戏。俄罗斯人爱好体育活动，喜欢打网球、踢足球、跑步、游泳、摔跤和钓鱼等，溜冰和滑雪是群众冬季体育活动。

九、宗教和世俗信仰

俄罗斯主要宗教为东正教，此外还有伊斯兰教、萨满教、佛教（藏传佛教）、犹太教等。信仰伊斯兰教的主要是分布在中亚和高加索地区的一些民族。

十、禁忌

俄罗斯人最讨厌“13”这个数字，最忌讳13个人聚在一起。黑色表示肃穆、不祥或晦气。镜子被视为“神圣物品”，打碎镜子意味着个人生活将出现疾病和灾难；打翻盐瓶、盐罐是家庭不和的预兆。俄罗斯人不喜欢黑猫，认为它不会带来好运气。对兔子的印象很坏，认为兔子是一种怯弱的动物，如果兔子从自己跟前跑过，那便是一种不祥的预兆。认为看到提空桶子过街的人，是凶兆。

【本章小结】

欧洲人的主要风俗有：普遍遵循女士优先原则；一日四餐（包括下午茶）。信仰新教的英国人是现实的，献身于科学，热衷于建立政治、经济秩序，讲究美食，谈话时彼此保持一定的礼节性的距离。法国人多信天主教，十分重视服饰，讲究饮食，约会经常不守时，见面行亲吻礼、拥抱礼。俄罗斯信仰东正教，男子善饮，喜洗桑拿，见面行拥抱、亲吻、握手礼，迎贵宾时献上面包和盐。德国人庄重、清洁，十分注重整理和美化自己的住宅；注重感情；纪律观念、家庭观念强。意大利、西班牙信奉天主教，爱浪漫、爱冒险；讲究烹饪，喜欢咖啡、葡萄酒、生火腿和奶酪；社交方面不守时，行握手礼、亲吻礼、拥抱礼；人着装较为随和。西班牙人常喝的饮料是扎啤，热衷于夜生活。丹麦人个个都是美食家，刺绣花样的服装是丹麦人的服装特征，正式社交场合很注意着装整齐，爱好体育。

【复习思考题】

1. 欧洲族民族的普遍禁忌是什么？
2. 欧洲哪些国家举行狂欢节？分析狂欢节的意义。
3. 分析西方饮食中面包与红酒的宗教意义。
4. 试分析西方婚礼的意义。

【案例分析】

德国的早餐比起午餐和晚餐是最丰盛的。在旅馆或政府机关的餐厅，早餐大多为自助形式。有主食面包、肉类、蔬菜、饮料、水果等，品种非常丰富，且色泽鲜亮悦目。面包有精粉的、黑麦的、燕麦的、白面和杂粮掺和的等。蜂蜜、果酱、奶油、奶酪、牛油等，都装在比火柴盒略小的精美小盒内，撕去表面软纸，即可食用，既方便又不浪费。办公室内大多都设有专门煮咖啡和茶的房间，职工在上午10点和下午4点各有20分钟的喝咖啡或茶的时间，他们同时要吃一些糕点。这种点缀，可以防止中午和晚上因饥饿而过量饮食，是一种科学的“饮食习惯”。

德国的午餐和晚餐一般是猪排、牛排、烤肉、香肠、生鱼、土豆和汤类等。在德国喝啤酒，酒量不大者不必担忧，因为酒宴上，德国人互不劝酒，也不逼酒，喝者各自量力而为。即使喝啤酒，他们也是先问你是否要，若不要绝不会给你送来。用餐是一人一份，食者大多会用面包将盘内的肉末或汤汁蘸着吃尽，绝不浪费。德国的饮食特点是营养丰富，方便省时，文明科学，吃饱吃好。

结合案例，谈谈你对德国饮食民俗的看法。

分析提示：德国菜不像法式菜那样复杂，也不像英式菜那样清淡，其以朴实无华、经济实惠的特点独立于西餐食坛中。

第9章

美洲民族民俗

【教学目标】

1. 能够对美洲概况和民俗有一个较全面的了解。
2. 进一步了解美国、加拿大、墨西哥、巴西等国家的概况、主要民俗和禁忌。

【导入案例】

美国人的生活节奏比较快，这也表现在他们的饮食上。他们的饮食习俗最主要的特点就是用餐较为简单，方便、快捷、不求精细，对吃不太考究。美国食物味道比较清淡，因此大多数食品的调味不浓。较为普遍的早餐食物有果汁、麦片、烤面包、牛奶、咖啡。午餐食品主要是汉堡包、三明治、意大利馅饼和热狗等。晚餐一般较为丰盛，主菜有牛排、猪排、炸鸡、火腿等。一餐中一般仅有一道主菜，沙拉和咖啡是必不可少的。美国人一般不食用猪、鸡等畜禽的内脏。

结合案例，谈谈你对美国饮食民俗的认识。

分析提示：美国历史短暂，美国饮食民俗与美国的自然环境和美国的社会氛围息息相关。

第1节 美国民俗

美国位于北美洲中部，领土还包括北美洲西北部的阿拉斯加和太平洋中部的夏威夷群岛。北与加拿大接壤，南靠墨西哥和墨西哥湾，西临太平洋，东濒大西洋。大部分地区属于大陆性气候，南部属亚热带气候。

一、服饰民俗

总体来说，美国人穿衣比较随便。对衣服的面料、式样及裁剪等不太讲究，崇尚自然，偏爱宽松，凸显个性。春秋季，美国人一般下身着长裤，上身在衬衣外面再穿一件毛衣或夹克，宽松舒适，无拘无束。夏天穿短裤和短裙者大有人在。在旅游或海滨城市，男的穿游泳裤，女的着游泳衣，再披上一块浴巾，就可以逛大街或下饭馆了。年轻人对衣服的要求一要口袋多，是为了能够装各种必需的随时要用的东西；二要耐脏，这样可以减少洗涤的次数，节约时间。现在流行的服装夹克衫、运动衫、牛仔裤、背心式皮马甲等，都是根据这些要求设计制作的。美国老年妇女普遍比年轻人着装更艳丽。

但是他们在正式场合或公共场所大都穿西服打领带，富贵阶层及一些名人也十分讲究衣服的款式及面料。一般来说，他们不会穿背心出入公共场所，更不会穿睡衣出门，两天穿同样的衣服会被耻笑。

二、饮食民俗

美国的快餐店遍布城市乡镇，快餐业已经对传统餐饮业形成了威胁。在美国，还可以看到形形色色的具有各民族特色的餐馆，如意大利、法国、希腊、印度、瑞士、匈牙利等风味餐馆均可见到。近几年随着华裔人口的增加，中餐馆数量猛增。

每逢节假日，美国家庭还有野餐和户外烧烤的习惯。有的公园还专门为游人提供炊具，让他们野餐更方便。

三、居住民俗

美国主要的几种民居形式有：公寓、别墅、活动房。公寓是传统住宅类型，是现代化程度较高的群体建筑；别墅是单户独居或二三户合居的平房或二三层的楼房。

城市居民的住房从总体规划与布置，到具体的设计与安排，都比较实用舒适。在一个小区里除住房外，学校、商店、文体设施、公园、银行、邮局等一应俱全。美国老百姓住房，就一般水平而言，不论楼房或平房，也不论几居室，在设计上大致有这样几个特点：

（1）客厅与餐厅连为一体，比较大，因为家人活动大部分时间在客厅。

（2）厨房比较大，并且与餐厅相连。厨房里壁橱很多，餐具与食物都放在壁橱里，看起来很简洁。电冰箱容量大。另外就是其他电器一应俱全，墙壁上电插头多。

（3）卧室小，但壁橱大而且多，十分实用。一般卧室除摆一张双人床外，再没有很多空间。所有衣物都挂放壁橱里。

（4）洗手间多，而且空间大，设备完善，使用方便。

四、人生礼仪民俗

洗礼是基督教的习俗，来源于《圣经》的传说。洗礼是基督教及其支派的一个重要仪式，一般在孩子出生时就施洗，成年人入教时也要受洗，以象征洗去人的罪孽，成为纯洁的人。美国新教、浸礼会的教徒众多，他们的新生儿或新入教的人都免不了要受洗。届时，牧师用手蘸水，在受洗者的前额碰一碰，口中说道："我以圣父、圣子、圣灵的名义为你施洗。"此即为洗手礼。

目前在美国，根据教派的不同，施洗方式也各异，除去牧师用手蘸湿受洗者前额外，浸礼会实行浸礼，即受洗者全身浸入水池或河流中。还有的教派实行注水仪式，用贝壳、浅碟或手在受洗者身上淋水。洗礼仪式结束后，亲友们便对新生儿的父母表示祝贺，随后邀请施洗牧师参加家宴等庆祝活动。

五、社交礼仪民俗

（1）尊重隐私。美国是一个特别重视隐私的国家，美国人不会问新结识的朋友任何有关个人的经济、宗教及政治等方面的问题，如：你每个月赚多少钱？你家里都有些什么人？令尊在哪里工作？你这房子是多少钱买的？这次总统大选你会选谁？

（2）礼让妇女。美国人通常不会问妇女（特别是中年妇女）的年龄。有教养的男士通常都会抢先一步去为女士开门、请妇女先行上下车或进出电梯，在街上与妇女同行时，男士都会走在靠近有车辆行驶的那边，以保护同行妇女的安全。

（3）守法与公德。在美国开车，人人都得遵守交通规则，绝对不能闯红灯、乱鸣喇叭，也不应超速驾车，而且一定要礼让行人穿越马路。美国人有事得排队办理时，都是以到达的先后次序站队等候。

六、岁时节日民俗

美国的节日分为全国性节日和地方性节日，也可分为宗教节日和非宗教节日。

（1）新年。全美各州一致庆祝的主要节日之一。但在美国，新年远不如感恩节或圣诞节热闹。美国人过新年，最热闹的是除夕晚上，各地教堂都举行隆重的礼拜活动，人们聚集在教堂、街头或广场，唱诗、祈祷、祝福、忏悔，并一同迎接除旧更新的一瞬。除夕活动常常持续到次日凌晨两三点钟。到元旦这一天，通常比较安宁、闲散。但仍有不少州举行极富地方色彩的庆祝活动，如加利福尼亚州的玫瑰花会、费城的化装游行等。美国人还有一个习惯，就是在新年许愿立志，他们称之为"新年决心"。

（2）林肯诞辰。1809 年 2 月 12 日，林肯诞生于肯塔基一个平民家庭。他是美国南北战争的领导者，为废除奴隶制立下了不朽功勋，是美国人民心目中最伟大的人物之一。林肯诞辰成为节日，届时人们举行讲演，发表文章，在华盛顿市雄伟壮丽的林肯纪念堂里，瞻仰者络绎不绝。

（3）圣瓦伦丁节。每年的 2 月 14 日，是西方传统的圣瓦伦丁节，又称"情人节"。在美国，圣瓦伦丁节已不仅是青年人的节日，亲人朋友之间，不论年龄大小，都可以互送小礼品以表达感情，增进友谊。美国有不少商店专门出售这类礼品。如装饰成心形的巧克力糖盒，或系着红缎带的郁金香花束等。这是一个充满爱情和友谊的欢乐节日。

（4）华盛顿诞辰。乔治·华盛顿 1732 年 2 月 22 日诞生于美国弗吉尼亚州。在独立战争中，华盛顿当选为大陆军总司令，率领殖民地人民浴血奋战，迫使英国于 1781 年宣布投降。1789 年，华盛顿被推选为美国第一任总统。今天，华盛顿作为美利坚合众国创始人、美国第一任总统、杰出的军事家而为人们永久纪念。现在华盛顿诞辰已成为联邦各州的法定假日，届时各州都普遍举行公众的隆重仪式、盛大宴会及舞会等庆祝活动。

除此之外，还有圣诞节（12 月 25 日），是美国最大最热闹的节日；感恩节（11 月的最后一个星期四），是美国最古老的节日之一。

七、工艺美术民俗

美国人素来热爱雕塑艺术，它以各种不同的形式出现，材料也是包罗万象。例如，德维森以为名人雕塑栩栩如生的青铜像而出名，史坦其卫兹则通过金属焊接创造出惊人的抽象作品，女艺术家坦莉把发型与雕塑结合起来做成发雕，吉姆·维克托用黄油雕塑。

此外，美国印第安人传统的工艺品，如木雕、编织、面具等也颇具特色。

八、游艺民俗

（1）音乐。美国人民热爱音乐。200 多年来，他们在劳动和生活中创造出了属于自己的音乐，有教堂音乐、军乐、爵士乐、摇滚乐、古典音乐等。由此可见，几乎各种音乐—— 民间的、宗教的、古典的音乐在美国都十分流行。美国许多音乐团体经常在各大学、教堂、图书馆和博物馆举办免费的音乐会。报纸和电台上往往事先公布演出的时间和地点，有兴趣的人便可前去欣赏。

（2）舞蹈。舞蹈是美国人喜爱的娱乐之一，今天它已不仅仅是舞台上的艺术表现形式，也是每个人自娱的方式。美国为世界舞蹈艺术做出了巨大贡献，使舞蹈自由化。美国的舞蹈既有反映地方特色的，也有代表现代精神的。最能反映地方特色的是夏威夷土风舞，在许多土风舞中以草裙舞最负盛名。最能代表现代精神的是霹雳舞，动作千姿百态，变幻莫测，它的主要特征是快速旋转。

（3）体育。体育是美国人最喜欢的业余活动。在美国，人们把体育运动分为观看项目和群众性项目两大类。无论哪一种项目都吸引着数以万计的美国爱好者。美国最流行的体育活动有棒球、橄榄球、篮球、高尔夫球和网球等。其中棒球被称作美国的“国球”，橄榄球称为“美式足球”，篮球起源于美国。地方体育运动有西部牛仔马术和驯牛比赛、缅因州的滚木比赛、伊迪塔洛狗拉雪橇赛、夏威夷铁人三项赛等。

九、宗教和世俗信仰

美国有很强的宗教氛围，绝大多数人信奉基督教，但其他各种宗教也同时并存，这是有其历史原因的。很久以前，那些不远万里来到美洲大陆的人，许多是为了摆脱国内的宗教迫害。他们满怀希望，要在新的土地上获得自由。这种最初的愿望逐渐形成了对宗教的偏爱，每个曾经受过压抑的人都竭力想表明自己是自由人，是一个有主权的人。于是他们主张随心所欲地选择宗教信仰，选择教堂和礼拜方式。因此美国的奠基者们从一开始就在法律上规定宗教自由。美国宪法第一修正案就明确禁止建立国教，国会不得规定禁止信教自由之法律，禁止联邦和州干预教会组织和活动，每个州的美国人都有同样的信教自由。

不过美国各州的宪法在相当长一段时间内仍然承认某种教会的优越地位。殖民地时期，教会在美国生活中起了极大的作用，对美国人的日常生活影响更甚。一个不属于任何教会团体的人，会处于被人唾弃的地位，没有人跟他交际来往，连他的家庭都要受到歧视。牧师成为美国家庭生活与各种事务中最主要的顾问。各教会刊印的大量书籍广泛流传，被人们奉为喻世箴言。

19 世纪和 20 世纪交替时期，随着农村隔离状态的打破，宗教制度在许多方面受到打击，教会逐渐丧失了对大众习俗的控制力。20 世纪初，美国有 50%的人是教会成员，与今天的比例大致相同，但是越来越多的人对待宗教的态度已发生了变化。在新一代美国人中，举行家庭祈祷和熟谙《圣经》的人已很少见，宗教戒律对于美国人的生活习俗也不再有约束力。第二次世界大战及其战后时期，美国宗教团体又有显著增长，战争把几百万美国家庭拉进了基督教堂或犹太教堂，为前线的亲人平安归来而祈祷。50 年代结束后，这种宗教信仰热潮大为减退。教会成员的增长率稳定了下来。60~70 年代，教会成员占总人口的百分比，一直平稳地保持在 63%。70 年代以来，一部分美国青年中出现一种新的宗教狂热，他们常常长发披肩，手把念珠，研究《圣经》，从事福音传道，同时还发明了福音摇滚乐。也许是受到这群人的影响，目前美国各教堂都产生了新的宗教礼拜形式。

十、禁忌

美国人忌讳“3”“13”“星期五”。认为这些数字和日期，都是厄运和灾难的象征。还忌讳有人在自己面前挖耳朵、抠鼻孔、打喷嚏、伸懒腰、咳嗽等，认为这些都是不文明的，是缺乏礼教的行为。他们忌讳有人冲他人伸舌头，认为这种举止是污辱人的动作。他们讨厌蝙蝠，认为它是吸血鬼和凶神的象征。忌讳黑色，认为黑色是肃穆的象征，是丧葬用的色彩。

美国人对握手时目视他方很反感，认为这是傲慢和不礼貌的表示。他们忌向妇女赠送香水、衣物和化妆用品。美国妇女因有化妆的习惯，所以她们不欢迎服务人员送香巾擦脸。他们不喜欢人餐碟里剩食物，认为这是不礼貌的。

在美国千万不要把黑人称作“Negro”，最好用“Black”一词，因为 Negro 主要是指从非洲贩卖到美国为奴的黑人。跟白人交谈如此，跟黑人交谈更要如此。否则，黑人会感到你对他的蔑视。

美国人还有三大忌：一是忌有人问他的年龄；二是忌问他买东西的价钱；三是忌在见面时说“你长胖了”。他们特别忌讳赠礼带有公司标志的便宜礼物，因为这好像在为公司做广告。

第 2 节 加拿大民俗

加拿大位于北美洲北部（除阿拉斯加半岛和格陵兰岛外，整个北半部均为加拿大领土），东临大西洋，西濒太平洋，南接美国本土，北靠北冰洋，西北与美国的阿拉斯加州接壤，东北隔巴芬湾与格陵兰岛相望，东部为丘陵地带，南部与美国接壤的大湖和圣劳伦斯地区，地势平坦，多盆地。西部为科迪勒拉山区，是加拿大最高的地区，许多山峰在海拔 4000 米以上。北部为北极群岛，多系丘陵低山。中部为平原区。最高山洛根峰，位于西部的洛基山脉，海拔为 5951 米。加拿大是世界上湖泊最多的国家之一。因受西风影响，加大部分地区属大陆性温带针叶林气候。东部气温稍低，南部气候适中，西部气候温和湿润，北部为寒带苔原气候。北极群岛，终年严寒。

一、服饰民俗

加拿大人的穿着都非常随便，不拘泥于形式。T 恤、牛仔裤和运动鞋，可以说是最常见的搭配。人们穿着的总原则是舒适、美观、大方。在加拿大，不同的场合有不同的装束。在教堂，男性着深色西装，打领结，女士则穿样式庄重的衣裙。在参加婚礼时，男子或穿着西装，或穿便装，穿便装时不打领带。妇女则不宜打扮得过分耀眼，以免喧宾夺主，更不宜穿白色或米色系列的服装，因为象征纯洁的白颜色是属于新娘的。在教堂举行的婚礼，男子要着深色西装，打领带，女士则穿较庄重的衣裙。到朋友家做客或参加宴会，男子要穿整套深色西装，妇女则应穿样式庄重的衣裙，可稍事化妆，不宜太浓。如是非正式的宴会，或彼此很熟识，男子可穿不同颜色的上装和长裤，女士着整套衣裙或衫裙，服装颜色不宜太显眼，款式不能过于奇异。在加拿大参加葬礼，男子要着整套西装，打素色或黑色领带，妇女则穿素色衣裙，款式要保守，以表现出自己对死者的哀悼。加拿大青年人喜爱那种体现现代生活的节奏感，显得潇洒、干练的服装，如牛仔系列服装就很受青睐。

土著民族印第安人和因纽特人过去都多穿毛皮衣服，现在仍然保留这种传统，但发展趋势已经白人化，多穿羽绒服。这主要是可供做衣服的皮毛来源减少的缘故。另外，白人文化的影响也起了很大作用。

二、饮食民俗

加拿大人在饮食上与英美人相似。气候寒冷的缘故，他们养成了爱吃烤制食品的习惯，这是他们的独特之处。加拿大人用刀叉进食，极爱食用烤牛排，尤其是八成熟的嫩牛排，习惯在用餐后喝咖啡和吃水果。加拿大人在饮食上讲究菜肴的营养质量，偏爱甜味，以面食、大米为主食，副食喜吃牛肉、鸡肉、鸡蛋、沙丁鱼，以及西红柿、洋葱、土豆、黄瓜等。调料爱用番茄酱、黄油等。他们有喝白兰地、香槟酒的嗜好。加拿大人忌食虾酱、鱼露、腐乳以及怪味、腥味的食物和动物内脏，也不爱吃辣的菜肴。

在加拿大，赴宴时最好到花店买一束鲜花送给主人，以表达自己的谢意。在餐桌上，男女主宾一般分别坐在男女主人的右手边。饭前先用餐巾印一印嘴唇。进餐时，左手拿叉，右手拿刀，刀用完后，放在盘子边上。吃东西时不要发出声音，不宜说话，不要当众用牙签剔牙，切忌把自己的餐具摆到他人的位置上。加拿大人认为正确、优雅的吃相是绅士风度的体现。

三、居住民俗

加拿大是世界上居住条件最好的国家之一，西部城市温哥华和东部城市多伦多曾多次荣膺全球最适宜居住城市的称号。由于加拿大是一个移民国家，也是一个多元文化的国家，其多样性，也体现在民居建筑上。加拿大的住宅区是开放式的，区内马路纵横。民居可分为三大类型：独立房（独立别墅）、连趟房（连排别墅）和公寓。

居民绝大多数居住的是独立房，独立房是指有独立院落的私人别墅，房前屋后均有大小不等的绿地，一般是三层，两层加地下室，屋内结构多为三室两厅三卫。最简单的房子也有客厅、餐厅、卧室、厨房、厕所、车库等。连排别墅独门，无院，要交物业管理费。公寓楼房一梯多户，有电梯。独立住房是最宽敞的，有车库、草坪、院子，每个卧室都有挂衣间或壁橱，有洗衣间，有独立的供电、供气、供暖、供水系统，自成体系。高级的独立房还设有宴会厅、舞厅、健身房、游泳池等。独立房的草坪要自己维护，雪要自己铲除，管理不好要受罚。加拿大的别墅造型大方，外观精致漂亮，外墙砌红色薄砖或粉刷油漆，色泽丰富多彩。

四、人生礼仪民俗

（1）婚俗。加拿大的英裔居民和法裔居民大多信奉天主教或基督教，他们的婚礼习俗同西方信基督教的国家有很多相似之处。婚礼在教堂里举行。在结婚仪式上，牧师要为新郎新娘做祷告，祝他们幸福美满，白头偕老。新郎新娘互换戒指，在上帝面前发誓，永远相爱。然后新郎新娘和来宾们一起祷告，一起唱赞美诗。婚宴一般都选在晚上举行，先是非正式的酒会，接着是正式的冷餐和热餐，气氛热烈，场面隆重。加拿大新婚夫妇也有婚后蜜月旅行的习惯。

加拿大印第安人的婚礼带有浓厚的民族色彩。婚礼地点多选择在印第安人聚居区公共建筑物里举行，一般是一幢较大的木头房屋。举行婚礼时，亲朋好友、左邻右舍、村中居民纷纷来到木房里，众人席地而坐，互致问候。男女老幼身穿民族服装，款式新颖，色泽艳丽。婚礼的主持人是酋长。仪式开始，酋长面向空中，高举双手，全场鸦雀无声。他点燃艾草，随着一股伴有浓香的青烟升起，酋长用民族语言向神明祈祷，为新婚夫妇祝福。酋长说完，由左右两边的长老边说边唱，歌声豪放粗犷。祈祷完毕，酋长从身上取下一根长管烟枪，在艾草上点燃，再将烟枪平举在胸前，自左而右地转一圈，放进嘴里吸几口。随后，将烟枪交给左边的长老，这位长老照酋长的样子做一遍后交给右边长老，接着传给新郎、新娘、客人们。按照印第安人的传统风俗，烟枪象征和平，吸烟表示友好。当在场的每一个人都吸过烟后，四位年轻人抬来一大桶汤羹，新郎新娘先为酋长和长老每人盛一碗，酋长接着将汤羹分盛在五六个小桶里，再由人分给在场的每一个人。

居住在加拿大北部的因纽特人，至今流行着“抢亲”的古老习俗。举行婚礼的那天，男子偷偷隐藏在女方家附近，一旦有机会，便将姑娘“抢走”。姑娘自然知道小伙子在门外挨冻，为了考验他是否忠诚，故意深居内室，让他难于“抢”到手。聪明的小伙子，总是用计谋将姑娘引出家门，达到“抢”人的目的。如果婚礼选在夏天，小伙子可以钻进女家，扯着姑娘往外跑，姑娘佯装不从，家人视而不见，最后姑娘的喊叫声慢慢消失在远方。因纽特人婚礼异常简朴，新郎新娘叩拜家族长老、父母兄弟、亲朋好友等，大伙吃一顿鱼肉饭、喝一碗鱼汤，纵情跳一阵舞，婚礼宣告结束，客人便各自离去。

(2) 丧俗。加拿大人去世后，一般都要请牧师做弥撒，使死者的灵魂升入天堂。在葬礼上，亲友要在牧师的祷告声中向墓穴中的灵柩撒下鲜花。参加葬礼的人，见到死者亲属，要和他们握一下手或拥抱一下，轻声地慰问几句，等葬礼仪式完毕以后再离开；如果不举行仪式，也要静坐 10~15 分钟后方可离去。参加葬礼时，一般应买一束鲜花，并在花上附带一张用黑色字体写的有哀悼之词的卡片，把花放在死者的墓前或送到死者的家中。

五、社交礼仪民俗

加拿大地广人稀，特殊的环境对加拿大人的待人接物有一定影响。一般而言，在交际应酬中，加拿大人最大的特点是既讲究礼貌，又无拘无束。加拿大国民的主体是由英法两国移民的后裔所构成的。一般而言，英裔加拿大人大多信奉基督教，讲英语，性格上相对保守内向一些。而法裔加拿大人则大都信奉天主教，讲法语，性格上显得较为开朗奔放。与加拿大人打交道要了解对方情况，然后再有所区别地加以对待。在日常生活中，加拿大人着装以欧式为主。上班的时间，他们一般要穿西服、套裙。参加社交活动时往往要穿礼服或时装。在休闲场合则讲究自由穿着，只要自我感觉良好即可。

六、岁时节日民俗

加拿大人多为欧洲血统，宗教信仰和欧洲相似，所以本国的节庆也大都为西方国家共有的元旦、圣诞节、情人节等。加拿大和美国一样有感恩节，但加拿大的感恩节是定在10月的第二个星期一。加拿大的节庆习俗有着特别的内容，例如在新年期间，哈德逊湾的居民不但不去铲除阻碍交通的积雪，而且将白雪堆积在自家住宅的四周，筑成雪岭以防止妖魔鬼怪的侵入。加拿大最具特色的民俗节日是狂欢节和枫糖节。

（1）狂欢节。魁北克省居民最盛大的节日，已经有了40多年的历史。冬季狂欢节为期10天，每年从2月份的第一个周末起开始举行。节日活动规模盛大，内容丰富多彩，具有浓郁的法兰西色彩。节前，要用雪筑成一座五层高的“雪之城堡”；节日期间，要推选一位“狂欢节之王”，作为魁北克的临时“统治者”，他身穿白衣，头戴白帽，犹如“雪人”一般。在破冰后的圣劳伦斯河上要举行传统的“冰河竞舟”，还要在冰、雪上举行其他各种活动。

（2）枫糖节。有“枫叶之国”之称的加拿大，枫糖节是传统的民间节日，东南部的魁北克省和安大略省的枫叶最多最美。每年3月，生产枫糖的农场被粉饰一新，披上节日的盛装，大家在一起品尝大自然给予的甜蜜礼品。传统的枫糖节都向来自国内外的游人开放，尤其欢迎儿童。一些农场还专门保留着旧时印第安人采集枫树液和制作枫糖的器具，在节日里沿用古老的制作方法，为观光客表演制枫糖的工艺过程，有的还在周末向旅游者免费供应枫糖糕和“太妃糖”。节日里当地居民还热情地为游客们表演各种民间歌舞，带领观光客去欣赏繁茂美丽的枫林红叶。

（3）郁金香花节。时间为5月的最后两周，在首都渥太华举行。节日期间举行各种彩车游行。欢庆的人们还选出一位美丽的“皇后”。人们尾随“皇后”的花车，以乐队为前导徐徐前行。

（4）淘金节。加拿大阿尔伯达省人每年从8月底起连续10天举行淘金庆祝活动，以纪念祖先们的奋斗精神。人们身着淘金时代的服装上街游行，在埃德蒙顿广场举行各种文艺演出，夜晚燃放烟火，热闹非凡。

七、工艺美术民俗

加拿大以印第安人和因纽特人的工艺品最具特色，印第安人的图腾木刻、彩色画、铜质的茶杯垫子等，都极具特色。因纽特人的软毛拖鞋，以及被称为皂石的蓝色石头雕成的小摆饰为他们所独有。加拿大的特色工艺品还有翡翠做成的胸饰、坠子和皮革工艺品、木雕饰品等。

从考奈路斯·克伊埃高夫的风景画到西奥法尔·海梅尔的肖像画，再到米歇尔·斯诺创作出的结合多种学科技术的作品，绘画艺术在加拿大经历了许多发展变化。近年来，一批加拿大画家开创了新的绘画风格，他们在作品中运用了一种新的绘画语言，并使用各种不同的现代技术，如电子和影像技术来表达他们的思想。

八、游艺民俗

（1）音乐。音乐在加拿大一直占据着突出的地位。加拿大人超越了民族和文化的限制，创造出闻名于世的音乐成就。一年一度的世界著名的蒙特利尔爵士音乐节是所有爵士乐迷们都不会错过的盛会。古典音乐在加拿大也深受喜爱，许多城市都拥有自己的交响乐团。蒙特利尔交响乐团是加拿大最著名的交响乐团，在查尔斯·杜托伊特执棒下，夺得了众多的奖项和称号。格兰·高多是加拿大最优秀的古典音乐演奏家，他的音乐天才和独创能力给古典音乐增添了新的色彩。温哥华歌剧协会、加拿大歌剧团和其他歌剧团体，以其独创能力和精湛的表演，为广大歌剧爱好者带来了精彩的歌剧演出。

（2）舞蹈。在加拿大，现代舞、芭蕾舞、踢踏舞、爵士舞等都是人们喜爱的舞蹈形式。其中，现代舞最时髦，著名的舞蹈团有“啦啦啦人步舞剧团”和“代斯罗西尔斯舞蹈剧团”。芭蕾舞最受人们欢迎，经常在国际巡回演出的三大芭蕾舞团是皇家温尼辟格芭蕾舞团、加拿大人大芭蕾舞团和加拿大国家芭蕾舞团，他们每到一处演出，都会赢得赞誉。

（3）冰球。加拿大号称“冰球之乡”，人们把冰球誉为加拿大的国球。目前加拿大从事冰球运动的人已达 100 万。冰球迷遍及城乡每一个角落。至于室内冰球场，那就像学校、商店那样普遍。他们利用空地或广场浇冰场。许多家庭还在他们的庭院开辟自己的溜冰场，供一家老小在茶余饭后溜冰消遣。加拿大的冰球运动从 19 世纪末就很普及了，直达西海岸。风靡全国的青少年和成年冰球比赛除 6—8 月以外，几乎不断。

九、宗教和世俗信仰

加拿大宗教信仰自由，以天主教和基督教为主。加拿大是个移民型国家，来自世界各地的移民来到加拿大以后，不可避免地也把他们的宗教文化带到加拿大，所以加拿大宗教信仰的种类十分繁杂，达 30 多个，除了天主教和基督教外，还有东正教、犹太教、摩门教、佛教、路德教、浸礼会教、乌克兰天主教等。

十、禁忌

加拿大人忌讳“13”和“星期五”，认为它们是带厄运的数字。

与加拿大人交谈时，不要插嘴、打断对方的话，或是与对方争论。不要议论宗教问题。不要评说英裔加拿大人与法裔加拿大人的矛盾，探讨魁北克省要求独立的问题，以及将加拿大与美国连在一起进行比较。

他们忌讳白色的百合花，白色的百合花主要被用于悼念死者，绝对不可以作为礼物送给加拿大人。他们还忌讳黑色和紫色，认为这两种颜色不吉利。白雪在加拿大人的心目中有着崇高的地位，并被视为吉祥的象征与避邪之物。在不少地方，人们甚至忌讳铲除积雪。

在需要指示方向或介绍某人时，加拿大人忌讳用食指指指点点，而是代之以五指并拢，掌心向上的手势。当加拿大人耸肩时，大多是表示自己“无能为力”，或者是为了掩饰自己的窘态。

在老派的加拿大人看来，打破了玻璃，请人吃饭时将盐弄洒了，从梯子底下经过，都是不吉利的事情。这些都是应当竭力避免发生的。

第3节　墨西哥民俗

墨西哥是美洲大陆印第安人古老文明中心之一。世界闻名的古玛雅文化、托尔特克文化和阿兹台克文化都是墨西哥印第安人创造的。墨西哥在不同历史时期赢得了“仙人掌的国度”“玉米的故乡”“白银王国”“浮在油海上的国家”等美誉。墨西哥位于北美洲南部，拉丁美洲西北端，是南、北美洲陆路交通的必经之地，素称“陆上桥梁”。北邻美国，南接危地马拉和伯利兹，东濒墨西哥湾和加勒比海，西临太平洋和加利福尼亚湾。

一、服饰民俗

墨西哥人的穿着打扮，既具有强烈的现代气息，又具有浓厚的民族特色。在墨西哥人的传统服装之中，名气最大的是“恰鲁”和“支那波婆兰那”。前者是一种类似于骑士服的男装，看起来又帅又酷。后者则为一种裙式女装，穿起来让人显得又高贵，又大方。墨西哥人非常讲究在公共场合着装的严谨与庄重。在他们看来，在大庭广众之下，男子穿短裤，女子穿长裤，都是不合适的。因此，在墨西哥出入公共场合时，男子一定要穿长裤，妇女则务必要穿长裙。

城市居民的衣着已基本欧化，但仍可看到传统文化的痕迹，如男子的白衬衫衣襟上仍绣有花纹图案。农村男子平时上着白色衬衣，下穿白色或米色长裤，头戴草帽，脖系红绸印花领巾（有时亦系于腰间），脚穿牛皮凉鞋。妇女则常穿色调鲜艳的绣花长裙和衬衣，图案和款式变化多样。

二、饮食民俗

墨西哥人的传统食物主要是玉米、菜豆和辣椒。它们被称为墨西哥人餐桌上必备的“三大件”。墨西哥是玉米之乡，许多食品离不开玉米，有玉米饼、玉米粥、玉米汤、玉米卷、玉米粽子、玉米春卷等，玉米可以比作墨西哥文化的精髓，因为玉米就是墨西哥人的先民印第安人培育出来的。豆类食品也是墨西哥饮食中很重要的原料，他们很喜欢吃豆子，也发明了许多豆类食品的做法，如辣豆烧牛肉、凉拌青豆等。墨西哥盛产辣椒，出产的辣椒有过百款之多，颜色由火红到深褐色，各不相同，至于辛辣度方面，体形愈细，辣度愈高，选择时可以此为标准。他们也特别能吃辣椒，有些人甚至在吃水果时，都乐于撒上点辣椒面儿。他们款待外国宾客时，往往要上一道独具特色的家乡美味——仙人掌佳肴，令客人赞叹不已。在他们看来，仙人掌与香蕉、西瓜等一样，可以当水果吃。墨西哥的土著阿斯特克人视青蛙、蝌蚪、龙舌兰虫、虾、蚂蚁、蟋蟀、水蝇、蝇卵等为美味食品，有些还被认为上乘的佳肴。

墨西哥菜分前菜、汤类、主菜和甜品，其中汤类较为清淡，用以突出主菜的酸辣特色。墨西哥菜不拘泥于餐桌礼仪，吃时可用手，充分反映其民族爽朗豪气的特征。

墨西哥人还以嗜酒闻名于世。用龙舌兰叶酿制成的龙舌兰酒是墨西哥一大特产。龙舌兰酒的度数比较高，喝起来会有一些辣辣的而带香甜的感觉绕于舌尖，缠绵于喉。

三、居住民俗

墨西哥的住宅多种多样，旧城区多为西班牙式及欧洲近代式住宅；新城区多为高层公寓和低层花园式洋房；城市边缘地带也有不少贫民窟，多为铁皮顶砖房；市镇和村庄一般还保留着印第安人的传统式样，利用草木和泥土建造茅屋，最大的特点就是都没有拱顶。

四、人生礼仪民俗

(1) 婚俗。现代社会，墨西哥人结婚也穿西式服饰，但在某些地区仍然保留着印第安祖先的许多习俗。

在墨西哥南部的查姆拉族，收拾打扮只是年轻姑娘的事，已婚妇女爱漂亮被视为心术不正。小伙子一旦相中某个姑娘，父亲将立即到姑娘家求婚，带去的礼物是绵羊、面包和白酒。双方家长要商定小伙子和姑娘会面的日期。约定时间一到，小伙子提着鸟笼，牵着大绵羊登门拜访。姑娘的父亲要对小伙子进行观察和考试，如果最后收下了绵羊，婚事就算定下来了。

居住在墨西哥境内的印第安人，他们至今仍保留着古老的婚俗。北部的塔拉乌马斯人，在男女婚恋方面，往往是女方采取主动。如果姑娘看中了某个小伙子，就往小伙子家里扔石头，或在过“特斯吉纳达”节时，求婚的姑娘去抢小伙子脖上的项圈或头上的汗巾。只要小伙对抢了东西的姑娘紧追不放，婚事就算同意了。

霍拉斯人还流行着一种“闹夜”的习俗。当求婚的小伙子给女方家送去礼物之后，夜晚，小伙子就要到姑娘门口闹夜，深表对姑娘的爱慕之情。第二天，小伙子的双亲则在部族首领陪同下去正式求婚并送上彩礼。如果姑娘的父母执意不肯答应，小伙子可以把姑娘抢去藏在有地位的人家里，而自己则主动去投案坐牢，到举行婚礼时再出来。

居住在墨西哥西北部的奥卡诺人的订婚期往往长达3~4年。在此期间，小伙子要经常去女方家拜访，但不能随便跟姑娘说话。举行婚礼前，女方提出的“要价”很高，附加条件往往还要求男方负担女方家里的部分生活费用。

吉卜赛人在举行婚礼时，新婚夫妇要吃一口拌了盐和酒的面包。之后，新郎新娘要用匕首在各自的左手腕上划个交叉的血口，“头人”把两个血口合在一起，象征着夫妇感情融洽，天长地久。

索拉夫族人结婚，必须先相互猜出对方的生辰，如果猜错了，族长就会宣布婚约无效。这种猜婚看来不大容易成功，实际上有心人早已交换过情报。因此，到墨西哥旅游，要记住这种忌讳：千万不要向索拉夫族人打听人家的生辰，以免引起误会。

（2）丧俗。墨西哥民族是个天性快乐的民族，这一点从他们对待死亡的态度上就可以看出来。他们认为，人死后可以摆脱现在的不幸和痛苦，走向欢乐的世界。因此，他们对死者的祭奠往往是载歌载舞。每年的11月1日和2日是墨西哥的亡灵节，是纪念已故亲人的传统节日，通过守灵、上供等方式祭奠逝去的亲人。人们在墓地通往村庄或者小镇的路上撒上黄色的花瓣，让亡灵循着芬芳的小路归来。晚间，在家门口点上南瓜灯笼，为亡灵上门引路；在祭坛上摆放玉米羹、巧克力、面包、粽子、辣酱、南瓜、甜食、甜点等供品，让亡灵享用。节日里，不分男女老幼，都可以戴着面具，穿上印着白骨的鬼怪衣服，在街上招摇过市，表示亡灵归来。

五、社交礼仪民俗

在墨西哥，熟人见面主要采用拥抱礼与亲吻礼。在上流社会，男士们往往还会温文尔雅地向女士们行吻手礼。通常，他们最惯于使用的称呼是在交往对象的姓氏之前，加上“先生”、“小姐”或“夫人”之类的尊称。前去赴约时，墨西哥人一般都不习惯于准时到达约会地点。在通常情况下他们的露面总要比双方事先约定的时间晚上一刻钟到半小时。在他们看来这是一种待人的礼貌。

六、岁时节日民俗

（1）三王节。每年1月6日，这一天为传说中东方三王向圣婴耶稣献礼的日子。故而在这一天，父母要向未成年子女赠送礼品。晚上亲友团聚，分食“三王面包圈”。大的面包圈内藏几个象征圣婴的塑料小人或瓷器小人，最先吃到“小人”者，须于“圣烛节”（2月2日）请客。

（2）圣船节。墨西哥古老的传统节日，主要流行于纳亚里特州的斯卡尔蒂坦岛。每年6月29日这一天，当地渔民举行象征性的“圣徒”划船比赛。晚上人们纷纷游行集会，庆祝载有圣彼得和圣保罗像的“圣船”比赛的胜利。

（3）瓜达卢佩圣母节。墨西哥最重要的宗教节日。每年12月12日这一天，天主教会在特佩亚克山下的瓜达卢佩圣母大教堂举行盛大的宗教仪式，数百万信徒扶老携幼、长途跋涉，赶来参拜瓜达卢佩圣母原像。境内各地教堂也举行宗教仪式。节日前后，印第安族教徒还要表演传统的民族舞蹈，按自己的方式祭祀圣母。庆祝活动要持续一个月左右。

（4）客店节和圣诞节。时间为12月16日—25日。传说“圣灵怀胎”的贞女玛利亚随父到祖籍登记户口，因城中客店客满，结果在客店的马棚中生下耶稣。客店节是圣诞节的一部分。圣诞节前夜（12月24日），各家都摆设经装饰的圣诞树和模拟耶稣降生场面。

七、工艺美术民俗

在墨西哥，藤篮、编织包、皮雕、彩色漆器等手工艺品到处可见。但最具特色的是用玉米皮或玉米秆做成的手工艺品。墨西哥玛雅人擅长建筑和艺术，他们用石料建立许多非常富丽堂皇的庙宇、陵墓和雄伟的纪念碑。在这些建筑物上，玛雅人留下了各种颜色的图画和美丽生动的雕刻。博南帕克壁画就是如此，壁画内容包括贵族的仪仗队行列、战争与凯旋、献俘审俘、庆祝游行和呈缴贡物等场面。画中的人物形象千姿百态、栩栩如生。壁画色彩绚丽，线条明晰，人像精致，构图严谨。

八、游艺民俗

（1）马里亚契。墨西哥最具代表性的民间音乐，在墨西哥，到处都可以听到它动人的旋律。马里亚契乐队一般由3~5人组成，使用的乐器主要是小提琴、吉他、小号。演奏时，乐手们头戴装饰讲究的宽边大帽子，身穿绣着精美花边的紧身“恰罗士”服，站立着一字排开，每人手中一件乐器，边奏乐边引吭高歌，曲调欢快热烈，抑扬顿挫。无论是在大饭店、小酒店，还是在剧院、街心广场、家庭聚会，都会听到马里亚契音乐迷人的旋律。

（2）哈拉贝。墨西哥最具代表性的民间舞蹈。男子身穿传统民族服装，头戴宽檐帽，热情专注，追逐女伴；女子身穿宽肥艳丽的土布裙，佯装害羞，优雅地躲避，并不时用裙子甩出各种花形图案。

（3）斗牛。墨西哥人喜欢观看斗牛。世界最大的墨西哥城斗牛场，可容纳8万观众。每年11月到翌年3月是墨西哥的斗牛季节，斗牛场总是座无虚席。斗牛都是专门饲养的公牛，膘肥体壮，勇猛好斗。斗牛士身着华丽的紧身斗牛服，头戴黑色扁形帽，右手握利剑，左手舞动红色斗篷。在这刺激的表演中，我们可以充分领略到墨西哥人粗犷勇敢的精神。

九、宗教和世俗信仰

墨西哥是一个天主教国家，但也有少数人信奉各个派别的基督教新教或其他宗教，也有人没有宗教信仰。

十、禁忌

墨西哥人忌讳“13”“星期五”，认为这些都是不吉利和令人可怕的数字和日期。他们虽用亲吻方式施礼，但却忌讳相互不熟悉的男子之间亲吻或吻手。他们认为只有没教养的人才会这样做。他们视公共场所出现“男子穿短裙、女子穿长裤”为有失体面。他们忌讳有人送给他们黄色的花和红色的花。他们认为黄色意味着死亡，红色花会给人带来晦气。他们忌讳蝙蝠及其图案和艺术造型。因为他们认为蝙蝠是一种吸血鬼，给人以凶恶、残暴的印象。他们忌讳紫色，认为紫颜色是一种不祥之色，因为只有棺材才涂紫颜色。

墨西哥的恰姆拉人认为照相是一种十分可怕的巫术，相机能把人摄进黑洞里去，变成一个形体丑陋的魔鬼。所以他们非常反感照相。墨西哥南部奴雷谷一带的人，忌讳客人一进屋就脱去帽子。他们认为这样意味着是来寻衅和报仇的。墨西哥的阿斯特克人把酒视为邪恶的源泉。他们认为只有老人才能开怀畅饮。这大概是因为他们的年岁较大，经验丰富，有同邪恶斗争并战胜它的能力。如果青年人喝酒，定会被看成大逆不道的行为，必然会受到严厉的惩处。墨西哥人忌讳用中国人惯用的手势来比画小孩的身高。在他们看来，这只可用来表示动物的高度。他们在饮食上不喜欢油腻的菜品和用牛油烹调的菜肴，也不愿意吃用鸡油做的点心。

第 4 节　巴西民俗

巴西联邦共和国，是拉丁美洲面积最大的国家。位于南美洲东南部。北邻法属圭亚那、苏里南、圭亚那、委内瑞拉和哥伦比亚，西邻秘鲁、玻利维亚，南接巴拉圭、阿根廷和乌拉圭，东濒大西洋。国土80%位于热带地区，最南端属亚热带气候。北部亚马孙平原属赤道气候，年平均气温27℃～29℃。中部高原属热带草原气候，分旱、雨季。南部地区平均气温16℃～19℃。

一、服饰民俗

尽管巴西大多数地区处于热带，温度较高，但是巴西人很注意衣着：即使在酷暑，人们也习惯长衫长裤，街上很少见到穿短裤的人。在正式场合，男士们总是西装革履，穿戴整齐。女士们着装较随便，不少年轻姑娘的上衣很短，上衣与下衣之间常露出一段腰身。

巴西有些地方戴帽子有自己独特的习惯。在拿坚斯城，从女人戴帽子的方式就可以看出她的婚姻状况：帽子偏向左边表示未婚，向右则反之。

二、饮食民俗

巴西的菜肴受葡萄牙人和非洲后裔的影响，主食是米、黑豆和树薯粉，搭配牛、鸡或鱼肉。以巴西传统的地方菜肴为例，即以牛肉干、香肠、卤猪肉和黑豆加上一些香料调味，入锅烹饪熟了之后，撒上树薯粉，拌入包心菜食用。巴西炭烤也是当地人喜欢的食物之一，通常会配上豆类、米饭及蔬菜一起食用。

巴西人酷爱咖啡。在巴西，无论是城市还是乡村，各式各样的咖啡屋随处可见，人们几乎随时随地都可以喝到浓郁芳香的热咖啡。巴西位于南美洲东南，地处热带和亚热带，独特的地理和气候条件很适合种植咖啡，加之劳动力廉价，咖啡种植业迅速兴起。19 世纪，巴西的咖啡种植几乎遍及全国，随后又形成持续近一个世纪之久的“咖啡繁荣期”。咖啡大面积种植，给巴西带来了财富和繁荣。20 世纪初，巴西的咖啡产量占世界总产量的 75%以上，巴西从而赢得了“咖啡王国”的美称。

卡沙萨酒（Cachaca）是巴西的国酒，度数很高，从甘蔗里提取，其酿造有 500 多年的历史，年产量 13 亿升，是世界五大名酒之一。其种类很多，有白色的、金黄色的陈年酒，有大型酒厂生产的，也有家庭酿制的。巴西全国共有 4000 多个品牌的卡沙萨酒。

三、居住民俗

巴西人的住房多种多样。在大城市，既有高楼大厦，又有传统的庭院；在农村，住的是用支架支撑起来离地面很高的圆筒形草房。在东北部地区，大多数是用木头搭成骨架，在木柱间再用细点的枝条交叉地编成格棚，然后再在上面糊上黏土的房屋；在东南部地区，居住的是石屋、木屋和土屋。在大的河流、湖泊和沼泽沿岸还能见到建在木桩上的水上房屋。

四、人生礼仪民俗

（1）婚俗。巴西人的结婚年龄一般为：男子 24~26 岁，女子 19~20 岁。婚姻大多是同一阶层的不同家族之间的结合。合法婚姻有两种：一种是在政府登记，另一种是到教堂登记。

根据婚嫁的传统习惯，男女双方结婚，男方只准备一对戒指，准时到教堂举行婚礼就行了。而女方则要担负结婚时所用的一切费用，如操办婚礼的事务费、教堂的使用费、新房的布置费等。有钱人家的闺女出嫁，除了丰厚的嫁妆外，还要陪嫁楼房住宅。陪嫁的财产越多，越能显示出女方家庭的富有和女儿的尊贵地位。

（2）葬俗。巴西的丧葬基本上是依据教规进行的，但土著的印第安各个部落的葬俗多种多样。许多印第安部落在尸身上用染料染上颜色；图皮人认为一个人的死亡是上天给予他的惩罚；雅诺马米人把死者放入用树枝编成的笼中，然后吊在野外的大树上，任兀鹰啄食。

五、社交礼仪民俗

从民族性格来讲，巴西人在待人接物上所表现出来的特点主要有二：一方面，巴西人喜欢直来直去，有什么就说什么；另一方面，巴西人在人际交往中大都活泼好动，幽默风趣，爱开玩笑。目前，巴西人在社交场合通常都以拥抱或者亲吻作为见面礼节。只有十分正式的活动中，他们才相互握手为礼。除此之外，巴西人还有一些独特的见面礼，如握拳礼、贴面礼、沐浴礼。在正式场合，巴西人的穿着十分考究。他们不仅讲究穿戴整齐，而且主张在不同的场合，人们的着装应当有所区别。在重要的政务、商务活动中，巴西人主张一定要穿西装或套裙。在一般的公共场合，男人至少要穿短衬衫、长西裤，女士则最好穿高领带袖上衣和长裙。

六、岁时节日民俗

（1）狂欢节。巴西是狂欢节之乡，每年 2 月中、下旬举行的巴西狂欢节是全国最隆重的传统节日，据说它起源于古罗马的神农节，并从葡萄牙传入。节日期间全国放假 5 天，举国进行 3 天大庆，城乡各地都沉浸于欢乐气氛之中。人们走上街头观赏精心编排设计的彩车游行、桑巴舞表演，通宵达旦地参加化装舞会和丰富多彩的游艺活动。巴西狂欢节向以民间艺术性强、形式和内容丰富而闻名遐迩，被称为“地球上最伟大的表演”。

（2）海神节。每年的 2 月 2 日，是充满着神奇宗教色彩的巴西海神节。海神节也成为今天巴西最隆重的宗教节日之一，每年都要隆重举行海神节祭祀。海神节最热闹的地方是萨尔瓦多。信徒们带着准备好的海神礼物和祭品，从四面八方拥向萨尔瓦多的里约维尔梅乌湾，在鼓声和宗教仪式的舞蹈中拉开序幕。当四处响起桑巴音乐，鼓声在峭壁间回荡，整个海湾洋溢着节日的狂热。

巴西的其他民间节日还有万灵节、印第安人沙万特部落的牺牲节，以及起源于黑人的马贡巴祭典等。此外，城乡各地盛行的斗鸡、斗金丝鸟比赛、戈亚斯州的扛木块接力赛、圣弗朗西斯科地区的跳篝火等，也都是别具情趣、引人入胜的民间娱乐活动。

七、工艺美术民俗

巴西最受欢迎的工艺品是陶瓷和艺术泥塑品。印第安人陶瓷的制作工艺非常有特色，他们先制作坯胎，然后涂上图案，或在陶缸上画上奇形怪状的动物。在巴西还有一种非常特别的工艺美术画——“沙画”。它是用染了颜色的沙子来制作的，沙画的风格朴实无华、美观大方，很像油画，具有浓厚的巴西民族特色。

八、游艺民俗

（1）音乐。巴西的音乐文化也如同足球文化一样受到世界人民的喜爱。桑巴、巴莎诺瓦和黏巴达是巴西人奉献给世界的三大音乐。

（2）桑巴。桑巴是巴西最有代表性的民间舞。16 世纪初，欧洲和非洲文化随着殖民者的占领和黑奴的贩运进入巴西，与当地印第安文化相结合，产生了新的混杂形文化，这种文化的代表即桑巴。集体桑巴即兴性强，女子主要是扭胯动作，而男子则增加了舞步的变化。表演桑巴有高难度的扭胯、造型和旋转舞步。巴西每年 2 月举行狂欢节，几乎全国各地都跳桑巴，各大城市还派出桑巴队进行比赛。

（3）体育。巴西人民的热情奔放也反映在体育运动方面，尤其是对足球的热衷与酷爱。巴西是世界足球大国，足球运动不仅是巴西民众的共同爱好，也是整个民族的骄傲。巴西职业球队之多，可谓世界之冠。由于巴西人热衷足球运动，巴西国内有好几座世界上数一数二的大型足球场，像里约热内卢巨大的椭圆形马拉卡纳运动场，可容纳 18 万名观众，堪称世界最大运动场。此外，排球在巴西也是非常受欢迎的运动，加上绵延的海岸线及居民多住沿海地区，造就了巴西人对沙滩排球的喜好。

九、宗教和世俗信仰

巴西人主要信仰罗马天主教和基督教，还有一少部分人信奉犹太教以及其他宗教。太阳、月亮和爱神组成的“三位一体”神是巴西印第安人所崇拜的最高神灵。

十、禁忌

巴西人忌讳“13”和“星期五”。认为这些都是令人懊丧的数字和日期，会给人带来厄运和灾难，所以人们厌弃它。他们忌讳戴帽子，认为只有亲人去世了，才戴帽子来表示悼念。他们忌讳以刀剑作礼物送人，认为这是割断友谊的象征。他们在饮食上特别重视菜肴的色彩，若缺乏红丽浓艳，即使味道再美的菜肴，他们也感到不称心。

【本章小结】

美洲是南美洲和北美洲的合称，南美洲大多数地区历史上为西班牙殖民地，居民大多讲西班牙语，巴西是葡萄牙殖民地，讲葡萄牙语，大多数人信仰天主教。北美地区主要是原英国殖民地，居民主要讲英语，大多信仰新教。美洲国家一般都崇尚“女士优先”的习俗。忌讳“13”和星期五，认为会给人带厄运和灾难。喜食牛排、咖啡、葡萄酒等。

【复习思考题】

1. 美洲各国的特色服饰有哪些?
2. 美洲各国的禁忌有哪些异同点?
3. 简述加拿大工艺品的特点。

【案例分析】

美国人在婚姻问题上，讲求感情第一，交往自由，择偶自由。男女恋爱，一般不需要媒人介绍，父母也很少干涉。他们认为，男女双方不必做过多的了解，美丽的外表、强壮的体魄，足以构成感情的基础。一般在结婚前，男女双方会到律师事务所签订一份“婚姻合同”，主要是婚后的钱财归属、家务分担、离婚的前提条件等内容。他们还讲求离婚自由，把离婚当作喜事予以庆祝，整个社会的离婚率很高。

结合案例，谈谈你对美国人生礼仪民俗的看法。

分析提示：美国人崇尚自由，信奉法律面前人人平等。美国包括婚姻在内的诸多人生礼仪民俗与此相关。

第 10 章

大洋洲民族民俗

【教学目标】

1. 能够对大洋洲概况和民俗有个全面的了解。
2. 进一步了解澳大利亚、新西兰的主要民俗。

【导入案例】

熟悉大洋洲的人都会有一种体会，那里的人讲究衣着，但不讲究名牌。几乎没有多少人可以顺口说出几个世界知名服装的品牌。即使知道名牌而又可以买得起的人，也不愿把钱花在名牌服装上，因为在大洋洲人的眼中，住房和汽车应该比名牌衣服更重要，更实际。在大洋洲销量最大的穿着品是文化衫、大裤衩、牛仔裤、泳衣、沙滩裤、拖鞋、运动鞋。而这些产品大都产自中国、印度、马来西亚、韩国和印度尼西亚。

结合案例，谈谈你对澳大利亚服饰民俗的认识。

分析提示：澳大利亚对于穿着比较随意，但并非没有规矩。

第1节　澳大利亚民俗

澳大利亚位于南半球，东临南太平洋，西临印度洋，由澳大利亚大陆和塔斯马尼亚等岛屿组成。虽四面环水，沙漠和半沙漠却占全国面积的35%。在东部沿海有全世界最大的珊瑚礁群—— 大堡礁。

一、服饰民俗

澳大利亚人的衣着可以用两个字来概括——休闲。在悉尼的大街上你见不到巴黎人的时尚，伦敦人的高贵，米兰人的风雅，但五颜六色的休闲服装更突出了澳大利亚人的随和、亲善与质朴。不过澳大利亚人也十分清楚它在什么时间、什么场合应该穿什么衣服。

（1）上班时。每周一至周五，上午9时至下午5时的上班时间里，城市里的上班族都是衣装楚楚。男士们一般都是穿西装，系领带，皮鞋加手提公文箱；女士们则是翻领上衣短裙套装加高跟鞋。

（2）下班后。澳大利亚人下班回家后会换上一身轻便的休闲装。由于澳大利亚大部分城市四季温暖，夏季偏长，所以人们在下班后、周末及假期里大都是短衫短裤或短裙。秋冬季大多选择牛仔裤、棉长衫等。

（3）社交。澳大利亚人普遍继承了欧洲人的传统，在正式场合均要认真打扮。男士穿上黑色礼服；女士则精心选择一件喜爱的晚礼服，配上适宜的首饰。

（4）老年人。在澳大利亚最讲究穿着的不是年轻人，而是退休的老年人。他们几乎不分场合、时间，永远都穿着最鲜亮的服装，老年男性则喜爱四季都穿年轻时留下来的老式瘦形浅色西装，并配上一顶英式浅色礼帽。

二、饮食民俗

澳大利亚人的食物应该是世界上最丰富多样的，肉、蛋、禽、海鲜、蔬菜和四季时令水果应有尽有，几乎全部是自产自销，很少依赖进口，而且品质优良，其中牛肉、海鲜、水果还远销世界各地。谈到饮食文化，最值得一提的是亚洲食品在澳大利亚的兴盛。如同世界各地一样，亚洲食品的主流是中国餐。20世纪初，糖醋排骨、黑椒牛柳、咕老肉、杏仁鸡丁就已经成为风行一时的异国情调菜肴。现在可以在澳大利亚任何一个小城镇里看到中式餐馆。在大城市里的唐人街，中餐馆、酒楼更是鳞次栉比。

三、居住民俗

澳大利亚地广人稀、资源丰富、经济发达，大多数居民拥有自己的住宅，或平房或两三层小楼。有豪华的石砌建筑，有普通的红砖瓦房，还有活动防雨房和带钢顶的纤维板房等。大多数房子前面有一片草坪，房后是一个大小不一的花园，边上有一个仓库。

四、人生礼仪民俗

澳大利亚的婚礼分为宗教和世俗两种。宗教婚礼与欧美地方基本相同。不信教的人通常在政府结婚登记处举行世俗婚礼。土著人的婚姻和家庭极其古老和原始。对偶婚、群婚、婚外制等在各部落中风行。每个部落氏族避免同一部落氏族通婚，都要向其他部落氏族寻觅配偶，甲部落的男子只能同乙部落中同属一个婚姻品级的女子成婚。

在澳大利亚一些土著部落有一种与众不合的婚俗。当部落中一个小男孩还没有成年时，就要在他母亲的指导下去相亲了。他要物色的对象不是少女，而是少女的母亲。而这时辰少女还没有诞生。更恰当地说，这位“岳母”是位还没有怀孕或没有成婚的女子。男孩遴选到合适的“岳母”，然后让岳母为他生育未来的妻子。这桩“娃娃亲”就算定下，直到岳母生下女孩，长大结婚。可是并不是一切都像预感的那么顺遂，有时小男孩选择的岳母没有生育能力，男孩只好另选一名岳母。有时，选好的岳母婚后连续数胎生的都是男孩，小女婿无奈只好再选一名岳母。有时，选好的岳母却迟迟不孕，比及生出千金时，男孩子已经长大，即便结婚，但在各方面都互不般配，经常造成婚姻悲剧。按当地的习惯除非岳母不能生育或不生女孩，不然一旦选中岳母并生下未婚妻后，男方是不准再有婚变的。

五、社交礼仪民俗

澳大利亚人的姓名，名在前，姓在后；可用姓名、职称、头衔冠以先生、女士等来称呼交往的对方。澳大利亚人见面握手是一种最普遍的打招呼方式，拥抱亲吻的情况很罕见。在社会地位上，有“妇女第一、女性优先”、尊重长辈的习惯；非常注重公共场所的仪表，男子大多数不留胡须，出席正式场合时西装革履，女性是西服上衣加西服裙。

澳大利亚人待人接物都很随和。邀请澳大利亚人到家中做客，他们总是随身带一些礼物，但价值并不高，仅用来表示友好，比如，在自家花园摘几朵鲜花或拿一瓶自家酿制的果酱等。澳大利亚人的时间观念很强，约会必须事先联系并准时赴约。如果被邀请到澳大利亚人家中做客，最合适的礼物，是给女主人带上一束鲜花，也可以给男主人送一瓶葡萄酒。

澳大利亚人文明有礼，乐于助人。在人流稀少的街上行走的话，人们即使互不相识也会打招呼和问候。

六、岁时节日民俗

澳大利亚一年四季节庆活动不断，精彩纷呈，充分反映了这个国家的社会、文化、体育和商业的丰富多元化色彩。

（1）澳大利亚网球公开赛。时间为每年1月。比赛为期两周，吸引了来自世界各地的网球好手，以及超过55万的观众前来观看，是澳大利亚观众最多的年度体育活动。

（2）墨尔本酒食节。时间为每年2月。该节日是人们品尝维多利亚和墨尔本精美厨艺的好机会。节日期间，全州境内将有100多项活动。

（3）蒙巴节。时间为每年3月。该节日是澳大利亚最大、历史最悠久的节庆活动之一，其节日内容为老少皆宜的家庭活动。蒙巴大游行把城市变成了一个多彩的欢乐海洋。

（4）墨尔本国际花展。时间为每年4月。节日期间，绚丽的墨尔本国际花展会，向观众展示上万种鲜花，届时将有数百个商家参展。

（5）大洋路国际马拉松赛。时间为每年5月。从洛恩到阿波罗湾的赛程，是世界马拉松赛事中，风景最秀丽和最具挑战性的赛程。

（6）梦幻节。时间为每年6月。节日期间，来自世界各地的观众，可以欣赏来自全国各地乃至全世界的土著艺术综合展示。节日活动持续三天四夜，游客可以感受到遍布于表演艺术会场、酒吧、仪式场地、美术馆、篝火晚会、大批货摊、讨论会会场以及餐馆的独特气氛。

（7）花卉节。时间为每年9月。这是在澳大利亚首都堪培拉举办的、南半球的最大春季节日。节日期间，将有上百万株正在盛开的球茎花卉与一年生植物，以别具创新的形式展现在大家眼前，成为这个集娱乐、展览、美食等多种活动于一身的节日的绚烂背景。

（8）墨尔本杯赛马节。时间为每年11月。墨尔本杯的意义，已远远不只是一次赛马会，它拥有145年的社会和文化历史，是澳大利亚的一项重要活动。在观看精彩的世界级赛马活动的同时，观众还可以欣赏时装、品尝美食和晚宴大餐。

七、工艺美术民俗

澳大利亚是由多民族组成的国家，在文化艺术方面充分展示了它的丰富多彩。一方面，它体现在土著人的绘画、文学和音乐中；另一方面，也表现在西方传统的艺术、文学、现代舞蹈、电影、歌剧和戏剧中；而亚太地区也是影响澳大利亚文化的一个重要的因素。因此，澳大利亚的作品在其内容和风格上往往融澳大利亚和其他国家的特色于一体，充分体现了多元文化的影响。

作为一个多民族的国家，土著文化的价值越来越被人们所认识，土著人有丰富的口头传说，有与祭祀有关的原始舞蹈，但最为突出的还是绘画。绘画是土著人记录历史、延续文化的一个重要的手段，土著绘画的内容以梦幻为永久的主题，主要描绘各种神话传说及土著的风俗习惯和生活情景，土著绘画的形式主要有石壁画、树皮画和沙石画，颜色多取于褐、白两色。

八、游艺民俗

（1）戏剧与美术展览。澳大利亚人非常喜爱观看戏剧演出及参观美术展览，如果按人口平均计算，澳大利亚人购买杂志和书籍的数量在世界上属于最多者之列。澳大利亚拥有众多的美术馆、剧院和图书馆，最重要的从事收藏的文化设施有澳大利亚国立美术馆、澳大利亚国立图书馆、澳大利亚国立博物馆、澳大利亚国家电影和音响档案馆、国家科技中心、澳大利亚战争纪念馆和国家海洋博物馆等，1300 多个博物馆收集并保存着澳大利亚的文化遗产，悉尼歌剧院是澳大利亚最具特色的城市标志的建筑物。

（2）电影。澳大利亚的电影在世界上有很大的影响力，经常荣膺世界各项电影大奖，并为好莱坞输送了大量的优秀人才。歌剧在某种意义上是一种典型的澳大利亚的艺术形式，尽管它发源于意大利，但澳大利亚人赋予它特殊的热情和新的内涵，从内利·梅尔巴夫人到琼萨瑟兰夫人，澳大利亚为世界培养了众多杰出的女歌剧演唱家。

（3）文学。澳大利亚的文学作品在国际上享有盛誉，土著人以及来自海外的移民作家为这方面增添了新的内容。目前，澳大利亚的文学作品逐渐反映出对亚太地区文化的意义以及本地区国家间共同利益重要性的认识。

（4）音乐。澳大利亚人酷爱欣赏音乐会，澳大利亚有八个大型专业交响乐团，就通俗音乐来讲，澳大利亚在世界英语国家中所提供的乐曲数量占第四位，澳大利亚摇滚音乐的出口正日益发展，澳大利亚的文化艺术是一个巨大的行业，每年创造的价值达百亿澳元。

九、宗教和世俗信仰

澳大利亚是一个宗教自由的国家，各种宗教信仰，包括基督教、天主教、印度教、犹太教、伊斯兰教和佛教等在这个国家并存。

教会渗透到澳大利亚社会的各个角落，影响力很大。在澳大利亚各大小城镇，雄伟的教堂建筑数不胜数。澳大利亚 2/3 的私立中小学是由罗马天主教教会开办的，由于富有的家庭喜欢把子女送往私立中小学，因此天主教或者教会学校对澳大利亚青少年一代有相当的影响力。

对华人移民来说，教会往往是他们认识澳大利亚的途径之一。即使没有宗教信仰的人，教会也总是欢迎。华人的教会往往有厨房和吃饭的地方，活动时有很多志愿人士帮厨，不少人还从家中带来家常小菜或家乡特产。在礼拜天吃饱喝足之后，大家还组织各种娱乐活动。所以，到教堂走走，也可以是生活的一部分。

十、禁忌

禁忌方面也大体和欧洲人相似，受基督教影响较深，忌“13”“星期五”等。他们特别忌讳兔子，认为碰到兔子是厄运的预兆。澳大利亚人好热闹，也很随和，但谈话时忌讳工会、宗教、个人问题、袋鼠数量的控制等敏感话题。忌食狗肉、猫肉、蛇肉，不吃动物内脏、爪，忌食味精。不干涉他人隐私的习惯在日常谈话中也能体现出来。

第2节　新西兰民俗

新西兰位于太平洋西南部，介于南极洲和赤道之间，由北岛、南岛及其附近一些小岛组成。新西兰素以“绿色”著称，属温带海洋性气候，生态环境非常好。官方语言为英语和毛利语。多数居民信奉基督教新教和天主教。

一、服饰民俗

新西兰人是欧洲移民的后裔，日常生活中通常穿着欧式服装。他们注重服饰质量，讲究庄重，偏爱舒适，强调因场合而异。正式盛大的集会大都穿深色西服或礼服，但在一般场合人们的穿着趋于简便。妇女打高尔夫球时都穿裙子。外出参加交际应酬时，新西兰妇女不但要身着盛装，而且要化妆。在她们看来，参加社交活动时化妆，是一种基本的礼貌修养。周末假期，人们出外郊游则是另一番打扮，十分随便。

新西兰毛利人的传统服饰鲜艳而简洁，富有民族特色，有披肩、围胸、围腰和短裙。最常见的是“比乌比武”（Piupiu）短裙，它用亚麻类植物织成，人们习惯称之为毛利草裙。毛利人最讲究的是羽毛大氅，过去是酋长才能披戴的，现在遇有盛大庆祝活动时才穿上迎接贵宾，以示庄重威严。

二、饮食民俗

新西兰的“环太平洋”料理风格是受到欧洲、泰国、马来西亚、印度尼西亚、玻利尼西亚、日本和越南影响而形成的。全国各地的咖啡馆和餐厅都提供这种结合各地特色的料理。

新西兰毛利人经常利用地热蒸制牛肉、羊肉、马铃薯等食品，这些食品通称为“夯吉”。他们制作“烧石烤饭”的原料有芋头、南瓜、白薯、猪肉、牛排、鸡、鱼等，在铁丝筐内分层一次烧制成，然后撒上盐、胡椒粉等食用。

新西兰人在饮食嗜好上有如下特点：

讲究菜肴花样，注重菜品量少质精；

一般口味不喜太咸，爱甜、酸、微辣味道；

以米饭为主食，副食爱吃牛肉、羊肉、猪肉、鸡、鸭、蛋品、野味、鱼、虾等，喜欢西红柿、芋头、南瓜、土豆、青菜、辣椒、菜花、黄瓜等蔬菜，调料爱用咖喱、番茄酱、味精、胡椒粉等；

喜爱中国的苏菜、京菜、浙菜，对炒、煎、烤、炸等烹调方法制作的菜肴偏爱；

特别喜欢喝葡萄酒、啤酒，爱喝矿泉水、咖啡、红茶和香片花茶等饮料；爱吃香蕉、菠萝、猕猴桃、葡萄、草莓、西瓜等，干果喜欢杏仁、花生米等。

三、居住民俗

绝大多数新西兰人的住房是一层或两层结构，有庭院，房屋密度相对较低。大多数住房为木质建筑，面积较大，风格以英式为主。

四、人生礼仪民俗

普通的毛利人男士向女士求婚，如女方同意就可以成为夫妻，不需征求任何人的同意。如上层人对此表示不满，则有权中止这种婚姻。中层人的婚姻与家庭地位、财产及土地的占有相关，联姻的家庭多为世交。上层贵族的婚姻要经过部落的漫长的讨论，结婚时还要举行毛利人的宗教仪式。上层人士一般都在部落内部找对象。毛利人的结婚方式也因部落和地区的不同而不同。一般来说，部落内部同意了，男女双方就可以结婚。结婚时要举行传统的毛利仪式。

五、社交礼仪民俗

新西兰热情好客，有尊敬长辈的传统。新西兰毛利人能歌善舞。男子跳舞时还用丰富的面部表情（吐舌头、瞪眼睛、做鬼脸等）来表达自己的心情；女性多头戴花环，腰系蒲草裙，用手的姿势及抖动方式来抒发自己的感情。他们对初次来访的尊贵客人盛情款待，主人要集合全部落的人，并用具有浓郁民族色彩的歌舞来欢迎宾客的到来。在这时候，客人要在手持刀剑的武士面前，拾起一块事先放置好的木块交给头人，以表示真诚的友谊。他们把水视为纯洁神圣之物，重要集会上都要举行泼水仪式，向参加者的身上洒清水，以此来互相祝福。他们以用“烧石烧饭”（即将灶内鹅卵石烧红后，泼上一瓢冷水，再把盛有食物的铁丝筐放进灶里，先盖湿土，最后用稀泥糊严，经过数小时，饭即成熟）招待客人为最高礼仪。

新西兰喜欢与客人谈论有关国内外政治、天气和体育等话题。他们对狗怀有特殊的感情，视狗为“终生的伴侣”“牧羊的卫士”。他们历来珍爱几维鸟，把几维鸟看成民族的象征，并喻其为国鸟。他们偏爱银蕨，视其为国家的象征。

新西兰人崇尚平等正义，工人、商人、医生、教师都杂居相处，彼此直呼其名。只要找个小小的理由，几乎谁都可以见到总理。至于要见部长、市长，则随时可以相约。

六、岁时节日民俗

怀唐伊日是新西兰的国庆日。每年的 2 月 6 日，《怀唐伊条约》签订的地方就成为全新西兰关注的焦点，举国上下共同欢庆新西兰的立国文献——《怀唐伊条约》的签订。每年有超过 40 万民众参与为期四天的庆典活动。活动包括一场正式的典礼、皇家新西兰海军以及地方文化团体带来的表演及阅兵式，以及各式各样的体育运动和文化活动。

七、工艺美术民俗

新西兰的艺术与文化得自于各个种族，结合毛利人、欧洲人、亚洲人和大洋洲人的特质，新西兰的艺术圈反映了这种融合。新西兰最有价值的绘画中，有些是由查尔斯·高第（Czarles Goldie）于19世纪所画的毛利人画像。画家柯林·麦卡宏（Kolin McKahon）的作品使用了文字、基督教肖像与毛利语言以及神话，他被许多人看作新西兰最伟大的艺术家。许多艺廊除了展出这些作品，还有其他艺术家的作品，如雷尔夫·哈特雷（Lalph Hotele）和葛雷姆·希尼（Glahame Sydney）。

八、游艺民俗

（1）音乐。新西兰的音乐吸引了全世界的注意。默瓦娜·玛妮亚波脱（Moana Maniapoto）和她的部族乐团（The Tribe）以毛利原音赢得国外的赞誉。

（2）舞蹈。毛利人有一种独特的舞蹈，被称为“哈卡”（Haka），这种舞蹈来源于古毛利土著武士的战舞，男女舞蹈的具体方式有所不同。新西兰国家橄榄球队在每次开场比赛前，总是集体表演这种舞蹈，用以鼓舞士气。

（3）文学。有许多新西兰作家将毛利文化与传说写进英文文学作品中。凯莉·胡姆（Keri Hulme）以极具创意的小说《骨人》（*The Bone People*）而获得权威的布克文学奖的肯定。也有作家结合了两种文化，创造出别具特色的新西兰文学。

（4）体育。橄榄球是新西兰最受欢迎、影响最大的体育运动，新西兰国家橄榄球队因其一身全黑色的标志性队服而被称为“全黑队”（All Blacks）。新西兰国家队曾经夺取过橄榄球世界杯冠军，并且长期名列世界前茅。新西兰的极限运动与探险旅行非常有名。早在1988年，南岛的皇后镇便建立了全球第一座商业化的高空弹跳场。登山也是颇为流行的运动，最有名的登山家是艾德蒙·希拉里爵士，他是全球第一位成功登上珠穆朗玛峰峰顶的人。

九、宗教和世俗信仰

在新西兰，毛利人仍保留着浓郁的传统习俗。他们大都信奉原始的多神教，还相信灵魂不灭、尊奉祖先的精灵。每遇重大的活动，他们便照例要到河里去做祈祷，而且还要相互泼水，以此表示宗教仪式上的纯洁。

十、禁忌

新西兰人大多数信奉基督教新教和天主教。他们把“13”视为凶神，无论做什么事情，都要设法回避“13”。他们在国内忌讳男女同场活动。即使看戏或看电影，通常他们也分为男子场和女子场。他们视当众剔牙和咀嚼口香糖为不文明的举止。他们视当众闲聊、吃东西、喝水、抓头皮、紧裤带等作风为失礼的举止。新西兰人的毛利人，对有人给他们照相是极为反感的。新西兰人不愿谈论有关种族方面的问题。他们不喜欢吃带黏汁或过辣的菜肴。

【本章小结】

从语言上看，大洋洲主要是原英国殖民地，居民操英语，受西欧特别是英国的传统文化影响较深，大多信仰新教，习俗多从欧美。婚葬俗遵教规，重视礼拜天祈祷，忌讳过问别人隐私。

【复习思考题】

1. 试述英国在宗教民俗方面对大洋洲主要国家的影响。
2. 试简述新西兰毛利人的生活习俗、礼仪。
3. 简述澳大利亚多元文化对其主要民俗的影响。

【案例分析】

土葬是澳大利亚土著人采用最普遍的一种丧葬方式，它主要盛行于澳大利亚中部以及东南部、最北部和西部地区。但其埋葬方式略有不同，一般把尸体放在一个墓穴内埋上土就行了。有一些部落还要在墓穴内再挖一个长方形凹槽，将尸体放在其中再埋上土。考古学家称这种葬法为“墓洞土葬”法。阿兰达部落还采用“蜷曲土葬”法，将尸体蜷曲，双膝压着下颌，然后放入圆洞式的墓穴中，脸朝向图腾中心，用土埋上墓穴，并留下一个小孔供死者的幽灵进出。卡米罗拉伊部落要把尸体缠成一个蜷曲的圆包，沃托巴卢克部落将尸体的两只大脚趾绑在一起，吉尔吉尔伯河流域部落将尸体的腿折断，这一类的土埋法是由于惧怕死人危害活人而形成的风俗。澳大利亚人举行葬礼一般在殡仪馆举行。首先由主持人介绍死者的生平，然后大家一起站着诵读葬礼诗。把死者安葬在墓地后，要在墓前立一块碑，碑上写明死者的姓名、出生年月。目前一般会堆满红艳艳的天堂鸟鲜花。

结合案例，谈谈你对澳大利亚人生礼仪的看法。

分析提示：澳大利亚人生礼仪民俗深深打着欧洲文化和当地土著文化的烙印。

第 11 章

非洲民族民俗

【教学目标】

1. 能够对非洲概况和民俗有一个较全面的了解。
2. 进一步了解埃及、南非等国家的概况、主要民俗和禁忌。

【导入案例】

埃及男女找对象首要考虑的是门当户对，一旦选中对象后，男方家长到女方家提亲。结婚的新房由男方负责，女方购置家具。婚礼大多在星期四晚上举行，庆祝活动要持续4天。埃及农村的婚礼场面热闹奢侈。婚礼大约要持续30天，耗资千余埃镑。在埃及西部沙漠的锡瓦绿洲，婚俗很独特，姑娘8岁定亲，14岁完婚。成亲时新娘头上要编很多发辫，其一半由娘家人梳理，另一半需要婆家人来完成。姑娘的嫁妆是100件袍裙。所以，锡瓦人家一有女儿出生，母亲就要开始忙着为其缝制陪嫁的袍裙。

结合案例，谈谈你对埃及婚俗的看法。

分析提示：埃及是个伊斯兰教国家，婚俗独特而又别致。

第1节 埃及民俗

埃及地跨亚、非两洲，西与利比亚为邻，南与苏丹交界，东临红海并与巴勒斯坦、以色列接壤，北临地中海。大部分领土位于非洲东北部，只有苏伊士运河以东的西奈半岛位于亚洲西南部。埃及是典型的沙漠之国，全境96%为沙漠。世界最长的河流尼罗河从南到北贯穿埃及1350千米，被称为埃及的“生命之河”。尼罗河两岸形成的狭长河谷和入海处形成的三角洲，是埃及最富饶的地区。虽然这片地区仅占国土面积的4%，但却聚居着全国99%的人口。

埃及人口绝大多数生活在河谷和三角洲，主要是阿拉伯人。伊斯兰教为国教，信徒主要是逊尼派。官方语言为阿拉伯语，通用英语和法语。

埃及是农业民族。人们以农为本的生产方式可以从古代宗教信奉中找到佐证。埃及人信奉太阳神“拉”。仅次于拉的是土地和丰收之神奥西里斯，他是太阳神拉的曾孙子，后来取代了太阳神拉的地位，可见农业在埃及的重要性和神圣的地位。

一、服饰民俗

埃及人的服饰种类和式样繁多，而且随着社会的发展变化也很快。

古王朝时期妇女们的服装是一种被叫作“努格白”的衣服。这是一种较紧身的服装，式样简单，从胸下一直穿到脚跟，胸下用一根布带子扎住。男子的服饰起先仅限于遮羞，在腰上系一根用植物做成的带子，带子两端垂在前面即成。后来逐渐有了与妇女们穿的努格白相似的衣服，用腰带固定。

中王国时期妇女们虽然仍穿努格白，但衣料和式样已有所变化，有无袖和有袖两种，长度依旧，胸下系一腰带，有的不系。这一时期的男子服装仍以努格白为主的情况下，出现了长袍，袍长一般到脚跟。

新王国时期妇女们穿的服饰出现了变化，不再千篇一律。这时最有特点的女装是“纱丽”，它与古王国和中王国时期的服装完全不同，用长布条制成，长约5米，宽约半米。这种服装不仅穿脱方便，而且象征文明与进步。这一时期女装的另一特点是在衣服上打裥、开叉，这样的衣服能使妇女显得更加迷人、漂亮。男人们虽仍穿努格白，但衬衣和长袍已较常见。这种衬衣和长袍大小不一，有裥，能把上身全部遮住，使胸部不再敞露。此外，男子在衣着数量上也有所变化，他们常常穿两件努格白，里面的短些，外面的长而薄些。

城市中的男人多是西装革履，崇尚白色和绿色，讨厌蓝色和黑色。上班的妇女多是职业装。他们以右为吉祥，以左为晦气，如穿鞋时先穿右脚，后穿左脚。

二、饮食民俗

埃及人的饮食十分丰富、多种多样。他们通常以“耶素”为主食。“耶素”是一种不用酵母的平圆形面包。进餐时，与煮豆、白乳酪和汤等一并食用。有时也吃米饭，煮三小碗的米饭需配四小碗水和四匙植物油。煮饭时，先将放入油和盐的水烧开，再倒入大米煮开后，用文火焖熟。吃的时候，米饭和菜或糖渍水果一起混合食用。

他们喜食羊肉、鸡、鸭、鸡蛋，以及豌豆、洋葱、南瓜、茄子、胡萝卜、土豆等食品。在口味上，他们一般要求清淡、甜、香、不油腻。串烤羊肉、烤全羊是他们喜爱的佳肴。他们习惯用自制的甜点招待客人。最具代表性的甜食是“巴斯布萨”，是由面粉经过油炒加调料淋糖水而制成的。埃及人在正式用餐时，忌讳交谈。在他们看来，吃饭时进行交谈是在浪费粮食，在吃“耶素”时更是如此，否则会被认为对神的亵渎行为。埃及人有独特的生活习惯，他们通常晚餐在日落以后和家人一起共享，在这段时间，勉强请人家来谈生意或公事是失礼的。

三、居住民俗

埃及城市居民的居住习俗是轻外重内，居民楼外观很粗俗，但是内部装修却十分讲究，家具华丽，非常注意室内美化。埃及贫富差别悬殊，贫民窟的居民住在低小的房屋里，拥挤不堪。

四、人生礼仪民俗

现代埃及人的葬礼非常俭朴，无论死者生前贫富贵贱，都用同样尺寸白布裹尸，都举行一样程序的葬礼，都埋葬在同样大小的墓穴里，不允许任何物品陪葬，不主张立墓碑、留坟头，更不建高坟大墓。现代埃及人提倡厚养薄葬，教导子女要孝敬、善待父母，对丧失劳动和生活能力的，更应充分满足其物质及精神生活的各种需要。然而一旦父母辞世，则应本着节俭精神，力行薄葬，禁止以孝为名，大操大办，挥霍浪费。

五、社交礼仪民俗

在大中城市埃及人的打扮已与国际接轨，但老年人着装较为保守，奇装异服埃及人通常不问津。如果送礼品给埃及朋友一定记住，图案千万不要是星星、猪、狗、猫及熊猫的图案，因为有悖民族习俗。

六、岁时节日民俗

(1) 惠风节。每年的 4 月 15 日，是埃及的传统节日惠风节，又称“莎姆纳西姆节”。“莎姆纳西姆”在阿拉伯文中意为沐浴春风的意思。惠风节起源于5000 多年前的埃及法老时期，发展至今已成为埃及法定的全国性节日。节日期间，春风荡漾，万木葱茏。居住在城市里的人们换上舒适的春装，举家远足踏青，呼吸新鲜空气；农村的人们也要走出村庄，来到开阔的郊野，享受春天的光明和温暖。节日这天，尼罗河畔，金字塔下，城市的公园广场的树荫花丛中，到处是席地而坐的人们。他们身着鲜艳的节日服装，带着食物和炊具，或一家人来到公园，或亲朋好友乘车去游览踏青。人们在尽情地欣赏自然风光之后，便围在一起享受节日佳肴。按照传统风俗，节日中要吃煮鸡蛋、腌沙丁鱼和葱。鸡蛋在埃及人眼中是生命的起源和象征，吃了节日鸡蛋，一年中才能交好运。野炊后，人们伴着欢快的音乐载歌起舞，说说笑笑，尽兴而归。而在农村，惠风节则是另一番景象。年轻人聚集在一起，头戴彩色帽子，手里拿着彩纸糊成的各式各样的风车，载歌载舞。蓄着长发，身穿卡拉比亚长袍的民间艺人们在枣椰树下、村落场地上席地而坐，打起手鼓，诉说《天方夜谭》和其他神话传说。美妙的鼓声和神奇的故事吸引着众多的人。

（2）尼罗河泛滥节。按照旧俗，要把活人抛到河里去，求河神保佑不泛滥成灾。如今的庆典活动仍然一年举行一次，但不再向河神献新娘了，而是以更为文明的方式庆祝。节日这一天，人们在街上表演各种传统的民间歌舞，象征丰收的花车激起鼓乐的声浪，在熙熙攘攘的人流中漂浮隐现，同时还有水上表演。当尼罗河新娘来到人群聚集的地方时，尼罗河畔顿时鼓乐喧天，河心的音乐喷泉射出几十米高的水柱。随后，上百艘插着各种彩旗的橡皮艇破浪驶来，时而编队行进，时而在水面变化队形。与此同时，在水上舞台，“尼罗河新娘”的舞剧又再现了远古的历史传说。

七、工艺美术民俗

（1）纸莎草画。是古埃及文明的一个重要组成部分，也是最具特色的工艺品。它是按照几千年前法老时期的技术制作出来的在纸莎草上绘成的图画。古代埃及的纸草文书也是写在这样的纸草上的。他们选择尼罗河上生长的芦苇，取其叶片，截成适用的长短大小的片段，浸泡捣碎，按照纵横的原则排列，然后用石块挤压（现在采用机械挤压），晾晒后成为纸草。纸草画的内容大多数取材于流传千年的壁画，每一幅画都有自己的出处和典故。在手绘的纸草画中值得称道的是蓝色和金色，这两种颜色的颜料由埃及特有的矿石磨成粉而制成，为埃及特有。纸莎草画，画面多以风土人情、阿拉伯文字为主，而且都是手工绘制，上色，颜料都用动植物和矿物为原色，人物形象栩栩如生，色彩鲜艳夺目。

（2）陶瓷。陶器是埃及真正的最传统的手工艺品。古埃及在历史上有“黑土之国”之誉。他们利用这种泥土制成砖瓦和陶器。其中一种，在整个土红色的器物上部或顶部施以黑色的釉泥，形成黑红两色对比，有着强烈的装饰效果，它被称作“黑顶陶器”。随后代之而起的是彩绘陶器的出现。这时陶器在装饰的形式上深受西亚风格的影响。由于手工业的发展和制陶技术的进步，也曾出现过一种脱胎于石制容器或金属容器而形成的洗练而优雅的陶器造型风格，并且陶器表面被研磨得更为光洁。

八、游艺民俗

（1）音乐。远在法老时期，埃及的音乐就已经相当发达。大量壁画记录了乐师们用笛、鼓、“乌特”（拨弦乐器）和“哈利甫”（竖琴）等乐器演奏的情景。今天的埃及音乐，除保持了昔日的魅力外，也掺进了许多西方的音乐风格。

（2）舞蹈。舞蹈有东方舞、渔民舞、灯舞、棍舞和丰收舞等，以东方舞最具特点，俗称“肚皮舞”，是埃及人们最喜闻乐见的舞蹈，盛行于开罗等大城市，也频频出现在电影中。

（3）体育。埃及的体育运动实行体育俱乐部会员制。每个城市中都有一个或几个体育俱乐部，每个俱乐部都有设备齐全的体育设施，如足球场、篮球场、网球场、室内体育馆、游泳池等，体育俱乐部既是运动员训练的场所，也是群众业余锻炼身体和消遣、休闲的地方。在埃及，人们对足球有着特殊的爱好，埃及足球队是非洲的一支劲旅。

九、宗教和世俗信仰

每逢周五是埃及人传统的“主麻日聚礼”，当清真寺内传出悠扬的唤礼声，伊斯兰教徒便纷纷涌向附近的清真寺，做集体礼拜。为数众多的教徒仍然虔诚地信守每日5次礼拜的教规：晨礼、晌礼、晡礼、昏礼、宵礼。每逢宗教节日，电视还会播放总统及政府首脑去清真寺礼拜的镜头。埃及伊斯兰教徒不仅仅是虔诚信仰“五行”（自白、礼拜、绝食、布施、参拜麦加圣地），还得力行，这才算完成了信徒分内的事。也就是说，“五行”已经跟日常生活打成一片。

古埃及宗教信仰的基础是对自然的崇拜。无法解释的自然现象被认为神祇造成。神的力量以各种不同的形式表现。人类只是创造的一部分，野生和驯养的动物都可能是神性的具象。这些动物神即使被人性化而以人的形体出现，他们的头往往仍然保持原来的动物造型。埃及神话中造人的大神赫奴姆，为豺头人身。

十、禁忌

埃及人习惯用右手就餐，认为左手不洁净，忌用左手与他人接触或给别人递送食物及其他物品。正式用餐时，遵守伊斯兰教饮食习惯。忌讳喝酒和交谈，否则会被认为对神的亵渎行为。

埃及人忌讳针，针是骂人的词。忌蓝色和黄色，遇丧事都穿黄衣服。通常在埃及人面前尽量不要打哈欠或打喷嚏。对于绘有星星、猪、狗、猫以及熊猫图案的衣服，埃及人绝对不会穿，因为有悖其民族习俗。埃及人在工作中对小费极为重视，并且将其作为日常收入的重要来源之一。

与埃及人交谈时，应注意以下几个问题：一是男士不要主动找妇女攀谈；二是切勿夸奖埃及妇女身材窈窕，因为埃及人以体态丰腴为美；三是不要称道埃及人家中的物品，在埃及这种做法会被人理解为索要此物；四是不要与埃及人讨论宗教纠纷、中东政局以及男女关系。

第2节　南非民俗

南非位于非洲大陆最南端，东、西、南三面濒临印度洋和大西洋，北与纳米比亚、博茨瓦纳、津巴布韦、莫桑比克和斯威士兰接壤。地处两大洋间的航运要冲，其西南端的好望角航线历来是世界上最繁忙的海上通道之一，有“西方海上生命线”之称。全境大部分为海拔600米以上的高原。德拉肯斯山脉绵亘东南，卡斯金峰高达3660米，为全国最高点；西北部为沙漠，是卡拉哈里盆地的一部分；北部、中部和西南部为高原；沿海是狭窄平原。奥兰治河和林波波河为两大主要河流。

南非主要由黑人、白人、有色人和亚裔四大种族构成。黑人主要有祖鲁、科萨、斯威士、茨瓦纳、北索托、南索托、聪加、文达、恩德贝莱等9个部族，主要使用班图语。白人主要是荷兰血统的阿非利卡人和英国血统的白人，语言为阿非利卡语和英语。有色人是殖民时期白人、土著人和奴隶的混血人后裔，主要使用阿非利卡语。亚洲人主要是印度人和华人。有11种官方语言，英语和阿非利卡语（南非荷兰语）为通用语言。

一、服饰民俗

布须曼人生活在森林中，依靠采集和打猎为生，至今仍处于半原始的生活状态。他们用食肉鸟的头部为冠，或者戴上乌鸦的头做饰物。这种习俗源于图腾崇拜。

祖鲁族女人特别是结婚前按传统习俗是不着上装的，下身也是用动物的皮制成很小片稍稍遮盖一下。但是，现代的祖鲁服饰也很新潮和时髦，下装的装饰品已由原来的简单动物皮制作，演变成裁剪时尚的动物皮，手工编织珠子串等来装饰。串珠手工艺是祖鲁女人生活中很重要的一部分，从母亲到女儿代代相传。

马可洛洛部落的妇女都在嘴唇上穿洞，挂上叫作“呸来来”的铁环或竹环做唇饰。波波族妇女在丈夫离家门时把头发留长，直至丈夫回家，才把头发剪短，以此表示对丈夫的忠贞和思念。

二、饮食民俗

在南非，大多数黑人主要以大米和玉米为食。他们的饮食很简单，常常将玉米加入一些植物油，制成面团，用手抓食。肉类喜欢牛、羊肉，一般不吃猪肉和鱼肉。喝牛奶、羊奶和茶。

白人的饮食习惯基本上以西式食品为主，包括大块牛排、炸土豆丝和煮得很透的青菜，喝牛奶、咖啡和红茶。另外，意大利烤馅饼也很流行。国都开普敦的菜肴较有名气，餐馆以荷兰菜和马来西亚菜为主。除了佳肴，开普敦周围的葡萄园所产的葡萄酒也很有名。

三、居住民俗

南非共有20多个民族，各民族都有自己独特的文化，故被称为“彩虹之国”。光是土著，就可以分为十几个民族。其中祖鲁族是南非最大的部族，他们住在蜂窝式的小屋里，小屋围成一个环状，叫作“Kraal”。小屋面积不大，没有家具，地上铺着卧具，席地而卧。屋子没有窗户，白天进到屋里光线很暗。

四、人生礼仪民俗

（1）成人礼。是班图语系部族社会和文化生活中一项极为重要的仪式。十三四岁的男孩和女孩都必须到丛林中过一段隐秘的生活，少则一星期，多则几个月。其间，还要实施割礼。除此之外，所有人还要接受关于部族伦理观念、传统习俗、成年后各个时期的行为准则的教育，而且还要从事高强度的劳动训练。经过成年仪式的男女，可以娶妻有夫，成为真正的成年人。

（2）婚俗。祖鲁族是南非最大的部落民族，他们娶亲时必须用牛作聘礼，因为牛是财富的象征，把牛送给新娘的父亲，然后才能娶回妻子。祖鲁人还盛行一夫多妻制。

（3）丧俗。南非的布须曼人死后，一般由亲属把死者侧放，两膝弯曲，使之成卧姿，埋葬在死者住房附近，并把死者生前的全部东西都随葬。最后在坟墓上堆上一些石头。埋葬之后，所有亲属都要迁居到别的地方去，并且在两年之内不再回到这个地方。这种丧葬习俗称为“避居俗”。

图腾部族的成员都相信他们死后灵魂会转化为图腾，或与图腾同处一个世界。南非的班图人认为，人死后的灵魂变为狮子、鳄鱼，有的将尸骸化装为图腾而后埋葬，有的用图腾实物的一部分作为殉葬者。这称之为“图腾俗”。

五、社交礼仪民俗

在城市，南非人的穿着打扮基本西化了。大凡正式场合，他们都讲究着装端庄、严谨。因此进行官方交往或商务交往时，最好穿样式保守、色彩偏深的套装或裙装，不然就会被对方视作失礼。此外，南非黑人通常还有穿着本民族服装的习惯。不同部族的黑人，在着装上往往会有自己不同的特色。

六、岁时节日民俗

（1）自由日。1994年4月27日，南非历史上第一部体现各族平等的宪法开始生效，每年的这一天成为南非的国庆日，也称“自由日”。

（2）和解日。12月16日，在南非原称“丁冈日”或“誓言日”，是为了纪念1838

年的这一天向北迁徙的南非布尔人（荷兰人后裔）打败祖鲁王丁冈，夺取了南非内陆大片土地而设立的。1994 年新南非政府成立后，这一天被改名为“和解日”，寓意是希望南非黑、白两大种族面向未来，和平共处。

（3）喧闹艺术节。每年 9—10 月在约翰内斯堡举行，为南非最大的民间节日。节日期间，各部落的艺术家云集此地，展示具有丰富非洲文化内涵的文艺节目，如土著音乐和舞蹈等。

（4）兰花节。每年 10 月，首都比勒陀利亚到处兰花盛开，该月第三个星期举办兰花节，公园里有音乐会和歌舞表演，附近的跳蚤市场和小吃摊门庭若市，一派热闹气氛。

（5）求雨节。为坟达部族人的节日，每年的 11 月在伯乐百都地区举行。求雨仪式极为特别，全由“雨后”莫家姬一人主持，这在父系氏族里是极为少见的。首先由酋长从众多少女少男中选出跳神人选，然后开始进行传统的祭神礼仪，当中伴有原始舞蹈，跳舞者全都赤身裸体，但身体和脸上涂有彩色泥巴。

七、工艺美术民俗

鸵鸟蛋是南非工艺品的象征，南非旅游局发布的一项统计报告说，每 4 个外国游客中就有 3 人购买南非产的鸵鸟工艺品。南非鸵鸟工艺品中最受欢迎的是鸵鸟蛋工艺品，包括鸟蛋彩绘、蛋雕和蛋壳灯罩等。能工巧匠们在鸵鸟蛋上绘上各种人物、动物、树木花草、山水风光，把鸵鸟蛋壳雕刻成精美的雕塑和灯罩，用鸵鸟皮加工成皮包、披肩和服装。

南非很多工艺品的主要原料是彩珠，有些也会用钢丝、玻璃等。这些工艺品原本只是百姓家的日常用品，但是经过时间的演变和人口的变迁，这些日常用品被旅行和迁居者带到世界各地，慢慢变得流行、美观甚至时尚起来。

八、游艺民俗

南非不仅有令人赞叹的自然美景，还有让人难忘的独特的音乐文化，如爵士乐、摇滚乐、民间音乐和传统音乐。爵士乐遵循传统爵士乐的规则，与非洲音乐的节奏和风格融合后形成，动听易记，极富个性，适合舞蹈，成为大多数南非人的最爱。南非舞蹈的动作柔曼轻盈，节奏明快，肩、腿部的技巧明显。

九、宗教和世俗信仰

基督教很少有食物的禁忌和酒精饮料的禁忌，但是不能使用任何动物的血。有时他们佩戴十字架代表他们的信念。伊斯兰教的穆斯林，平时的生活起居和他们祷告的习惯与众不同，每周五的12：30~14：00是公理教会清真寺的祷告时间。穆斯林每天要祷告5次，他们不吃猪肉，禁止饮烈酒。犹太教周五是安息日，从周五日落前到周六日落。信仰印度教的人不吃牛肉，通常吃素。已婚的女子通常在前额中央有一个红点作为标记，既作为一种美的装饰，同时也是纯洁的象征。

十、禁忌

信仰基督教的南非人，忌讳数字13和星期五；南非黑人非常敬仰自己的祖先，他们特别忌讳外人对自己的祖先言行失敬。跟南非人交谈，有四个话题不宜涉及：一不要为白人评功摆好；二不要评论不同黑人部族或派别之间的关系及矛盾；三不要非议黑人的古老习惯；四不要为对方生了男孩表示祝贺。不要说negro和black，强调肤色不同，这在非洲是最大的禁忌。因此，称呼非洲人，最好照他们的国籍来称呼。

南非人痛恨拍照，握手要握到痛。人、房屋、家畜一律不准拍摄。如想拍摄，最好向对方先打个招呼，获得同意之后再行动。握手时如果握得有气无力，表示虚情假意，毫无诚心，被称为“礼貌不周”，他们会生气。他们认为，用力的程度跟对方好意的程度是成正比的，最好握得他们手都感到麻木叫痛。

服饰保守，喝酒要一饮而尽。进行官方交往或商务交往时，最好穿样式保守、色彩偏深的套装或裙装，不然就会被对方视为失礼。南非著名的饮料是如宝茶。在南非黑人家做客，主人一般送上刚挤出的牛奶或羊奶，有时是自制的啤酒。客人一定要多喝，最好一饮而尽。

南非有关种族肤色的界限和规定极其严格，最好先看一看主人是怎么做的，一般来讲，英国人的后裔比较开明，主张缓和种族对立，而荷兰人的后裔比较保守，他们主张维持种族原有制度。在那里，很难避免谈论当地的政治，特别是种族政策，而当地人在这些问题上却看法各异。

【本章小结】

非洲的民族和部落众多，每个民族和部落都有自己独特的文化，所以其民俗也呈现出各具特色、复杂多样的特点。信仰伊斯兰教的国家和民族，妇女要戴面纱，他们不吃猪肉，禁止饮烈酒。基督教很少有食物的禁忌和酒精饮料的禁忌，但是不能使用任何动物的血。印度教徒不吃牛肉，通常吃素。已婚的女子通常在前额中央有一个红点作为标记，既作为一种美的装饰，也是纯洁的象征。信仰原始宗教或万物有灵的民族，祭祀起着十分重要的作用。

【复习思考题】

1. 非洲各国服饰的异同点有哪些?
2. 简答非洲几个国家的饮食民俗。
3. 埃及的禁忌有哪些?

【案例分析】

埃及是世界上文明起源最早的国家之一，古埃及人信奉多神教，相信万物有灵，认为许多东西都具有神性。最初埃及的神或以动物的形式，或以人的形式出现，也有许多是半兽半人之神，这表现了很强的文身图腾崇拜的痕迹。埃及早期的城市都有一种动物被视为自己的保护神，一旦一种动物被作为城市的地方神，该城的居民便把它视为神圣不可侵犯的东西，将受到居民的崇拜和保护。有文身爱好者喜欢把埃及的神作为文身图刺在自己身上，他们对埃及神秘的文化和古老传说有着自己的崇拜及敬仰，把这种崇拜和敬仰用文身这种独特的艺术形式表现出来，可以说是再合适不过了，这是其他艺术形式所无法比拟的。文身的图式表现着某种具体的意象，这些具体的意象又凝聚着民族精神、民族文化意义与社会发展以及宗教观念、民间信仰，它们之间都有着密切的联系。

结合案例，谈谈你对埃及工艺美术民俗的认识。

分析提示：埃及是四大文明古国之一，宗教信仰对百姓生活影响巨大。

参考文献

［1］刘秀梅，高照明. 中外民俗［M］. 郑州：郑州大学出版社，2006.
［2］吴忠军. 中外民俗与礼仪［M］. 沈阳：东北财经大学出版社，2007.
［3］姜若愚，张国杰. 中外民族民俗［M］. 北京：旅游教育出版社，2004.
［4］张世满. 旅游与中外民俗［M］. 天津：南开大学出版社，2002.
［5］游明谦. 中外民俗［M］. 郑州：郑州大学出版社，2002.
［6］李援朝. 中国民俗文化知识读本［M］. 北京：机械工业出版社，2008.
［7］乌丙安. 中国民俗学［M］. 沈阳：辽宁大学出版社，1999.
［8］李春生. 21 世纪中国少数民族风情录［M］. 北京：中国画报出版社，2004.
［9］杨英杰. 中外民俗［M］. 天津：南开大学出版社，2006.
［10］石应平. 中外民俗概论［M］. 成都：四川大学出版社，2002.
［11］翁家烈. 中国苗族风情录［M］. 贵阳：贵州民族出版社，2002.
［12］巴兆祥. 中国民俗旅游［M］. 福州：福建人民出版社，1999.
［13］丹增. 中国少数民族节日［M］. 北京：中国画报出版社，2004.
［14］钟敬文. 民俗学概论［M］. 上海：上海文艺出版社，1998.
［15］陶立璠. 民俗学［M］. 北京：学苑出版社，2003.
［16］梁学成. 中外民俗［M］. 西安：西北大学出版社，2002.
［17］王成家. 新版各国概况美洲大洋洲［M］. 北京：世界知识出版社，2002.
［18］金泽. 宗教禁忌研究［M］. 北京：社会科学文献出版社，1996.
［19］王兴斌. 中国旅游客源国概况［M］. 北京：旅游教育出版社，2008.
［20］赵锦元. 世界民族通览［M］. 北京：中央民族大学出版社，2002.
［21］刘玉学. 涉外礼俗知识必读［M］. 北京：中国旅游出版社，2000.
［22］伊海通. 图腾崇拜［M］. 南宁：广西师范大学出版社，2006.
［23］文明. 中国民族［M］. 北京：中央民族大学出版社，2001.
［24］祁春英. 中国少数民族婚俗［M］. 北京：中国画报出版社，2005.
［25］博巴. 中国少数民族饮食［M］. 北京：中国画报出版社，2004.
［26］杨圣敏. 中国民族志［M］. 北京：中央民族大学出版社，2003.
［27］许树安. 中国古代文化史［M］. 北京：北京大学出版社，1991.
［28］陈蜀华. 中国民族概论［M］. 北京：中央民族大学出版社，2001.

[29] 徐杰舜. 汉族风俗史 [M]. 北京：学林出版社，2004.
[30] 陈有开. 苗岭布依的民俗与旅游 [M]. 北京：旅游教育出版社，1998.
[31] 苏韶芬. 八桂边寨的民俗与旅游 [M]. 北京：旅游教育出版社，1996.
[32] 张自成. 简明旅游百科全书 [M]. 北京：中国检察出版社，1998.
[33] 陈伶康. 中国地理 [M]. 北京：高等教育出版社，1999.
[34] 曹保明. 长白山下的民俗与旅游 [M]. 北京：旅游教育出版社，1996.
[35] 姜志军. 松花江畔的民俗与旅游 [M]. 北京：旅游教育出版社，1998.

项目策划：段向民
责任编辑：孙妍峰
责任印制：谢　雨
封面设计：何　杰

图书在版编目（CIP）数据

旅游中外民俗 / 刘亚轩主编 . --2 版 . --北京 ：中国旅游出版社，2017. 9（2021. 7 重印）
中国旅游业普通高等教育应用型规划教材
ISBN 978-7-5032-5896-1

Ⅰ. ①旅… Ⅱ. ①刘… Ⅲ. ①风俗习惯—世界—高等学校—教材 Ⅳ. ①K891

中国版本图书馆 CIP 数据核字（2017）第 224672 号

书　　名：旅游中外民俗（第二版）

作　　者：刘亚轩主编
出版发行：中国旅游出版社
（北京静安东里 6 号　邮编：100028）
http://www.cttp.net.cn　E-mail:cttp@mct.gov.cn
营销中心电话：010-57377108，010-57377109
读者服务部电话：010-57377151
排　　版：北京旅教文化传播有限公司
经　　销：全国各地新华书店
印　　刷：北京工商事务印刷有限公司
版　　次：2017 年 9 月第 2 版　2021 年 7 月第 4 次印刷
开　　本：787 毫米×1092 毫米　1/16
印　　张：16. 5
字　　数：330 千
定　　价：39. 80 元
I S B N　978-7-5032-5896-1
